学歴と格差の経営史

新しい歴史像を求めて

若林幸男【編著】

日本経済評論社

目次

凡例 vii

序　章　サラリーマン社会と「学歴格差」………… 若林幸男　1

　第1節　「学歴格差」論における歴史認識　1
　第2節　メーカー・総合商社史研究における「学歴格差」論　11

第Ⅰ部　三井物産「特別職員録」の分析

第1章　明治後期から大正期にかけての三井物産職員
　　　　―1902年「使用人録」と1916年「店別使用人録」の分析―
　　　　………………………………… 大島久幸・木山実　29

　第1節　明治後期の貿易拡大　29
　第2節　使用する史料について　30
　第3節　1902年「使用人録」の分析　34
　第4節　1916年「店別使用人録」の分析　44
　第5節　1902年「使用人録」と1916年「店別使用人録」の
　　　　統合的考察　59

第2章　1920年代の人事制度と職員の学歴………… 若林幸男　67

　第1節　1920年前後の三井物産職員層の特質と人事制度　67
　第2節　1923年特別職員録の分析　78
　第3節　実力主義的企業社会の背景　89

第 3 章　1930〜40 年代の人事制度と職員の学歴……　大島久幸　105

　第 1 節　1920 年代における新規学卒者の採用　105
　第 2 節　1930〜40 年代における採用者の分析　108
　第 3 節　学卒者別昇給の実態　118

第 4 章　1950〜60 年代の人事労務管理における学歴格差
　……………………………………………………………　上原克仁　129

　第 1 節　本章の課題　129
　第 2 節　戦後の三井物産の変遷　130
　第 3 節　用いるデータの説明とデータにみる人事労務管理　131
　第 4 節　3 社合同以降に入社した世代の処遇にみる学歴格差　138
　第 5 節　3 社合同前に入社した世代の処遇にみる学歴格差　146
　第 6 節　結論　154

第 II 部　三井物産の「学卒」採用と不祥事

第 5 章　三井物産の人材採用システムと学校教育システムの変遷
　……………………………………………………………　山藤竜太郎　161

　第 1 節　三井物産を支えた人材　161
　第 2 節　三井物産支店長会議における議論　164
　第 3 節　三井物産の人材採用システム　179
　第 4 節　学校教育システム　186
　第 5 節　三井物産の人材採用システムと学校教育システム　190

第6章　戦前期三井物産の処罰と規律 ………………… 藤村　聡　197

　　第1節　本章の課題　197
　　第2節　社報による処罰の概要　198
　　第3節　「名古屋事件」について　206
　　第4節　処罰事案の多角的検討　213
　　第5節　まとめと展望　225

第III部　メーカーの賃金管理と「学歴身分」

第7章　「社員」の賃金管理と定期昇給制度 ………… 菅山真次　231

　　第1節　問題の設定　231
　　第2節　分析対象のプロフィール　237
　　第3節　史料　240
　　第4節　定期昇給の制度的枠組み　245
　　第5節　賃金決定のメカニズム　256
　　第6節　結論　269

第8章　「学歴身分」制度の再検討 …………………… 市原　博　281

　　第1節　問題の所在　281
　　第2節　教育資格と採用・昇進に関する認識：戦前　286
　　第3節　教育資格と採用・昇進に関する認識．戦後　298
　　第4節　小括　307

終　章　新たな歴史像を求めて ………………………… 若林幸男　315

　　第1節　本書のまとめ　315

第2節　本書の含意と限界　324

あとがき　335　　　　　　　　　　　　　　　　　　若 林 幸 男
索引　339

凡例

1. SP1101等の分類記号にボックス番号を付した史料は全てオーストラリア国立公文書館（NAA）シドニー分館所蔵であり、RG131等の分類番号にcontainer番号の付された史料は全てアメリカ国立公文書館メリーランド館（NARA II）所蔵。また、「物産」、「本」、「別」、「続」、「追」、「井交」等の記号に番号が振られた史料は全て財団法人三井文庫の所蔵史料である。
2. 個人の給与、査定、昇格に関わる部分では1930年度入社者以降の人名に配慮するため、同年を基準としてそれ以前は全て実名とし、以降についてはイニシャルで表記することとした。また従業員の処罰案件や不祥事に関わる場合、すべての分析対象で人名をイニシャルに転換した。
3. 本書中の引用文内での［　］の言葉は筆者による補足を意味し、……はことわらない限り中略を表す。
4. 参照文献については、第3、4章のみ章末に一覧を掲げ、他の章においては注記によりそれを代替した。

序章
サラリーマン社会と「学歴格差」

若 林 幸 男

第1節 「学歴格差」論における歴史認識

　現代日本では、学歴によって企業の採用・昇進などが左右され、それぞれの生活水準に差が生じ、それが教育費に支出できる可処分所得を規定することによって格差そのものが次世代にも伝播、再生産されるという議論はごく一般的で、日常会話においてすら普通に交わされているように見受けられる。日本社会の基底部分を構築する社会システムの1つとしての学校教育制度と企業の人材需要構造の奥深い結びつきから序列化された社会を「学歴社会」と呼び、その結果生じる「格差社会」は固定的で、現在それは従来に増して拡大傾向にあるとする議論もみられる[1]。

　本章では学歴社会によりつくられる経済的・社会的「格差」をめぐる諸議論を「学歴格差」論と規定し、その研究潮流を概観したあと、これらの議論が日本における学歴格差の歴史をどのように認識してきたのか、その特徴をピックアップすることとしたい。

　そもそも日本でこのような「学歴格差」論が注目を集めるようになったのは1960年代の高度経済成長期である[2]。学歴社会あるいは学歴至上主義の考え方が実力社会、実力主義を阻害し、社会的地位に大きな断絶が発生するという教育社会学を中心に展開した議論である。一連の議論の方向としてはまず、中高大卒などのいわゆる「学歴」や同一学歴の学校間の格差（以下本書では「学

校歴」と呼称する）によって就職機会が左右され、また入職時の職種そのものもこれにより規定されるという問題設定がある[3]。日本の労働市場は新規学卒者の流入によって特徴づけられ、この学校と職場との直結的関係（学校推薦などによる学校経由の就職）は「学校制度における段階をそのまま階層差として、雇用関係に持ち込」むとされる[4]。つまり、1960年代の高度経済成長期においては、「工員は全員義務教育の卒業者で、職員は高校以上の卒業者であり、上級管理者及び最高経営者は、ほぼ大学出」という学歴と経営階層の対応関係という一種の「身分」制度が存在しているという議論である[5]。学歴や学校歴が就職機会を規定し、さらに職種まで規定してしまう状況＝「学歴至上主義」が実力主義を阻んでいる大きな要因として描かれることになったのである。現在の教育社会学の1つの潮流は、この学校経由の就職＝学校と職場の密接なリンケージによって醸し出される閉塞感をいかに打破していくのか、という目標を設定して分析を続けている[6]。

また就職時に同一の職場、職位、担当に配置されたとしても、その後の昇格・昇進に差が生じる点についても多くの論者によって学歴との相関が強調されてきた。これがいわゆる学歴格差論の第二の流れであり、学歴が就職時だけではなく、その後の事業所内での地位をも規定する点が強調されている。すでに1950年代末～1960年代の調査でも官庁や民間事業所において管理職へ移動することができるのは、高学歴者のみであるという報告があり、「すなわち、この地位［管理的職位］へ上昇するためには高学歴であるということが、なにより必要」となっていったとされている[7]。とくにこの議論の流れでは、官庁・企業経営トップへの昇進と名門大学（銘柄校）との関連も大きく取り上げられることとなった。橘木俊詔らによれば「我が国における学歴社会は、こうした学校教育水準の差に加えて、同学歴水準にありながら卒業の学校名による差がよく話題にされる。とくに大学卒における名門校と、そうでない学校の卒業生との差」があり、名門校出身者同士の熾烈な競争とその精神力・意欲の高さ・人脈の豊富さなどから「名門校出身者が昇進に有利なのは、当然の結果」であるという[8]。所属する事業所内での地位の向上・昇進は、ある意味では社

会的立場の向上（社会的格差の拡大）といえるが、多くの場合昇進は経済的補償をともなうため、昇進者と昇進しない他者との経済的格差も同時に拡大することとなる。確かに、名門校出身者の昇進はそうでない学校出身者のそれに比較して、きわめてわかりやすい、一般的に受け入れやすい事象であることは事実であろう。この際働いているのは「学歴の機能的価値」だけではなく、むしろ「学歴の象徴的価値」が大きい[9]。事実関係としての社会的移動とは全く別の側面、文化的価値の面における「差」が大きな影響力を及ぼしているのである[10]。

　学歴格差は以上の就職や出世という側面だけではなく、当然の帰結としてその後の生活水準や、さらに子世代への教育費支出を規定し、次世代の学歴格差を規定する可能性を高める。このような「教育を通じた階層の世代間移転」に関する議論では、親世代のパフォーマンスが子世代の選択肢を規定する大きな要因として取り扱われている[11]。教育機関での授業の理解度はその両親の属する社会階層にきわめて密接に対応するというデータもあり、これらの研究は一定の学歴と一定の社会階層への帰属状況が親世代から子世代に伝播するという議論を補強している[12]。

　以上の教育社会学、経済社会学等からの学歴社会・学歴格差問題へのアプローチは、大学進学率の上昇や高卒の就職機会の減少などによって、1990年から2000年前後を境にして、その主な興味が高等教育機関対中等教育機関という最終学歴格差から同じ学歴、つまり大学等の高等教育機関内の学校間格差へと移行しつつあるように観察されるものの、①学歴による経済的格差と②学歴による社会的格差、そして最後に③学歴により創出される格差の世代間移転の3つのトピックから組成されているといえよう。

　さて、では、こういった社会構造はいったいいつどこで発生し、それがどのようなメカニズムで伝播し、現在のように日本社会全体を覆いつくすこととなったのであろうか。実は、その発生のメカニズムについては上であげた多くの論者ともほぼ一致した見方を採用している。近代初期の官僚制・専門職、いわば近代テクノクラートの日本における形成方法に起因しているという議論であ

る[13]。以下では、教育史分野を中心に展開した学歴社会の形成過程についての従来の典型的な見解を掲げてみることとする。

　当初薩長などの藩閥により人材を確保していた維新政府は新しい西洋技術を習得した専門官僚を登用する必要に迫られ、貢進生や大学予備門などの設置を急いだ。そこでは、地縁・血縁にとらわれず、広く全国から選抜や入試をくぐり抜けた優秀な若者を集めることで、この新たな人材の質を保全する努力も開始された。このような「目的や原理で政府が大学教育を制度化した以上、国家は教育への投資を、卒業生の最大限の活用によって回収しようと」した[14]。文官・司法官無試験任用あるいはその受験資格の付与や判任官無試験任用など、政府の指定する学校卒業生に対する「特権」の付与がそれであり、これら一連の学校群の卒業生を官僚として大量に雇用するシステムが生まれたのである。この時点で学歴は「単なる教育に関する履歴」という意味から転じ、社会的な「資格」として、それを持つ人々にさまざまな「特権」を約束する道具となった[15]。この場合の資格・特権には一定の社会階層への上昇の切符だけではなく、その階層の不用意な損耗を防御するための措置、徴兵免除・猶予措置、それに付属する一年志願兵制度なども含まれていた。ただし、官僚組織の制度化はその階層秩序の階梯の構築でもあったため、同時にその供給機関の序列化をともなって進展した。文官や司法官を例にとってみると、上級職である高等官試補への無試験任用はあくまでも東京大学卒業生の特権であり、私立法律学校出身者には受験資格や下位職である判任官への無試験任用特権が与えられたにすぎなかった。天野郁夫によればこれら「学歴主義的な制度に共通しているのは、官公立優先の思想」であり、「同一段階の学校の間にも差等が設けられ」ながら成立していったことになる[16]。

　以上のように「学歴主義的な制度」は官僚機構への人材供給の機能を重視されて誕生した。初期の官公吏、巡査、教師という俸給生活者階層には士族がその教育制度とともに横滑りで就任し、さらにそれに官位・位階制度がリンクすることによって身分制的な階層秩序の上位を独占することになった。階層秩序における上昇にとって最有力な手段となったのが学歴であり[17]、前近代社会の

身分制を引きずりつつも、封建制における世襲的なものではない「新たな身分」が学歴によって再構築されたことになる。その意味では明治初期の官庁が「学校経由の就職」の最初の発現箇所となり、この就職形態が地方や民間へ波及、常態化した場合、学歴主義的な制度は社会の隅々まで広く波及する性質をもともと持っていたことになる。つまり、明治末から大正期にかけて「民間の企業が成長するに従い、官庁をモデルとした採用や人事の手法が民間企業にも導入される」ことになり、その結果「学歴主義的な制度」は官庁から大企業へと学歴や同一学歴内の学校間格差をともないながら波及していったと解釈されている[18]。この点できわめて説得力を持った議論が天野郁夫によって提示された戦前期における高等教育機関の各校卒業生の初任給格差の事例である。

表序-1 日本郵船の高学歴社員の出身校と初任給額（1917年）

出身校	人数(人)	初任給額(円)
東京帝・法	42	40
東京帝・工	23	45
東京高商	141	37
神戸高商	24	35
長崎高商	20	30
山口高商	18	30
小樽高商	13	30
大阪高商	4	30
慶應義塾	87	30
早稲田	70	30
明治	21	25
中央	11	25
青山学院	9	25
同志社	6	25
日本	5	25
専修	3	25
立教	2	25
東北学院	4	23

注：原史料は『学生年鑑』1923年度版。
出所：天野郁夫『旧制専門学校』日経新書、1978年、149頁より転載。

　表序-1は日本郵船会社における1917年の新入社員の学校歴ごとの採用者と、その初任給の散らばりを示す例である。採用者数でいえばこの年は東京高等商業学校（以下では東京高商と略記）出身者が最も多く、それに次いで慶應義塾、早稲田と続いている。一方初任給額についてみれば、東京帝国大学（以下東京帝大と略）の法・工学部40（45）円から次第に下方に行くにしたがい額は減少するが[19]、その額は学校別ではなく、一定のグループで決まっており、たとえば、神戸高等商業学校が35円、長崎、山口、小樽等各地高等商業学校群と早慶は30円、私学の専門学校が25円、そして最後に東北学院が23円となっている。

　天野は表序-1を例示しながら、明治末年から大正初期にかけてそれまで官

僚を主に養成していた東京帝大（正系）も民間企業に優秀な人材を送り込むようになり、この間実業界に主に人材を送り込んでいた「専門学校令による大学（傍系）」等が脇役に転じていくことを議論しているのだが[20]、本表はそのインパクトの大きさから独り歩きを始めることとなった[21]。注目されたのは、天野が続けて記している「企業は各校に対して明らかに一定の順位をつけて」おり、それは出身校別人数だけにみられるばかりではなく、「初任給の出身校別格差」というさらに明確な形で示されているという部分である[22]。その後多くの研究者が戦前の高等教育機関ごとの初任給格差に言及し、また同様の表を掲げながら、戦前期における学歴（学校歴）格差における官尊民卑の徹底ぶりを議論することになった。ただし、残念ながらそういった議論のほぼすべてが天野と同様に『実業之日本』や『学生年鑑』などのジャーナリスティックなデータを論拠として展開しているため、その数字はバラバラで、事業所側の人事データからピックアップした正確な数値ではない。それでも類似の表を掲げるのは、「現代では、どの大学を卒業したかによって初任給に差を設けている企業はほとんどない」[23]から戦前期の学校別初任給額の設定という事態は現代とは比較にならないほど学歴（学校歴）について差別的な処遇が行われていたという主張のためである。

　天野は表序–1 を掲げながら、戦前の教育機関の制度とその内容上の多様性から日本の「学歴」格差は当初から「学校歴」格差として形成されてきた点を強調し、さらに戦後には、教育制度に対する諸改革によって戦前よりもさらに強い選抜機能を学校が持つようになったと主張しているのに対して[24]、これら一連の議論は全く逆の結論のために同様のデータを利用していることになる。たとえば竹内洋が類似の表を掲げる意味は、官僚機構・学制成立期における学歴の「社会経済的地位効果」（学校収益率）はきわめて大きかったのに対して、時代を経るに従い「長期的にみれば［それは］低下の一途をたどって」おり、戦後から現代の日本社会はその意味でいえば「学歴社会から程遠く、学歴有意社会といったものでしか」なくなっているのだとする歴史認識である[25]。論者によって表現は異なるが、いずれの見解にも共通しているのは、戦前期におけ

る学歴（学校歴）格差は現代（戦後）のそれと比較にならないほど大きかったというニュアンスであり、受験制度や学校経由の就職システムが戦前から受け継がれたから学歴社会（格差）そのものも現代まで存続しているという歴史認識である。

　戦前期の官尊民卑の風潮は現代よりも大きく普遍的であったという点において、私も異論はない。また主に上級学校への進学機関としての性格を付与されてきた戦前期における中学校卒業者（正系）と進学を目的としない「中等以上の資産を存する人民」の子弟が進む商業・工業学校等の実業学校（傍系）の質の違いもあり、大学と専門学校、官立と私立、そして私学間において学歴（学校歴）に大きな差異が存在していたのも事実である[26]。さらに、1940年の会社統制令にいたるまで学校歴による初任給格差を維持していた事業所が多数残っていた点についても認識している[27]。

　ただ、このような議論には大きく分けて2つの問題点があると考えている。1つ目は市場を分析するという視座の欠落であり、2つ目は現代の常識を軸に過去を単純に振り返る方法に堕している点にある。そもそも初任給という市場価格はその市場を論理的に規定する買い手の存在によって大きく規定されている。具体的にはこの市場を創出した官庁価格の存在である。東京大学の卒業生が官庁に就職するか民間企業に勤めるかの選択を迫られた際、そこで2つの条件にあからさまに相違があれば、つまりたとえば、どちらかの初任給（もしくはその後の待遇全体）が圧倒的に高かった場合、迷うことはないだろう。この市場に新規参入した民間企業が官庁に伍して人材を調達しようとすれば、できる限りその価格（官庁価格、つまり奏任官の初任給額）にしたがって自社内部労働市場の価格調整を行うことが予測されよう。同様に、初期の専門学校卒業者の場合は上述のように判任官のそれに対応することとなる。

　この第一の点については本書の第2章で実際の初任給額の推移をみながらやや詳細に観察していくこととして、ここでは上の第二の問題点、現代の常識から過去をかえりみることの危険性について議論を継続していく。この場合の常識の危険性とは具体的には、①同じ学歴は同じ標準就学年数であろうか、②

同学歴で同じ就学年数の学校であれば、一様に同じ初任給額を設定するだろうか。さらに③同学歴、同就学年数であるはずのまったく同一の学校だからといって同じ初任給額が適用されたのか、の３点に及ぶ。

まず①の点であるが、表序−1に掲載されている学校は大きく分けて帝国大学と高等商業学校および大学名取得の私立専門学校、そして大学名を取得していない私立専門学校の４種により構成されている。数年後にはそれぞれの学校は「帝国大学令」、「大学令」、「専門学校令」という別々の法令に準拠して整備が進められることになる。天野も当然それを前提に一連の議論を展開している。つまり、これらは決して同じ学歴ではなかったし、帝大以外の諸校は同じ専門学校であってもそれぞれの学校でその就学年数が異なっているのがこの時期までの高等教育機関の特性であった[28]。これには当時の専門学校令や実業学校令の設置基準がかなり緩やかだったことが影響している[29]。予科や専攻科の増設をうけて、各校の裁量によってその就学年数を簡単に変更することができたためである。したがって表序−1の帝大（旧制高等学校３年と大学３年）と既に卒業生に学士の学位を授与している東京高商（予科１年本科３年専攻科２年）の中学修了（もしくは４修）後の就学年数は６年であり[30]、それ以下の諸学校より就学年数は長かった[31]。同様に、私立の専門学校でも1918年公布の大学令を契機に数年後に計画している大学昇格のための準備を行っていた。たとえば早稲田については、慶應に続いて1917年に予科を２年制に延長し、５年の就学年数を確保し、他の大学名取得の専門学校の就学年数（予科１年から1.5年のため全部で４年から4.5年）より半年から１年ほど延長することに成功していた[32]。この群にあって23円と他よりも２円ほど初任給額を下げられている東北学院は戦前期を通じて専門学校のまま存続したため、本表中最も少ない３年の就学年数であった[33]。

この時代までの高等教育機関は他にも「その教育の人的物的な諸条件、入学時入学後の選抜度など」についても大きく異なっていたが[34]、1899年の「改正中学校令」以降、中学校出身の「正系」の学生が増加する時期においては各学校の就学年数と定期昇給制度に規定される初任給の設計との関係はかなり大

きなものとなっていった。実際に、学生が規定の就学年数通り学校に通ったかどうかは別として、つまり、たとえば東京高商など本科終了後に専攻科へ進学した学生がどれほどいたかという点について考慮しなければ、大学令に準拠した旧制大学の制度化までの時期の「専門学校」の場合、同じ「学歴」ではあるもののその標準就学年数は最大で3年もの相違があったのである。表序-1のデータが採取された時期において、さまざまな企業の採用担当者がそれぞれの学校の標準就学年数を基準として初任給額を操作していた事例も見出されることから[35]、初任給についての学校評価が何を基準としていたのかはさらに科学的な追及を必要とする課題であるものの、①の「同じ学歴は同じ標準就学年数であろうか」という問いに対しては「同じ学歴でも就学年数はバラバラな時期を想定しなくてはならない」と答えるべきであろう。

さて、では②同じ学歴で同じ就学年数の学校であれば、一様に同じ初任給額が設定されていたのであろうか。これもやはり必ずしもそうではない。たとえば大阪高工の初期の卒業生の初任給は、同じ官立の3年制理工系専門学校である東京高工（蔵前工業）卒業生のそれよりも5〜3円ほど低く設定されていた事例が沢井実によって報告されている[36]。その理由については、「シニセ［東京高工の意味］ではないから安くする」等、とても納得のいかないものだったと当事者たちの述懐にある。この場合両者とも同じ官立であるから、この初任給格差は決して官学優先、私学軽視の結果ではない。1900年代、諸学校の新設ラッシュが続き、企業側にとってもそれらの学校卒業生をどのように評価するかは各企業の採用担当者の間できわめて大きな課題となっていたようである。1906年の三井物産の支店長会議でも「（田中）今日の地方商業学校［長崎等の高商の意］にては教師と生徒との連絡もよく付き居ると見ゆ……これらはこれまで三十円［初任給額］の定めなりしものを四十円に改めたりとて些細たる差にて、若しも其者が人材なりとせは決して十円二十円の差は問うを要セサルへし、（益田）然り、而して其後の昇給を遅くセハ結局同一の結果となるなり」とあり、新設の学校等の評価について議論を繰り返していた形跡が残っている[37]。つまり、②についても、「同じ学歴で同じ就学年数の学校」出身者で

も、その初任給額が安定するには一定の時間を要する」と答えなくてはならない。

　初任給について、その学歴（出身学校）ごとに決定するというルールそのものを形づくろうとしていたにもかかわらず、実際にそれがルール通りに運用されていたのかどうかについてはさらに注意を要する。つまり、これが③同じ学歴、同じ就学年数であるはずの同一の学校だからといって同じ初任給額が適用されたのかという問題設定につながる。この点については本書第1章および第2章で言及されるように、1910年代までの三井物産の入社者のうち、かなりの人数が同じ学校を卒業したのに、その初任給額は個人によって異なっている事象が観察されるからである。この時代の卒業時の年齢はかなり分散しているし、前歴（職歴）を持つ場合も考えられるが、高学歴者（帝大、高商卒者）においては5円程度の相違がごく一般的に生じている点、また1910年代以前の職員制度が月給支給者である月給職員と日給計算（月払い制）である日給職員の2つのジャンルによって構成されていたため、同じ商業学校出身者で同じ年齢、しかも同時に入社したのにもかかわらず、一方が月給職員、他方が日給職員に入職させられているケースなどが抽出される[38]。

　本書の第5章で言及されるように、新卒者を本店人事課が一括採用する仕組みが定着する以前は、本店採用者と各支店採用者の間に待遇の差異が生じていた点もその背景にある。三井物産の場合、実質的にこのような事態が収束し、学歴、学校によってその初任給額がほぼパーフェクトに決するのは1920年代、つまり諸教育関連法施行にともなう戦前の教育制度の完成期以降となる。その際、深く関わっていたのは、三井物産の場合でも、1910年代にそれまでは認められていた部店長の新規雇い入れ人事権を奪い、その権限を人事課に集中させていた点がある。各店や部長の判断で雇い入れられた正規と非正規雇用のどちらともいえない曖昧な新卒者雇用が止揚され、新卒者の予算がすべて本店人事課によって運用されることとなったからである。

　このような状況を前提として再度表序–1をみた場合、天野の掲げた日本郵船の事例等ジャーナリストによるデータ採取をどれほど一般化できるのか、こ

れも科学的な検証を要していることに間違いはない。③の「まったく同一の学校」卒業生でも企業の新規採用の権限が分散している場合、その初任給の散らばりは大きくなることを前提にして、データを観察する必要がある。

　以上、現代日本における学歴格差論の主要な論点の抽出と学歴社会の歴史的推移についての従来の通説的見解について観察した上で、歴史的アプローチに際しての注意点をピックアップしてみた。前者においては①学歴による経済的格差と②学歴による社会的格差、そして最後に③学歴により創出される格差の世代間移転という、3つの論点の存在が確認された。また後者ではほぼすべての歴史的接近に共通して、日本における学歴社会は近代的官僚・学校制度の成立期においてすでに発現していた点、それが現代まで継続している点が強調されていた。つまり、明治初期のテクノクラート創出の手法から学歴社会は必然的に成立し、その後官庁の人材需要構造が民間に波及することにより社会全体を覆い尽くした。それはしばしば学歴身分制度と呼称されるほどの強さで発現しており、戦前期における学歴（学校歴）格差は現代（戦後）のそれと比較にならないほど大きかったというニュアンスであり、これを再生産する諸装置（受験制度や学校経由の就職等）が戦前から受け継がれてきた経緯から、学歴社会（格差）そのものも現代まで存続しているという歴史認識である。初任給額のような社会経済的指標だけでいえば、あからさまであった戦前期よりもまだそれは緩和されて現在に至っているという見方である。しかしながら、このような見解が根拠としているデータには、十分な科学的な検証を経ていないものが多く含まれている。

第2節　メーカー・総合商社史研究における「学歴格差」論

　以上の学歴社会、学歴格差の問題は経済・経営史、あるいは労働経済学分野においても大きな課題となってきた。とりわけ経営者、経営組織や労使関係についての歴史分析分野において、それは専門経営者から工場労働者までの各経営階層の問題、つまり「経営体における身分制」、「学歴身分制」という枠組み

で盛んに議論されることになった。そこではやはり前節でみた諸議論と同様の歴史認識が示され、きわめて有力な説となっている。その代表的な議論が1950年代末に発表された氏原正治郎の仮説である[39]。

　戦前期における大規模メーカーでは一般に工員と職員に対する大きな差別的処遇が行われており、それは「工・職身分格差」と呼ばれていた。第二次世界大戦の敗戦以降、いわゆる「民主化」の過程で一連の「不当な差別」については撤廃の動きが進められた。これには戦後結成された労働組合の多くが、職員と工員を同じ組合員として組織する「混合組合」であった点が大きく影響したといわれている[40]。しかし、氏原は、この戦前期以来の身分制度は戦後撤廃されてきたものの、「これで、この問題が終わってしまったのであれば、これ以上書くことは何もない。問題は、実はここから始まるのである。すなわち、身分制度は形のうえだけでなくなったので、実際上はなお強固に」残存していると主張している[41]。続けて、「経営身分秩序が、大学・高専卒・中学卒・高小卒・小卒というような学歴と見事に照応」し、学歴を軸とする新しい身分制度を再構築しているとも述べている。ここで例証として挙げられているのは戦後の大規模メーカーにおける教育資格と職位階層に関するデータであるが、それは「戦前の従業員階層と学歴の関係の跡を、かなり顕著にとどめている」データであるため取り上げられたという[42]。つまり、戦後多少は和らいではいるものの、戦前期においてきわめて強く発現していた学歴身分制は戦後にかけても根強く残存している、という立場に氏原も立っていることになる。

　このような見解に代表される学歴身分制の歴史的分析については、近年では個別の領域で散発的に議論が進められている感もあり[43]、「日本企業の雇用制度の特徴を歴史的に把握しようとする場合には、変容を遂げた後の雇用制度の特質を前の時期にまで投影し、それを一般化することの」危険性を認識する必要があり、「教育資格と職能を基準に区分された従業員内部の諸集団間の……差異がどのように縮小し、また縮小しなかったのかという重要な問に労働経済研究がどこまで自覚的であったかは問い直されるべきである」との提言は重要な意味を持っているだろう[44]。戦前期における大規模メーカーの経営階層にお

ける諸格差、たとえば工・職間の身分格差だけではなく、職員同士など同一身分内に内在したと想定されてきた帝大工学部や高等工業などの高等教育出身者と工業学校出身者の待遇差、昇給格差、昇級率など、実際の歴史的データに基づいて再度検討しなおす必要性が今きわめて高まっていると考えている。

戦前における特定の経営階層が特定の学校群との強い結びつきを持つものであり、またそれは現在に比してもさらに根強いものであったとする議論は、決してメーカーをモデルとする領域だけにみられたわけではない。それは本書前半部分で中心的な分析対象とする総合商社についても同様に展開していた。戦前最大の総合商社である三井物産と商法講習所＝東京高商との特殊な関係もさることながら、この議論が、なぜ日本だけに総合商社という業態が発生したのかという課題＝「総合商社発生の論理」の中心的な論点となったことから、むしろ他の分野以上に論及が行われることとなったのである。一連の議論は高度経済成長期から「日本的経営論」が盛んになる時期にかけて展開し、当時の日本経済の好調性を説明する諸議論の一角を構成していた。

たとえば中川敬一郎は、ロシアなどの後進資本主義国は政府・銀行が工業化の組織者として活躍することで先進国とのギャップを早期に縮める可能性があるというガーシェンクロン・モデルを日本の近代化過程に適用し、「貿易に関する組織化された企業者活動」こそ、原材料の輸入～製造～製品輸出という当時競争力を持った日本の工業モデル（加工貿易構造）の構築に寄与したとし、総合商社形成の社会的歴史的な必然性を説明しようとした[45]。また森川英正は、総合商社の限られた経営資源に注目し、当時貿易業務という高度な実務を取り扱う能力を持った人材は貴重であり、彼らを「フル稼働」させるためには一商品、一地域にとどまらず、多方面への多角的事業拡大が求められたため、「総合化」の道のりを歩むこととなったと述べている[46]。

この人材「フル稼働説」の登場後、本領域の議論ではトップマネジメントの優秀性＝「俸給経営者」の早期確立や、それを支える人材の卓越性＝「学卒」俸給社員の大量採用といった問題が常に取り上げられていくようになる。その典型的な論者が米川伸一であり、そこでは以下の引用文にあるように、専門経営

者や貿易事業のエキスパートを「学卒者」と完全に等値する見方を示していった。またこの際に使用していた「学卒者」とは明らかに、帝大、東京高商等の高等教育機関出身者を指し示している。

「肝要なことは、日本においては、近代的製造企業と貿易商社の形成がほとんどパラレルに進行し」、これらの業務は在来の熟練ではなく西洋から移入した技術が必要であった。したがって、「前者は、西洋技術を駆使できる技術者を要求し、後者は、貿易取引についての知識を習得した『商業技師』を必要とした」のであり、この「『商業技師』は工場技師と同様明治も中期に入らないうちに学卒社員によって充足される」ようになっていった[47]。さらに専門経営者層の蓄積についても『俸給経営者』という言葉は必ずしも『学卒者』を指すわけではないが、ある国においては、両者は互換可能なほどその結び付きの程度は高」くなったとされている[48]。学卒者が商社を総合化し、さらにその国際競争力を高めたとする上のような議論、いわば「学卒者牽引」仮説はその後の諸研究の前提となり、ほとんどの議論がそれを前提として展開してきたといっても過言ではないだろう。

しかしながら、これら総合商社発生の論理に関わった諸研究者が総合商社のなかでもモデルとしていた企業が三井物産であったのにもかかわらず、同社に対する実証的な分析が積み重ねられると、以上の仮説はその解明された歴史的事実にしだいに整合しにくくなっていった。たとえば実際の同社のトップマネジメントをみてもそのすべてが必ずしも「学卒者」によって占められていたわけではなく、山本条太郎など「小供」（丁稚の物産での呼称）奉公からのたたき上げの人材や商業学校等の中等教育機関出身者が大活躍していた。同社が株式会社化された1909年以来、三井物産の経営陣で同族を除いて実質的にトップの権限を持っていた職制はその取締役職制の変化もあり、「会長」、「社長」、「筆頭常務」、「（筆頭の）取締役」など呼称はさまざまであったが、その歴代14名の学歴を観察してみると、株式会社設立当初は創業時から因縁の深い高商（東京高商、東京商大）出身者によってほぼ占められていたのは事実である。しかしながら、1924年以降については、安川雄之助、井上治兵衛、伊藤与三

郎、住井辰男など商業学校や「支那修業生」[49]出身者がこれに就任していたし、この筆頭者以外の取締役にも以前の論者によれば、まさに「非学卒者」が多く就いていたのである[50]。

　もちろん、これは中等教育機関出身者も努力しだいでトップまで上り詰めることもあったというごくまれなケースにすぎず、同社の経営を牽引した主力の人材はほとんどが高等教育機関出身者であったことに揺らぎはないと過小評価することもできよう。だが、実際、取締役の真下の階層に位置する商品部の部長～支店長～業務課等の課長（のち部長へ名称変更）クラスの職員層をみても、実は多くの「非学卒者」が登用されており、さらに重要なのは、それが創業期、主要な人材調達システムであった丁稚制度が稼働していた時期に留まらず、後年、同社が大量の高学歴者を雇用するようになった時期においても継続して観察されることである。だが、そうであるとしたら、従来の「学卒者」への評価とは大きく矛盾してしまう。

　1990年代末以降の実証研究の深化によってもたらされた新たな知見と、かつての「総合商社発生の論理」における仮説との間で、それぞれの研究者は動揺しながら分析を展開しており、したがって、そこでは決して歯切れのよい結論を導き出すことはできなかった。私の旧著でも、小供や店限採用者（非正規を指す店限雇員から正規化した人員）、商業学校出身者等を「学卒者」と区別して「ノンエリート」等と表現し、受渡・出納・用度掛等の「下位職」への入職ケースが多かったと分析している箇所がある一方で、他の局面では商業学校等実業学校卒業生を「準学卒者」と表現するなど、その評価は定まったものではなかった[51]。「学卒者」＝エリート層としての育成対象者と、非「学卒者」＝非エリート部門等への長期配属対象者という、重層的・階層的な採用や配置が行われていたという思い込みがあったのである。同様に三井物産を舞台としてホワイトカラーの熟練形成について分析を行った高橋弘幸の場合も、高学歴者の昇進率の高さを主張しながら、その証左として掲出した「給与額の高さ［月給職員制度へ移行した1915年以降は月給額が昇進結果をも表現したため］」について統計処理を行ったところ、「高学歴者の優位は必ずしも決定的ではな

い」という分析結果を析出しており、議論に一貫性を欠くこととなった[52]。

　しかしながら、このような研究の閉塞状況のなか、本書執筆陣の一人である大島久幸によって発見された、在外史料館所蔵の「三井物産特別職員録」のデータは、この矛盾を払拭する驚くべき解析結果をもたらすこととなった[53]。この職員録は一般的なものとは異なり、職員をその月給額順に並べ、さらに学歴、入社形態、入社年、学校卒業年、出生年などを記載したものである。本書の第1章から第3章においては、本史料群から職員の個票データをパネルデータ化し解析するが、戦前期におけるデータからは、月給額の散らばりに学歴はほとんど影響していない点が強調されることとなる。また、月給額の散らばりで学歴ごとの差異が生じていないということは、学歴による経済的格差だけではなく、学歴による社会的（昇進）格差についても観察することができないということを示している。その意味でいえば、戦前期における三井物産の職員組織では各経営階層と学歴が全く「照応する」ことがなかったことになる。さらにもし、これに付け加えて戦後における三井物産特別職員録のデータが発見、解析された場合、同一事業所における戦前と戦後の学歴格差の発現度合を同一の基準により計測することが可能となる。

　本研究会は再びここで、やはり共著者の一人である上原克仁による1965年の三井物産特別職員録の発見とその解析結果と出会うこととなる。本書の第4章で分析されるように、戦後大合同により再生した段階の三井物産においては、職員の昇進・賃金・人員配置のそれぞれと学歴との相関は戦前期に比べて強まり、とくに「銘柄」学校出身者の職場における優遇・優位が観察されることとなる。そうであるとすれば、今までみてきた複数の学会にまたがる定説的な見方、「戦前期における学歴（学校歴）格差は現代（戦後）のそれと比較にならないほど大きかった」あるいは「戦前において発生した学歴社会は現代にいたるまで残存した」という見解は、まさに変容を遂げた後の雇用制度の特質をその前の時期にまで投影し、それを一般化する議論として退けるべきものとなる。

　つまり、「学卒者」牽引仮説などが想定する企業社会における学歴別雇用制度、学歴を基準とした採用・配置システムは、戦前の一部の民間企業において

は顕著ではなく、学歴や学校歴にとらわれず、個々人の企業内外での獲得能力に応じた配置・昇進が行われるという意味では「実力主義的」社会であったと考えるべきであって、戦後においてはじめて、そのような企業でも我々が想定する学歴別雇用制度が現れたという仮説が構築できるのである。今、従来の通説的見解と本書での仮説の相違を鮮明にするために極端に単純化した職員の昇給曲線の模式図を描いてみると、図序-1と序-2のようになる。三井物産の場合を想定しているが、学校の名称等については大学令直前の時期のものとなる。従来の通説のように、戦前期の三井物産の職員編成を「学卒者」＝エリート層としての育成対象者と「非学卒者」＝ノンエリート部門等への長期配属対象者という重層的・階層的な採用、配置が行われていたと想定した場合、複数の学歴別のキャリアパスが設置されているため、図序-1のようなモデルが描ける。

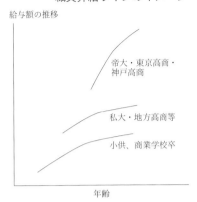

図序-1　「学卒者」牽引仮説における職員昇給ラインのイメージ

出所：筆者作成。

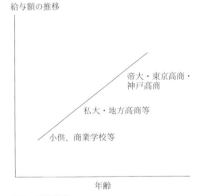

図序-2　本書における三井物産職員昇給ラインのイメージ

出所：筆者作成。

もっとも上位のラインには「学卒者牽引」仮説が想定していた諸学校群があり、高い初任給額が設定されており、それを起点として定期昇給が行われることになる。本書第Ⅰ部でとりあげる戦前期の三井物産ではきわめて評価の高い神戸高商もこの群に入れている。中位には、それ以外の大学令で昇格する私立大学や専門学校等、そして最下位に小僧採用者や商業学校卒業者が配置される[54]。

もちろん、出自に応じたキャリアパスをさらに細かく設定していれば、もっと多くのラインがひけるがここではこの3本のモデルとしておこう。そこで、学卒者は昇給・昇進においても下の学歴者よりもはるかに優位だとすると、それぞれの昇給ラインは交わることなく並行して右上に移行するはずである。3本の昇給ラインがそれであるが、やがて大学令により私立専門学校の一部が大学へ昇格して、それに対する初任給が再設定され、小供出身者からの職員登用を打ち切ったあとは、真中のラインに高商や大学専門部などが残存しながらも薄まり、高等教育出身者と中等教育出身者の2本のラインが主要な給源となるとも考えられる。これが戦後にかけて、従来の通説がイメージしてきた大卒と高卒という学歴差となるだろう。

　これに対して、本書の仮説における戦前の三井物産は、学歴による経済的格差も社会的格差についても有意なものとはみなせないと想定している。そうであれば、図序-2のようにそれぞれの学歴によって入社の年齢と初任給額はずれるものの、個々人の能力に応じた昇給率の散らばり（たとえば昇進者とそうでない者）だけが観測される昇給ラインとなるはずである。学歴による偏りがない以上、それぞれ学歴別に平均値をとってみてもどれもが近似することになるから、全ての学歴が1本の昇給ライン上にポジットされることとなる。三井物産の職員構造は図序-2が戦前の姿に近く、学歴収益率が高い図序-1こそ実は戦後の職場を表現することになるのではないか。

　本書は以上の仮説の一部についてその論証の第一歩を踏み出そうとする試みであり、以下のような構成をとっている。第Ⅰ部においては、新出の大島発見史料群、そして上原発見史料および三井文庫所蔵の職員録により、戦前・戦後期における三井物産の職員構成を概観し、さらにそれぞれの年度における職員の学歴と月給額の分布との相関を分析することとする。ここでは、職員録の個票データをパネルデータ化し、4つの章のそれぞれの分析で共通した定量的分析を展開することにより相互に比較可能な方法を採用した。具体的には、1902年および1916年の職員録を中心に第1章（木山実・大島久幸）で、1923年については第2章（若林幸男）において、そして1931、1937、1941

年について第 3 章 (大島久幸)、最後に戦後の 1965 年を第 4 章 (上原克仁) で分析したい。ただ、使用する職員録は残念ながら一定の仮説のもとで時期を区分して選りすぐったものではない。つまり、ここでの分析対象時期は、発見された特別職員録の年度を中心にして、あらためてその前後の時期を分析対象として設定した点をおことわりしたい。この結果、第 I 部の分析対象はそれぞれの年度に在籍する職員に対する定点的な観測および各年度相互の比較分析が中心となり、この間の制度や構成員の資質の変化に対する分析意識はやや希薄となる。

そのためこれを補足、補完する戦前期三井物産に対する制度的アプローチ、定性的分析を第 II 部において展開した。ここで展開する内容は、学校教育システムと企業の人材採用システムの全体の流れのなかに三井物産の人材採用システムの変遷を位置づけようとする議論を第 5 章 (山藤竜太郎) で展開し、個人的な関係からの紹介によるリクルート方式から学校推薦システムに象徴される制度化されたリクルート方式への転換について観察することとした。つぎに、第 6 章 (藤村聡) では、1900 年代から 1945 年における三井物産社内の不祥事を概観したうえで、社内における規律違反者など処罰者と彼らの学歴、その発生地域等との相関についての長期的な流れを観察することとした。ここでは、三井物産が全面的に正規職員を各学校群からの新卒者によって充足しはじめる 1910 年代後半以降と、それ以前の社内問題の質や発生件数などにも留意することとなる。

最後に、以上の三井物産に対する議論がどれほどの汎用性を有するのか、どの程度一般化が可能なのかという点について、その一部を検証した。これが第 III 部であり、第 I 部で得られた三井物産におけるきわめて緩い学歴差、学歴による相違がほぼみられない昇給曲線と、従来の議論では戦前期においてきわめて強い「学歴身分制」が敷かれていたとされる大規模メーカーのケースとを比較することとした。第 7 章では菅山真次が発掘した新出史料に基づいて、1930 年代後半における日立製作所の「社員」(ホワイトカラー) の昇給構造の手続きについて検討したあと、その昇給構造と学歴との間に相関関係があっ

たのか否か、という論点が強調されることとなる。第8章では、市原博が一連の用語のうちとくに「学校出」や「学卒者」、そして「学歴身分」などの用語が時代の流れのなかでどのように形成され、認識されてきたかを追跡していく。ここでは、戦前期のサラリーマンとその学歴への社会的評価と現代における学歴に対する社会的評価との間に一定の「懸隔」が存在する点などがクローズアップされることとなる。

　では、次に本書において主に使用する史料について説明を加えておきたい。まず、本書第Ⅰ部で主に個票分析に付する三井物産の職員録は分析順に、1902年「使用人録」、「大正五年店別使用人録」、「大正十二年十二月三十一日現在　大正十二年度使用人録㊙人事課」、「昭和六年度使用人録（七月三十一日）」、そして戦後の「特別職員録（昭和40年8月1日現在）」であり、三井文庫に所蔵されている「使用人録」以外はすべてオーストラリア国立公文書館（NAA[55]）と国内書籍市場で新たに発掘されたものである。

　上述のように本史料の特徴は一般の職員録とは異なり、さまざまなデータがそれぞれの職員に対して付記されたものであり、本書ではこれらについて三井文庫に収蔵されていた他の職員録、使用人録と区別するため、「特別職員録」と表記することとした。この「特別職員録」の成立経緯について、発見者の大島久幸は以下のような推測を行っている。三井文庫で従来確認されてきた職場、職名等一般的な記載しかない明治期以降の職員名簿の史料名は「使用人録」と「職員録」という呼称が混在して使われていたが、1912年からは「職員録」という呼称に統一されるようになる。この名称、体裁の統一については1912年の人事課の創設とリンクしていたと思われる。そしてこの「職員録」第1版が刊行された時期以降、この通常の「職員録」とは別に「使用人録」と称されるまったく別の職員録が刊行されるようになった。これは上記のように給与額順に職員が並び、学歴や年齢、最終昇給年度、見習期間の有無等の情報が詳細に記録され、通常の職員録が年数回刊行されるのに対し、原則として年一回の刊行で、それも支店長クラスの幹部にのみ公開されるという点で、通常の職員録とは大きくその性格を異にしていた。1939年以降は「特別職員録」と名

称が変更され、上原克仁が国内で収集した上記「特別職員録昭和40年8月1日現在」にみられるように、以後戦後までこの名称での刊行が続いていたと推測される。この点は第3章においても、さらに詳述することとしたい。

つぎに第II部で利用する史料については、三井文庫所蔵の史料群が中心となる。つまり、三井物産「支店長会議議事録」、「使用人差入書」、「使用人紹介状・身許引受状・誓約書」と三井物産「社報」、そして当時の新聞記事等となる。第III部第7章において利用する1930年代の日立製作所の職員の昇給に関わる史料は、新出の「昇進調書昭和13年末」(日立製作所日立工場総務部庶務課作成)である。当時、日立工場では「社員」の人事管理は総務部庶務課が、そして「職工」の労務管理は総務部労務課がそれぞれ管掌していたことから、本史料は日立工場の「社員」、つまりホワイトカラー層を対象としたものである。さらに学歴格差や学歴身分という用語が持つニュアンスの変遷を扱う第8章では経済関連誌、教育関連の新聞記事などを中心に世論全体を俯瞰することとなる。

最後に本書で使用する用語の統一について触れておく。本書の分析対象時期が60年以上にもわたる長期間であるため、ここで使用する用語について分析の道具として使用するための最小限度の定義を行っておきたい。

学卒者

森川、米川らの従来の総合商社史研究においては商法講習所や東京大学等一部の「老舗」の高等教育機関に限ってこの表現が適用されてきた。しかしながら、本書で実証分析の中心となる三井物産では創業期において旧来の丁稚修業からの人材形成方法と対比して商法講習所や大阪商業学校などの当時できたばかりの中・高等教育機関の卒業生全体をすぐに手代見習等として採用し、「学校出」等と呼称していた。さまざまな表現により混乱しないようにするため、ここでは学卒者を「丁稚修業ではなく、商業・工業・法学・外国語等の専門課程を持つ公教育制度による学校、つまり大学・専門学校・実業学校等や旧制中学・高校を卒業して入社した人材、とくに後年にかけては中途採用者ではなく

新卒定期の入社者」と定義したい。したがって、本書では明治初期によく使われていた「学校出」と「学卒者」は同義である。1900年以降、高等教育機関に続いて中等教育機関の整備が進んだ段階を取り扱う章においては「学卒者」と表現する場面よりも「高等教育機関」出身者、「中等教育機関」出身者などの具体的な表現が多用されることになる。

新卒者

本書ではことわりのない限り、学校卒業後1年以内に最初に同職に就いた者（見習期間を含めて）を新卒者と定義する。ただし、徴兵制度下の時代においては、多くの卒業生が入社直後に「一年志願兵」となっていることもあり、これら兵役期間は除いて計算することとする。

学歴（学校歴）の高低

たとえば、各企業からの学校評価がその卒業生の初任給で表現されると想定した場合、大学令施行前では山口・長崎・小樽高商などの官立専門学校群は、私立専門学校群（その後大学昇格校も含む）よりも相対的に評価は高い場合があるが、大学令以降では逆にそれらは各地高商として私立大学よりも低い扱いとなる。さらに扱いが難しいのが旅順工科学堂・京城専修学校・台湾協会学校等の在外官公立専門学校であり、それらのうち数校は設立時から敗戦時にかけて甲種実業学校〜専門学校〜大学へと昇格する場合もあるため、正確には各章の分析対象時期の学制により判断していく。

戦前戦後における学歴評価

戦前戦後にまたがる分析では、学校制度の断絶性と継承性に考慮することとする。典型的な例は、戦前期における旧制高等学校であり、大学予科と同等の3年制教養課程なので、現代では大学レベルの高等教育機関である。戦後の新制高等学校は後期の中等教育機関であるため、戦前における甲種以下の実業学校・中学校と同等とみなすなどの評価を行ったうえで分析に付すこととする。

注

1) 社会学、経済学、教育学等の領域で、この問題への関心はきわめて大きい。近年に限ってみても以下のような多くの著作がみられる。吉川徹『学歴と格差・不平等』東京大学出版会、2006年、同『学歴分断社会』ちくま新書、2009年、橘木俊詔『日本の教育格差』岩波新書、2010年、鹿又伸夫『何が進学格差を作るのか』慶應義塾大学三田哲学会、2014年、荒牧草平『学歴の階層差はなぜ生まれるか』勁草書房、2016年等。
2) 新堀通也編『学歴―実力主義を阻むもの―』ダイヤモンド社、1966年、26頁。
3) 太田聰一『若年者就業の経済学』日本経済新聞出版社、2010年、松尾孝一『ホワイトカラー労働市場と学歴』学文社、2012年等。
4) 新堀編、前掲書、54頁。
5) 同上書。
6) 本田由紀『若者と仕事』東京大学出版会、2005年、苅谷剛彦・本田由紀『大卒就職の社会学』東京大学出版会、2010年等。
7) 新堀編、前掲書、43頁。
8) 橘木俊詔・連合総合生活開発研究所編『「昇進」の経済学』東洋経済新報社、1995年、30-33頁。
9) 竹内洋『日本のメリトクラシー』東京大学出版会、1995年、第2部を参照。
10) 教育経済学分野における「地位形成機能」としての学歴の意味に対して「地位表示機能」としての意義についても従来から多くの議論の蓄積がある。この点、天野郁夫「教育の地位表示機能について」『教育社会学研究』第38集、1983年、44-49頁。さらに葛藤理論や再生産理論については、R. コリンズ「教育における機能理論と葛藤理論」J. カラベル・A. H. ハルゼー編・天野郁夫、藤田英典編訳『教育と社会変動―教育社会学のパラダイム変換―』東京大学出版会、1980年、S. ボウルズ・H. ギンタス編・宇沢弘文訳『アメリカ資本主義と学校教育―教育改革と経済制度の矛盾―』I 岩波書店、1986年等を参照。
11) 橘木俊詔・松浦司『学歴格差の経済学』勁草書房、2009年等。
12) 苅谷剛彦『学力と階層』朝日新聞出版社、2012年、第1章。
13) 新堀編、前掲書、26頁。
14) 同上書。
15) 天野郁夫・吉田文・志水宏吉「近代日本における学歴主義の制度化過程の研究」『東京大学教育学部紀要』第27号、1987年。
16) 同上、25頁。
17) 天野郁夫『学歴の社会史』新潮社、1992年、49頁。
18) 本田、前掲書、30頁。
19) 新卒市場を規定していた官僚のライン構造により技術官の昇給(昇進)は文官に比較して遅くなるため、初任給は文官より高く設定されていた。官僚の給与制度の確立過程については、若林幸男「明治前期海軍工廠における労働者統合原理の変

遷」『大原社会問題研究所雑誌』第 360 号、1988 年。
20) 天野郁夫『教育と選抜の社会史』ちくま学芸文庫、2005 年（初出は『教育学大全集第 5 巻　教育と選抜』第一法規出版、1982 年）では、初・中等教育機関から受験を経て入学する学校を正系、そうではない入学資格も設定していた学校群を傍系と表現している。
21) 天野郁夫『旧制専門学校』日経新書、1978 年、149 頁。
22) 同上書、154 頁。
23) 橘木・松浦、前掲書、21 頁。
24) 天野、前掲『教育と選抜の社会史』第 9 章。
25) 竹内、前掲書、85-92 頁。ただし、竹内の議論では、学歴の機能的価値は戦後にかけて減少するものの、学歴の象徴的価値（受験社会を含む）は増大の一途をたどるものとして描かれている。
26) 天野、前掲『教育と選抜の社会史』第 9 章。
27) 「八幡製鉄所史料」No.19-1-172「諸学校卒業者職員採用初任給標準」（九州国際大学エクステンションセンター所蔵）等で 1930 年における初任給の再設定過程が判明する。
28) 天野、前掲『教育と選抜の社会史』、第 9 章。
29) 国立教育研究所『日本近代教育百年史』第 4 巻、1974 年、1342 頁。
30) 旧制中学から旧制高等学校を受験する機会は中学 4 年修了、いわゆる 4 修から開かれていた。
31) 神戸高商は予科設置のため 4 年制だが東京高商専攻科への入学が許されていたし、他の高商についても長崎高商で「海外貿易科」、山口高商では「支那貿易科」、大阪高商は「研究科」などの名称で各校とも本科卒業後の 1 年制の上級クラスを設置していた。長崎高商の実態については松本睦樹・大石恵「旧制長崎高等商業学校における教育と成果」（長崎大学『経営と経済』第 85 巻第 3、4 号、2006 年）を参照。
32) 一橋大学『一橋百年史』1975 年、早稲田大学『早稲田大学百年史』第 2 巻、1981 年、慶應義塾大学『慶應義塾大学百年史』中巻（前）、1960 年等、その他各大学の通史より分析。
33) この点について、詳細は若林幸男「1920〜30 年代三井物産における職員層の蓄積とキャリアパスデザインに関する一考察」『明治大学社会科学研究所紀要』第 53 巻第 1 号、2014 年を参照。
34) 天野、前掲『教育と選抜の社会史』、212 頁。
35) 三井物産の 1915 年の支店長会議で甲種商業学校卒業生の初任給格差について質問された田中文蔵人事課長が「学校ノ修業年限ノ長キモノハ多ク給料ヲ支給シ居レリ」と返答しているように、同一学歴内でも各校の特徴が際立っていた戦前において、企業の採用担当者にとって各校の標準就学年数は大きなよりどころだったと推測できる。「第三回（大正四年）支店長会議議事録」（物産 198-3）、176 頁。

36) 沢井実『近代大阪の工業教育』大阪大学出版会、2012 年、19 頁。
37) 「明治三十九年三井物産支店長諮問会議事録」(物産 197-5)、235 頁。
38) 本書第 1 章を参照。これにともない、両者には若干の初任給額の差が確認できる。
39) 氏原正治郎『日本の労使関係』東京大学出版会、1968 年所収(初出は 1959 年『日本労働協会雑誌』第 1 巻第 2 号)。
40) 二村一夫「日本労使関係の歴史的特質」『社会政策学会年報』第 31 集、お茶の水書房、1987 年。
41) 氏原、前掲書、70 頁。
42) 同上書、72 頁。
43) たとえば、野村正實『学歴主義と労働社会』ミネルヴァ書房、2014 年等では、日本の産業構造上の変化と学歴との関連についての長期的な展望が示されている。
44) 連合総合生活開発研究所『「日本的雇用システム」の生成と展開』連合総研、2015 年、231 頁。
45) 中川敬一郎「日本の工業化過程における『組織化された企業者活動』」『経営史学』第 2 巻第 3 号、1967 年。
46) 森川英正「総合商社について」『経営志林』法政大学、第 8 巻第 3 号、1971 年。
47) 米川伸一「総合商社形成の論理と実態」『一橋論叢』第 90 巻第 3 号、1983 年、335 頁。
48) 同上「第二次大戦以前の日本企業における学卒者」『一橋大学研究年報商学研究』第 34 号、1994 年、4 頁。
49) 三井物産独自の中国ビジネスでの人材養成システムである。中国語習得を目的に、ほぼ商業学校・中学校出身者によって占められていたと考えられている。詳細は若林幸男『三井物産人事政策史』ミネルヴァ書房、2007 年、第 4 章、山藤竜太郎「三井物産の買弁制度廃止ー上海支店に注目してー」『経営史学』第 44 巻第 2 号、2009 年参照。
50) 第一物産編『三井物産小史』1951 年、228-233 頁。この点については、Yukio WAKABAYASHI, The Assessment and Real State of Tertiary Education Graduates Employed by Japanese Companies during the Pre-War Period: Their Actual Contribution to the Mitsui Bussan General Trading Company, *Japanese Research in Business History*, Vol. 35, 2018.
51) 若林、前掲書。
52) 高橋弘幸『企業競争力と人材技能』早稲田大学出版部、2013 年、79 頁。
53) パネルディスカッション木山実・大島久幸・若林幸男報告「大手総合商社における学卒者採用の意義とその変遷ー戦前期三井物産に対する総合的分析ー」、経営史学会第 47 回全国大会(九州大学)、2011 年。
54) 小供からの職員養成システムの代替策として商業学校出身者採用政策が展開した点については、若林、前掲書、第 5 章。

55) National Archives of Australia (NAA), Sydney office, 120 Miller Road, CHESTER HILL NSW 2162. 第二次世界大戦開戦時に敵性資産として豪州政府により、在豪日本企業の資産は凍結された。日本商社の在豪拠点についても諸資産とともに社内文書群も差し押さえられた経緯があり、これが戦後、同館に史料として収蔵されて現在にいたっている。

第 I 部　三井物産「特別職員録」の分析

第1章
明治後期から大正期にかけての三井物産職員
―1902年「使用人録」と1916年「店別使用人録」の分析―

大島久幸・木山　実

第1節　明治後期の貿易拡大

　1876年に開業した三井物産（以下、物産と記す）は、開業早々から慶應義塾[1]や商法講習所のような学校の卒業生を採用していたが、当初そのような学校卒業生はごく一部にすぎなかった。物産が学卒者を本格的に大量採用し始めるのは開業から20年ほどたった日清戦争前後期以降、1890年代半ばから1900年代に入ってからであり、それまではむしろ江戸時代の商家経営でよくみられた「小供」、いわゆる丁稚採用が中心であった[2]。

　物産が学卒者採用を本格化させた日清戦争前後の時期は、日本全体の貿易が飛躍的に拡大した時期であり、ややタイムラグを置いて物産の取扱シェアも拡大し、輸出において物産は1899年以降だいたい10%を上まわるシェアを占め、明治末の1911年には物産一社で日本全体の約4分の1を、また1914年には27～28%のシェアを占めた。輸入でも物産は1897年以降10%台半ばのシェアを占め、1907年以降には20%近くにまで上昇し、1914年には24～25%を占めるに至った。物産の日本全体の貿易に占めるシェアのピークは、輸出においても輸入においてもともに1914年であるが、それ以後1920年の反動恐慌が訪れるまで、輸出入で20%前後のシェアを維持し続けた[3]。

　この間、日本の貿易の担い手を「日本商社」対「外国商社」という観点でみると、日本商社の取扱高は1900年には38.1%だったのが、1911年には

52.5％ にまで高まり、外国商社の 47.5％ を上まわって、明治初期からの悲願であった"商権回復"を数値的には達成した。この日本商社の取扱高の急増を中心となって推進したのは物産であったといってよいだろう[4]。

 ところで、このような貿易史上きわめて重要な役割を果たした物産に関する先行研究では、森川英正[5]、米川伸一[6]、あるいは近年では若林幸男らによって、同社が学卒者としては東京高等商業学校（以下、東京高商と記す）の卒業生を大量に採用していたことがつとに指摘されてきた。とくに若林は明治後期について「物産は、東京高商を中心に学卒者の大量採用に一定の成功を収め[7]」たとし、大正期についても東京高商出身者の採用数が相変わらず圧倒的ではあったものの、高等教育機関では東京高商以外にも東京帝大や京都帝大、早稲田、慶應義塾などかなり採用校に多様性がみられるようになったこと、さらに明治の半ば頃には物産の労働力の中心であった「小供」は、大正期の第一次大戦期の制度刷新により甲種商業学校という中等クラスからの採用に切り替わっていったことが明らかにされた[8]。

第2節　使用する史料について

 本章では前節で述べたような先行研究を踏襲し、明治後半期に著しい拡大をみせた物産において、どのような人材がいて、彼らがどのような待遇を受けていたのか、ということについて確認する作業を進めたい。具体的には本書のタイトル『学歴と格差の経営史』に照らし合わせて、明治後期から大正期にかけての時期に物産において多様性をみるようになった学校卒業者について、その出身学校によって給与面、配属先などで差があったのか、あったとすればその差はどのようなものであったのか、ということになる。

 本章で使用する史料は以下の2件である。

　　・1902（明治 35）年「使用人録」
　　・1916（大正 5）年「店別使用人録」6月30日現在

 具体的な分析に入る前に、この2種の史料に関する説明をまずしておこう。

(1) 1902年「使用人録」について

これは公益財団法人三井文庫に所蔵されているものであり[9]、史料末尾には「銀座三越古書即売会一誠堂ヨリ」という文言がペン書きでなされており、さらに「昭和十四年十月六日」に購入したかのような書き込みもあるから、この日に古書店から購入されたものと思われる。

この使用人録には、作成時点での職員の「姓名」の他、その人物の「雇入年月」、「増給年月」、「月俸」、「外国在勤俸」、「手当金」、「勤務先・役名」の欄が設けられており、それぞれについて毛筆によって記入されている。この使用人録そのものにはいつ作成されたかの記録はないが、「雇入年月」の最後には、1902年1月に日給者として雇われている者が2名おり、これ以後の雇入はないから、1902年2月以降に作成されたとみられる。また「増給年月」はたいてい1900年以降の年と月が記入されているから、直近の増給年・月が記入されているとみてよいであろう。「月俸」は円建てであり、外国で勤務する者についても統一的に円建てで表示されている。そして外国勤務の者には「外国在勤俸」欄にイギリスならポンド、インドならルピーというふうにその勤務地の通貨建ての額が記入されている。ただ清国勤務の者はドル建て表示である。また台北支店と京城支店勤務者には、「外国在勤俸」は支払われていない。台湾はこの1902年時点ですでに日本の植民地になっていたから、これが支給されていないのであろうと考えられるが、同年時点で朝鮮はまだ併合される前であるからやや意外な感がある。「手当」は外国勤務者に対してはたいてい支払われ、国内勤務者に対しても全員ではなく一部の者に対して支払われている。「勤務先・役名」はとくに役付でない者は勤務の店名だけが大阪、横浜というように記入され、支店長や主任に就いている場合は、店名に加え、それも記入されている。

そして、この「使用人録」に記載されている者の一部には、氏名の右側に「高、商三十年」とか「大学三十四年」というふうにペンで追記がなされている者がいる。「高、商三十年」とある場合は、その人物が高等商業学校（高商）を明治30（1897）年に卒業したという意味にとれる。第二高商としての神戸

高商が第1回卒業生を輩出するのは1907年であり、1902年時点ではまだ高商といえば後に東京高商と称される学校しか存在しない。よって「高、商○年」という追記がされている者は、のちに東京高商と称されることになる高商の出身者と判断できる。東京高商の前身である商法講習所、東京商業学校出身者についても、「高、商○年」という追記がなされているから、これら"一橋"系の諸学校出身者にはこの旨の追記がなされているということになる。1896年に東京高商を退学し、その翌年物産に採用された箕輪焉三郎という人物には、この「高、商○年」の追記がないので、卒業者にのみこの追記がなされたものと考えられる（以下では"一橋"系の諸学校は煩瑣を避けるため時期を問わず東京高商の呼称で統一する）。

　また1902年時点では、東京帝大に続いて京都帝大もすでに設けられており、京都帝大の理工科大学は1900年7月に一期生を送り出している。法科の一期生卒業はやや遅れて1903年である[10]。よって1902年の時点で京都帝大の理工科出身者は物産に採用される余地がありえたが、この使用人録には京都帝大出身者の名はないので、「大学○年」と追記されている者は、東京帝大出身者と判断できる。

　氏名の横に出身校と卒年の追記があるのは、東京高商と東京帝大の出身者だけであり、慶應義塾や大阪商業のような学校の出身者でもその種の追記はなされていないから、物産における東京高商と東京帝大の卒業生の位置づけが特別なものであったことがうかがえる[11]。

(2) 1916年「店別使用人録」について

　これはオーストラリア国立公文書館シドニー分館（NAA）に所蔵されている史料である。その表紙には「大正五年六月三十日現在」という日付が書かれている。この「店別使用人録」は、東京の本店や大阪支店などの店ごとにそこに所属する人員の「氏名」、「月給」、所属部署や部長や主任などの肩書きを示した「職名」、「年令」、入社の年・月を示す「入社」、「原籍」、「出身」（中等クラス以上の学校を出た者についてその校名と卒業年、あるいは中退年）の欄が設

けられ、さらに前職がある場合にはペンで書かれ、印刷されたものである。原則として店ごとに人名が書き上げられているが、店ではなく「支那修業生」「待命」「嘱託」「罷役」というカテゴリーに入れられて書き上げられている者もいる。史料の表紙には、この使用人録が人事課の編集に拠るものであることが明記され、「斯土寧出張処長心得殿」と手書きで書かれ、㊙のハンコも押されている。つまり、この史料は物産東京本店の人事課で編集された使用人録が斯土寧（シドニー）出張所長心得の人物あてに送られたものであり、月給額などきわめて秘匿性の高い情報が満載であるから、店のトップ以外は見てはいけないという意味で㊙の押印がなされたのであろう。

　従来の物産史研究においてはしばしば、いわゆる「職員録」を用いた分析がなされてきた[12]が、それら「職員録」には人名と配属先、そして役付の者であれば支店長、出張所長、参事、部長、主任などの肩書きが記されているだけである。だが本章で用いる上記2種の史料は、それら「職員録」と異なり、人物ごとの採用年月と名簿採録時の配属先・給与額が記されているという点できわめて貴重なものである。すなわち、それぞれの時点での職員への評価が給与額という数字で示されているのであり、1902年と1916年という2種の使用人録を突き合わせることによって、1902年時点の物産在籍者で1916年でも勤務し続けている者については、その月給額の増伸を把握することも可能となる（ただし1916年「店別使用人録」には、1902年「使用人録」に記載のある外国在勤俸や手当金の記載がないためこれらの増伸は把握できない）。

　また1902年「使用人録」から得られる出身学校に関する情報は、東京高商と東京帝大の出身者のみであるが、幸いこの1916年「店別使用人録」は中等教育クラス以上の学校を出ている者にはすべてその出身学校に関する情報が記されている。よって1902年「使用人録」で出身学校が不明であっても、その人物が1916年でも物産に勤務し続けていれば、1916年「店別使用人録」を参照すれば、その人の出身校が判明する。だが1902年時に物産で勤務している者で1916年時点では退社している者もかなり多い。そういう人物については、各種教育機関の「学校一覧」や各校の卒業生名簿、あるいは学士会の「会

員氏名録」などと突き合わせて可能な限り各人の出身学校を突きとめることにし、そうして出身学校が判明しない者は、おそらく小学校しか出ていない者と判断した。

第3節　1902年「使用人録」の分析

(1)　1902年頃の物産職員

　1902年版「使用人録」には529名の人名が載っているが、ここには物産が保有していた自社船の船舶監督1人と乗組員44人の計45人が含まれている。この船舶関係者45人を差し引いた484人のうち、月給職員は352人である。ここには専務理事の益田孝、理事の渡辺専次郎・飯田義一、三井家同族の三井守之助・三井復太郎という5名の経営陣が筆頭に記されていて、それら5名も「使用人録」の表題のすぐ後に列挙されているから、彼らも使用人のカテゴリーに入っていたことになる（ただし三井家同族の2名には月給額は記入されていない）。それら352人の月給職員に続いて日給職員が105人、嘱託と臨時雇は同一のカテゴリーになっているがそこに5人、罷役が5人、そしてとくに肩書き的なものが何も書かれていないエリアがあって、そこには17人の名が記されている。この17人のエリアの「摘要」という欄に清国商業見習生と書かれた者が3人いるが、それ以外の14人には彼らがどういう身分なのか記されていない。

　この1902年版「使用人録」の時期に近い「使用人登用規則[13]」（1899年3月改定）によると、月給者として採用される者は18歳以上で、試験に合格した者である。この試験とは筆記試験のことであり、商業簿記、数学、漢文、英語（英語以外の言語も可）、商業地理、商業歴史、経済学、民法、商法などかなり広範囲であり、また「高等商業学校卒業ノ程度」であったからかなり高度なレベルが要求された。ただし第6条で「帝国大学、高等商業学校、慶應義塾大学又ハ之レト同等ナル内国若クハ外国ニ於ケル官私立学校ノ卒業証書ヲ有スル者ハ無試験ニテ登用スルコトヲ得」という規定があり、高等教育機関の卒

業生には筆記試験は免除された。その場合でも、たいていは卒業校の校長や教授、関係者の推薦状・紹介状を持参して人事担当者と面接を行うのが普通である。

一方、日給者として採用される者は12歳以上であり、これも筆記試験に合格しなければ採用されない。その試験科目は、漢文、英語、和洋算術、地理、歴史、和文などであり、「尋常中学卒業程度」のレベルであった。ただ、こちらも第9条で「尋常中学校又ハ之ト同等ナル官私立学校ノ卒業証書ヲ有スルモノハ無試験ニテ登用スルコトヲ得」と規定されているので、この時期、日給者試験を受験する者は専ら小学校の卒業生であったといってよいだろう。

月給者であれ日給者であれ、最初は「若干日」の間、「見習（みならい）」となって勤務し、そこで正式に採用されるかどうかの見極めを受ける（第11条）。また日給者は毎年5月と11月の2回行われる月給者への昇級試験に合格すれば月給者に登用される途が開かれていた（第12条）。そして1902年「使用人録」では日給者でも、外国在勤俸や手当が支給されている者がいることが確認できる（外国在勤俸と手当について日給者もたいてい月額が表記されている）。

1902年「使用人録」で月給者、日給者に続いて表記されているのが、「嘱託・臨時雇」のカテゴリーである。ここには5名しか表記されていないが、筆頭に名がある児玉少介という人物は、嘱託で東京勤務だが給与額には記入がない。だがこの児玉は物産の業務日誌である「日記」の1895年にはしばしば名前が登場し、物産から謝礼金が支払われているのがみてとれる。また田中稲人という人物も嘱託だが大阪勤務、給与は年額で2,000円という高額なものであり、当時の物産トップの専務理事・益田孝の月俸が600円であったことと比較してもそれなりの額の報酬が支払われていたことが察知される。他には東京帝大機械工学科を1898年に卒業した岩崎武治という人物も嘱託だが、1902年時はニューヨーク勤務で、本邦給65円、在勤俸100ドル（いずれもおそらく月額）が支払われているなど、このカテゴリーに載っている者は特別待遇でアドバイザー的に雇われていた者とみられる。

その次に載っているのは「罷役」というカテゴリーであり、そこには5名

の名がある。たとえばそのうちの1人、松尾長太郎という人物は、口之津出張店支配人を務めたこともあったが、三井鉱山会社に移籍した後、物産の業務も兼任することになったことが業務日誌「日記」からみてとれる。「罷役」とはいわば出向と考えられるものである。

　そしてこの「罷役」の次には、3人の清国商業見習生および何も肩書きが記されていない14人、合わせて17人の名が列挙されるエリアが続く。清国商業見習生と書かれていない14人のうち、1916年版「店別使用人録」に名が登場するのは4人であり、他の10名は1916年までに物産を退社したと考えられるが、退社しなかった4人のうち3人は1916年版「店別使用人録」のほうでは、これらの人物がかつて「上海修業生」、「香港修業生」などの地位にあったことが記されているから、おそらくこのエリアに書かれた者は、修業生として採用された者だったのではないかと推測される。月給職員や日給職員については、「雇入年月」という言葉が使われているのに対し、この修業生と思われるカテゴリーには、「採用年月」という語が使われている。

　たとえば伝記等で経歴がかなり明らかな児玉一造という人物——物産の棉花部で活躍し、1920年に棉花部が東洋棉花として独立した際、実質的な経営者となった——は、1900年に滋賀県立商業学校を卒業した後、物産の厦門修業生に採用され、その翌年に職員として雇い入れられたことになっている。1902年版「使用人録」と1916年版「店別使用人録」でも児玉一造の雇入年（入社年）は1901年と表記されている。つまりこの時期の物産では、修業生は正規職員ではなかったということになろう[14]。とくにこの1902年「使用人録」の時点では、物産の職員には月給者と日給者の2種あったことには注意が必要であり、本節の冒頭で、1902年版「使用人録」には529人の名があると書いたが、そこから三井家同族2名、船舶関係の45名、「嘱託・臨時雇」5名、罷役5名、修業生と思われる17名を差し引いた455人（月給者350人、日給者105人）が実質的な物産職員といえよう。

　1902年版「使用人録」に採録されている者のうち、1902年に採用された者は同年1月に日給職員として採用された者が2名いるだけである。よって

この「使用人録」に載っている者は、ほとんどが前年の1901年までに雇い入れられているということになる。当時はまだ新卒定期採用制がとられていたわけではなく、大学や学校の卒業前後に学生は人事担当者と面接し、採用が決まればすぐにでも勤務を始めるケースが多々あった。当時の学校の卒業月はたいてい7月であったから、学校出身者の雇入月は7月がやや多いが、7月以外に雇い入れられている者も多い。1901年に雇い入れられた月給職員・日給職員は50人いるが、その内1901年に高等および中等教育機関を卒業して、いわば新卒の状態で入った者17人の出身校および月給額は、表1-1の通りである。この17人以外にも既卒者が5人いる[15]。これらの新卒および既卒の学校出身者の計22名以外の者は、1916年版「店別使用人録」にも名がない(すなわち1916年までに退職している)者がかなりいて、その学歴が不明な者も多い。このような人々で、1902年版「使用人録」に月給職員として名がある者は、高等あるいは中等の教育機関出身者だが、われわれ筆者がその人物がどの学校出身か把握しきれていないだけか、小学校を出てまずはどこかに就職し、そこ

表1-1　1901年の新卒入社人員

番号	氏名	出身校名	物産雇入月	増給年・月	勤務地	給与	外国在勤	手当
1	野平　道男	東京高商	7月		本店	月俸35円		
2	杉野　朝次郎	〃	7月	1901年12月	本店	月俸30円		
3	手塚　秀雄	〃	7月	1901年12月	本店	月俸30円		
4	伊藤　寛	〃	7月	1901年12月	香港	月俸30円	55ドル	
5	杉浦　進太郎	〃	7月	1901年12月	香港	月俸30円	55ドル	
6	関口　彦造	〃	7月	1901年12月	本店	月俸30円		
7	天野　雄之輔	東京外語・韓語	7月		京城	月俸20円		20円
8	長谷川　作治	東京外語・露語	7月		長崎	月俸20円		
9	飯田　恕	東京外語・〃	8月		関東州	月俸20円		20円
10	神崎　正助	東京帝・英法	9月	1901年12月	本店	月俸35円		
11	三橋　久美	〃　〃	7月	1901年12月	大阪	月俸30円		
12	堀切　浅吉	横浜商業	4月	1901年12月	本店	月俸18円		
13	塩田　良温	〃	4月	1901年12月	本店	月俸18円		
14	澤　立吉	神戸商業	4月		神戸	月俸12円		
15	小林　一郎	〃	4月		神戸	月俸12円		
16	堀田　稔	名古屋商業	8月		門司	日給50銭		
17	松尾　豊三郎	長崎商業	4月	1901年12月	長崎	日給50銭		

から物産へ転勤した者であると考えられる。

また1902年版「使用人録」に日給職員として名があがる者のほとんどが、小学校だけ出てまずは「小供」として物産に入り、1901年になって日給職員に昇格したことで、はじめて「使用人録」に記載された者と考えられる。

(2) 1901年入社の学校卒業者

再び表1-1に目を転じると、1901年に新卒の状態で物産に入った17人には、予想通りというべきか東京高商卒業生が6人いて、人数では他校を圧倒している。高等教育機関としては他に東京外語学校が3人、東京帝大が2人で、1901年に新卒の状態で物産入りしたのは高等教育機関としてはこの3校からだけである。この3校から11人が物産に入社している。東京高商からの6人はいずれも7月に入社しているが、そのうち5人が同年12月に増給の措置を受けて月給が30円にアップしたとのことである。よって7月の入社時から5カ月ほどは初任給20円台からのスタートであったということになる。当時の物産は、上述のとおり「使用人登用規則」に沿えば、高等教育機関出身者でも入社直後は「見習」をさせられたので、「見習」終了後に増給の措置を受けたということも考えられる。逆に増給措置を受けていない番号1の野平道男は増給措置を受けていなくても月給額が入社時から35円であり、特別に高い月給額であったということになる。ちなみに、これら東京高商卒の6名はいずれも1916年時点でも物産に勤務しているので、1916年「店別使用人録」にも名が出てくる。1916年版では年齢まで書かれているので、これら6名の年齢も判明するのだが、6名のうち最も年長は手塚秀雄（表1-1の番号3）であり、野平道男はこの手塚より3歳ほど年少である。よって野平の初任給額が他と比べて高いのは、年齢によるものではないらしい。とにかく、1901年入社の東京高商の卒業生6名からいえることは、同じ学校出身者であれば物産での初任給額等の待遇はほぼ同じであるが、若干の例外もあったということである。

他校出身者はどうであろうか。東京帝大から入社した2人も両人とも入社

年の12月に増給の措置を受けているが、東京外語からの3人はいずれも増給の措置を受けておらず、しかも月給額も東京高商、東京帝大の出身者と比べるとかなり安い。増給措置の有無が何に拠るのかは不明ではあるが、1901年時点での物産における高等教育機関出身者への処遇は、とくに東京高商と東京帝大の出身者の事例からは、同じ大学・学校の出身でもややばらつきがあったことがみてとれる。当時、浪人や留年がなくても帝大は高商より卒業時の年齢が2年ほど高かったが、それでも東京高商の新卒者は帝大新卒者に伍する待遇を受けていたことも察知できる。一方、当時の東京外語学校は修業年限3年であったのに対し、東京高商は予科1年、本科3年の計4年であり、東京外語の修業年限は1年短いとはいえ、これら両校の初任給額には大きな開きがあったことが読みとれる。ただ東京外語出身で外地勤務の番号7の天野雄之輔（京城勤務）と番号9の飯田愿（中国・関東州勤務）には月給額と同額の手当金が支給されているから、外語学校で身につけた語学力というスキルを発揮しうる外地で勤務する場合には、高商や帝大出身者より相対的に安い月俸を手当金が補填する形になっている。

　次に表1-1に載っている中等クラスの教育機関出身者についてみてみよう。1901年入社の中等教育出身者はこの表に載っている6名で、すべて商業学校出身者である。横浜商業学校からは2名採用で、その両方が4月入社で12月に増給措置を受けたあとの月給が18円であるから初任給は16円程といったところであろうか。増給後の金額とはいえ、その18円というのは東京外語の初任給20円に迫るものである。物産での横浜商業卒業生の月給額の高さは、同校の修業年限に拠ると考えられる。横浜商業は他の商業学校と比べ修業年限が長いという特徴を有する学校であり、1899年から学則が改正される1904年については、同校は4年制の高等小学校卒を入学資格とし、修業年限は予科2年、本科3年の計5年であり、浪人・留年なしでの卒業時の年齢は高等商業学校よりわずか1年短いだけであったから、「横浜商業学校は高等なる商業学校と認定す」、「但し高等商業学校にはあらず」とされる特殊な学校であった。同校の卒業生は一般の商業学校より優遇され、「日本銀行、横浜正金銀行

等に於ては専門学校卒業生に対すると同等の待遇を与へ私立大学専門部卒業生等よりは遙に優良の地位を以て待遇せらるゝ実情」にあったとされている[16]。上述の通り、月給額だけでみれば、横浜商業の卒業生は東京外語の卒業生に迫らんとする待遇を受けていたともいえそうだが、やはり東京外語の方は高等教育機関であって、物産内ではその差は考慮されていたようにみえる。逆に、ここでも、横浜商業と卒業年齢がわずか1年の差であるとされる東京高商の出身者への厚遇ぶりが、より際だっていたということも可能であろう。

　他の商業学校についてはどうであろうか。神戸商業学校からも2名が4月に入社しているが、いずれも増給措置を受けておらず、初任給12円からのスタートであった。一方、名古屋商業からの1名は日給職員としての採用で、しかも増給措置なしで日給額50銭である。長崎商業からの1名も日給職員としての採用であるが、こちらは増給後の日給が50銭であるから、初任給はもっと安かったということになる。

　横浜商業からの2名と神戸商業からの2名をみる限りでは、同じ学校の出身者については、入社後初期の待遇には統一がみられたといってよい。だが名古屋商業と長崎商業の出身者は日給からのスタートであり、商業学校ごとに待遇にばらつきがみられる。ただ日給職員といっても、日給50銭で1カ月のうち25日勤務したとすれば、12円50銭の支給は受けているわけであり、それは神戸商業出身の2人の月給額12円と比べても日給職員だからといって支給額が特段に安かったというわけでもなさそうである[17]。

　商業学校出身者への待遇は、高等教育機関出身者以上に学校間でばらつきがあったようにみえる。このばらつきは、支店長の裁量に拠って生じるのではないかとも思われるが、確かなことはわからない。

(3)　1897年以降に入社した学校卒業者

　1901年に入社した学校卒業者は、上述の通り、やや限られた学校のみである。本章の冒頭で書いたような、「物産が学卒者を本格的に大量採用し始めるのは開業から20年ほどたった日清戦争前後期以降、1890年代半ばから1900

年代に入ってから」という指摘を意識して、以下では1897年で線を引き、その年以降に物産入りした学校卒業者について観察してみよう。1902年版「使用人録」に掲載されている月給者・日給者のうち1897年以降に入社した者を抽出したのが、表1-2である。ただ、これはあくまで1902年版「使用人録」からの抽出であるから、1897年や98年に入社した後、1902年までに物産を退社している者はそこには把握されていない。だが、物産がどのような学校からの採用を増やそうとしていたのかを知る手がかりにはなるであろう。その点に留意して表1-2をみると、まず1897年以降に採用された高等教育機関出身者は1902年時点では78人が残存していたことがわかるが、そのうちここでもやはり東京高商出身者が51人と他校を圧倒しており、2位の東京帝大11名を大きく引き離している。

3位に入ったのは先にみた表1-1には出てこなかった慶應義塾の6人であり、その次の4人の東京外語に続いて、表1-1にはなかった東京高等工業、東京専門学校（早稲田大）、東京法学院（中央大）が続く。物産の創業期以来、慶應義塾出身者が採用されていたことは知られているが、同校はこの時期でもそれなりに採用されていること、また表1-1にはなかった東京高工および帝大・工科という技術系人員の採用を増やす兆しが、この時期すでにみられたことが確認できる。

これらの高等教育機関出身者については、官立の東京高商、東京帝大、東京外語、東京高工の出身者については新卒で採用されている者がある程度みられるが、私立の3校については慶應義塾を1899年に卒業した者が新卒で1人雇用されている以外はすべて既卒者の採用であるところも対照的といえよう。

表1-2の右の方に載っている中等レベルの学校出身者に目を転じてみると、表1-1にはなかった校名がかなりあることが察知される。中等クラスの学校出身者は31名を数えるが、そのほとんどが商業学校出身者（28名）である。そのうち表1-1にあがっていなかった商業学校としては、下関商業、大阪商業、京都商業、四日市商業、滋賀県立商業、商業素習学校などがあり、多様性がみられる。表1-1のところで指摘したのと同様、これらの者も月給者と日

表1-2　1897年から

出身校	入社年	人数	卒業年
東京高商	1897	14	1886年卒1人、1890年卒1人、1891年卒1人、1894年卒2人、1896年中退1人、1897年卒8人
	1898	8	1892年卒2人、1895年卒1人、1896年卒1人、1898年卒4人
	1899	15	1893年主計卒1人、1895年卒2人、1899年卒12人(うち1人専攻部)
	1900	5	1895年卒1人、1897年卒1人、1898年卒1人、1900年卒2人
	1901	9	1890年卒1人、1898年卒1人、1900年卒1人、1901年卒6人
	計	51名	
東京帝大	1897	2	1897年法卒1人、31年工・機械卒1人（青田買い？）
	1898	2	1898年法卒2人
	1899	4	1899年法卒4人
	1900	1	1891年林実卒1人
	1901	2	1901年法卒2人
	計	11名	
慶應義塾	1897	2	1890年卒1人、1897年卒1人
	1899	4	1887年卒1人、1889年卒1人、1893年卒1人、1899年卒1人
	計	6名	
東京外語	1899	1	旧外語1人
	1901	3	1901年露語卒2人、1901年韓語卒1人
	計	4名	
東京高工	1898	1	1891年機械卒
	1899	1	1899年機械卒
	1900	2	1898年機械卒1人、1900年機械卒1人
	計	4名	
東京専門(早稲田)	1897	1名	1893年政治科卒後教師を経て入社
東京法学院	1901	1名	1891年卒
	高等教育機関　計	78名	

給者が混在している。また商業学校以外にも長崎中学、東京一中、山口中学など「中学校令」下の学校出身者も3名おり、そのうち1名は日給者である。これらの中学校卒業者は、本来は最終的には帝大や高商、高工、あるいは軍の学校に進むようなエリートコースを歩むことが目指されていたはずであるが、学業についていけなかったのか家計の急変などでその夢が絶たれ、中学卒業後に物産入りしたということになるのだろう。また、高等教育機関出身者と同様、この中等クラスでも既卒者の採用が散見される。

　以上みてきたように、物産が日清戦後の時期に大量に採用したという学校卒

1901年の学校別採用数

出身校	入社年	人数	卒業年
神戸商業	1897	1	1890年卒
	1898	2	1898年卒2人
	1899	3	1895年卒1人、1896年卒1人、1899年卒1人
	1901	2	1901年卒2人
	計	8名	
下関商業	1898	1	1896年卒
	1900	3	1896年卒1人(日給)、1900年卒2人(うち1人日給)
	計	4名	
長崎商業	1900	2	1900年卒2人(うち1人日給)
	1901	2	1900年卒1人、1901年卒1人(日給)
	計	4名	
大阪商業	1897	1	1897年卒
	1898	1	1898年卒
	1899	1	1898年卒
	計	3名	
京都商業	1898	1	1894年卒
	1899	1	1899年卒
	計	2名	
名古屋商業	1900	1	1900年卒
	1901	1	1901年卒(日給)
	計	2名	
横浜商業	1901	2名	ともに1901年卒
四日市商業	1900	1名	1899年卒
滋賀県立商業	1901	1名	1900年卒
商業素習学校	1900	1名	1899年卒(日給)
	中等商業学校 計	28名	
長崎中学	1899	1名	1896年卒
東京一中	1899	1名	1891年卒
山口中学	1900	1名	1898年卒(日給)
	中学校 計	3名	
	中等教育 計	31名	
	高等・中等合 計	109名	

業者の多くは高等教育機関の出身であったが、その多くは物産の創業期から着々と採用されていた商法講習所およびその後身の東京高商の出身者であったものの、後年採用数が増えていく東京帝大や東京外語、東京高工もこの時期に

物産に進出しつつあったことが確認できた。また中等クラスの商業学校出身者も月給者・日給者が混在する形でまずまずの数が採用されていたことが判明した。

　ちなみに、1897年以降に入社して1902年時でも物産で勤務し、なおかつ表1-2に表れない職員は164人（月給者76人、日給者88人）いるが、これらのほとんどは中等以上の学校を出ていない小学校出身者と考えられる。

第4節　1916年「店別使用人録」の分析

(1)　1916年の物産職員

　1916年の「店別使用人録」（以下、1916年版と略記する）には、当時物産に在籍したのべ2,000人以上の人名が載っている。たとえば当時、上海支店長であった藤村義朗は、この1916年版に4回氏名が登場する。1回目は上海支店長としてであるが、残りの3回は機械部、棉花部、石炭部の上海支部長としてである。物産では1914年以降「本支部」制度[18]をとっており、上海支店には機械部、棉花部、石炭部の支部が置かれたため支店長の藤村がその支部長を兼任していたので、4回も登場しているのである。このように同一人物が複数回登場しているケースがかなりあるので、そのような重複を排除すると、1916年版には実質1,972名の人名が載っていることになる。

　そしてこの1,972人には、正規職員とは異なるような者も含まれている。まず1902年版「使用人録」と同様に、1916年版にも「嘱託」が12名いる。そこには小供として物産入りし、棉花部長、大阪支店長となって、名古屋の発明家豊田佐吉との個人的友情のなかで豊田家事業の育成に奮闘した藤野亀之助[19]も含まれる。1914年7月に嘱託に任命された藤野亀之助には2,000円もの年俸が支給されているのが確認できる。藤野以外には、磯村豊太郎や藤原銀次郎という明治期の物産の発展を支えた功労者が嘱託に任命されている（ただし磯村と藤原には報酬は支払われていない）。また1887年に帝大・工科を卒業し関西鉄道、大阪鉄道、帝大講師を歴任した渡辺秀次郎も嘱託であり、

1,500円の年俸を支給されている。元海軍大佐の岩下知克も嘱託に任命され、年俸1,500円である。この岩佐は物産が海軍関係の業務を円滑に進めるために嘱託に任命されたのであろう。よって、1916年版での「嘱託」とは藤野亀之助、磯村豊太郎、藤原銀次郎のようにかつて物産で勤務した功労者か、あるいは渡辺秀次郎や岩佐知克のようなアドバイザー的な者の2種に大別できるのであり、正規の職員のイメージではない。

1902年「使用人録」の分析では正規職員としてカウントしなかった修業生は、1916年版では支那修業生として10名の名がある[20]。支那修業生については、1915年に「修業生ニハ当会社見習員及使用人ニ準ジ相当ノ給料並在勤手当ヲ支給[21]」する、と規則の改定があったため、1916年版の分析では正規職員として扱うことにする[22]。

次にあげられるのは「罷役」の50人である。罷役というのは現代風にいうと「出向」に近いものであろうが、この50人のうち26人(本来28人であるが2人が他部署と兼任なので26人でカウントする)が一年志願兵であり、これらの人員には罷役中でも月給が支給されている。残りの24人のうち22人には月給額の下に「無給」と書かれているので、これらの人々は物産からは給与は支給されていないが、ここにはおそらく出向先での給与額が記されているのであろう。これらの「罷役」は物産の正規職員としてカウントしておくことにする。

「待命」も1名いるが、この人物には月給が支給されているので正規職員として扱うことにする。また1916年版には、船舶部の職員名の記載はあるが、1902年版「使用人録」と異なって船員の記載はない。

以上を総括すると1916年版には実質1,972名の名があるが、ここから正規職員というイメージではない「嘱託」12名を差し引いた1,960名を実質的な職員と捉えることにしよう。1902年時点の実質的な職員数が455人であったから、明治期後半から大正の大戦景気の時期にかけて、物産人員は実に4.3倍という著しい増加をみたことになる。

この1916年の在勤者1,960名の中には日給者が25名いる。1902年版の

分析の際には、当時の実質的な職員が 455 人で、そのうち日給者は 105 人、率にして約 23% であったが、1916 年版の方の日給者は僅か 1.3% である。これは、この 1916 年版が編纂された前年の 1915 年に、物産において日給職員の全廃と「日給使用人タル者ハ選考ノ上之ヲ本店使用人ニ編入ス」ると決定された[23)]ことが大きく影響している。

　1916 年版に氏名が載っている月給者の中には、「四、使試及、小供」とか「四、使試、及店限」というような注記が付されている者が 36 人いる。上述の通り、1915 年に日給者制が全廃され、日給者を選考のうえ使用人に編入したということを念頭に置けば、この「四」というのは大正 4 (1915) 年の四であろう。そして「使試」とか「及」というのは、使用人試験に及第した、と読める。つまり「四、使試及、小供」と注記されている者は、それまで小供だったが 1915 年に使用人試験を受けて及第し使用人に編入された者、と読める。「四、使試、及店限」と書かれた者も同様に、それまで店限だったが 1915 年に使用人試験に及第して使用人となった者ということになろう。

　だが 1915 年に日給者制の全廃が決定されたといっても、1916 年版には日給を支給されている者が 25 名載っている。そしてこの 25 名のうち 19 名の者の氏名の上部に「特」という字が記されている。この日給のままの者に「特」の字が付されているということは、「特」の字は当時の物産内のカテゴリーでいうと、「特別採用日給者」ということになろう。つまり 1916 年版によると、1915 年の使用人試験に及第して使用人となった者は 36 人いたが、試験に落第した者のほとんどは「特別採用日給者」に振り分けられた、と読み取ることができる。

　これら 25 名の日給者たちは、最も若い者で 31 歳（2 名）、最高齢は 61 歳（2 名）で、全体的に年齢層が高い。当時の物産はまだ定年退職制がとられていなかったから、そのような高齢者が散見できるのだが、この日給者たちの約半数の 11 人が当時の物産内で軽視された受渡部門[24)]（輸出入の現場での荷受け業務、通関業務、傭船契約など）の従事者であり、また物産職員が忌避したもうひとつの部門である勘定掛[25)]（出納や銀行回り、簿記など）にも 4 人（出

納3人・会計集金1人）が従事しており、職員たちが嫌がる部門に日給者が滞留していたことが指摘できる。だが彼ら日給者たちは1人を除いて皆1円以上の日給を得ており、日給の最高額は52歳の者（2名）の2円40銭である。最高齢の61歳の2名の日給額も、一方は2円10銭、もう一方は2円である。日給2円で月25日出勤したとして50円もらえるのであるから、社会的には決して低賃金ともいえず、そのような待遇に甘んじて、とくに月給職員になることも望まず、社内では"主（ぬし）"のような存在であったのではなかろうか。

(2) 1916年に入社した高等教育機関卒業者

第3節と同様に、ここでも1916年版を用いて1916年に物産入りした学校卒業者について分析を進めよう。1916年版の表紙には「大正五年六月三十日現在」と表記されているから、以下で進める1916年入社の学校卒業者とは、同年1月～6月末までに入社が決まった者であり、7月以降に入社した者は掲載されていないということになる。また当時の学年暦についても注意を要する。

一部の専門学校では明治末期から学年暦を4月開始、翌3月終了にしていたところもあったが、高等教育機関で全国統一的に現在のように4月に新学期がスタートし、翌年の3月末で年度が終了する仕組みになったのは1918年頃であり、それ以前は東京高商や帝大のように9月に新学期開始、翌年7月終了にしているところもあった。このような学年暦の不統一という事情もあって、1916年時点の物産はまだ新卒定期採用ではなく、帝大や専門学校などの学生は、最終学年時に就職活動を行い、バラバラに採用が決まったのである[26]。

表1-3は、1916年（くどいようだが6月末まで）に学校を卒業かつ入社した高等教育機関出身者を学校別にその採用人数、月給額を記したものである。全員で167人の新卒者を採用したということになるが、学校別でみると、ここでも予想通り東京高商出身者が56人採用されており、同年採用の3人に1人の割合を占め他校を圧倒している。1校から1916年の新卒者だけで56人も採用ということに改めて驚かされる。そして彼らの月給額、つまりそれは初任給額でもあるが、全員35円であり例外はない。この56人には専攻部を出

た3名も含まれる。東京高商の専攻部は「本科の課程を終了したる後尚商業各般の専門に関し之を攻究せんとする者及領事の職務に従事せんとする者の為に」、1897年に開設されたもので、その時は本科修了後さらに1年多く学業を重ねるという課程であったが、1902年には修業年限は2年に延ばされていた[27]。必然的にその修了年齢も本科より2年は長くなるが、そのような深い学識をもった者も初任給は本科卒業者と同じ35円である。これら東京高商卒業生の最年少は22歳(本科)、本科卒の最高齢は27歳、専攻部修了者は2人が26歳で1人が27歳というように年齢はばらばらであるが、初任給は35円で統一されている。これら56人に加え、1916年には東京高商からは既卒者19人もが物産に入社しているので、新卒・既卒合わせて75人もの採用があったことになるが、1915年卒の1人が月給30円であるだけで、残りの74人が月給(初任給)35円である。この月給30円の者は24歳であるので、年齢が低いから5円安いというわけでもなさそうである。またこの人物には見習いである旨の注記があるが、東京高商出身者で見習いの者は他にも多く、見習い

表1-3　1916年の高等教育機関新卒入社人員の学校別採用数

順位	校名	人数	月給額(円)
1	東京高商	56(うち専攻部3)	35
2	東京帝	20	
	(内訳)法科	(内訳)14	35
	工科	5	45
	経済	1	35
3	神戸高商	18	35
4	東京外語	11	
	(内訳)支	(内訳)5	25
	露	3	25
	英	1	25
	印	2	20
5	慶應義塾	10	25
6	山口高商	7	25
7	東京高工	6	30
	東亜同文書院	6	25
	小樽高商	6	25
10	長崎高商	5	25
11	同志社	4	25
12	早稲田・商	3	25
	中央・商	3	25
	関西学院・商	3	25
15	大阪高工	2	30
	大阪高商	2	25
	東洋協会京城分校	2	15
18	京都帝・政	1	35
	私立農大	1	25
	東洋協会	1	20
	合計	167	

でも月給額は 35 円である。この 1 名だけが 30 円である理由はよくわからない（誤記の可能性もありえよう）。

　採用数で東京高商の次につけたのが東京帝大の 20 人であり、学科別でみると法科（法・政治）14 人、工科 5 人、経済 1 人である。そして法科と経済の初任給は全員 35 円であるのに対し、工科は全員 45 円である。この時点での帝大は東京高商のような専門学校より修了年齢が 2 年ほど高くなるが、この年に新卒で物産入りした東京帝大卒業生は、法科の最年少が 26 歳、最高齢が 31 歳。経済卒は 27 歳で、工科は最年少 25 歳、最高齢が 28 歳である。東京高商のところでみたのと同様に、この東京帝大卒業生にも年齢には関係なく、文科系の法経科は初任給 35 円、工科は 45 円というように文理別に統一が図られている。工科の方に手厚く 10 円もの上乗せがなされているのは非常に興味深いところである。東京帝大からもこの年、既卒者の採用が 11 人あったから、東京帝大からの採用は新卒・既卒合わせて 31 人である。

　採用数で 3 位につけたのは神戸高商の 18 人であり、こちらも初任給は 35 円に統一されている。最年少は 22 歳で最高齢は 26 歳である。神戸高商が第 1 回卒業生を出したのは 1907 年であるから、それから 10 年もたたないうちに物産採用校の上位に食い込んでいるのは驚きであり、また初任給も帝大の文科系および東京高商と対等であって、同校への社会的評価の高さが感じられる[28]。

　4 位に入ったのは東京外語 11 人であるが、同校卒業生の初任給は 11 人中 9 人が 25 円だが 2 人だけ 20 円というように、ばらつきがみられる。この 2 人はいずれも「印」語科[29]出身である。この 5 円の差が何に拠るものなのかは判然としないが、専攻の語種によって初任給に差をつけるという露骨なことがなされていたということになろう。また東京外語の欄をみてわかるのは、支那語（中国語）学科とロシア語学科がやや多いことである。ドイツ語やフランス語の専攻者がいてもよさそうだが皆無であり、英語科も 1 人だけである。英・独・仏語などは高商や帝大でも熱心に教えられたから、それらの語種は高商や帝大の卒業生でも担えるものとして、外語学校には、むしろ高商や帝大で

は手薄な語種への期待が高かったのではないかと思われる。

　そして5位は慶應義塾の10人であり、初任給は25円で統一されている。以下、山口高商、東京高工、東亜同文書院というふうに続き、合計20校からの採用をみた。

　ここで改めて表1-3について総括しておこう。上述の通り、東京帝大・工科の初任給45円は破格の待遇であり、文系より理系への評価がかなり高かったことが改めてわかる。これに続くのが東京帝大の文系（法経）、東京高商、神戸高商、それと採用人数で18位に入った京都帝大（政治科）出身者の初任給35円である。東京と京都の帝大と東京・神戸の高商は他の学校とは別格扱いであったことがわかるが、学齢でみると高商の方が帝大よりも若くして卒業し得たわけであり、初任給にはそのような学齢差は考慮されていないということになる。

　この初任給35円に続く学校が7位の東京高工と15位の大阪高工であり、両校とも30円である。両校とも官立の高等工業学校ということで、統一が図られていたことがわかる。この30円ゾーンに続いて、初任給25円ゾーンに入る学校がずらりと並ぶ。山口、長崎、小樽の官立高商、および大阪高商という市立高商はこのゾーンに入っているが、同じ高商でも東京・神戸とは10円の差がつけられていることになる。また慶應義塾、同志社、早稲田、中央大、関西学院などの私立もこの25円ゾーンに含まれている。早慶と他の私立に差をつけず、私立は一律に扱っていたことが察知される。私立農大（現在の東京農大）は現代的にみると理系であるが、この私立25円ゾーンに入れられている。またこの25円ゾーンには、ほぼ初任給25円で統一が図られていた東京外語と、同じく中国語に長けた人材を多く輩出した東亜同文書院も含まれている。

　一方、東京高工と大阪高工の初任給が私立や外語系学校よりも上位の30円ゾーンに含まれていることは、上で東京帝大の工科が初任給45円で、同じ帝大でも文科より厚遇されていたことを指摘したのと同様に、物産では文科系よりも技術系（理科系）が優遇されていたことを示していよう。ちなみに1916

年に入社した高等教育機関卒業生には、既卒だが外国の大学・学校卒業生が4名いる。既卒ゆえに表1-3に載っていないのだが、そのうち2名は前年の1915年卒で、一方は旅順工科学堂（旅順工科大の前身）卒で1916年に25歳で物産に入り初任給は35円。もう一方は米国オレゴン大学・電気学科卒で1916年に28歳で物産入りし初任給は40円である。この理科系出身の2人は「前職」欄も空欄であり、ほとんど新卒採用と同様での入社であったとみられるが、この両人の初任給35円と40円を表1-3と照らし合わせてみると、帝大・工科の初任給45円と東京・大阪の高工の初任給30円の間に位置づけられていることになり、外国の大学・学校卒業生もかなり高く評価されていたことが察知される。

　また外語系の学校の中でも、差がつけられていたことも指摘できる。上述のごとく、東京外語の中でも"印"語＝ヒンドゥー語・タミル語科と、それ以外の中国語・ロシア語・英語科では前者の初任給20円、後者が25円に分類され、差がつけられていたが、上海の日本租界地でみっちりと中国語を叩き込まれる東亜同文書院はこの東京外語の高額の方のゾーンと同等の初任給を給されたのに対し、東洋協会（現在の拓殖大につらなる）の方は、東京外語の安い方のゾーンと同じ区分に入れられていることが察知される。さらに東洋協会の京城分校からの採用2名はいずれも25歳での新卒採用であるが、ともに後でみる中等クラス校卒業生とほぼ同額の15円という安さである[30]。上でみた東京帝大・工科からの採用でも25歳の者が2名いるが、その初任給45円と比べても実に3分の1の額である。理科系と文科系という他に、明らかに官立と私立の差も影響していたといえる。

　よって1916年時の物産では、微妙な違いも若干はあるものの、1902年版「使用人録」の時点と比べると、学校ごとでほぼ初任給の統一が図られていたということが指摘できよう。また文科系と理科系という分類では、帝大工科や東京・大阪の高等工業学校が文科系よりも優遇されており、官立と私立という分類では、概して官立のほうが優遇されていたことが確認できた。

(3) 1916年に入社した中等教育機関卒業生

次に中等クラスの学校卒業生に目を転じてみよう。表1-4に示したように、1916年には中等クラスの31校から81人の新卒者の採用があったが、彼らはすべて商業学校からであって、普通中学からの新卒者採用はない（慶應義塾内に設けられた慶應商工学校も商業学校に分類した）。

このうち採用者数でみると名古屋商業からの15人が2位以下の他校を圧倒している。先にみた表1-1、表1-2でも名古屋商業の名は上がっていたが、他の商業学校と比べても同校からの採用数は抜きん出ていたわけではなかったが、この1916年時点では物産の中等クラスの学校枠では他校を圧倒している。そして同校の出身者の月給額、すなわち初任給は15円で統一されている。この年、同校から採用された者15名のうち8人が19歳、1人が20歳、3人が21歳というふうに全体的に年齢層が若いが、中等クラス出身にしてはやや年齢が高い22歳と23歳の者も1人ずついる。このような年齢差があっても、初任給は15円で統一されている。

名古屋商業に続いては、早稲田実業が2位に入っている。同校は1901年開校で、この1916年時点では第1期生を輩出してから10年余しかたっていないが、新卒者が6名も採用されている。この早稲田実業の他にも京華商業（5人）、大倉商業（3人）という、東京に設けられた、この時点ではまだ比較的創立から日の浅い私立の商業学校から割と多くの採用があったことがわかる。

早稲田実業以下は、表1-2にも校名がでていた京都第一商業（京都商業から改称）、下関、神戸、八幡（滋賀県立商業から改称）、横浜、長崎、四日市などの商業学校が名を連ねる一方、沼津や佐賀、和歌山、岐阜など比較的歴史の浅い地方の商業学校からも複数名の採用がみられ、さらに慶應商工、栃木などからは各1名の採用であった。

これら商業学校出身者の初任給に関しては、表1-4右側の「月給額」の欄にいくつか「空白」という語が記されているのは、1916年版の月給額の欄が空白であるという意味であるが、すべて支那修業生である。そのような月給額の記入のない支那修業生を除いて観察した場合、1校から複数名採用されてい

るケースで比較してみると、同じ学校の出身であれば初任給額は統一されているから、高等教育機関と同様に、これら商業学校出身者の初任給も学校ごとに統一されていたとみてよいだろう。具体的には横浜商業1校のみが16円で、名古屋商業など9校が15円、京華商業など21校が14円である。とくに横浜商業の初任給が高いのは、前節で述べたように同校が中等の商業学校であるにもかかわらず修業年限5年[31]という長さの特殊な学校であることに拠るものと思われる。同校から新卒で採用された2名のうち1人は21歳、もう1人が20歳であるが、上述の25歳で東洋協会京城分校を出た2名の初任給15円より1円多いという逆転現象がみられるので

表1-4 1916年の中等教育機関新卒入社人員の学校別採用数

順位	校名	人数	月給額
1	名古屋商業	15	15円
2	早稲田実業	6	1人(空白)を除いて全員15円
3	京都第一商業	5	1人(空白)を除いて全員15円
	京華商業	5	14円
5	下関商業	4	1人(空白)を除いて全員15円
6	神戸商業	3	15円
	大倉商業	3	15円
	沼津商業	3	2人が14円、1人が空白
	八幡商業	3	2人が15円、1人が空白
	佐賀商業	3	14円
11	横浜商業	2	16円
	大阪商業	2	1人が15円、1人は空白
	四日市商業	2	1人が14円、1人は空白
	静岡商業	2	14円
	熊本商業	2	1人が14円、1人は空白
	長崎商業	2	1人が14円、1人は空白
	福井商業	2	14円
	函館商業	2	14円
	和歌山商業	2	14円
	岐阜商業	2	14円
21	慶應商工	1	15円
	栃木商業	1	14円
	島根商業	1	14円
	岐阜商業	1	14円
	久留米商業	1	14円
	広島商業	1	14円
	神港商業	1	14円
	中央商業	1	14円
	長野商業	1	14円
	鳥取商業	1	14円
	富山商業	1	14円
	合計	81	

注：空白とあるのはいずれも支那修業生。

ある。だが、1916年の横浜商業からの採用は2名のみであり、名古屋商業からの採用者数が増加しているのとは対照的である。

また初任給15円の名古屋商業、京都第一、下関などは修業年限4年である

のに対し、14円の京華商業は修業年限が3年であったから、この初任給15円と14円の違いは、横浜商業の修業年限の長さが同校卒業生の初任給16円につながっていたと推測されるのと同様に、基本的には修業年限の違いではないかと推測される。だが長野商業のようにこの1916年時点では修業年限4年であるのに初任給が14円であるようなケースもあり、修業年限の違いだけが初任給の差につながったともいいきれない。また初任給15円の早稲田実業は、この時期の修業年限は予科1年、本科4年の計5年で（さらに専攻科2年にも進学可）、「一般の甲種商業学校よりも程度の高い学校」とされているから、上記の横浜商業のように16円であってもよさそうなものだが、これは市立と私立という違いか、あるいは学校の歴史の長短が影響していた可能性がありえよう。すなわち、横浜商業は1882年設立の横浜商法講習所を起源としているし、他の15円の公立の商業学校も概ね創設年が古い伝統校であるから、そのような歴史の長さもが初任給の差の一因だった可能性もありえよう[32]。

(4) 1902年から1916年に入社した学校卒業者

1916年版に拠って、ここまで1916年に新卒で入社した学校卒業者について考察してきた。ここで視点を変えて、明治期後期から大正期にかけてどのような学校からの採用が増える傾向にあったのかを観察するために、前節同様に1902年版「使用人録」が把握していない1902年以降に入社した学校卒業者について観察していくことにしよう。

1902年から1916年の間に物産に入社し、かつ1916年時点でも勤務しつづけている者は1768名いるが、その内の高等教育機関出身者を学校別に書き上げたものが表1-5、同様に中等の商業学校出身者を書き上げたものが表1-6である。

まず高等教育機関出身者を示した表1-5をみると、上でも再三指摘したように、ここでもやはり東京高商は圧倒的多数を占めている。その東京高商に続く2位以下では、1897年から1901年の物産就職者を示した表1-2と比較しても、東京帝大、東京外語、東京高工が採用者数を順調に伸ばしていたことが

表1-5 1902年から1916年の高等教育機関別採用数

順位	校名	人数	備考（学科などの内訳）
1	東京高商	391	うち専攻部47、神戸高商から専攻部への進学者2名含む
2	東京帝	116	法72、工25、経済12、農4、文2、薬1
3	神戸高商	80	
4	東京外語	67	
5	東亜同文書院	55	
6	早稲田	50	専門部4、米エール大への進学者1名含む。50人のうち商学部30人。
7	慶應義塾	45	慶應を経て他校進学者3名含む。45人のうち理財41人。
8	東京高工	43	
9	大阪高商	33	
10	山口高商	28	
11	長崎高商	27	
12	京都帝	15	法9（経と記載された者1含む）、理工5、文1
13	東洋協会	13	現：拓殖大
14	小樽高商	10	
15	蚕糸講習所	9	現：東京農工大
16	同志社	8	
17	中央	5	いずれも商学部
	明治	5	5人中、4人が商学部
	大阪高工	5	
20	米スタンフォード大	4	
	東北帝	4	林（林実、林選）3、農1
	札幌農学校	4	
	専修	3	
24	関西学院	3	いずれも商科
25	東洋協会京城分校	3	
26	立教	2	
	立命館	2	
	中国・旅順工科学堂	2	
	上田蚕糸	2	現：信州大

その他1人採用校：法政、明治専門、農大、明治学院、日本、ウィスコンシン、オレゴン、マサチューセッツクラーク、ノースウエスタン、エール、ワシントン、ミズーリ、パリ大学、ミシガン、ペンシルバニア、ニューヨーク、バーミンガム商業大、オレゴン州立、バチェラーオブサイエンス

注：1916年時点での在勤者が対象である。

確認できる。そしてむしろそれ以上に目を引くのが、神戸高商、東亜同文書院、早稲田大からの採用者数の驚異的な伸びであろう。早稲田大は表1-2では東京専門学校時代の卒業生が1名中途採用されていただけであり、また神戸高商と東亜同文書院は表1-2の時期にはまだ卒業生を輩出しておらず、これら3

校はいわば無の状態からの驚異的な伸びといってよい。早稲田大は採用人数だけでみると明治前半期から物産での"学校出"のひとつの柱であった慶應義塾に伍する勢いを持ち始めていたことがうかがえる。

また各地での高商設立を受けて大阪、山口、長崎、小樽の高商が採用数を伸ばし、蚕糸系や農業系という、かなり専門的な大学・学校からも採用がみられたことがわかる。さらに、スタンフォード大やパリ大学のような欧米の大学への留学者の採用もみられるし、中国の租借地に日本人が開設したという意味で上記の東亜同文書院と類似の性格を有する旅順工科学堂からの採用もみられる。

中等の商業学校出身者に目を転じると、表1-6では合計367人の商業学校出身者を認識しているが、これに対して、同時期に物産入りした「中学校」出身者は74人であり、中等クラスではほとんどを商業学校出身者が占めていた

表1-6　1902年から1916年の中等商業学校別採用数

順位	校名	人数	順位	校名	人数
1	名古屋商業	63	18	広島商業	5
2	神戸商業	45	19	中央商業	4
3	下関商業	34		函館商業	4
4	早稲田実業	18		長崎商業	4
5	大倉商業	17		東京商業	4
6	京華商業	15		和歌山商業	4
7	四日市商業	14		福井商業	4
8	京都第一商	13		高知商業	4
	八幡商業	13	26	大阪商業	3
10	沼津商業	12		佐賀商業	3
11	慶應商工	11		島根商業	3
12	熊本商業	9		長崎海星商業	3
13	神港商業	8		栃木商業	2
14	横浜商業	7		富山商業	2
	静岡商業	7		久留米商業	2
	福岡商業	7		甲府商業	2
17	岡山商業	6		大阪成器商業	2

その他1人採用校：私立大阪商業、茨城商業、尾道商業、大阪明星商業、東洋商業、金沢商業、松山商業、神崎商業、長野商業、浜松商業、大津商業、京都実修商、香川商業

注：1916年時点での在勤者が対象である。

ということになる。そのなかでも、表1-4について指摘したことと重複するが、表1-6でもやはり名古屋商業がトップを占めている[33]。そして名古屋商業に続く神戸商業と下関商業がトップ3をなし、4位の早稲田実業以下と採用数で差があったことがわかる。しかしその早稲田実業を含めて大倉商業、京華商業、慶應商工など東京に設けられた比較的若い商業学校が順調に採用数を増やしていたことも確認できる。そして全体的には、全国で着々と設置された商業学校から濃淡はあれ、まんべんなく採用がみられたということも指摘できよう。逆に、高商ではないが「高等なる商業学校」と認定された横浜商業からの採用数は伸び悩んだ。おそらくは早稲田実業のような商業学校の設立が東京で相次いだことが影響したと思われる。

　高等および中等クラスともに共通して、国内で学校の設立が相次いだこと、また留学生の増加（東亜同文書院や旅順工科学堂もここに含める）などで、大正期までに物産が採用した学校はかなりの多様性をみせていたことが察知される。

(5)　海外駐在員

　第2節で言及したように、物産では海外支店勤務者には月給の他に手当金、あるいは海外在勤俸などが付加されていた。海外駐在員は現地の言語を話せないといけないから、海外店舗には外国語の素養をもつ学校卒業者が多く充当されていたと予想されるが、それゆえ海外配属の機会が多かったと予想される学校卒業者が実際に海外配属になった際には、国内勤務に比べて多くの給与を得ていたということになる。実際にはどのような学校の出身者が海外に派遣されていたのであろうか。それを1916年版に拠ってみていこう。

　1916年時点で、海外および台湾、朝鮮の植民地に物産は765人の駐在員を派遣していたが、それらの人員がどのような学校の出身者であったのかを店舗（支店・出張所等）ごとにみたのが表1-7である。まず各店のトップにあたる支店長・所長クラスの出身校では、ここでも東京高商が過半を占めている。ただボンベイ支店長（守岡多仲）が小供出身であるのは非常に興味深いところで

表1-7　1916年時の海外・外地店舗（支店、出張所、出張員等）勤務者の出身学校

地域	支店・出張所名	支店長・所長・首席出身学校	店員出身校（人数）
中国	大連（133人）注1	東京高商	東京外語29、東京高商21、東亜同文14、東洋協会5、東京帝4、山口高商4、熊本商業4、神戸商業3、早稲田実業3、大阪高商2、慶應商業2、大倉商業2、沼津商業2、その他1人の学校23校、学歴不明者14
	上海（128人）注2	ケンブリッジ大	東亜同文26、東京高商25、東京帝大13、蚕糸講習4、早稲田3、長崎高商3、名古屋商業3、下関商業3、慶應義塾2、東京外語2、東京商業2、沼津商業2、静岡商業2、その他1人の学校25校、学歴不明者12
	香港（86人）注3	東京高商	東京高商17、名古屋商業6、東京帝3、東京外語2、長崎高商2、下関商業2、台湾協会（のちの東洋協会）2、その他1人の学校28校、学歴不明者23
	漢口（44人）	東京高商	東亜同文10、東京高商9、東京帝大5、慶應義塾2、名古屋商業2、その他1人の学校7校、学歴不明者8
	天津（36人）	東京高商	東京高商6、東亜同文5、東京外語4、神戸商業3、早稲田2、その他1人の学校13校、学歴不明者2
台湾	台南（41人）注4	東京帝・政	東京高商7、名古屋商業6、東京帝2、慶應商業2、その他1人の学校10校、学歴不明者13
	台北（27人）	東京高商	東京高商10、名古屋商業3、その他1人の学校8校、学歴不明者5
朝鮮	京城（40人）注5	東京高商	東京高商7、東京外語3、東洋協会京城分校3、神戸高商2、名古屋商業2、下関商業2、その他1人の学校10校、学歴不明者10
その他アジア	ボンベイ（40人）	小供あがり	東京高商18、神戸高商2、早稲田2、その他1人の学校15校、学歴不明者2
	シンガポール（40人）	東京高商	東京高商18、名古屋商業4、神戸高商2、山口高商2、慶應義塾2、その他1人の学校6校、学歴不明者5
	カルカッタ（18人）	東京高商	東京高商6、東京帝大3、神戸高商3、その他1人の学校3校、学歴不明者2
	マニラ（9人）	ミシガン大	東京外語3、東京高商2、その他1人の学校3校
欧州	ロンドン（35人）	東京高商	東京高商10、東京帝5、東京外語4、神戸高商3、東京高工3、慶應義塾2、早稲田2、名古屋商業2、海軍工学校1、学歴不明者2
	ペトログラウド（7人）	東京高商	東京外語2、東京高商1、東京帝1、神戸商業1、パリ大1
	リヨン（7人）	大阪商業	東京高商4、畝傍中1、学歴不明者1
	ハンブルグ（1人）	ウィスコンシン大	※所長1人でその他の店員なし
北米	ニューヨーク（50人）注6	大阪商業	東京高商23（うち1人はペンシルバニア大進学者）、神戸高商4、東京高工4、名古屋商業2、神戸商業2、その他1人の学校13校、学歴不明者1
	サンフランシスコ（17人）	東京高商	東京高商5、横浜商業2、その他1人の学校8校、学歴不明者1
豪州	シドニー（6人）	神戸高商	東京高工2、東京高商1、神戸高商1、大倉商業1

注1：大連にはその管轄下の安東縣、牛荘、ウラジオストック、哈爾浜、鉄嶺、奉天、長春の出張所を含む。
　2：上海には各部支部、および上海管轄下の芝罘、青島の出張所を含む。
　3：香港には各部支部、および香港管轄下の厦門、広東、福州の出張所を含む。
　4：台南には管轄下の打狗出張員を含む。
　5：京城には管轄下の群山、仁川、釜山の出張員を含む。
　6：ニューヨークには管轄下の南部出張員を含む。

ある。

　海外駐在員全体についてみた場合、東京高商の出身者は 200 人であり、相変わらず他を圧倒しているが、これについで（2 位）東亜同文書院 55 人、（3 位）東京外語 53 人、（4 位）東京帝大 45 人であり、この 3 校が群をなして、5 位の名古屋商業 32 人と差をつけている。駐在員は全体的にはやはり高等教育機関の出身者が多いといえる。ただし 5 位の名古屋商業の次にくるのは神戸高商の 21 人であって、名古屋商業は中等クラスの商業学校であったものの、物産への採用数でみても、海外の駐在員数でみても高等教育機関に食い込む勢力を有していたことが改めて確認できよう。

　ここまで東京高商の勢力ばかりが目立つかたちになっているが、表 1–7 で中国方面についてみると、東亜同文書院の出身者もかなりの数が充当されており、上海・漢口・天津の 3 店については東京高商に伍する人数であることが察知される。逆にいうと、中国方面では東京外語の出身者がもう少し多いと予想したが意外と少ない。中国語の能力については、むしろ東亜同文書院の出身者に恃(たの)むところが大きかったということになるのであろうか。

　また各店店員の出身校の欄の最後に「学歴不明者」の数を示しておいたが、これらの人員のほとんどが「小供」出身であるから、小学校しか出ていない者たちが多かったと考えられる。これら「学歴不明者」の充当地は、中国・台湾・朝鮮が圧倒的に多く、西洋言語が必要とされる欧米・豪州などではほとんどみられないところも 1 つの特徴として指摘できる。

第 5 節　1902 年「使用人録」と 1916 年「店別使用人録」の統合的考察

　第 2 節で述べたように、1902 年版「使用人録」と 1916 年版には、それぞれが編集された時点での各職員の月給額が書かれているから、この両史料を突き合わせることによって、もし 1902 年時在籍者が 1916 年時でもまだ物産に在籍していれば、月給等の報酬の伸びを追跡することが可能となる。とはいえ、学校卒業者で 1902 年から 1916 年まで勤務し続けた者はあまり多くない。そ

こで1901年も含めその1、2年前まで遡って、1899～1901年に入社した高等教育機関出身者で追跡可能な者を列挙したのが表1-8、1898年～1901年に入社した商業学校出身者で追跡可能な者を列挙したのが表1-9である。

　高等教育機関のほうの表1-8をみていえることは、東京高工と東京外語の出身者は1916年時点で現給額が100円前後の者がいくらかいて、東京高商、東京帝大の出身者に比べて相対的に月給額の到達点が低いようである。しかし上でも指摘したように東京外語の卒業者の初任給はなぜか低かったから、伸び率自体は決して低いわけではない。

表1-8　1899年～1901年に入社した高等教育機関出身者の追跡

番号	出身学校・卒年		入社年	氏名	1902年	1916年
1	東京高商・1899 専攻		1899	中村藤一	倫敦勘定掛主任55円+180£	大阪支店支店長代230円
2	〃	1899	〃	平山寅次郎	本店47円	なし
3	〃	〃	〃	横竹平太郎	新嘉坡45円+100弗	上海支店長代・兼225円
4	〃	〃	〃	管野与惣治	桑港45円+75弗	棉花部上海支部165円
5	〃	〃	〃	丹羽義次	上海45円	ペトログラード首席250円
6	〃	1900	1900	小川貴	仁川35円+10円	京城支店釜山出張員130円
7	〃	〃	〃	添田歌三	本店32円	吉岡と改姓：本店本部125円
8	〃	1901	1901	杉野朝次郎	本店30円	本店営業部135円
9	〃	〃	〃	手塚秀雄	本店30円	大阪支店120円
10	〃	〃	〃	伊藤寛	香港30円+55弗	大連支店牛荘出張所145円
11	〃	〃	〃	杉浦進太郎	香港30円+55弗	大阪支店支店長代120円
12	〃	〃	〃	関口彦三	本店30円	上海支店船・受140円
13	〃	〃	〃	野平道男	本店35円	漢口支店長260円
14	東京高工	1898	1900	原繁雄	本店28円	機械部紡織105円
15	〃	1899	1899	岡本弘馬	本店33円	機械部大阪支部主190円
16	〃	1900	1900	太田太	本店28円	機械部鉄道、主165円
17	帝大法科	1898	1898	荻田延治郎	神戸70円	長崎支店長240円
18	林実	1899	1900	片桐文蔵	本店55円	本店本部・会145円
19	法科	1899	1899	檀野禮助	横浜50円	1913年に罷役155円無給
20	法科	〃	〃	板倉勝明	長崎50円	名古屋支店長代・庶130円
21	法科	〃	〃	田中忠次郎	大阪50円	本店本部検査員175円
22	法科	〃	〃	羽島精一	本店45円	台南支店支店長220円
23	東京外語・韓	1901	1901	天野雄之輔	京城20円+20円	京城支店・雑100円
24	露	〃	〃	長谷川作治	長崎20円	大連支店ハルビン出張所長175円
25	露	〃	〃	飯田愿	関東省20円+20円	本店本部・業100円

表1-9 1898年～1901年に入社した商業学校出身者の追跡

番号	出身学校・卒年		入社年	氏名	1902年	1916年
1	神戸商業	1898	1898	天野真一	神戸 28 円	石炭部神戸支部 135 円
2	〃	1901	1901	小林一郎	神戸 12 円	穀物肥料参事 110 円
3	名古屋商業	1900	1900	太田静男	名古屋 21 円	香港支店長代、雑主 160 円
4	〃	1901	1901	堀田稔	門司・日給 50 銭	広東出張所長代生糸掛 98 円
5	長崎商業	1900	1901	武末市五郎	本店 18 円	京城支店長代、勘定主 115 円
6	〃	〃	1900	本村峯次郎	長崎・日給 60 銭	石炭部長崎支部、受 74 円
7	〃	1901	1901	松尾豊三郎	長崎・日給 50 銭	石炭部西住ノ江出張員 78 円
8	横浜商業	〃	〃	堀切浅吉	本店 18 円	本店営業部勘定 115 円
9	〃	〃	〃	塩田良温	本店 18 円	桑港支店 120 円
10	四日市商業	1899	1900	田中嘉三郎	名古屋 17 円	大連支店、勘主 105 円
11	下関商業	1900	〃	土岐賢一	門司・日給 50 銭	京城支店仁川出張所 85 円
12	京都商業	1899	1899	松崎健造	大阪 20 円	大阪、勘主 145 円注1
13	〃	1900	1900	辻幸吉	配属・勤務先記載なし注2	長春出張所、吉林出張員 77 円

注1：番号12松崎健造については「大阪日給35銭」からスタートした旨1916年「店別使用人録」に記載あり。
注2：番号13辻幸吉については上海修業生を経て月給18円でスタートした旨1916年「店別使用人録」に記載あり。

　また表1-9からは、中等クラスの商業学校出身者でも高等教育機関出身者と同程度にまで月給額を伸ばしている者がいる一方、それほど月給額を伸ばしていない者も散見される。日給からスタートした者は概してあまり月給が伸びていないといえそうである。

　そこで1916年に在職の全職員月給額を帝大、高商、商業学校という3カテゴリーに分けて学歴経路によりソートをかけ、その平均値を年齢順に並べたのが図1-1である。これによれば、それぞれの学歴による偏りは大きくはないという本書の仮説に近いデータを得ることができた。

第6節　結び

　本章では、1902年「使用人録」と1916年「店別使用人録」に記載のないボーナスに関する分析は断念せざるをえなかったが、両史料を用いて、明治期後半から大正期にかけての物産にどのような学校の出身者がいて、そこには待遇面で何か格差があったのかに関して統合的な分析を試みた。

　1901年入社の学校卒業者においては、高等教育機関出身者については、若

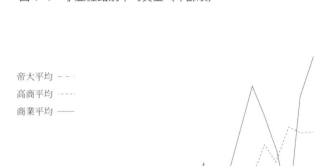

図 1-1　学歴経路別平均賃金（年齢順）

干のばらつきもあったものの同じ学校の出身者なら初任給の統一がはかられる"兆し"があらわれ始める一方で、中等の商業学校出身者では、最初から月給でスタートする者もいれば日給でスタートする者がいるというように、かなりのばらつきがあったことを確認できた。

　それが1916年までには日給者制度が廃止されていく過程で、高等教育機関出身者については、帝大工科の初任給45円をトップに、帝大文科系、東京高商、神戸高商が初任給35円ゾーンを形成し、それに次いで官立高工が初任給30円、さらに東京、神戸以外の高商と東京外語、私立大学が初任給25円ゾーン、その下に外国語系の学校が語種によって20円と15円のゾーンを形成していたことを確認できた。中等クラスについては、普通の中学校からの採用もある程度あったもののほとんどが商業学校からの採用であり、その初任給は14円と15円にほぼ分かれ、横浜商業のみが修業年限の長さもあってか初任給16円で統一された。

明治期後半から大正期にかけての物産は、全国で高等・中等さまざまな学校が設置されたことを受けて採用校はかなりの多様性をみせたが、海外への留学者の増加もあって海外の大学・学校の出身者の採用も増えた。だが高等クラスでは、やはり東京高商が採用者数でも海外駐在員数でも圧倒的な地位を確立していた一方、中等クラスでは大正期までには名古屋商業が社内で一群を形成していたことも確認できた。

　若林幸男は1918年の大学令発布前後に全高等教育機関の学年暦が4月開始、3月終了と統一されたことで、物産も従来年間を通じてバラバラに入社していたのが、4月1日という入社時期に向かって集中していく動きを示し、いわゆる「新卒定期入社」の原型が確立したと指摘した[35]が、これに一歩先んじて、物産社内ではすでに学校ごとに初任給が細かく区分されるような仕組みができあがっていたということになろう。

注
1) 物産の前身である先収会社および物産創業期においては、商法講習所出身者よりもむしろ慶應義塾出身者が重要な役割を果たしていたことについては、木山実「三井物産草創期の人員－特に先収会社からの人員に注目して－」同志社大学『経済学論叢』第64巻第4号、2013年3月を参照。
2) 若林幸男『三井物産人事政策史1876～1931年－情報交通インフラと職員組織－』ミネルヴァ書房、2007年16-17頁。
3) 高橋弘幸『企業競争力と人材技能－三井物産創業半世紀の経営分析－』早稲田大学出版部、2013年、19頁。
4) 石井寛治『日本流通史』有斐閣、2003年、121頁。
5) 森川英正「総合商社の成立と論理」宮本又次・栂井義雄・三島康雄編『総合商社の経営史』東洋経済新報社、1976年、66頁。
6) 米川伸一「総合商社形成の論理と実態－比較経営史からの一試論－」『一橋論叢』第90巻第3号、1983年9月、336頁。
7) 若林、前掲書、120頁。
8) 同上書、第5章。
9) 請求記号は、物産52-1。
10) 保田その「京都帝国大学卒業生の進路」『京都大学大学文書館研究紀要』4、2006年3月、27頁、34頁。
11) この「使用人録」が編集された時点では人名、月給額等の各情報は毛筆で書かれ、

後日、東京高商と東京帝大の出身者についてその卒年の情報が追加的に記入された可能性もあろうが、たとえそうであっても、物産におけるこの両校の位置づけが特別なものであったことは揺るがないであろう。

12) 正式には時期・会社形態に応じて「三井物産会社職員録」(1894年3月：本1339-5)、「三井物産合名会社店別職員録」(1905年2月：物産50-10)、「三井物産株式会社職員録」(1913年8月)と表題が変わる。また1909、1910年分は「職員録」ではなく「使用人録」、1911年分は「使用人録」というふうに若干のヴァリエーションがあるが、基本的に活版印刷で編集仕法も統一されている(以上の史料はすべて三井文庫所蔵史料である)。若林、前掲書、146頁、172頁の表なども「職員録」を用いている。

13) 三井文庫所蔵「達」(物産66)所収。

14) 1899年制定の「支那修業生規則」(三井文庫所蔵「達」物産66、所収)では、修業生の修業年限は3年(第4条)であるが、成績次第で年限を短縮することがありうる(第5条)ことが定められた。またその修業年限中は無給、ただし衣食住など必要なものは会社から支給する(第8条)としている。そして修業年限を終えた者は試験を受けた上でその成績によって月給者か日給者として採用し、清国内支店か台北支店で勤務することとされた(第9条)。

15) その内訳は東京高商の既卒者が3人(1890年卒、1898年卒、1900年卒)、東京法学院(現：中央大学)の既卒者が1人(1891年卒)、滋賀県立商業学校の既卒者が1人(1900年卒)である。

16) 三好信浩『日本商業教育発達史の研究』風間書房、2012年、426-427頁。

17) 物産では1876年の開業後、番頭、手代はもちろん最下級の手代見習および小僮にも原則として月給を支給していたことは同社の業務日誌「日記」(『三井文庫論叢』第41〜43号、2007〜2009年)からも察知しうるが、物産では制度として1888年12月に手代見習、小僮に対して日給制を導入することになった。その際には、「日曜日大祭日等会社ノ休業ト定ムル日ハ給料ヲ給ス、本人願ニ依リ休業スルトキハ病気ト否トニ拘ハラス給料ヲ支給セス」(三井文庫所蔵「元方評議録」2、物産98)と規定し、日曜・祭日についても日給は支給された。しかし、その後1892年制定「三井物産会社俸給規則」(三井文庫所蔵「明治廿五年中　諸規則」物産56、所収)などでは、「日給ハ大祭日及当会社ノ休暇日ヲ除クノ外、病気其他何等ノ事故アルモ欠勤スル者ニハ支給セズ」とされ、日曜・祭日分については支給されなくなったようである。

18) 『稿本三井物産株式会社100年史』上、日本経営史研究所、1978年、328頁。

19) 藤野亀之助については、木山実「藤野亀之助論」関西学院大学『商学論究』第58巻第3号、2011年3月、を参照されたい。

20) 厳密には11人だが、うち1名は大連支店の欄に見習で勤務していることがわかるので、大連支店員としてカウントした。

21) 1915年10月改定「支那修業生規則」三井文庫所蔵「現行達令類集」物産90-6、

所収、第6条。
22) 1916年「店別使用人録」に載っている支那修業生は全員月給額が記されていないのだが、本文中で記したように規則上は物産の「見習員及使用人ニ準ジ」とされているから正規の職員とみなすことにした。
23) 若林、前掲書、144-146頁。
24) 同上書、179-180頁。
25) 同上書、159頁、179頁。
26) 同上書、154-155頁。
27) 作道好男・江藤武人編『一橋大学百年史』財界評論新社、1975年、214頁、260-261頁。
28) 東京に続いて神戸に第二高商が設けられた後、長崎、山口等にも続々と官立の高商が設けられていったが、神戸高商が第1回の卒業生を出した1907年の翌08年5月に、三菱合資会社でも、「神戸高等商業学校ハ諸般ノ点ニ於テ他ノ二校ニ優リ、従テ其卒業生ニアリテモ稍良好ナルベキヲ以テ同校卒業生ニ対シテハ他ノ二校(長崎と山口の高商――引用社注)卒業生ニ対スルヨリモ幾分前記制限(学業人物とも優秀な場合に限り東京高商卒業生と同等の扱いにするという制限――引用社注)ヲ寛ニシ、可成ノ優秀者ニ対シテハ躊躇ナク東京高等商業学校卒業生同様月給参拾五円ヲ支給スルコトトス」とし、神戸高商卒業生は長崎や山口の高商卒業生よりも優遇し、東京高商卒業生と同等に初任給35円とすることが規定されている。物産よりも早い段階で三菱合資では東京・神戸の両高商卒業生の初任給が35円に達していたと考えられる。三菱社誌刊行会編『三菱社誌』21 東京大学出版会、1980年復刊、1075-1076頁。
29) 当時の東京外語の学則を参照すると、ヒンドスタニー語(ヒンドゥー語)学科及タミル語学科が置かれていたから、これらの専攻であろう。
30) 朝鮮総督府「大正二年九月末諸学校一覧表」(関西学院大学図書館所蔵)に拠ると、1914年9月末時点での朝鮮における専門学校として唯一、東洋協会京城分校があげられているから、同分校も専門学校の扱いを受けていたはずであるが、内地の文部省管下と朝鮮総督府管下という違いがあったにせよ、物産内では大きな初任給格差が設定されていたということになる。
31) 従来、横浜商業の修業年限は予科2年、本科3年の計5年であったのが1904年には予科・本科の別をなくした5年とされた。やや後の1920年には他の中等学校と同様に入学資格を尋常小学校とするとともに、修業年限を予科2年、本科5年、計7年という特異な学校となった。三好、前掲書、427頁。
32) 各商業学校の歴史や修業年限については、三好、同上書や水野耕造編『日本商業学校一斑』本編、同人刊、1906年を参考にした。
33) 明治後期に物産が名古屋商業から大量に人員を採用した背景には、同校の第5代校長である市邨芳樹の指導によるところが大きい。市邨は東京高商の前身である商法講習所出身で、商法講習所時代の恩師矢野二郎の推薦で名古屋商業教諭に着任

し、1897年から1918年までの長期にわたって同校校長を務めた。矢野二郎と物産社長の益田孝はともに旧幕臣で、また両者が縁戚関係にあったことも影響して、それが物産が一橋系諸学校から大量に人員を採用する一因になったが、この矢野二郎と強い関係をもった市邨芳樹もまた物産と強いコネクションを有し、名古屋商業からは毎年「三井物産と5～6人の採用予約が出来ていた」といわれるような状況にあった。三好、前掲書、440頁、山藤竜太郎「中等商業教育の普及と公立商業学校」橘川武郎・島田昌和・田中一弘編『渋沢栄一と人づくり』有斐閣、2013年、参照。

34) 若林、前掲書、155頁。

第2章
1920年代の人事制度と職員の学歴

若 林 幸 男

第1節　1920年前後の三井物産職員層の特質と人事制度

(1)　1910年代における組織改革

　1920年代の三井物産の職員構成はそれ以前のものとは大きく異なったものとなった。それは1900年前後に組織に内在していた矛盾の解消と1910年代における労働市場の変化への対応の結果であった。ここではまず、1910年代におけるこれら一連の三井物産の組織改革とその後1920年前後における組織と労働市場との接続、つまり採用人事制度の変革をおさえた上で、次節において「1923年特別職員録」の分析に入ることとしたい。

　創業期の1876～1897年までの三井物産は旧来の商家の雇用制度に近い手代制度をとっていたが、1897年以降1914年までの同社の職員組織は月給職員と日給職員の2つの職員身分を柱とするシステムを採用することとなった。かつての手代や番頭と小供や手代見習等の雇の2つのグループが横滑りでこの2つのジャンルに組み込まれることとなった[1]。それまで昇給、昇格についてこれといった規則がなかったものが、等級制度とそれに対応する給与制度が確立したのである。合名会社化され、三井家事業組織として整合化をはかっていくとともに、同社の多角化の際の鉱山経営にあたる部署で最初に番頭、手代の等級に対して一定の給与レンジを適用する方法がとられたといわれている。三井家や明治政府の官営事業との接点を通じて「官庁の例」にならう組織構造

へ次第に変化していった可能性がある[2]。

 しかし月給・日給職員制度の導入によって、奏任官や判任官、雇に類似する身分制度と入職・昇格する際のそれぞれの厳格な試験制度の採用など、従来の柔軟な商家的雇用慣行とは相いれない要素が混入することとなったことも事実である。結局、この制度導入によって発生した諸問題の解決のため、1900年代から1910年代にかけて人事制度に対する諸改革が進行し、17年後の1914年にはこの月給・日給職員制度そのものが廃止され、月給職員のみによる単一編成組織にシフトすることとなる。今のところ、この点について同社の制度改変の意思決定を直接指し示す決定的な証拠史料は発見されてはいないものの、以下では一連の改革の流れを示す傍証から類推を行うことで、この流れがここで分析する1920年代の三井物産の職員制度・編成を形づくった点を確認しておこう。

 月給・日給職員制度の最大の問題点は、第1章にあるようにそれぞれの職員身分の入職時に厳密な筆記試験制度を敷いたことにあった。筆記試験による身分移動が、従来から積み重ねられてきた三井物産の熟練形成、昇進、昇格の慣行と相いれなかったことにある。制度化直後の1903年の支店長会議の段階では、早くも田中庶務課主任より以下のような問題提起がなされている。

 「使用人登用方については使用人登用規則あり日給者月給者は試験の上採用することになりおり、従来之を実行しおれり唯例外として出納用度受渡の各掛に使用する者は詮衡の上にて日給者には無試験にて採用し得ることとなりおれり而してこの試験の方法については今少しく之を変更し必要なる科目を増やすとかあるいは不必要なる科目を廃すべしとか又は掛員中にも用度、出納、受渡の如き特殊のものは学校出身の者に当たらしむることは行われざるべく従ってこの如き特別の掛員は月給者にても無試験にて採用するの途を開き安んじて仕事に従事せしむること必用」ではないかと[3]。

 つまり、1900年前後の三井物産では現場での受渡作業や出納・用度掛の集金業務などに多くの人手と労力を必要とする部門が残っており、従来はこのような職務に充当する人材は「学校出身者」以外の者を筆記試験抜きで詮衡、入

社させてきた経緯があるのに、今次の月給・日給職員制度ではせっかく無試験で採用した彼らを日給職から月給職へ昇格させるためには、あらためて月給職員採用筆記試験に及第させる必要が生じたと述べている。高等教育機関出身者など一定以上の学校課程修了者用に開発されたレベルの筆記試験の及第のために自らの業務にとってまったく不必要な諸「学科」の勉強、試験対策が必須となってしまったのである[4]。そもそも現場での優れた能力をかわれて、あるいはその潜在能力を見抜かれて試験抜きで採用された専門職であるのに、その後のキャリアパス、上級の月給職員への昇格がなかなか困難となってしまった事態を早急に改善すべきであると主張している。

この田中主任の問題提起に対して、当日の出席者の一人、長谷川門司支店長も「日給者にして日夜鞅掌し既に五六年従事し立派に一人前の働きを為し得るも悲哉学校にて学ぶ如き例えば地理、法律、論文等に熟練せざるため試験にも応ぜず何時までも埋もれ居る者あり然るに一方には平常甚だ事務に務めず読書に耽りたるため試験には及第せる者ありとせば此日給者に対しては実に気の毒と言わざるべからずゆえにこれ等の点を斟酌し少しく例外を認めらるれば」と応じている[5]。

つまり、田中主任同様に、日夜仕事を真面目にコツコツやってきた日給職員は試験勉強の不足から上級職への昇格は困難となってしまい、逆に仕事は手を抜いて試験対策に励んでいる職員にはこれが容易となってしまうという所見であり、本来昇格させるべき実務能力を持つ日給職員が昇格できず、昇格させてはいけない人材が月給職へどんどん上がっているというパラドクスを修正すべきであるとの主張である。議論は最後にこの矛盾について「人の長く従事するを欲せざる出納用度受渡の如きは五年以上勤めて成績の見るべき者あれば無試験にて月給者に採用するの道を開」くことで解決しようとする方向へ向かっていった[6]。

今、この問題について実際の職員の動向を時系列で追いながら確認しておこう。図2-1は各年度の「三井物産職員録」から、下級職員である雇職・日給職が上級職員である手代・月給職へ昇格する割合（昇格率）と同職のままであ

図 2-1 下級職からの上級職への移動率・停滞率・退職率（1876～1917年）

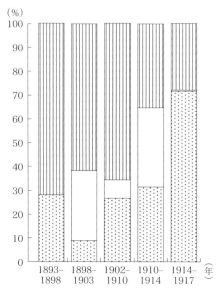

出所：各年度「三井物産職員録」（物産50-1～52-3）より作成。

凡例：
- この間に退職
- 同職のまま（雇、小供、日給）
- 昇格（手代もしくは月給職へ）

る割合（滞留率）、そして退職率の三者を数年ごと（史料の制限から、残念ながら計測スパンは一定ではなく4～8年になるが）に100％積み上げグラフ化したものである。上述のように、1898年までは手代・雇制度、1898年から1914年までは月給・日給職員制度、それ以降は月給職員単一編成制度の時代に対応している。

たとえば、最も左の棒は1893年に在籍していた小供等の雇職が5年後の1898年までにどのように移動したかを示している。この場合、手代への昇格者が3割弱、退職者は7割強に及ぶことになるが、この間で昇格するか、ドロップアウトしてしまうかのどちらかの選択・選別がなされ、滞留している者はいなかった。これが、月給・日給職員制度移行直後の1898年から1903年（上記支店長会議時）では急激に日給から月給職への昇格率が下がり、滞留者が続出する事態になっている。この5年間で昇格率はわずか10％に落ち込み、30％もの滞留者が発生している。田中主任や長谷川支店長が指摘しているのはこの事態であると考えられよう。その後、つまり上記支店長会議のあとの1902年から1910年、1910年から1914年には昇格率は一転して上昇していく。この間に、先にみた支店長会議での論調に沿った運用が部分的にでも行われたことを推測させるが、それが決定的になるのは1913年の日給職員試験廃止の決定から、1915年の日給職員制度廃止の決定、つまり月給職員単一編成への組

第 2 章　1920 年代の人事制度と職員の学歴　　　　　　　　　　　71

織変更の時期であった[7]。そしてこの一連の改革を可能にしたのは、本店使用人以外の職員、店の予算と部店長の判断で採用できる「店限使用人」[8]の公認と新卒市場の十分な発達によった。

　1913 年の支店長会議での藤村人事課長の発言によれば、そもそも同社における日給職員の位置づけは「其土地の事情に通じ下働きを為す店限雇を指揮して働くヘキ言わば労働的性質のもの」であって、したがって「日給者を他の店へ転勤せしむる事は絶対に望ましからす」、つまり各店から他店への異動を従来はブロックしてきたが、近年の学校制度の充実を背景とする新卒市場の発達でその採用数を増やしてきた「中学校或いは地方商業学校［以下本章では全て甲種商業学校の意］卒業生にして日給者たる者は除外例と」できるようになったという[9]。つまり、1913 年の段階では日給職のなかに小供採用者や店限などから正規職員へ採用されて、配下となる「店限」を指揮命令する部分と新卒市場において調達された中等教育機関出身者の 2 つがあり、このうち後者は営業マン、あるいは優秀な勘定掛としてのキャリアパスを上位学歴者である高等教育機関出身者同様に構築していけるという見通しを述べている。新卒市場で「相当学問」ある者を採用できるようになったのだから、「店限を指揮する下働き的な者」については「其他所謂店限雇という以上は仮に本使用人たる資格ある者［日給者の意］にても其店にて不要となることあれば」処分し、かつてそういった業務に必要だった日給職の労働力を店限に切り替える必要性を訴えている[10]。

　店限についてはこれまで海外拠点では正式に認められていたものであったが、国内では建前上その雇用は禁止されていた。だが、当日の藤村課長の報告では実際には国内でも人手不足を補うために、この種の労働力を店の裁量と予算で採用しており、この年には、国内外合わせれば「1685 人」もの店限が在籍していると指摘している[11]。課長によれば国内店における店限というデ・ファクトの非正規の職制を「是非之ヲ置クノ必要性アル」、つまり認めるべきであると主張している[12]。今後この種の副次的労働力、店限の雇用を認めれば、それまで店に固有の日給職員が担当していた職掌は全て店限の業務に切り替えるこ

とができる。その場合、それまでの日給職員については、月給職員同様に人事異動により各店を異動して実力を磨けるだろう、というアイデアであると判断している。いわば現代の企業における「総合職」と「地域限定」あるいは「一般職」と同様に、総合職としての職員（この段階では月給・日給職員）と店からの異動のない店限に区分していこうという趣意である。議論そのものが会議での発言を取りまとめた議事録であるし、発言の趣旨を恣意的に解釈しているきらいはあるが、実際に、翌 1914 年の「現行達令類集」には国内店における店限を初めて認定し、またさらに出納・用度・受渡掛の採用や月給職への昇格のすべてにおいて無試験制度を敷くことが記載されている[13]。さらに翌 1915 年には日給職全廃＝日給職の月給職への切り替えを決定し、1917 年にかけて当該人事策は実施されていく。

　以上の措置を通じて、1920 年代の職員構成には一定の特徴が表れることとなる。つまり次節で分析する「1923 年特別職員録」では、全体的には日給職からの昇格率が低下した時期、つまり 1890 年代後半から 1900 年前後に入社した 40 歳代以上の当時日給職で採用された階層である中等教育機関や小供等出身者の数がかなり少なくなるだろうと予想できる。また、無試験で入社し、独自のキャリアパスを歩む出納等の専門職がいる一方で[14]、1910 年代、毎年その採用者数を増やしている中等教育出身の総合職が社内文書においてしばしば一緒に「下級職員」等と表現されながら併存している可能性も示唆される[15]。

(2)　1920 年代の新卒市場の特性

　では次に 1920 年前後の組織と労働市場との連結点、採用人事制度の変革をその労働市場の変化とともにここで簡単におさえておきたい。

　図 2-2 は、国家官僚のうち、大学等の高等教育機関出身者が高等文官試験（以下では高文官試験）合格後最初に入職する判任官 4～6 等の月給額の推移と、三井物産における高等教育機関および中等教育機関出身者の初任給額の推移を、1890 年代中葉から 1931 年にかけて折れ線グラフにしたものである。高文官試験合格は奏任官への任官を約束するものではあるが、合格者はまずそ

図2-2 奏任官と三井物産の初任給の推移

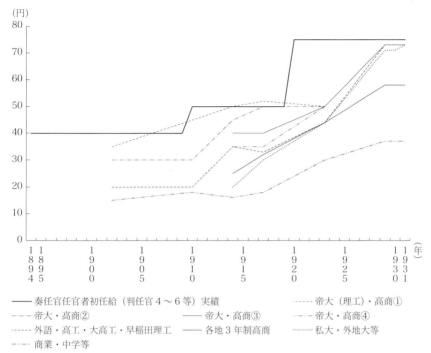

注：日給職採用の場合、日給×30日分により月額を算出。
出所：各年三井物産職員録および各年三井物産特別職員録、秦郁彦『戦前期日本官僚制の制度・組織・人事』東京大学出版会、1981年、pp. 664-669 より作成。

の下位の身分である判任官の4～6等の等級に入職し、数年後の奏任官への任官を目指すため、同職の給与額を高文官試験合格者の初任給と設定している。官庁の初任給額は年々見直されるものではなく、図にあるように一時に大きな上げ幅で上昇し、それぞれの職位、等級の給額を一挙に修正する特性がある。この点、たとえば1910年度に行われた25％の増給は漱石の『門』などでも描かれているように行政整理、リストラと引き換えに断行されたこともある[16]。

これと対象的に三井物産の場合、そのつど細かく初任給額の見直しを行うことができるシステムである。図でも官庁価格に常にぴったりと追尾する高等教育機関（この場合はそのなかでも帝大と高商）卒業生に対する初任給額設定の

動向が目に付く。ただし、戦前期の三井物産の場合、残念ながら初任給額が判明する職員録は数少ない。本図はそれが判明した 1902、1910、1914、1917、1923、1929、1930、1931 年度のうち数例を上げている。

　図から直感的にわかるように、三井物産の高等教育機関卒業生の初任給は高文官試験合格者の初任給額に規定されている。つまり、階段状の官庁の初任給額の変動に沿うようにまず帝大・高商卒者の初任給が位置づけられ、そしてその下位に外語、高工等の専門学校、そして私大・外地大、さらに商業・中学などの中等教育機関出身者の順番に価格が設定されている。ただし、この間の学制の変化によって適宜価格調整が行われている点も顕著である。長崎や山口、小樽といった各地高商は設立時には私大を凌ぐ価格帯の時期があったが、大学令によって私大が昇格し、一定の時間が経過すると今度はその下位に位置していくようになる。この点は序章でも述べたように学校の標準就学年数の順番におさまっていくこととなる。また各地高商については、設立当初、東京高商関係者らで固められた強力な教師陣による積極的な指導を物産側が高く評価していた時期と、その後私大もようやく予科制度を大学部と接続し、大学としての体裁を整えたあとでの、両者の相対的な位置づけを考慮した結果とみることもできる。

　図 2-2 において顕著な特徴は以上の点以外にさらに 2 つある。1 つは第 1 章で観察したように、三井物産の初任給額については同じ学歴、あるいは同じ学校でさえ個人によりその額が微妙に相違する状況が 1910 年代まで続くことである。第 1 章で観察したように、その個人差は新卒者においては、縮小、解消の方向にあるものの、途中入社者などでは図にあるようにかなりの散らばりが残っている段階である。この状況が一変するのが本章で分析対象とする 1920 年代であり、大学、専門学校、実業学校等の種別による統一初任給がほぼ完成に近づくことになる。第二に全体のトレンドは官庁価格に民間価格が追尾する傾向があるものの、1920 年の 25% の公務員給与増給にはすぐに民間企業である三井物産の初任給が反応していない点である。ようやく官庁価格に追いつくのは 1920 年代後半になる。この時代、多くの人材が官庁系統の職場

に流れたことは「就職難の際は帝大生は中学校教員のほうがはるかに初任給が高かったのでそちらにずいぶん流れた」など多くの報告もある[17]。また、この時代に三井物産では給与体系全体の再設計ではなく、皆勤手当などの付加給付などの措置によって全体の給与総額を抑える努力もなされていたともいわれている[18]。この第2の点については、不況期の新卒労働市場に対する一定の仮説と事業所側のきちんとした史料に基づいた真摯な分析が必要となるため、ここでその解明を続けることはできないが、第一の点については第1章においてすでにその現象が議論されているため、ここでは1910年代までの同学歴、同学校卒業生の初任給額の相違現象が1920年代にはどうして収束していったのかだけをおさえておきたい。

1910年代のサラリーマンの労働市場はそれまでの比較的流動的な市場から、日本型とよく称される新規学卒者市場からの人材調達方式へ大きくシフトする転換期にあったといわれている[19]。このうち次節の「1923年特別職員録」統計にとって最も重要な諸点についてここで簡潔にまとめておこう。それはまず、①新卒労働市場の最大需要者の需要量の減少（行政整理）、②これに対応する供給側の動き（各校の多角化）、③諸法令による供給側学校就学年数の標準化（諸学校令の制定）、そして最後に④取引時期の統一（就職内定・卒業時期の統一）、相場の設定（学歴・学校別初任給の確定）という順に生起したと考えられる。

このうちの大部分についてはすでに別の場所で議論したため最小限の記述にとどめると、以下のようになる[20]。①については明治政府の財政逼迫に起因する官僚のリストラと新規需要量の減少のことであり、そして各教育機関それぞれの①に対応する生き残りのための諸方策が②にあたる。①の原因については、いわゆる大正政変の1913（大正2）年の桂内閣総辞職後の政権を担当した山本権兵衛内閣が、2代前の西園寺内閣時代の公約である行財政改革を一気に断行し、官僚機構を縮小し、新規の任官者を極端に制限したことにあった[21]。これに対応する各校の動きはそれまで文官や司法官に人材を供給していた学校の金融、保険、商社、そして財閥本社を就職先ターゲットとする商学系学部およ

び商業学校の新設、増設ラッシュに実を結んだ。また、同時期には帝国大学の整備も進み、帝大法科大学内に経済学科、商業学科が新設される一方、京都をはじめとする一群の新設帝大が積極的に人材の供給に乗り出したのである[22]。

　また、①と②をはさんで③の動きが加速する。第二次中学校令・実業学校令（1899 年）、専門学校令および改正実業学校令（1903 年）、そして大学令（1917 年）、改正高等学校令（1918 年）により、これに準拠する各学校の在学年数が標準化されたのである。この結果、新卒者という労働力市場における取引時期が統一された。④大戦ブームによる人手不足を背景に、1915 年から 1921 年にかけてそれぞれの学校の卒業時期が 3 月に集中するようになると、これにより在学中に内定を出す新卒定期入社システムが本格的に定着し、その学歴（学校）別標準初任給額が決定したのである。それまでバラバラだった年齢やキャリア、卒業後のブランクなど個人差が縮小したことで、1920 年以降、この市場の統一相場が成立したと考えることができる。

　再び図 2-2 をみると、1923 年の時点で物産側が高く評価している東京高商（この場合神戸も含まれる）、そして官庁との奪い合いが必至となる帝大出身者の全員の初任給額が 1 つとなり、またその下位にある相対的に短い就学年数の各校（まだ完成年度前の私大等）もその就学年数にほぼ対応して同一額になっていることが判明する。そして、1931 年前後には上述の大学令、専門学校令、中学・実業学校令に準拠する 3 つの標準初任給額が設定されることとなる。今この図にある 1923 年の三井物産の新入社員の詳細を表にすると表 2-1 のようになる。

　この年は中等教育機関からの入社者はこの名簿上では確認できない。新入社員と確認できるのは全て高等教育機関出身者である。東京商大、東京帝大、京都帝大そして神戸高商（この年大学昇格を認可）の卒業生に 50 円、そして長崎高商、山口高商、東京高工、大阪高工、慶應義塾大学の卒業生に 44 円という標準初任給が、個人の年齢の差異に関係なく支給されていることが確認できる。ただし、慶應義塾大学は大学昇格を果たしているのに地方高商（基本的に 3 年制）と同じ初任給額である点など、完全な標準就学年数順になっていない

表 2-1　1923 年三井物産新入社員の学歴（出身学校）と初任給額

入社西暦	本籍地	卒業年	学校名	支店・部名	係名	昇給日時	月給額	名前	出生年	年齢
1923.3	京都	1923	神戸高商	台北	茶	23.3	50	大橋義勝	1902	22
1923.3	兵庫	1923	神戸高商	大阪	勘	23.3	50	小川茂	1900	24
1923.3	大阪	1923	神戸高商	大阪	受	23.3	50	松川省三	1900	24
1923.4	兵庫	1923	東京商大	大阪	勘	23.4	50	一井保造	1898	26
1923.4	神奈川	1923	東京商大	生糸	生	23.4	50	石川勘右エ門	1900	24
1923.4	大分	1923	神戸高商	機械	勘	23.4	50	中野利恭	1901	23
1923.5	東京	1922	東京帝	本部	会計	23.5	50	島居忠博	1897	27
1923.4	愛媛	1923	東京商大	砂糖	総	23.6	50	尾崎清之助	1898	26
1923.8	東京	1923	京都帝	石炭	若松受	23.8	50	大谷忠順	1898	26
1923.3	京都	1923	東京商大	本部	会計	23.6	50	鈴木吉雄	1899	25
1923.3	佐賀	1923	長崎高商	大阪	受	23.3	44	吉村耕一郎	1902	22
1923.4	熊本	1923	山口高商	門司	石支受	23.4	44	前田幸介	1902	22
1923.4	山口	1923	東京高工	大阪	機支紡	23.4	44	田村増一	1901	23
1923.4	福岡	1923	大阪高工	大阪	機支電	23.4	44	豊福直二	1900	24
1923.4	富山	1923	東京高工	機械東支	電	23.4	44	松田信高	1902	22
1923.4	静岡	1923	慶應	機械	勘	23.4	44	小田川重雄	1898	26

出所：「1923 年三井物産特別職員録」より作成。初出は若林幸男「1920～30 年代三井物産における職員層の蓄積とキャリアパスデザインに関する一考察」『明治大学社会科学研究所紀要』第 53 巻 1 号、2014 年。

ことも明らかである。当時の多くの私立大学の場合、組織の一部が予科・大学部という整備された形をとれたものの、実際は「別科」等の呼称の入学資格要件がほとんどない課程を持つ専門部を具備し、それに経営上多く依存する構造であった点などがこれを解明する手掛かりになるかもしれない。1915 年にいたっても専門部を入れた全体のなかで中学校卒者つまり、「正系」を入学資格とし、さらに一定の選抜を経た大学部の比率が 50％ 近くまであったのは、早慶 2 校に過ぎず、他校での同比率は明治 18％、法政 13％、中央 12％、そして日大で 10％ と軒並み低い状態が続いていたといわれている[23]。専門部から学部への編入者（バイパス経路）も同じ大学卒業認定になってしまい、入学試験制度を厳密に敷く官立の諸学校とは扱いに微妙な差異を感じる[24]。三井物産の初任給額の整備が完成するのは 1931 年であり、そこでは帝大から私大まで大学令に準拠した学校卒業生にはすべて同一の初任給額（本給 73 円）が、また他の学歴に対しても同様に各学歴に標準化された初任給がようやく施されるようになる[25]。したがって、次に分析する 1923 年特別職員録は学歴別の標準

初任給制度が完成する直前の時期に対応している。そこでははたして、それぞれの学歴に応じた複数のキャリアパスを設定していたのであろうか、それとも学歴とキャリアパスを厳密に対応させることなく、その意味で「実力主義」的な運用が行われていたのであろうか。

第2節　1923年特別職員録の分析

　三井物産の1910年代の支店長会議などでの論調では、学歴の低い職員は相対的に成績が悪く、「下級職員」であるという表現が目立っていた。たとえば月給職員単一編成を議論、段階的に改革していた1915年の支店長会議の席上でも以下のような発言がみられる（下線は筆者による）。

　田中人事課長　一昨年改正ノ現行規則ニヨレハ月給者試験ヲ行フニ止マリ日給者試験ハ之ヲ行ハス、唯該規則改正ノ際経過規定トシテ其当時在職ノ小供ハ二十歳マテ又店限雇人ハ三ヵ年間日給試験ヲ行フノ例外ヲ有セルノミ而シテ月給者受験資格ハ甲種商業学校又ハ中学校卒業生タルヲ要スル規定ナルヲ以テ余ハ寧ロ月給者試験ヲモ廃止シ例ヘハ日給者ニシテ五ヵ年間勤続シ人物並技量優秀ナル者ハ選考ノ上月給者ニ採用スル事ニ改正スルト同時ニ<u>猶ホ進ンテ甲種商業卒業者ノ内優秀者ハ最初ヨリ月給者ニ採用シ得ルノ道ヲ開キ以テ各学校ノ優良ナル人物ヲ拉致スルノ方針ニ改メラレンコトヲ切望スル者ナリ</u>……

　福井取締役　<u>月給使用人ハ良キ者ヲ採用スル伏線ニシテ現今ニテハ大学、高等商業卒業者ニ限ラレ居ルニ不拘今若シ甲種商業学校卒業者ヲモ月給採用ノ部ニ加フルトキハ月給使用人ノ程度ヲ低下スルコトヽナルニアラスヤ</u>[26]

　次はその翌年、1916年の支店長会議での田中人事課長の発言である。

　<u>蓋シ我社ノ如キ業態ニ在リテハ高等教育ヲ受ケタル者中枢人物トシテ最モ必</u>

要ナルハ敢テ論ナキモ商戦ハ尚兵戦ト同シク下級ノ将校並下士卒モ亦其必要高級将校ニ譲ラサルモノナリ、然ルニ当社ニ在リテハ将校ノ数多キニ反シ下士卒少数ニシテ上下ノ階級聊カ権衡ヲ失スルヲ以テ向後ハ之レカ調和ヲ図ルコトニ留意シ甲種程度ノ商業卒業生ヲモ比較的多数ニ採用シテ頭大揮（ママ）ハサルノ弊ヲ避ケサルヘカラス[27]

　いずれも中等教育機関に属する中学・甲種商業学校卒業生への1915、16年における会社側の評価の論調である。田中人事課長などは一定の評価を与えながらも「兵戦」における「下士卒」としてこれから多数採用しようとか、当時の重役陣からは月給職員に商業学校の卒業生を編入すると月給職員全体の質が低下するのではないか、とネガティブな言いまわしが目立つ。それ以上に、旧来の小供や店限等から正規職員となった者については「小供上がり若しくは相当の教育を受けさる日給者上がりの者の成績は全体に於いて甚だ面白からす」等、かなり厳しい表現が使われることが多かった[28]。そこでは明らかに学歴や出自を指標として人の能力を判断する、一種の「学歴主義」が支配する企業社会の雰囲気を感じる。

　だが、いったい本当にその通りだったのか。学歴の低い者は高い者とは同等の競争を抑止され、そのため昇進もできず、相対的に低賃金で働いていたのか。ここでは「大正十二年十二月三十一日現在　大正十二年度使用人録㊙人事課」（以下では「1923年特別職員録」と表記）を対象として、統計的に学歴による昇給＝昇進に1つの傾向が抽出できるのか否かを追求したい。この年の職員構成は前述の経緯から正規職員はすべて月給職員という1つの範疇に編成されている。本職員録に収められている職員は取締役直下の幹部から新人まで全部で2433人であり、月給額順に並んでいる。まず全体を年齢順に並べ替え、学歴別の職員年齢構成を観察してみると図2-3となる。

　本図は高商・帝大と各地高商（山口、長崎、小樽の3年制高商）、そして商業、小供・店限（店限や臨時雇から正規職員に編入した者）、最後に私大出身のそれぞれの職員数を年齢順にして積み上げ棒グラフとしたものである。高

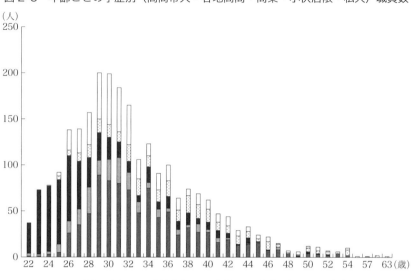

図 2-3 年齢ごとの学歴別（高商帝大・各地高商・商業・小供店限・私大）職員数

出所：「1923 年特別職員録」より作成。

商・帝大の総人数は 877 人、各地高商は 230 人、商業学校 594 人、小供店限からは 283 人、そして私大卒者は 449 人にのぼっている。

第一に目につく点は 30 歳前後の層がきわめて厚い点である。大戦ブームの大量入社者がこの団塊世代を形作っている。第二に入社年齢のずれから、学歴毎のピークにずれが生じている点も把握できる。高学歴者の場合、入社年齢が 23 歳以降であるため、相対的な比重は 20 代後半から 30 代にかけて増大する傾向を持つ。逆に商業学校や小供から登用された職員は 20 歳前後に正規職員となるため 20 代前半にピークが現れることとなる。前節でみたように 1910 年代後半に商業学校からのリクルート数を増やした経緯から、1923 年の段階では 25 歳あたりまでの職員のうち商業学校出身者が大多数を占める状態がみえる。全職員に占める商業・中学卒者の比率は 1915 年の 25% から 1926 年には 31% と高まり、とくに商業学校出身者はこの間 79 名から 403 名と実に 5 倍以上の伸びを示している。第三に、1890 年代後半から 1900 年前後に入

社した40歳代以上の人口構成においては、前節で予測したとおり、当時日給職で採用された階層である中等教育機関や小供出身者の数がかなり少なくなっている点も確認できる。これは次の箱ひげ図においても確認できる（箱ひげ図については、第4章157頁、注10を参照願う）。

　図2-4と2-5は、同じデータから、同年齢の職員の給与分布を高学歴グループ（帝大・東京高商・私大・高商等出身者）と中等教育機関以下の学歴グループ（商業学校・中学校・小供・店限出身者）に分けて測定した箱ひげ図（外

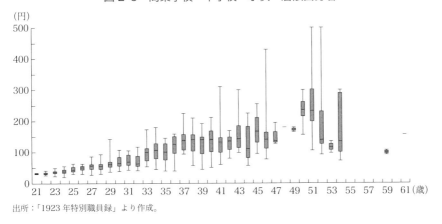

図2-4　帝大・東京高商・私大・各地高商等出身者

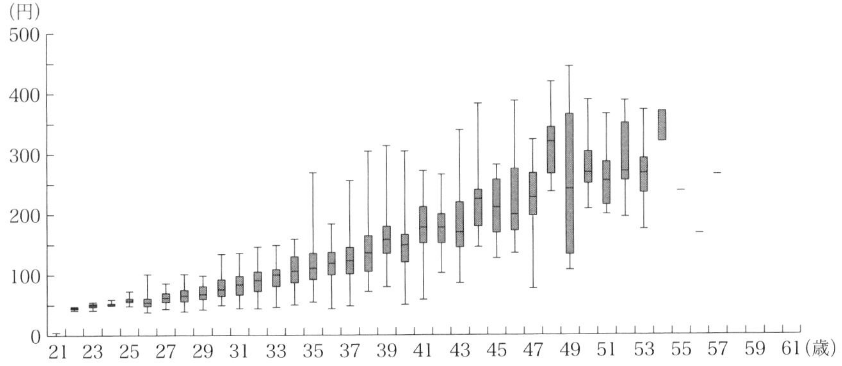

出所：「1923年特別職員録」より作成。

図2-5　商業学校・中学校・小供・店限出身者

出所：「1923年特別職員録」より作成。

れ値を考慮しない）である。年齢とともに中央値、最高値、最低値は右上に推移するものの、両図とも一定の年齢からは値の逆格差が観察できる年もある。高学歴グループでは30代中盤以降、また中等教育機関以下のグループではすでに20代後半からそれが生じる。両者とも入社10年ほどからは昇進者とそうでないものを基本とする歴然とした格差が生じることをうかがわせるデータである。

　また上述したように、中等教育機関以下の学歴グループの40歳代以上の層がきわめて薄くなっている。40代後半にさしかかると一部欠落する年齢もあり、これが図2-1でみた1900年前後に生起した日給職員の滞留状況の現在の姿と判断できる。中央値の上下動は早くも30代から始まっており、さらに50代中盤で箱の長さが伸びきっていき、最低値も上昇しないことからは、40代後半から50代でも低賃金に甘んじている人が多いことが分かる。前節でみたように無試験で入社し、独自のキャリアパスを歩む専門職がこの学歴グループに多数存在していることによるものであろう。1921年の支店長会議の席上、「下級者」雇入れ問題というタイトルでの議論でも「川村（神戸支店長）神戸ニテ是非使用セラレタシト依頼ニ依リ給料ハ多クヲ出サヽル約ニテ、之ヲ試用シ「メール」ノ発送ヲ為サシムル者一人アリ、此者ハ他ノ者ノ如ク掛ノ変更ヲ要求スルコトモナク真面目ニ其事務ニ当リ居ル有様ナルカ、各店ニテモ此種ノ者ヲ置キテハ如何、田中（人事課長）其方法ハ誠ニ宜カラン、東京ニモ同様ノ者アリ、武村（常務取締役）、大阪ニテハ如何、平田（大阪支店長）大阪ニモ二人程アリテ補助的ノ仕事ニハ誠ニ宜シ」というやり取りが交わされているようにメール仕分けなど「小使」的な職務で、後年に「給仕」などの名称で臨時雇として分化されるが、この当時まだ正規職員として雇用され続けている人員の存在がうかがえる[29]。

　それに対して、従来の学説で「幹部候補」と目されてきた高学歴グループは年齢と月給額にきわめて強い正の相関がみられる。さらに、その構成についても50代前半にかけて次第に薄くはなりながらも、しっかりした階層を維持している。1890年代から継続してこの学歴を毎年リクルートし、会社の将来を

担わせようとしてきた結果と判断している。ただし、中央値は40代からは中等教育機関以下の学歴グループ同様に上下動が激しさを増す。昇進を契機に同年齢で大きな月給額格差が生まれているのである。月給額の最高値についてみてみると、全般に高学歴グループの方が中等教育機関以下の学歴グループよりも多く出現しているが、高学歴グループでも40歳代前半からは箱の長さが伸び始め、49歳でこのグループの最長を記録することになる。選別の結果がうかがえる。

　このように職員の学歴をおおざっぱに2つに分けた場合、両者の差異は大きく、明らかに高学歴グループは優位性を確保しているようにみえる。ただ、ここでもう一度この各グループを構成している各パートを考えてみたい。前節で検討したように、商業学校は実は1910年代後半に大きな戦力となることを期待されて大量採用が開始されている。彼らは「下士卒」という表現ではあるが、前節でみたように実際には「総合職」に組み入れられて重要な戦力とみなされている。これに対して箱ひげ図では同じ学歴ジャンルに入れているが、ここには小供・店限から正規職員になった者も含まれる。そのなかにはきわめて優秀で出世している人材も多いが、上でみたように低賃金の「小使」的な業務に携わる人々もまだ多く含まれている可能性が残る。

　また、高学歴グループ内においても、私大の場合、慶應のように三井物産の創業初期からの関係の深い学校もあるものの[30]、他の多くの私大については1910年前後からようやく大量採用が開始されたに過ぎず、とくにその評価は、「私立学校出身者ハ我社ニ入ルヲ名誉トシ多少俸給少ナクトモ入社ヲ希望スレド、併し高等商業学校、大学の如ク他ニロノアル者ニ対シテハ給料ヲ多ク出シテ之ヲ引寄」せる必要があるなどという議論がなされているように、事業所側からみれば月給額について低く抑えられる対象として考えられていたことも確かである[31]。多くの私立大学の前身が法律学校であり、それは既述のように判任官へ人材を供給していた歴史が長かったことも影響しているのかも知れないが、いずれにしても彼らの初任給は表2-1でも観察したように、1923年においても引き続き、山口、長崎、小樽高商と同じ44円に設定されている。つま

り、その初任給額(評価)が動く前の時期に当たっているのである。このように高学歴者グループ内でも、各学校に対する評価についてはまだかなりのばらつきが存在しており、それをひとくくりにしたまま上記の箱ひげ図は描かれていることになる。

そこで今度は、同じ史料を上の箱ひげ図以上に細かく出身学歴別でパネルデータ化し、平均値をとってみると図2-6のようになる。先ほどの年齢別積み上げグラフと同様に、高商・帝大(神戸含)、各地高商、商業・中学校、小供・店限、私大出身の5グループに分けて計測してみよう。すると、高商・帝大と各地高商は入社当初の段階から30歳にかけて、その初任給格差もあって他のグループに対して大きなアドバンテージを得ている状態がみてとれる。一方、小供・店限からの入社者は入社時から最年長の職員まで最も低い給与レベルで推移している。同様に私大出身者については低迷の段階がずいぶん長く、40代前半までは商業学校出身者の平均値よりも下位で推移しており、40代後

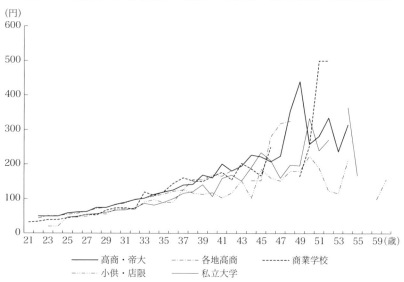

図2-6 高商帝大・各地高商・商業・小供店限・私大出身別の月給平均値

出所:「1923年特別職員録」より集計。

半に入ってやっと高い平均値を得る年が現れることになる。

　しかし、高商・帝大グループの30代前半までの優位はかつての「学卒者」牽引仮説が主張していたように、その後も盤石かというと必ずしもそうではない。図にあるように30代中盤にさしかかるとそれまでの優位な状況は一変し、中等教育機関であるはずの商業学校・中学校グループが平均値では高商・帝大グループを超える年齢が発生していくのである。両者がほぼ同じレベルで絡み合いながら推移する状態は40代中盤まで続いている。そして40代後半には高商・帝大グループにおいて部長、店長クラスが続出する年齢が現れ、このグループのピークを形成するものの、その直後、50歳前後の月給順トップのクラスになると、なんとそれは商業学校出身者によって独占されている状態になる。該当する職員は、砂糖部長の友野欽一（大阪商業出身、52歳、月給500円）と横浜店長の井上治兵衛（京都商業出身、51歳、月給500円）の2人である。実は両者がこの職員録の筆頭、月給額トップであり、それに続く職員は本部参事長の山本小四郎（専修学校出身、54歳、月給450円）、本部監督付の丹羽義次（東京高商出身、49歳、月給440円）、そして業務課長の守岡多仲（小供出身、46歳、月給430円）となる。この平均値のグラフを序章で組んでみた2つの昇給ラインの仮説、つまり「学卒者」牽引仮説における職員昇給ラインのイメージと本書の仮説によって想定される三井物産職員昇給ラインのイメージの2つに当てはめてみると、明らかに後者のラインに近似している。

　だが、これは平均値の特性から、とびぬけた数名の月給額の人材がいるため、それに引きずられた値が出現しているだけで、実際はその集団相互の塊は乖離している可能性もまだある。また、ここではコーホート分析を展開していないため、この間の退職者を考慮できないデメリットを持つ。そこでこれらの諸点を前提にしながらも、できる限り実像に迫るため、このなかの2つの要素、東京高商出身者と商業学校出身者の2つだけを抽出した平均値と中央値を比較することとする。図2-7が2つの集団のみを抽出した月給額の平均値、また図2-8がその中央値のラインである。上述のように50代ではわずか数人が

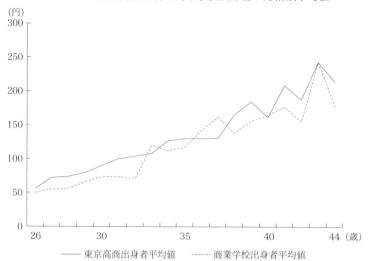

図2-7　東京高商出身者と商業学校出身者の月給額平均値

出所:「1923年特別職員録」より集計。

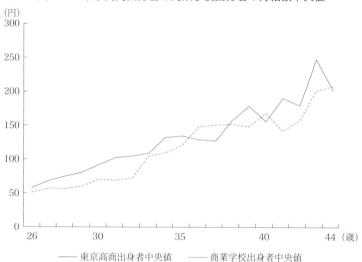

図2-8　東京高商出身者と商業学校出身者の月給額中央値

出所:「1923年特別職員録」より集計。

月給額トップクラスとなるし、また 40 代後半の商業学校出のグループはところどころに欠落する年齢が現れることもあり、統計的に有意であるためにその直前の年齢までの比較的両者ともかなりの人数が存在するゾーンをピックアップした。つまり、26 歳から 44 歳までである。

　両図とも東京高商出身者の数値を実線で、商業学校出身者のそれを破線で表している。平均値と中央値からこの両者の給与格差＝昇進格差を推測してみると、20 代ではやはり、東京高商のグループが平均値、中央値ともに優勢である。最大で 30 円程度商業学校出身者のグループよりも高い場合もみられる。だが、平均値、中央値ともに 30 歳代前半から以降、両者は近似し、交錯するラインを描く。商業学校が東京高商より高くなる年は平均値で 4 回（33 歳、36 歳、37 歳、40 歳）、中央値でも 4 回（36 歳、37 歳、40 歳、44 歳）観測することができる。この間入社後の就業経験によってめきめきと実力をつけて、高学歴者と伍して責任ある地位において職務を切りまわす商業・中学校出身者の姿を目に浮かべることができよう。

　最後に念のため、学歴ごとの昇進状態を確認しておこう。1923 年の段階での月給額は勤続にしたがって定期的（1 年ごとだがその後一定の高さに差し掛かると隔年となる）に昇給する本人給であり[32]、その他の要素、たとえば役職手当、家族手当、住宅手当、残業手当などの部分はない。役職手当は給与本体の月給ではなく半季ごとのボーナスにより支給されるからである。また、戦前の三井物産の職制では店長代や主任など下位の役職はその職場環境に応じて一時的に就任するテンポラリーな職位であり、部長とか課長とかいう職位が「社内における身分」を表現するような、戦後大企業に多く観察されるものとはやや性格を異にしている。小規模店で主任、臨時店長代などになっても次に大規模店・部へ異動した場合、また元の「ヒラ」掛員に戻ることが比較的若い時期のキャリアパスにおいては、ごく普通にみられるケースである。したがって役職者の集計は上位クラスでは有効であるものの、下級役職者についてはかなり流動性が高いことは事実である。月給額はこの時代、それ自身が昇格・昇進そのものをも表現しており、高い月給額の職員はライン、スタッフの何らかの権

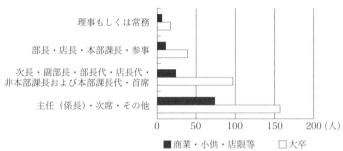

図 2-9　1923 年における三井物産役職者の学歴

注：理事もしくは常務については「三井物産支店長諮問会議」・「支店長会議議事録」
（1902〜1931）各年（1911〜1914 を除く）より、その間の累計。部長以下の役職者
については 1923 年の単年度の集計。
出所：「1923 年特別職員録」より作成。

限を持っていると判断することができるのだから、学歴ごとの昇進率については いままでの月給額に関する議論で本来は十分なのかもしれないが、ここでは補足的データとして、この年の役職者の実数を学歴ごとに集計してみよう。

図 2-9 は「1923 年特別職員録」に対して、上記の観点から役職者（主任以上）を抜き出して高学歴者＝大学・高商・私大出身者と中等教育機関出身者以下＝商業・小供・店限出身の 2 つに分けて集計したものである。また、理事者や取締役については 1923 年単年度では人数が少ないため、常態を把握するため、1902 年から 1931 年までの累計である。上位役職者が決して高学歴グループだけによって占められている状況でない点は容易に把握できる。下位の主任クラスの場合、両学歴グループの人口構成（高学歴者 1,556 人に対して中等教育機関以下グループは 877 人）に近いバランスで、両グループとも同じ比率で役職者が存在している。先にみたように 40〜50 歳代では在籍者中高学歴者の割合が多いため、次長、副部長、部長代、店長代から部長、店長クラスではやや高学歴者グループが優勢になる。その点について認識したうえで、再度図を観察すれば、相対的に少数の中等教育機関出身者以下のグループの活躍はその昇進についても正当に評価されていることが明らかである。2 つの学歴グループはともに激しい選別を物語るピラミッド型の構造をとっている。今

試みに日本労働研究機構の「組織内キャリアの分析―ホワイトカラーの昇進構造―」において分析対象となった、1987年の「OLL社」（製造業）の事務系技術系ホワイトカラーをあわせた学歴別資格構成を同じような図にして掲げてみよう。

最下層幹部においてこそ高校卒業者の数は圧倒的であるものの、大卒者は寸胴型の、

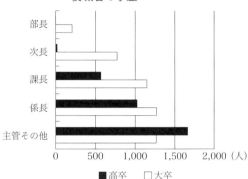

図 2-10　1987 年における OLL 社の役職者の学歴

出所：日本労働研究機構の「組織内キャリアの分析―ホワイトカラーの昇進構造―」『調査研究報告書』No. 58、1994 年、33 頁の図より作成。

そして高卒者はピラミッド型の構造をとっており、高卒以下の学歴者は上位役職に行けばいくほどその割合は急減する構造を描いている。つまり、この時点で部長に就任している者は大卒者 206 人に対して、高卒者わずか 1 人となってしまうのである。この集計結果にみられるような昇進機会における学歴による調整は、ホワイトカラーの新卒者がほとんど大卒者のみになってしまう 2000 年前後以降には逆にほとんど消滅しているかもしれないが（つまりホワイトカラーの学歴差が消滅するため）、このデータがとられた 1980 年代における日本社会のいわば常識であったかもしれない[33]。しかし、この戦後のイメージによってそれより前の社会を色眼鏡で映し出す行為は危険であろう。実際、上の図 2-9 と 2-10 を比較すれば、戦後、1980 年代の昇進機会における学歴による調整システムのイメージを無批判的に戦前の日本の企業社会に機械的に適用することの危険性は容易に認識できよう[34]。

第 3 節　実力主義的企業社会の背景

では、以上分析に付した 1923 年の三井物産特別職員録における職員層の非

学歴主義的な状況を形づくっていった要因、背景をいったい何に求めればよいのだろうか。現在のように限られた史料やデータからはこの問題を完全に解明することは困難であるし、戦前期の複線的教育制度など外部の環境も含めて総合的な分析が必要になることも承知している。ただ、当該事業所の内的要素において、また本章での分析時期に限ってみて、その要因となったであろうと推測している当時の人事システムの特徴は少なくとも3つある。それは第一に、当時の三井物産の査定制度が入社後の職場での実力を実直に評価する幅が大きく、実績にみあった昇給・昇進の慣行が行われており、そのため職員間でフラットな昇進競争が喚起されていた点であり、第二には、入社時の学歴別の選別が戦後のそれほど徹底していなかった点、そして最後に入社後の職務間の異動が人物評価に基づいて弾力的に運用されていたことである。

　第一の点についてみれば、ここで使用した月給額順に並ぶ一連の「特別職員録」が存在することや、給与額こそ記載されていないが、現存する最古の職員録からして上役から下役へと地域や職位に関連なく（つまり給与順を推測させる）並んで記載されていることに象徴されるように、三井物産の職員にとって給与額の順位はそれ自体が上昇志向を促すインセンティブとして機能し、これに職員層がうまく適応していたことを推測させる[35]。戦前の三井物産の昇給額は、直属上司等による査定によって1円刻みで決められるため、個人の能力、実績に対する査定に応じて、たとえば同じ年齢でも、さらに同じ役職の間でも個々人の間で月給額には差が生じる構造であった。この点、同じ商社でも三菱商事の5円とか10円という昇給単位のある企業とは異なっていたようである[36]。1905年入社の伊藤与三郎（元常務）の述懐にあるように「金そのものではなく序列が高くなりたいから月給が一円でも二円でも余計に上がることを希望したわけです。特別職員録というのがあり、これは重役と部店長しか持っていないが、月給順に名簿に並んでいるのです。ちょうどゴルフのハンディキャップみないなもので、アイウエオ順でもイロハ順でもない。月給が高い人が上の方に書いてある。下からぽっと上がってくると、同額の月給のランのいちばん下に名前がつく。そのいちばん下のやつがこれがたいていできる人」とい

う序列意識を湧き起こしていたのである[37]。1920〜30年代のシドニー支店の職員の定昇率を観察してみると、全般に1回7〜10%が普通であったが、決して一律ではなく、中には20%を超えるなど、査定によりその額（率）が大きく異なることが頻繁にみられた。たとえば、30代のベテランにおいては出張所の首席や支店の店長代などへの昇進時に、また20代の若手においてはビジネスの構築などの実績のあがった年において、とくに高い定昇率を得ていた[38]。また、さらにこの定期昇給とは全く別の時期に行われる「特別昇給申請」（抜擢申請とも呼ばれた）制度も設けられており、実績をあげた職員に対して月給の増額という直截的な表現でその功績に報いようとする姿勢が強い会社であった。職員側からみても、支店長らによる査定内容が個々の定昇額（率）を規定するため、新たに示された月給額が上司からの直接の査定内容のフィードバックとして認識でき、これによりさらに向上心が働く構造となっていた[39]。

　このような実績主義的な査定制度は定昇の他に、やはり1円刻みで査定される年2回のボーナス（特別賞与）支給の際も機能しており、職員の月給・ボーナスの額それ自体に対する意識をより強くしていたと類推することができる[40]。1927年の機械部受渡掛での新人研修において当時の本店の受渡掛長、杉本甚平が「三井物産会社ハ実力本位デアル、人材主義デアル。……例ヘバ官庁ノ如キハソノ学歴ノ高下ソノ出身ノ官私ニヨリソノ出世ノ程度ハ殆ント約束サレテ居ル。然ルニ我社ハ情実縁故ニ囚ハレナイ。官学モナケレバ私学モナイ、ソノ学歴ノ大学タルト専門学校タルト中等学校タルトヲ問ハナイ、ソノ偉器逸材タルヲ認メタレバ抜擢登用スルニソンナコトヲ顧慮シナイ」と述べている内容は、この企業の当時の実力主義的状況を端的に表しているのかもしれない[41]。人事課が作った1920〜30年代の定昇用の査定カードの項目には学歴も含めてさまざまな個人情報の諸要素が掲げられているが、実際の現場での査定は当該年度における「人物、業績、努力（勤怠）」のそれぞれに対する点数づけとその概評しかなく、その意味では、職務の遂行結果、将来の潜在能力への期待度としての昇給や昇進に関する評価と、その職員の出身学校等のデータは切り離

されていたと考えることができる[42]。

では次に、第二の特徴である入社時における学歴別の選別が、戦後のそれほど徹底していなかった点について若干の観察を行ってみたい。1920年代までの三井物産においても、学歴別の選別が入社後最初の配属において一部行われていた点については既述した。たとえば、店限の認定や日給職廃止の議論がなされていた1910年代の「用度、出納、受渡の如き特殊のものは学校出身の者に当たらしむることは行われざるべく」という措置や、高学歴グループに伍して優秀な者に限ってはそれまでの日給職員からの入社形態をあらため、一段上の月給職員として当初から採用しようという議論も「甲種商業学校卒業生」という特定の学歴を対象として議論され、そして実施されていったのである。つまり、1920年代にかけて会社側は、一定の学歴を選別基準として設けた上で人的資源の最初の配置を行っていたことは紛れもない事実であった。ただ、それは第4章で観察される1965年段階の同社ほどは徹底してはおらず、また、配置後の異動に対して部店長の裁量が大きかったことから、現在の企業社会からみれば、学歴のソートがかかった職場配置についての線引きがきわめて緩い状況にあったと考えている。

そもそも「学歴を基準とした配置」システムがなぜ必要だったのか、という問いに対する答えは、戦後まで通じてそれはスペシャリスト、専門職の養成の必要性に由来していると考えている。また時代的にも、専門職を養成するためには一定以下の年齢から徹底的な現地での実習（現場でのOJT）が必須であるという考え方がこの企業だけではなく戦前の社会全般に根強いものであった[43]。また、このような場合、専門家養成の対象は特定の学歴に対応することとなる。学校制度が確立し、就学率が上昇しつつある社会では、一定以下の年齢の人材でさらに十分な資質を保証する基準として一定の学歴（学校教育制度の確立にともなって対象学歴は変化するものの）を想定することとなるからである。たとえば、物産の中国事業におけるスペシャリスト養成システムなどもこの事例の1つとなる。

中国における事業展開に必要なスペシャリスト養成プログラムについては、

第 2 章　1920 年代の人事制度と職員の学歴

山藤竜太郎の論稿、あるいは本書の第 5 章や筆者の旧著において議論している通り、その派出職員のほとんどすべては中等教育機関出身者であった[44]。制度化当初には中学校卒業程度の人員から採用する規則があり、その後商業学校や私大の実業学校卒業生から選ばれるようになった経緯がある。ここで使用している 1923 年特別職員録から抽出してみると、支那修業生および同制度出身の職員は全部で 39 名確認でき、そのうち高商等の高学歴者はわずか 2 名（すべて明治期派出）で他の 37 名は中学、商業学校、私立大学の実業学校部（慶應商工や早稲田実業等に代表される）卒者のみであった[45]。また、同様に 1931 年職員録でも支那修業生出身社員の総数は 31 名で、1 人の高商（やはり明治期派出後、管理職クラス）以外すべて商業出身者であることが確認できる[46]。

　このようにある領域の専門職を養成するために、当該領域に一定の年齢層＝一定の学歴を中心に配置する例はこの他にもよくみられた。支那修業生の事例は一地域の専門家の養成が眼目のようであるが、次に豪州ビジネスにおける「羊毛掛」（羊毛バイヤー）という営業部門における 1 つの専門職の例を簡単にみてみることとしよう。

　商慣行や買弁ネットワークの情報コントロールに悩まされていた中国ビジネスとは異なり、豪州ビジネスの場合は、その主要な取扱商品に特殊性が存在していた。三井物産が豪州に本格的に進出したのは、1907〜08 年でその目的の 1 つには日本の毛織物工場の原料となる羊毛の輸入ビジネスへの参入があった。このビジネスが軌道に乗ったのは 1910 年代後半だと思われるが[47]、羊毛の品質、毛長は一頭でもその部位により一定ではなく、さらに脂を落とした後の重量の減少の割合＝歩留を読むためにはきわめて高い技術が必要で、羊毛買い付け掛には高い専門性が要求されていた[48]。このため、入社後「毛類」（羊毛）担当に配属された若手職員のなかからバイヤー候補になった者は、まず羊毛練習生として豪州へ派遣され、シーズン中は現場での OJT が施され、シーズンオフには羊毛学校での羊毛についての専門知識についての学習、英語の勉強などを行うことになっていた[49]。専門家養成のため、やはりこの羊毛バイヤー候

表 2-2 在豪拠点（支店設置〜退去時）における各掛における学歴別平均赴任年数

	羊毛	雑貨
高学歴平均勤続年数	2.4	4.8
商業・中学卒平均勤続年数	7.7	4.9

出所：SP1101/1-MBK-415〜417および各年「三井物産職員録」物産51より作成。

補には商業学校・中学校卒程度の学歴の若手から選ばれることが多かったし、いったんバイヤーとなると専従期間が長年にわたることになる。

表2-2は戦前期を通じた在豪拠点における営業部隊の2つの大きな掛、羊毛掛と雑貨掛の赴任年数を学歴別に集計した数字である。在豪拠点への派遣者全員について雑貨掛の場合、高等教育機関出身者も中等教育機関出身者も同様に平均4.8年程度の在勤に対し、羊毛掛の場合、高学歴者2.4年に対して中等教育機関出身者7.7年と中学・商業学校を中心とする中等教育機関出身者の長期赴任が常態化していた[50]。実際に今、戦前期全体のシドニーとメルボルン両店でのメインバイヤーの在豪拠点赴任期間と彼らの学歴をみてみると、最初のビジネス構築期の井島重保8年（蔵前工業、のちの東京工業学校）、内海峰次18年（神戸高商）、その次のビジネス拡張〜安定期における高橋圭策20年（福井中学）、赤松繁次郎21年（大倉商業）、日豪通商問題などでビジネスが不安定になった時期の中原正巳14年（中央大学）、中西良吉4年（大阪高商）となり、とくに、ビジネス拡張〜安定期の第二世代、つまり高橋、赤松については、ひときわ長い従事期間であった。事業構築時の井島、内海のスキルを受けついだ彼らは、中等学校、商業学校を卒業して入社した直後に20歳以下で渡豪し、羊毛練習生からのたたき上げの教育を受けた人員であり、最後に異動となる日までひたすら豪州における羊毛ビジネスの経験を積んでいくこととなった。

このように入社直後からスペシャリストの養成課程に進み、20年間もの長期にわたって現地に専従するバイヤーの存在は三井物産に限ったことではなかった[51]。たとえば、高島屋飯田の岡島芳太郎（沼津商業出身）所長も現地採用のメインバイヤー、デリュー氏のあと数十年にわたってメインバイヤーとして現地に暮らし、最終的に第二次世界大戦の開戦にともない、引き上げ船で日本に帰国している。さらに、大倉商事でも長く澤田重雄（所長、取締役）が羊毛

バイヤーとして専従していたが、1941年に彼が現地で急逝した際、早急に次期バイヤーを育成する必要に迫られた在豪州店からは「羊毛買い付け人については若人」(飯田支店長より。飯田自身、横浜商業出身で羊毛バイヤーを経て澤田のあとの支店長就任)を切望するという書簡が出されている。この場合の「若人」とは、大学、専門学校卒業者ではない、就学年数の少ない学校修了の人員を意味しており、これに対する本社重役席からの回答では「ご希望の如き若人は只今之無候故来春甲種商業、大阪大倉商業あたり卒業者を採用の上さし向けることに致すべき候まずは右ご回答まで」[52]と、今のところ希望するような若年職員が不在であるから、次年度において商業学校の新卒者(17〜18歳程度)を採用のうえ渡豪させるというものであった。つまり、大倉でも、羊毛バイヤーのようなスペシャリスト育成にはできるだけ「実業学校出身程度の若手」を投入する方針であった点が浮き彫りとなろう。羊毛バイヤーについては、中学あるいは商業学校卒業程度の若年層を入社後すぐに配置して専門家を養成するという人事方針が、羊毛を買い付けする在豪日本商社にほぼ共通して行われていたということができる[53]。

　さて、ではこのような学歴による選別の事例は、1923年前後の時期の三井物産では、どれほど徹底して実施されたと考えるべきか。「徹底」の度合についての議論であるため、何らかの比較対象を設定する必要があり、ここでは戦後の三井物産におけるそれとの比較を考えてみたい。1965年の三井物産の場合、図4-3(本書第4章142頁)の通信部、コセ部に配属されている職員の学歴と営業部門の燃料部に配属されているそれとが、大きく異なっていることがはっきりしている。上原克仁による分析によれば、通信部およびコセ部パンチ課などの平社員はほとんどが中等教育機関出身者で占められ、しかも同部署での長期専従が支配的であるが、「営業部署に配属された者の最終学歴は趣きが異なる。燃料部を例にみると、男子職員(非管理職者)で3社合同以降に入社した者は全て大卒者である。3社合同以前に入社した者も含めても、中等教育機関以下の学歴を持つものは石油企画課に配属された1名(尋小卒)だけである」という[54]。つまり、営業部門の第一線の営業マンはほとんどが高等

教育機関出身者であった点が強調されている。

　これに対して、戦前期の営業マンの学歴は大きく戦後のそれとは異なっている。戦前期における同社の営業部門では、中等教育機関以下の学歴者も高学歴者とほぼ同じ配置にあって活躍するケースが数多く確認できる。この点は上で展開した 1923 年職員録の統計分析からも理解できるが、それをより鮮明にするため、事例として取り上げた戦前期の羊毛部門の職員配置によって若干観察してみることにしよう。

　表 2-3 は 1933 年時点の三井物産の毛類（羊毛）グループ全体の配置と担当者であるが、他のデータから職員の学歴や豪州派遣のトータル年数をとり、表にしたものである。最右列は戦前期を通じた個々の職員の豪州派遣の総年数となっている。日本における毛織物工業の特性から、各商社の毛類（羊毛）部門は、豪州拠点における買い付け部署と日本国内における売り付け部署に大きく 2 つに分かれていた。豪州拠点はシドニーとメルボルンの 2 か所、国内拠点は東京の営業部毛類掛、主要工場が分布する阪神地区における大口顧客の窓口である大阪毛類掛、そして 1930 年代にかけて急激に毛織物工業が盛んになった名古屋地区の毛類掛と全部で 3 つの拠点があった。豪州拠点には買い付け人、メインとサブ（不在の場合もある）のバイヤーが常駐し、それに羊毛練習生が何人かつき、半年のシーズン中羊毛の買い付けに奔走する。1933 年の段階では両拠点とも高橋・井上と赤松・中原のメインとサブのバイヤーが配置されている状況がみえる。輸入された羊毛を販売する 3 つの国内拠点では上田、佐々木、猪口という 3 人の主任（あるいは心得）が部下を率いており、それぞれの拠点には豪州での羊毛練習生の経験者が 1 人以上は張り付いていることも分かる。大阪の場合は、掛員のそれぞれの顧客、担当が判明するため記載しておく。

　「学歴を基準とした配置」が明白なのは、やはり 2 つの豪州拠点であろう。豪州拠点の羊毛部門では 10 人中 7 人が中等教育出身者で占められている。両学歴の入社数については、この当時までは高学歴者の方が多かった点は前節で検討済みであるから、入社者の比率において中等教育機関出身者が羊毛練習生

表2-3 1933年三井物産の毛類（羊毛）営業グループの人員配置

部署・役職	氏名	出身学校	入社年	年齢	担当	現地派遣トータル年数
1933年在豪羊毛部門						
シドニー羊毛掛	高橋圭策	福井中学	1913	41	メイン	20
主任	井上滋	島根商業	1919	34	サブ	6
シドニー羊毛練習生	小川貞三	名古屋高商	1930	24		3
	中沢啓次郎	福島商業	1927	24		4
	河村藤一	敦賀商業	1930	20		11
メルボルン羊毛掛	赤松繁次郎	大倉商業	1916	37	メイン	21
(1936年より主任)	中原正巳	中央大	1919	39	サブ	14
メルボルン羊毛練習生	中村茂郎	四日市商業	1918	34		3
	吉田雄之助	東京商大専門部	1929	26		4
	尾岸長造	東京第一商業	1928	23		5
1933年大阪支店毛類掛						
主任心得	上田和	東京高商	1918	38	日毛、中央、鐘紡、大日本紡、東洋紡	1(主任)
	中西良吉	大阪高商	1920	36	新興、日本毛糸、共同、東洋	4(うち3年は課長)
	国富朝太郎	島根商業	1919	33	昭和、伊丹、宮川、今津	8
	唐木久三郎	京都第一	1919	33	今津、鐘紡、大日本、東洋紡、丸紅、製品及紡毛会社	6
	斎藤藤作	東京外語	1918	41	製品、紡毛会社	0
	藤井通	店限	1917	41	羊毛助手兼製品助手	0
	藤本一郎	東京帝	1920	39	毛類伝票、帳簿	4
	亀田	不詳	—	—	見本、羊毛助手	—
	稲岡	女性雇	—	—	羊毛書類一切	—
	平吾	給仕	—	—	製品、小仕事	—
	松井	給仕	—	—	給仕	—
1933年営業部毛類掛						
主任	佐々木棟太郎	東京高商	1919	39		4
	伊藤雄一	東京外語	1918	38		0
	勝山律次	東京商大	1928	28		6
	山下俊男	京都帝	1928	28		0
	益田智信	外国大学	1931	27		0
1933年名古屋支店毛類掛						
主任	猪口義胤	東京高商	1913	44		0
	木田朝次郎	沼津商業	1914	38		0
	谷口幸次郎	中央商業	1916	35		4
	川井識次郎	東京高商	1919	39		0
	三上知次	東京商大専門部	1925	36		0
	中島清雄	長崎高商	1924	37		0
	田中鐵舟	九州帝	1931	26		0
	小川止天	大垣商業	1925	28		0
	林善吉	岐阜商業	1928	24		0
	今木萬寿男	東京外語	1933	24	見習	0

出所：各年「三井物産職員録」（物産51）および「羊毛市況日誌」1933-34、シドニー支店羊毛掛（SP1101/1-MBK-442）より作成。

やバイヤーになる確率は高学歴者に比して高く、また派遣後の滞在年数についても長期間であると判断せざるを得ない。主任の学歴をみると、在豪拠点の羊毛掛のみ中等教育機関出身者であり、国内拠点の主任はいずれも高等教育機関出身者であることも判明する。

　しかし他方、高等教育機関出身者でも同様に現地のメインバイヤーとなる人材も存在する。1910～20年代に活躍した井島や内海は既述したが、本表内でもメルボルンの中原や大阪の中西はその後在豪拠点のメインバイヤーとなっていく。また、逆に中等教育機関出身者でも名古屋の木田や小川、林のように、羊毛練習生やバイヤーの経験無しで、毛類部隊に国内工場向け営業マンとして参加している者も存在する。木田の場合、それまで従事していた木綿や綿織物等繊維の営業マンとしてのキャリアを生かして、名古屋での原料販売を行っており、彼の配下の商業学校出身者もこの後渡豪することは一度もない。他の営業部門でも多くの商業学校出身者が活躍している点を考えてみると、羊毛バイヤーなどの専門職の職員配置において多少の学歴による選別が行われていたとしても、それは戦後のように厳格に適用されるべきものではなく、人物や特性等を勘案して緩やかに運用される程度のものであったと考えられよう。

　では本章の分析の最後に、当時の三井物産における職員の担当、掛間の異動に対する弾力的運用についてみておこう。現在利用することのできる史料のなかには、多くの掛間異動の事例が職員のキャリアパスの初期だけに限らず実施されていた形跡が残っていることに着目している。北米の各拠点では明治期にはすでに「初メニ勘定方ニ使用シ自然対話ニモ熟スルニ至リ他ノ掛ニ使用スルコトニ為」[55]と、語学の習熟に合わせて支店内の掛間での異動がルーティン化している記述が残されている。もちろんこの理由の１つには、三井物産の営業マン養成の課程が、入社直後に受渡や勘定掛へ一旦配置したのち、数年後に営業掛へ配置転換するものであったこともその要因であるが、注意すべき点は、北米拠点の場合は、新人養成期間中とは言い難いほどのベテランに対しても同様に異動の適用の有無を支店長が判断していたことであろう。1938年に桑港出張所で勘定掛から営業マンへの異動の吟味を受けた岸確一は、慶應大学出身

で勤続11年目、34歳にもなっていた[56]。彼の場合、本人の異動希望もあったのかも知れないが、新卒入社して5年目の28歳の時点で桑港店に勘定掛として赴任し、それからすでに6年が経過しており、「主任」への昇格時期にさしかかっていた。結局、史料によれば、このまま勘定掛の主任として昇格させる人事になったようであるが、他にも1919年のニューヨーク支店における小森勝造など、長く勘定掛であった職員の営業マンへの掛変えが行われている[57]。この場合も含めて、戦前期三井物産における店長の掛間異動についての人事権の強さはきわめて大きかった。このような支店長の人事事例については、勘定から営業マンへのそれだけではなく、前述の下位職扱いであった出納・用度からのものも多数みられるし、店限からの正規職員への編入などが制度化されていた[58]。このように、仮に職種や掛によって若干の月給額の偏りやジョヴ・ラダー、キャリア・パスの相異があり、さらに職種や掛への入社時の配置について学歴による選別が一定程度行われたとしても、その後の掛間の異動によって、掛の間、つまり学歴間の昇給度合の差異に対する平準化メカニズムが働くことになる。ただし、この点を他社と比較する過程では、部店長の人事権の強さや支店の独立性等組織とその運用方式の相違など、いくつかの比較指標を設定しながら議論を行う必要がある。さらに、他の時代と厳密に比較するためには教育制度や進学率等に関する枠組みの設定なども必要となろう。ここでは、これら一連の課題については今後の取り組みとしておきたい。

　以上、1920年前後の新卒労働市場の特性と三井物産の採用人事制度の変容を前提に1923年特別職員録に対して原初的ではあるが計量的な接近とその背景に対する類推を試みてきた。その結果、全体の議論としては本書の論理的な仮説に近い結論を得ることができた。戦後の現代日本社会のように、上位学歴と下位学歴に対して入社時における事前の調整が行われ、両学歴間の競争は抑止され、同学歴内における競争だけを通じてそれぞれのキャリアパスを歩む姿は戦前期、少なくとも1923年段階の三井物産では一般化することはできず、むしろ、ある領域では両学歴者が同じ土俵で切磋琢磨し、蓄積されたノウハウ、発揮可能な実力に応じて適材適所に配置されることが決して珍しくない企業社

会であった。

注

1) 若林幸男『三井物産人事政策史』ミネルヴァ書房、2007 年、第 1 章。
2) 第一物産『三井物産会社小史』1951 年、20 頁。
3) 「明治 36 年支店長諮問会議議事録」(物産 197-2)、217 頁。
4) 試験内容などについては、髙橋弘幸『企業競争力と人材技能』早稲田大学出版会、2013 年、83-86 頁。
5) 前掲「明治 36 年支店長諮問会議議事録」、217 頁。
6) 同上、218 頁。
7) 若林、前掲書、第 5 章。
8) 店限り職員という意味で、正規職員ではなく、店の予算から副次的労働力として雇用されている職員のこと。
9) 「第二回(大正二年)支店長諮問会議議事録」(物産 198-2)、203 頁。
10) 同上。
11) 同上。
12) 同上。
13) 「大正三年 10 月訂正増補現行達令類集」(物産 90-5)。
14) 彼らにも重要な職務へのキャリアパスは構築されていたと考えている。詳細は若林、前掲書、第 6 章。
15) 1910 年代、商業出身者を多数採用しようという議論の際は商業学校からの入社を指すが、後年 1920 年代後半には「小使い」などを指す言葉として使用されていき、ほぼ同じ表現であるため注意する必要がある。
16) 石崎等「切実だった公務員のリストラ」『朝日新聞』全国版朝刊、2016 年 1 月 4 日、夏目漱石『門』新潮文庫参照。
17) 北垣信太郎「東京帝国大学法科大学卒業生の進路分析」『東京大学史紀要』第 22 号、2004 年、8 頁。
18) 1930 年入社の橋本栄一の述懐でも出勤手当等の諸手当の存在が分かる (『回顧録』三井物産株式会社、1976 年、382 頁)。
19) たとえば菅山真次『「就社」社会の誕生』名古屋大学出版会、2011 年、序章等を参照。
20) 若林、前掲書、第 5 章。
21) 坂野潤治「桂園内閣と大正政変」『岩波講座日本歴史』第 17 巻、1976 年、295 頁。
22) 若林、前掲書、第 5 章。
23) 国立教育研究所『日本近代教育百年史』1974 年、1343 頁。

24) 同上書、天野郁夫『教育と選抜の社会史』ちくま学芸文庫、2006年参照。
25) 若林幸男「1920～30年代三井物産における職員層の蓄積とキャリアパスデザインに関する一考察」『明治大学社会科学研究所紀要』第53巻第1号、2014年。もっともこの後、会社統制令などの規定と戦時下における理系学生へのニーズの増大によって、再び1937年からはこれら文系大学の上の初任給階層が創出され、また帝国大学も私大卒の上のレベルに上がるが。
26) 「第三回(大正四年)支店長会議議事録」(物産198-3)、175頁、下線は著者によるもの。
27) 「第四回(大正五年)支店長会議議事録」(物産198-4)、7頁。下線は著者によるもの。
28) 前掲「第二回(大正二年)支店長諮問会議議事録」。
29) 「第八回(大正十年)三井物産支店長会議議事録」(物産198-8)、577頁。
30) 木山実「三井物産草創期の人員－特に先収会社からの人員に注目して－」『經濟學論叢』第64巻第4号、2013年、1282-1312頁。
31) 「明治三十九年七月三井物産会社支店長諮問会議事録」(物産197-5)、235頁。
32) 月給は、給与体系のなかで最も重要な要素となる。というのは、年1回(一定金額に達すると隔年実施)の査定による昇給が本人の「能力」、「社内での位置」そのものを反映すると同時に、月給以外の補償部分の支給基準としても機能し、その額が在外駐在時の家族同伴の可否や在外手当の額、そしてボーナス額(普通賞与および特別賞与)の基礎的な算定基準となっていたからである。たとえば、「携妻資格」(家族同伴の基準)は1921年には、欧米で150円以上、東洋については100円以上と職員個々の月給額によって決まっていた(「第八回(大正十年)支店長会議事録」(物産198-8)、583頁)。1920～30年代における定期昇給とボーナスのシステムについては鈴木邦夫「三井物産における独立採算制の精緻化と商品部での運用の内実」『三井文庫論叢』第49号、2015年、若林幸男「戦間期三井物産職員の定期昇給とボーナス決定のメカニズム」『社会経済史学』第83巻3号、2017年、および秋谷紀男・若林幸男「在外史料館所蔵史料による戦間期在豪日本商社の組織に対する比較分析」『明治大学社会科学研究所紀要』第56巻第1号、2017年。
33) 日本労働研究機構の「組織内キャリアの分析－ホワイトカラーの昇進構造－」『調査研究報告書』第58号、1994年、34頁。
34) 連合総合生活開発研究所『「日本的雇用システム」の生成と展開』連合総研、2015年、231頁。
35) 三井文庫に所蔵されている最古の職員録(「三井物産会社職員録」新町宅勘定場置、物産50-1)でも順番は同族→番頭1等→番頭2等という風に当時の職制トップから下る形であり、さらにいえば地域、拠点はバラバラに記載されている。つまり、東京なにがし、大阪なにがし、そしてロンドンなにがし、と並んでいる。これが物語るのは企業内の序列が同じ職制でもその給与額に沿って並べられていた可能性であろう。地域や拠点ごとの使用人を集めて表記する一般的な職員録はむしろ、

後年にいたって出現することは留意すべきである。

36) 三菱商事の定昇制度については、大石直樹「戦前期三菱商事の人事制度と海外支店のマネジメント」『三菱史料館論集』第 16 号、2015 年。
37) 日本経営史研究所『回顧録』1976 年、153 頁。
38) 若林、前掲「戦間期三井物産職員の定期昇給とボーナス決定のメカニズム」（原史料は SP1101/1-MBK-415, 417）。
39) また、月給額はボーナス額と一定のリンクがあり、同支店において月給額の序列はボーナス額の序列と同一であった。したがって月給額の順位が給与全体の順位に強い相関を持っていたと推測することができる。これはボーナス計算の方式が基礎部分（月給×1.5ヵ月分）と役職手当、そして最後に業績評価部分から成立していたことに起因していた。若林、同上。
40) これらの諸点については、同上論文に詳細に記述しているが、職員が首席等査定者の査定額に対して文句を言う場面などが多数史料として残存しており、数字（査定）そのものへの職員の関心の高さがうかがえる（SP1101/1-MBK-415）。
41) 「受渡業務ノ梗概ト新入社員ヘノ指針　本店受渡掛長杉本甚蔵氏講述」、1927 年の杉本受渡掛長の訓示（物産 319）、本史料紹介の初出は若林、前掲書、第 6 章。
42) SP1101/1-MBK-415.
43) 農商務省などでも「海外実業練習生制度」等を展開している歴史がある。伊東俊雄『大阪商工会議所七十年史』1950 年、49 頁等を参照。この制度と商社での熟練形成を扱った近年の研究に木山実「高島屋の貿易業参入過程における人材形成」『商学論究』第 64 巻第 3 号、2017 年がある。
44) 山藤竜太郎「三井物産の買弁廃止」『経営史学』第 44 巻第 2 号、2009 年、若林、前掲書、第 4 章。
45) 「1923 年特別職員録」の出自欄で支那修業生である職員を集計した。
46) 「1931 年特別職員録」（次章において主に分析される）。
47) 天野雅敏『戦前日豪貿易史の研究』勁草書房、2010 年、藤村聡の一連の業績、「戦前兼松の賃金構造－図像による概観の提示－」『国民経済雑誌』第 206 巻第 6 号、2012 年、および秋谷紀男『戦前期日豪通商問題と日豪貿易』日本経済評論社、2013 年を参照。
48) 市川大祐「三菱商事在オーストラリア支店の活動について－羊毛取引を中心として－」『三菱史料館論集』第 11 号、2010 年を参照。
49) この時期のシドニー周辺の羊毛学校については、藤村聡『兼松は語る』（兼松資料叢書別巻神戸大学経済経営研究所、2010 年）を参照。
49) SP1101/1-MBK-415, 417 より抽出。
50) 同上。
51) 秋谷・若林、前掲「在外史料館所蔵史料による戦間期在豪日本商社の組織に対する比較分析」。
52) この点、SP1098-S. 9-9-OKURA.

53) 藤村聡「パネル報告第51回経営史学会全国大会戦間期における在豪州各日本商社の事業構築とその担い手に対する比較分析」『経営史学』第50巻第4号、2016年、秋谷・若林、前掲論文。
54) 本書第4章参照。
55) 「明治三十九年七月三井物産会社支店長諮問会議事録」(物産197-5)、p. 84.
56) 上山和雄『北米における総合商社の活動』日本経済評論社、2005年、144頁。原史料により若干の情報を補足した。宮崎清「桑港出張所長引継書」p. 29(RG 131、A1-71、container39、2015年8月確認)。
57) 大島久幸「両大戦間期日豪貿易商社の金融力」『三井文庫論叢』第48号、2013年。
58) 山本雄一(1888年生、慶應商工出身)も1907年入社以来6年間台南支店の出納用度掛を経て、1913年営業雑貨掛へ移動等。各年職員録からこのような異動事例は多数抽出することができる。また、注41の杉本甚蔵も店限から正規職員への編入者である。

第3章
1930〜40年代の人事制度と職員の学歴

大 島 久 幸

第1節　1920年代における新規学卒者の採用

　本章では、1930年代以降における三井物産職員層の採用と昇給について、「特別職員録」[1]のデータを用いながら検討する。まずその前提として、大正期以降の人員規模の変化を確認しながら1930年代の特徴を確認しよう。

　図3-1に示したように第一次大戦期以降の三井物産の職員層は大戦期と1930年代に急増した。具体的には第一次大戦期に急増した人員規模は1919年をピークに減少に転じ、その後、新規採用者を抑制していたが、1934年以降人員数を増加させ、戦時体制下の中で急激に規模を拡大させて第一次大戦期を凌ぐ人員規模へと拡張していったのである。

　第一次大戦期以降の採用面での制度的な変化として最も重要な点は、明治期には中途採用や小供といった多様な入社経路からの採用が行われていたが、第一次大戦期以降になると、高等・中等学校出身者の新卒採用制度へと一本化していったという点である。この点を、1916年の名簿と1937年の名簿における在籍者の入社年度別学卒者の構成比を示した表3-1によって確認してみよう。同表はそれぞれの年度のうち、どの程度が新卒者であったかの比重を示した。示された数値は在籍者の入社年次別の構成を示したもので、それぞれの年度の実際の入社人員構成を示したものではないが、全体の傾向を把握するには十分であろう。

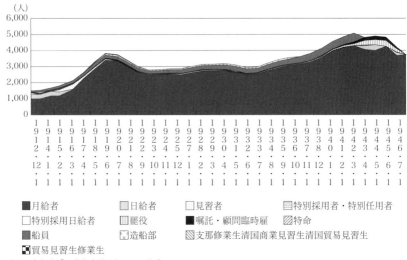

図3-1 三井物産人員数の推移

出所：各年度「三井物産職員録」より作成。

　同表から明らかなように1920年代以降になると、大半が中等教育出身以上の新卒者で占められるようになっている。なお、同表では1922年の半数（4名）が中途となっているが、うち3名は当初、店限使用人として採用され、昭和期になって職員に登用された人物であり、一般的なルートの採用者とは異なる。こうした店限りからの登用は大正末まで散見されたが、これら昇進ルートも次第になくなっていった。三井物産では、新卒者の社内での競争を通じて人物の能力を選抜する仕組みを取っていたと判断できよう。

　しかし、こうした新卒の学卒者を中心とする1910年代後半から20年代までの採用形態は、本章で扱う1930年代後半以降の人材払底期に大きな限界を迎えることとなる。すなわち本章で扱う1930年代の人員拡大局面は、中等教育出身者の採用の増加、中途入社の増加、女子労働者の増加といった、採用面において多様化へと回帰する局面であった。

　以下では、1930年代に入って急速に拡大させていく職員層について、学歴に考慮しながら検討していきたい。また、1930年代は第一次大戦期に大量入

第3章 1930〜40年代の人事制度と職員の学歴

表3-1 在籍者の入社年次別構成
(人)

	1916年						1937年				
年次	新卒	中途	非学卒	不明	合計	新卒比率(%)	年次	新卒	中途	非学卒	合計	新卒比率(%)
1876			1		1	0	1900			1	1	0
1878			2		2	0	1901			1	1	0
1885	1				1	100	1902				0	
1886			1		1	0	1903	1			1	100
1887			2		2	0	1904	2			2	100
1888	1				1	100	1905	5		1	6	83
1889	2		1		3	67	1906	3		2	5	60
1890	2				2	100	1907	18		8	26	69
1891			1		1	0	1908	7		2	9	78
1892	3		2		5	60	1909	2		3	5	40
1893	5		3		8	63	1910	10		3	13	77
1894	6		2		8	75	1911	23	6	8	37	62
1895	3	5	8		16	19	1912	31	3	7	41	76
1896	4		7		11	36	1913	59	3	3	65	91
1897	5	4	8		17	29	1914	56	7	6	69	81
1898	7	5	5		17	41	1915	77	6	5	88	88
1899	13	4	10		27	48	1916	143	20	7	170	84
1900	10	5	18	1	34	29	1917	184	28	5	217	85
1901	16	3	13	1	33	48	1918	218	50	5	273	80
1902	21	5	13	5	44	48	1919	261	20	5	286	91
1903	15	8	20	2	45	33	1920	144	5	1	150	96
1904	40	6	26	6	78	51	1921	6			6	100
1905	73	9	23	1	106	69	1922	4	4		8	50
1906	76	21	24	2	123	62	1923	18			18	100
1907	130	28	51	1	210	62	1924	74	5		79	94
1908	19	3	16	1	39	49	1925	63	4		67	94
1909	10	9	19		38	26	1926	61	5	1	67	91
1910	26	19	15		60	43	1927	137	5		142	96
1911	63	30	26	4	123	51	1928	147	1	2	150	98
1912	69	25	11	2	107	64	1929	51			51	100
1913	112	27	18	2	159	70	1930	84	1		85	99
1914	103	15	7	4	129	80	1931	23		1	24	96
1915	120	22	9		151	79	1932	19	1		20	95
1916	295	35	20	1	351	84	1933	129	3		132	98
na	1	1	7	10	10	5	1934	221	4		225	98
合計	1,251	289	389	43	1,972	63	1935	237	8		245	97
							1936	206	2	1	209	99
							1937	186	1		187	99
							合計	2,910	192	78	3,180	92

注:新卒は卒業後1年以内に入社したもの、中途は卒業後、2年以上を経過して入社したもの、非学卒は学歴欄が空欄もしくは中学ないし中退者で区分した。
出所:各期「特別職員録」より作成。

社した学卒者層が社内選抜を経て、昇進格差を顕在化させる時期にもあたる。そこで本章では1930年代以降の採用面だけでなく、入社後の賃金格差の実態についても学歴と関連付けながら検討していきたい[2]。

第2節　1930～40年代における採用者の分析

(1)　新規採用者の学歴別構成と賃金

　表3-2は1931年、1937年、1941年の3時点における新入社員の構成と賃金についてみたものである。1931年の採用者数が28名であったのに対し、37年には186名、1941年には343名と急増していることが分かる。

　1931年の学歴別賃金は採用者数も少なくシンプルで、帝大卒や私大（慶應、早稲田）卒、東京商大卒が73円、高等商業クラス卒が58円、横浜商業など（甲種）商業学校卒が37円、攻玉舎中学卒が34円という4段階で、商業学校と大学で初任給に約2倍の開きがあることが分かる。採用者数は、下位にいくほど少なくなり、大学が43％、高等商業が36％、商業学校が18％という構成となっている。その後、時代を経るごとに初任給の階層は細かくなり、1941年では帝大他卒が73円、私大卒が65円、高等商業卒が60円と55円、商業学校卒が40円となり、全体として高等商業から下位の学校の初任給が高くなっていることが分かる。それ以上の大きな変化は採用数で、商業学校出身者は1931年に18％（5人）だったのが、1937年の段階で32％（60人）、1941年には57％（197人）にまで急増した。表3-1にみられるように31年は人員規模が縮小した時期なので、本格的な増加に転じた1934年時点と比較すると、同年の新規採用者243名のうち、44.9％（109名）が高商クラス出身者で、商業学校卒は33％（81名）であった。以上の数値から次第に商業学校からの採用数が増えていったことがわかる。この時期、人材不足が顕著になるなかで、三井物産では全国の商業学校から多数の人材を集めるようになっていったのである。

　同社の採用面でみられる際立った特徴は、人材不足が次第に深刻化するなか

でも対象が新卒者に限られており、中途採用者がきわめて少ないという点である。表3-2では1937年の京大出身者（120円）と1941年の東大・工（電工）出身者（212円）の2名に過ぎない。同社の「使用人採用規則」によれば、職員（使用人）は「大学、高等商業学校又ハ之ト同等以上ノ学校ヲ卒業セル者」「文部省ノ認可ヲ経タル甲種程度ノ商業学校又ハ之レト同等以上ノ学校ヲ卒業シ当会社ノ詮衡ヲ経タル者」「三井各商店ニ勤務スルモノニシテ当会社ノ詮衡ヲ経タル者」「特殊専門ノ智識、技能アル者」という4つの条件の何れかに該当することが求められたが[3]、新卒か中途かは規定されていなかった。しかし、実際の採用にあたって、ほぼ新卒者に限定されていた点は留意する必要があろう。後述のように同社は強固な内部労働市場を有しており、新卒者を起点とする「職員」層と、それ以外の人員は明確に区分されていた。そしてこれら内部労働市場での厳しい選抜こそが、同社の人事政策の重要な特徴であった。ただし、こうした内部労働市場と外部労働市場を峻別する同社の人事政策は、戦時体制下での業務の急激な拡張に伴う必要人員数の増大と労働市場における人材の払底という市場環境に規定されて、次第に限界を有することになっていくことになる。

(2) 戦時体制下の人員不足への対応

　戦時体制下での業務の拡張に伴う必要人員数の増大は、労働市場の逼迫という外部環境と相俟って、新卒者に限定していた同社の採用方針に変更を迫ることとなった。その結果、1942年12月には「使用人採用規則」が改定され、新たに「特務職員」「準職員」「女子事務員」という3つの新しい職名が設けられることとなった。以下、順次、その内容をみていこう。

【特務職員制度】

　特務職員とは、三井物産の職員のうち、新卒以外（中途）で入社した「職員」の枠として新たに設けられたものである。まずは使用人採用規則の内容から確認してみよう。

表 3-2　各年度

1931年①		1937年①		1941年①		1931年②
東京帝	2	京都帝	1	東京帝・工(電工)	1	横浜商業
九州帝	2	120円	1人 (1%)	212円	1人 (0%)	天王寺商業
京都帝	2	京都帝・工	2	日本・工(土木工)	1	東京第一商業
慶應	2	東京工大	3	75円	1人 (0%)	37円
早稲田	1	大坂帝・工	2	大阪商	3	攻玉舎中学
東京商大	3	旅順工大	1	九州帝	2	34円
73円	12人 (43%)	87円	8人 (4%)	京都帝	9	
		東京帝・薬	1	神戸商大	4	
		80円	1人 (1%)	大・法文	1	
		大阪商	3	台北帝	1	
		関西学院	2	東京商大	17	
		京都帝	3	東京帝	21	
		慶應	10	東北帝	1	
		神戸商	1	北海道帝	3	
		早稲田	5	73円	62人 (18%)	
		中央	1	東京高等工芸(木材工芸)	1	
		東京商	16	67円	1人 (0%)	
		東京帝	12	慶應	16	
		東北帝	2	専修	1	
		日本	1	早稲田	1	
		法政	1	拓殖	1	
		北海道帝	2	中央	1	
		明治	2	同志社	2	
		立教	1	立教	1	
		73円	62人 (33%)	明治	1	
				65円	24人 (7%)	
上田蚕糸	1	青山学院高商	1	宇都宮高農	1	
慶應義塾高等部	1	大分高商	1	大分高商	1	
高千穂高商	1	大阪外語	1	大阪外語	1	
高松高商	1	大阪商大高商部	2	大阪商大高商	1	
東京商大専門部	2	小樽高商	3	大阪外	1	
名古屋高商	1	外語	2	小樽高商	2	
法政・経	1	京城高商	2	岐阜薬専	1	
横浜高商	2	桐生高工	1	京都薬専	1	
58円	10人 (36%)	慶應高	3	熊本高商	1	
		県立神戸高商	3	神戸高商	1	
		高千穂高商	1	水産講習所	1	
		東亜同文	3	台北帝、農林専	1	
		東京高商	1	高岡高商	1	
		東京高農	1	朝鮮水原高農	1	
		東京商大専門部	6	東亜同文	2	
		同志社高商	3	東京外語	5	
		長崎高商	2	東京薬専	2	
		名古屋高工工業教員養成所		東京商大、商科	5	
		名古屋高商	4	長崎医大薬専	1	
		彦根高商	2	名古屋高商	3	
		福井高商	2	彦根高商	1	
		北海道帝・林実	1	福島高商	1	
		松山高商	1	北海道帝	1	
		山口高商	3	三重高農	2	
		山梨高工	1	明治薬専	2	
		横浜高商	2	盛岡高農	1	
		和歌山高商	2	横浜高商	4	
		58円	55人 (30%)	和歌山高商	1	
				なし	1	
				60円	47人 (14%)	
				大倉高商	2	
				関西学院高商	1	
				慶應高等	1	
				哈爾賓学院	1	
				善隣高商	4	
				明大専部	1	
				55円	10人 (3%)	①+②合計

注：表では各年度を学歴別（初任給別）に①②に分割して示している。
出所：各期「特別職員録」より作成。

入社人員給与

(単位:円、人)

	1937年②		1941年②	
3	愛知商業	2	愛知商業	5	長崎商業	1
1	旭川商業	1	秋田商業	1	長浜商業	4
1	伊勢崎商業	1	伊北農商	1	名古屋二商	2
5人(18%)	宇都宮市商業	1	郁文館商業	2	名古屋市立二商	2
1	宇都宮商業	2	伊万里商業	2	名古屋市第三商業	2
1人(4%)	浦和商業	1	宇治山田商業	2	名古屋商業	3
	釜山一商公立商業	1	臼杵商業	2	七尾商業	1
	関東学院、中学、商	1	浦和商業	3	浪華商業	1
	岐阜商業	1	大分商業	1	奈良商業	3
	京華商業	1	大垣商業	2	仁川公立商業	2
	京都一商	1	扇町商業	1	沼津商業	1
	熊本商業	1	大阪市立東商業	1	延岡商業	1
	久留米商業	2	大津商業	1	函館商業	4
	慶應商工	2	大牟田市商業	1	八幡商業	1
	小諸商業	1	岡崎市商業	1	姫路商業	1
	堺商業	1	岡崎商業	1	広島商業	11
	静岡商業	1	小樽商業	1	深谷商業	2
	實科工業	1	鹿児島商業	1	福岡商業	1
	商工実習	1	柏商業	2	福知山商業	3
	昭和一商	2	神奈川商工実習	1	釜山第一公立商業	2
	専修商業	1	唐津商業	1	撫養商業	1
	善隣商業	1	神勤商業	1	府立三商	1
	第一岡山商業	1	関東商業	1	府立第一商業	1
	第一神港商業	1	岐阜商業	1	府立第三商業	4
	第一神戸商業	2	京都二商	2	防府商業	1
	台北商業	1	京都市三商	1	前橋商業	3
	大連商業	2	京都市立第一商業	1	松江商業	2
	千葉商業	2	京都第一商業	1	松阪商業	2
	中京商業	1	京華商業	2	松本商業	7
	銚子商業	1	熊本商業	5	松山商業	1
	天王寺商業	2	倉敷商業	2	三島商業	3
	東京一商	4	久留米商業	1	水戸商業	3
	東京三商	4	呉商業	1	都城商業	1
	東京二商	1	甲府商業	1	明星商業	1
	名古屋商業	1	小樽商業	3	目白商業	2
	沼津商業	1	堺商業	4	門司商業	1
	彦根高商	1	芝商業	1	安田商業	1
	袋井商業	1	清水商業	1	柳井商業	1
	前橋商業	1	下関商業	2	横須賀商業	1
	松阪商業	1	上海日本商業	2	横浜商業	2
	安田工業	1	昭和第一商業	5	四日市商業	4
	八幡商業	1	新宮商業	3	立命館商業	1
	横浜商業	1	須坂商業	1	和歌山商業	1
	四日市商業	2	正則商業	1	40円	197人(57%)
	37円	60人(32%)	攻玉社商業	1		
			善隣商業	3		
			第一神港商業	1		
			第一神戸商業	1		
			平商業	2		
			人連商業	2		
			高輪商業	1		
			高松商業	1		
			中央商業	2		
			銚子商業	1		
			励精商業	1		
			敦賀商業	1		
			天王寺商業	2		
			栃木商業	4		
			鳥取商業	1		
			富山商業	1		
			豊岡商業	1		
			豊橋商業	2		
28人(100%)	①+②合計	186人(100%)	①+②合計			343人(100%)

第 2 章　職員

第 8 条　左記各号ノ一ニ該当スル者ニ非ザレバ職員トシテ採用スルコトヲ得ズ

1、大学、高等商業学校又ハ之ト同等以上ノ学校ヲ卒業シタル者
2、文部省ノ認可ヲ経タル甲種程度ノ商業学校又ハ之ト同等以上ノ学校ヲ卒業シ当会社ノ銓衡ヲ経タル者
3、三井各会社ニ勤務スル者ニシテ当会社ノ銓衡ヲ経タル者
4、特殊専門ノ智識、技能アル者

……

第 4 章　特務職員

第 13 条　特務職員ノ給料ハ月給トシ、達令所定ノ諸手当、旅費、休暇等ニ関スル待遇ハ職員ト同等トス

第 14 条　特務職員ノ採用ハ第 19 条ノ定ムル所ニ依ル、但社務上特殊ノ必要アル場合ニシテ特殊専門ノ知識、技能ヲ有スル者ハ新規ニ採用スルコトヲ得

第 15 条　特務職員ノ銓衡ノ上職員ニ採用スルコトアルベシ

……

第 19 条　準職員ニシテ満三ヶ年以上勤続シ品行方正、技能抜群且第 8 条ニ該当スル者ハ銓衡ノ上職員又ハ特務職員ニ採用スルコトアルベシ[4]

上記の規定では、特務職員の待遇は「職員」と同等であること以外、特段の定めがなく内容が不明である。しかし、翌 1944 年に開かれた部店長会議ではその内容を示すやり取りが残されている。

すなわち、会議の席上、食糧部長の小野碩介が「人ノ欲シイ時デスカラ、多少デモ差別的ナル職名［特務職員──引用者］ハ廃止スル事ニシタイ」と発言したのに対して[5]、太田策馬人事部長は次のように述べている。

第3章　1930〜40年代の人事制度と職員の学歴

特務職員制度ヲ設ケマシタ趣旨ノ一ツガ、職員ニハドウカト思フガ［他社で――引用者］永年勤続シタ人ヲ優遇スル道ヲ講ゼネバナラヌト云フ点カラ、一階級ヲ設ケマシタ次第デアリマスカラ、廃止ハ困難ト思ヒマス。中途入社ノ方デ優秀ナ人ニ対シテハ従来2年ト考ヘテ居マシタ期間ヲ1年ニ短縮ノ許可ヲ得テ、今日既ニ職員ニ登用、23発令モ致シテ居リマス様ナ次第デ、コレアルガ為ニ寧ロ間口ガ広クナッテ人材ヲ集メル事ガ容易デアル様ニ思ヒマス。最近西貢ノ或人カラノ来信ニ面白イノガアリマス。御参考迄ニ申上ゲマスガ、当社々員ハ指導教育ガ旧イ人ニヨッテナサレル為メ新入者モ自然同ジ型ノ人間ニナリ、考ヘ方バカリデナク歩キ方迄ガ同ジデアル。然ルニ社外世間ニテ相当期間錬成サレタ人ガ特務職員制度ノ下ニドンドン採用サレテ、異色ノアル人ガ段々ト混ッテ来ル事ハオ互ニ自分達ノ現状ヲ振リ返ッテ見ルニヨイ参考トナッテ大変結構デアル、ト云ッテ居リマス。之ハ偶々良イ素質ノ人ニ行キ当ッタ場合ト思ハレマスガ、大変面白イト思ヒマス[6]。

　太田人事部長の発言から特務職員についてわかる内容は、他社で勤続した人を「優遇スル道ヲ講ズル」ために設けられた制度で、職員への登用の道も数は少ないながらも存在していた点、「社外世間ニテ相当期間錬成サレタ」特務職員が「同ジ型ノ人間」である職員と交流することによって、刺激を受ける場合もあったという点である。
　つまり、特務職員制度は新卒者にほぼ限定されている「職員」とは別に中途採用者を雇用する枠として新たに設けられた制度であったということになる。特務職員についての食糧部長の「差別的ナル職名」という発言は、学校卒業後に新規採用される以外に「職員」になる道が閉ざされている三井物産の人事制度の特徴を端的に表しているといえよう。三井物産では「職員」とそれ以外の間に明確な区分が存在していたのである。

【準職員と女子事務員】
　ただし、こうした「職員」を限定した人事政策は人材不足の折、必要人員数

を集めるうえで制約となったことは想像に難くない。実際、後述のように新たに設けられた特務職員は、1943年時点で見習いを含めても全体の0.7％に過ぎなかった。では、同社は業務上必要な人員をどのように集めたのか。以下では1942年12月の「使用人採用規則」の改定で特務職員と併せて設けられた準職員と女子事務員についてみてみよう。

まずは準職員と女子事務員に関する規定の内容を確認しよう。

第1章　総則
第2条　職員及見習者並特務職員ハ本店ニ於テ之ヲ採用ス
第3条　準職員及女子事務員ハ第6条記載ノ書類ヲ添付シ本店ニ経伺ノ上営該店長之ヲ採用ス

第5章　準職員[7]
第16条　準職員ノ給料ハ日給又ハ月給トス
第17条　左記各号ノ一ニ該当スル者ニ非ザレバ準職員トシテ採用スルコトヲ得ズ
　1、出納課、調度課、運輸課ノ付属員又ハ商品鑑定人トシテ適当ナリト認ムル者
　2、特殊ノ技能アル者
　3、臨時雇（一時的用務ノ為メ雇入ルル者）
　4、台湾、朝鮮、満州及海外各店ニ於テ雇入ルル住民又ハ外人
　5、其他店務上特殊ノ必要アリト認ムル者
第18条　準職員ハ雇入店以外ニ転勤ヲ許サズ
第19条　準職員ニシテ満三ヶ年以上勤続シ品行方正、技能抜群且第8条ニ該当スル者ハ銓衡ノ上職員又ハ特務職員ニ採用スルコトアルベシ

第6章　女子事務員
第20条　女子事務員ノ給料ハ月給又ハ日給トス

第21条　左記各号ノ一ニ該当スル者ニアラザレバ女子事務員トシテ採用スルコトヲ得ズ
  1、文部省ノ認可ヲ得タル高等女学校、女子実業学校又ハ之ト同等以上ノ学校ヲ卒業シタル者
  2、勤続満3年以上ノ女子雇員ニシテ本店人事部ノ銓衡ヲ経タル者
  3、女子電話事務員監督者ニシテ本店人事部ノ銓衡ヲ経タル者
第22条　女子事務員ニ関シ本則ニ規定ナク且他ノ規則ニ特別ノ規定ナキ事項ニ付テハ原則トシテ準職員ニ関スル規定ヲ準用ス[8]

以上の条文から、特務職員が本社で採用された人員であるのに対して、準職員と女子事務員は支店で採用される転勤がない人員であったことが分かる。給料は特務職員が職員と同様に月給であったのに対し、準職員と女子事務員は月給または日給とされていた点でも異なっている。ただし、準職員は1943年に新たに設けられたものではなく、旧来から存在した「店限使用人」の呼称を改称したものであった。この点は、準職員の規定が、旧来の「店限使用人」の規定をそのまま引き継いだものであったことから明らかである。おそらく女子事務員という新しい枠組みを設けた結果、それとの対応から旧来の「店限使用人」を準職員として再規定する必要が生じたというのが実態であろう。証左として、1944年に開かれた部店長会議での女子事務員についての太田人事部長の発言をみよう。太田は次のように発言している。

女子ハ其ノ性質上新陳代謝ガ激シイノデ今后可成減員ヲ見ル事ヲ予期致サネバナリマセンガ、一方其ノ能率ノ向上ヲ計ッテコレヲ補ッテ行カネバナリマセヌ。能率向上ノ為メニハ仕事ヲ与ヘテ興味ト責任ヲ持タセル事ガ第一デ上長手ヅカラノ懇切ナル指導ト待遇ノ適正ガ肝要ト存ジマス。待遇ニツキマシテハ、前年末急激ナル改廃ヲ致シテ参ッタノデ御座イマスガ、更ニ此度三井各社ト協議ヲ致シ、大体発表致シテモ宜敷程度ノ成案ヲ得マシタ訳デ御座イマス。当社ト致シマシテハ女子従業員ノ数ガ断然多イノト、男子準職員トノ

関係ニ十分考慮ヲ払ハネバナリマセヌ事ハ申ス迄モ御座イマセン。即チ女子職員ト云フ階級ヲ設ケテ女学校、専門学校、雇員ヨリノ登用者ト、夫々適当年限ヲ経タル者ヲ登用シ給与ヲ大体職員並ト致スコトト相成ッテ居リマス[9]。

各店限りで雇用される女性労働者は以前から存在していたが[10]、後述のようにこの時期、急増していた。その結果、「男子準職員トノ関係ニ十分考慮ヲ払」う必要性が生じ、新たに規定を設けて、「給与ヲ大体職員並」とするなど待遇面での改善を図る必要性が生じていたのである。

この点は、同社の人員構成をみると明確になる。表3-3は1943年の罷役を除く職員、特務職員、準職員、女子事務員の構成について、女子事務員、準職員の人数の上位店（上位20店）と同社全体の構成をみたものである。同表では、両方の上位にある場合、多い方を選択して表示している。

同表から内地店では女子事務員の比率が高く、アジア店舗では準職員の比率が高いことが分かる。この結果、罷役を除く職員全体のうち、準職員の占める比率は31%、女子事務員の占める比率は30%に上った。特務職員は見習いを含めても全体の0.7%に過ぎない点を考慮すれば、戦時体制下での人員不足に対応して補充された人員の大半は店舗で採用された準職員（アジア中心）と女子事務員（内地中心）であったと言えよう。同社では新規採用者に限定された「職員」以外に中途で本社採用の特務職員を設けて人員の拡張を図ったがそれだけでは足りず、実態としては「職員」には含まれない現地雇用の準職員と女子事務員を拡大して業務の拡張に対応していたのである。

1944年の会議で神戸支店長はこうした点を「近時（内地・海外店間の人事の）新交流行ハレズ、男子社員ハ減ル一方ニテ入ッテ来ルモノナク、増加セシハ女子店員ニテ課ニヨリテハ男ハ一人カ二人シカ居ラズ、自然刺激モ尠ク意気モ揚ラヌ事トナル。当社ハ一体何ウナルノデアラウカト云ッタ漠然タル不安ノ念ヲ抱ク様ニモナルハ不得已ルトコロデアル」[11]と評しているが、あながち誇張された発言ではなかったことが知れよう。

以上のように、三井物産では1930年代以降、旧来の大卒や高等商業出身の

表3-3　女子事務員と準職員数の上位店の構成（1943年）

(人)

	店名	職員	職員他店在勤	職員見習	待命	特務職員	特務職員見習	嘱託	準職員	準職員格嘱託	準職員格嘱託女子	女子事務員	準職員比率(%)	女子事務員比率(%)
女子事務員比率上位店	大阪	252		8		2	1		164			342	21.3	44.5
	名古屋	157		7		2			73	2		187	17.1	43.7
	門司	86		2		1	2		49			148	17.0	51.4
	神戸	119		4			1		51	2		141	16.0	44.3
	京城	104						2	118			120	34.3	34.9
	横浜	66	1	3					28	3	1	119	12.7	53.8
	奉天	55		3					104			113	37.8	41.1
	機械部	144		1				2	19			91	7.4	35.4
	経理部	70	1	3		2			1			81	0.6	51.3
	石炭部	80		1		1		1	27			77	14.4	41.2
	運輸部	97				2	1	19	30			68	13.8	31.3
	金物部	81							2			65	1.4	43.9
	雑貨部	72				1		3	2			59	1.5	43.1
準職員比率上位店	天津	135	1	5		1		9	308			67	58.6	12.7
	上海	189		6				6	302			137	47.2	21.4
	小樽	93		4					169	2		90	47.2	25.1
	西貢	68				2	2	13	119	15		16	50.6	6.8
	昭南	106				6	5	14	118			11	45.4	4.2
	漢口	53		1		2			108			10	62.1	5.7
	新京	69		3		2			108			78	41.5	30.0
	大連	49				1			90			71	42.7	33.6
	青島	74		1		2		5	87			57	38.5	25.2
	盤谷	38							75			7	62.5	5.8
	北京	49							71	2		44	42.5	26.3
	馬尼剌	69				1		1	64	22		3	40.0	1.9
	マカツサー	29				2	1	1	62			3	63.3	3.1
	台北	63		1		1			60			57	33.0	31.3
	平壌	22				1			50	1		29	48.5	28.2
	合計	4,019	11	95	0	53	31	114	3,503	55	1	3,334	31.2	

出所：「三井物産職員録」1943年より作成。

新卒者を中核とした「職員」層では拡大する業務に対応することができず、次第に商業学校卒の新卒者を採用して「職員」層の拡張をはかっていった。しかし、こうした限定的「職員」だけでは業務の拡張に伴う人員数を補うことができず、新たに中途採用の特務職員や現地雇の準職員、女子事務員を雇用して対応していったのである。このことは言い換えれば、三井物産における「職員」とは、中途採用者や現地採用者を含まない新卒者に限定した、狭い範囲の人員層を指していたことを意味している。では次にこのような「職員」の選抜シス

テムはどのようなものであったのか。具体的に次節で検討していこう。

第3節　学卒者別昇給の実態

以下では、1937年における学歴別の昇給の実態について検討していきたい。1937年の昇給の実態を検討する意義は、この時期がちょうど第一次大戦期に大量採用された職員の昇給格差が明確になる時期であるという点にある。この点をまず職員の年齢別構成から見てみよう（図3-2）。40歳代半ばの人材が大量であるのに対して、30歳代前半の人員数が極端に少ないのは、前者が第一次大戦期の大量採用者を、後者が1920年代における採用抑制を、それぞれ反

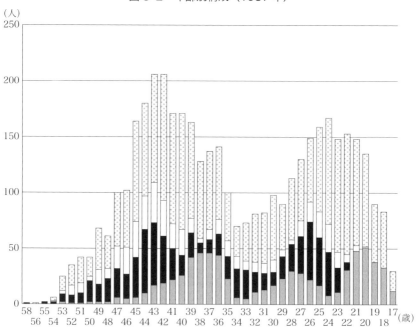

図3-2　年齢別構成（1937年）

出所：「昭和12年度使用人録（7月31日現在）」より作成。

図 3-3　昇給曲線（1937 年）

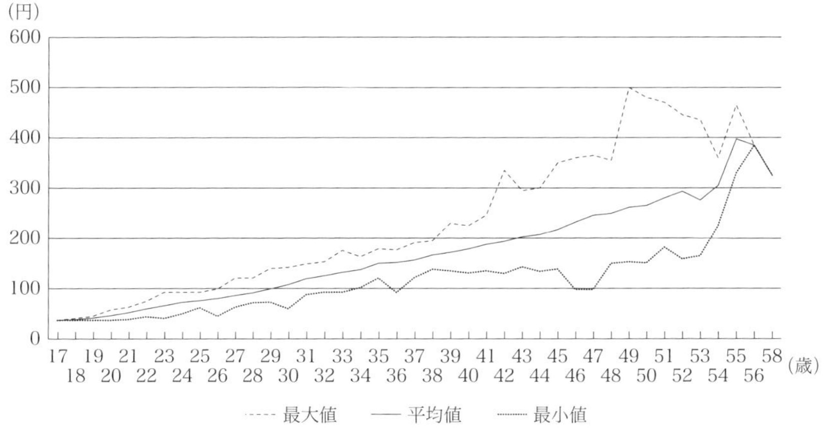

‥‥‥ 最大値　──　平均値　……… 最小値

出所：「昭和 12 年度使用人録（7 月 31 日現在）」より作成。

映しているからである。この 40 歳代半ばというのは、同社の昇給にとって重要な意味を持つ。この点を図 3-3 によって確認してみよう。

　図 3-3 は同社の昇給曲線を年齢別にみたものである。同表をみると、同社の昇給に大きな格差を生じるのは 40 歳代半ばにかけての時期であることが分かる。同社職員の平均値は定年までに 300 円に到達するように設計されているが、40 歳代に入って大きな開きがみられ、40 歳代半ばで 300 円に到達するグループと、そのまま 200 円台で推移するグループに分かれる。

　では、こうした昇給の違いは学歴による差異を反映したものなのか。この点を示したのが図 3-4 である。

　前節で検討したように商業学校出身者と大学出身者では初任給に 2 倍近い格差があった。しかし、商業学校出身者は採用年齢が若く、大学出身者が入社してくるまでに昇給しているため、高等商業卒や大学卒が入社してきた時点での賃金の格差は実はそれほど大きくないことが分かる。しかも各学歴間の賃金水準は 30 歳代半ばですべてが重なる。学歴格差による賃金は 30 歳代半ばまでにほぼ解消されていると判断できよう。

　先に表 3-3 で 40 歳代に入って賃金の格差が大きくなっていくことを確認し

図 3-4　学歴別昇給曲線（1937 年）

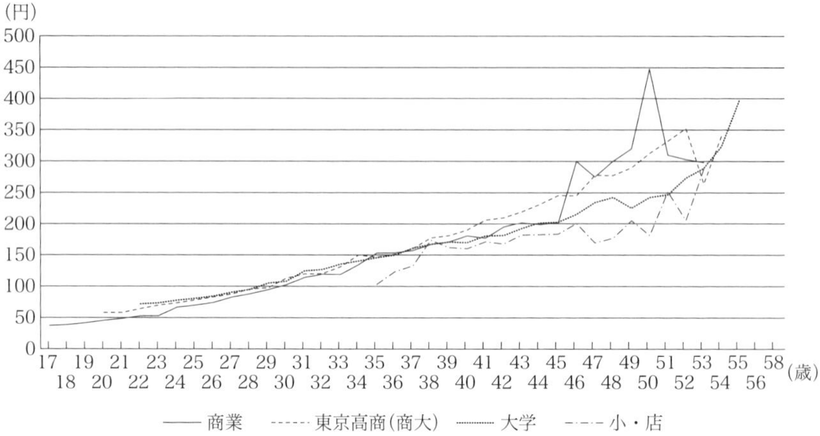

出所：「昭和 12 年度使用人録（7 月 31 日現在）」より作成。

　　　――― 商業　　------ 東京高商(商大)　……… 大学　－－－ 小・店

たが、では 40 歳代で賃金を上昇させていくのはどのような学歴層であるのか。この点を確認するために次に表 3-4 をみてみよう。

　同表は、50 歳以下で月給額が 300 円以上に到達した人材を抽出したものである。このうち、網掛けは商業学校出身者を示している。総数では商業学校出身者が少ないものの、必ずしも学歴によって差別があるわけではないことが分かる。ではこれら人員はどのようなキャリアを経ているのか。以下では最も若い脇本倬一（No.49、1895 年生まれ）のケースで具体的に確認してみたい。脇本は、1913 年に岡山商業を卒業後、三井物産に入社し（推定 18 歳）、大阪支店電信掛（見）[12]（1913 年 11 月※確認時点、以下同）、大阪支店庶務掛（1914 年 5 月）を経たのち、大阪支店金物掛（1914 年 11 月）に配属される。ここで金物商売のスキルを蓄積したと考えられ、その後、1919 年には金物部紐育支部（1919 年 10 月、推定 24 歳）に配属される。しかし、配属先のニューヨークでは、同店の主力商品である生糸関係のキャリアを重ねることになる。1925 年には生糸部総務掛（1925 年 10 月、推定 30 歳）に配属され、その後、生糸部生糸掛（1926 年 10 月）、生糸部紐育支部日本生糸掛（1928 年 10 月、推定 33 歳）、生糸部紐育支部日本生糸掛主任（生糸部紐育支部長代理兼、紐

育支店長代理：1931年10月、推定36歳：月給265円）を経て、1937年には生糸部副部長（紐育在勤；1937年9月、推定42歳、月給335円）となって、40歳代前半で月給額は300円を超える。その後、脇本は横浜支店次長（1939年3月、推定44歳）、上海支店次長（1939年6月、1941年には同役で月給415円）と異動する。

　以上のキャリアから判明するのは、脇本は商業学校卒業者でありながら、20歳代前半という早い時期にニューヨークに配属されて生糸商売で頭角を現し、以後、横浜とニューヨークを行き来しながら、40歳代前半で生糸部の副長に昇格しているという点である。

　つまり、30歳代半ばにかけての学歴間の格差がほぼ解消される時点が主任クラスに昇進する第一次昇進時期を、昇給格差が拡大する40歳代半ばの時点が支店長格に昇進する第二次昇進時期を、それぞれ示していると判断できよう。脇本のケースで重要な点は、30歳代前半でキャリアを上げていくために重要な海外赴任の機会が、商業学校卒業者にも開かれていたという点である。この点を確認するため、表3-4の伊藤與三郎（No. 3）のキャリアを確認してみよう。伊藤は1887年に生まれ、名古屋商業を卒業後、1905年に18歳（推定、以下同）で入店して営業部綿花糸布掛に配属される。入店5年目の1910年には23歳でロンドン支店の配属になる。ロンドン支店では通信掛を担当したのち、とくに第一次大戦期にかけて輸入雑貨掛を担当する。この時上司だったのが、のちに三井物産会長となる向井忠晴であった。伊藤は大戦期に長くロンドン支店に留まって、1919年には32歳でロンドン支店の輸入雑貨掛の主任になったのち、その後、判明する1921年には大阪支店の所属となった。こうして日本に一時帰国するものの、23年時点では36歳でシドニー支店、さらに1925年ハンブルク出張所に移動した後、1926年から3年間罷役となる。1929年には42歳で、大阪支店支店長代理となり、その後は短期間に31年に木材部長兼小樽支店長、34年にロンドン支店長へと異動している。なお、伊藤は、この後、向井が会長のときに筆頭常務の地位にまで上ることになる。先の脇本のケースと共通しているのは、20歳代の前半で海外勤務の後、30歳代

表 3-4　50 歳以下・月給 300 円以上の

No	入社年	出身	卒業年	所属	役名
1	1903	名古屋商業		調査	課長
2	1904	東京第一中		生糸	部長代
3	1905	名古屋商業		倫敦	店長
4	1911	東京高商		大阪	次長
5	1911	京都帝・理工		大阪	次長、機械副部長（大阪）造船（大阪）
6	1911	東京高商	1909	業務	参、雑主
7	1912	東京商船		船舶	参事
8	1912	東京帝・工		横須賀	所長
9	1913	東京高商専攻		香港	店長
10	1915	東京高商		上海	勘主
11	1906	高知商業		不動産	掛長
12	1907	神戸高商		上海	店長
13	1910	東京高商		大連	店長
14	1910	神戸高商		業務	ケープタウン首席
15	1910	東京高商		業務	参、資
16	1910	長崎高商	1909	川崎埠頭	所長
17	1911	神戸高商		木材	部長、小樽店長
18	1911	東京高商		業務	次長
19	1913	東京帝・工		機械	副部長、東支長代
20	1913	東京高商		三池	店長
21	1914	京都帝・工		機械東支	店長代
22	1914	東京帝・英法		台北	店長、高雄店長
23	1911	山口高商		大阪埠頭	所長、大阪石支長
24	1912	東京高商		天津	店長
25	1912	外語・英		新嘉坡	店長
26	1912	四日市商業		参事	
27	1912	慶應・政		長崎	店長
28	1913	東京高商		紐育	次長
29	1913	東京高商		漢口	店長
30	1913	神戸高商		石炭	部長
31	1914	東京帝・経		京城	店長
32	1914	東京帝・政		函館	所長、小樽金支（函館）
33	1915	東京帝・工		機械東支	電二主
34	1907	静岡商業	1900	参事	
35	1907	岡山商業		神戸	次長
36	1908	京華商業		盤谷	店長
37	1911	東京高商		船舶	副部長
38	1912	東京高商		倫敦	次長
39	1912	東京高商		石炭	副部長
40	1913	東京高商		斯土寧	店長
41	1913	東京高商		業務	ブエノスアイレス首席
42	1914	神戸高商		油水	店長
43	1907	名古屋商業		木材	副部長、小樽店長代
44	1908	名古屋商業		大阪	次長
45	1911	神戸商業		甲谷他	店長
46	1914	神戸高商		馬尼刺	店長
47	1914	神戸高商		金物	副部長
48	1914	東京高商		大連	次長
49	1913	岡山商業		生糸	副部長（紐育）、紐育生支長代店長代

出所：「昭和 12 年度使用人録（7 月 31 日現在）」より作成。

第3章　1930〜40年代の人事制度と職員の学歴

人員

現給	氏名	出生年	年齢	勤続年
415	加藤尚三	1887	50	34
301	永島政太郎	1887	50	33
480	伊藤與三郎	1887	50	32
370	石原宗助	1887	50	26
360	舘野竹之助	1887	50	26
335	多ващ光雄	1887	50	26
330	川合菊平	1887	50	25
315	杉山哲治	1887	50	25
345	沼田孝造	1888	49	24
300	関口秉	1888	49	22
345	吉田茂猪	1888	49	31
500	卜部卓江	1888	49	30
380	阿部吟次郎	1888	49	27
370	内海峯二	1888	49	27
320	山崎雄二	1888	49	27
300	佐藤徳三郎	1888	49	27
390	山中清三郎	1888	49	26
350	西永義文	1888	49	26
326	多田良雄	1889	48	24
323	菊池泰	1889	48	24
323	山城伊太郎	1889	48	23
300	池田卓一	1889	48	23
310	天野広	1889	48	26
355	神村貫治	1889	48	25
345	松本季三志	1889	48	25
325	中井高一	1889	48	25
325	村上一郎	1889	48	25
345	山崎亀之助	1890	47	24
335	山下樵曹	1890	47	24
320	山本定次	1890	47	24
345	大塚俊雄	1890	47	23
317	小林茂三郎	1890	47	23
300	田中亮吉	1890	47	22
340	川村房次	1890	47	30
337	兒馬重太郎	1890	47	30
323	平野郡司	1890	47	29
350	余語光	1890	47	26
365	山田政次	1890	47	25
350	山本彦太郎	1890	47	25
325	福田廉三	1891	46	24
320	中村米平	1891	46	24
330	小室健夫	1891	46	23
360	村瀬貫一	1891	46	30
360	小林虎之助	1891	46	29
320	山本三蔵	1891	46	26
350	河村雅次郎	1892	45	23
335	刀根文雄	1892	45	23
300	池上章平	1893	44	23
335	脇本倬一	1895	42	24

半ばにかけて主任格への昇格があって、40歳代の早い時期に支店長クラスに昇格し、その後は支店長や部長として短期間に異動していくという点である。では、伊藤や脇本は例外的な存在なのか。この点を確認するため、海外店でも中核店の1つであったロンドン店の人員構成を確認してみよう（表3-5）。

同表では商業学校出身者を網掛けとしたが、支店長の伊藤をはじめ、6名の商業学校出身者の存在を確認できる。商業学校出身者でも20歳代でロンドン支店勤務が可能であり、30歳代半ばから40歳代直前まで幅広い年齢層の商業学校出身者がロンドン支店に在籍していた。伊藤や脇本は決して例外的な存在ではなかったのである。

このように同社では、学歴別の格差を解消するような厳しい昇進競争が繰り広げられており、新卒者を採用して長期雇用の中で能力を見極めて店舗運営の中核となる人材を選抜していた。同社では、長きにわたる競争の中で見極められる個人の能力に人的資本を依存

表3-5 ロンドン支店の人員構成（1937）

入社年	出身校	卒業年		給与		生年	年齢
1905	名古屋商業		店長	480	伊藤輿三郎	1887	50
1912	東京高商		次長	365	山田政次	1890	47
1918	早稲田・商	1914	店長代	245	藤澤久	1892	45
1917	東京高商		石主、受主、店長代（補）	250	井上武雄	1893	44
1917	東京帝・獨法		生支	234	高橋長春	1893	44
1917	日本・法	1916	庶主	230	水谷長太郎	1893	44
1919	東京帝・政		穀主	217	小野碩介	1894	43
1917	神戸高商		雑主、店長代（補）	233	中川勝十郎	1895	42
1917	神戸高商		勘主	227	守谷千秋	1895	42
1917	東京高工		機支	212	田中二郎	1896	41
1917	同志社・経		雑	202	眞野吉之助	1896	41
1918	東京高商		亜歴山首席	240	藤澤亮二	1896	41
1919	長崎高商		亜歴山首席代	201	秋山信義	1896	41
1919	同志社・経		勘	165	関目成通	1896	41
1919	神戸高商		雑	194	大塚富士夫	1897	40
1919	名古屋商業			152	西村房次郎	1898	39
1923	東京帝・工	1922	機支	171	山川智雄	1898	39
1917	沼津商業		雑	182	河邊三郎	1899	38
1920	大阪高商		勘	182	松井清	1899	38
1920	神戸商業		穀	157	松田栄枝	1901	36
1925	東京商大		カサブランカ首席	168	武山十一夫	1901	36
1920	長崎商業		雑	155	帯屋梅雄	1902	35
1927	東京商大		穀	146	福島殿之	1902	35
1927	京都帝・経		雑納	150	福井均	1903	34
1928	早稲田・理工		機支	134	小松博一	1903	34
1927	大分高商	1926	雑	134	角實	1904	33
1928	東京商大		亜歴山	140	菅野金次郎	1904	33
1929	慶應、経		勘	130	松木敬二	1905	32
1930	京都帝・法		金	121	土肥健男	1905	32
1931	東京帝・経		穀	128	藤瀬清	1906	31
1936	紐育大学・経中退		庶	63	磯村文雄	1910	27
1935	東京商大		勘	85	村上芳郎	1912	25
1931	天王寺商業		庶	68	堀江三正	1913	24

出所：「昭和12年度使用人録（7月31日現在）」より作成。

する結果、中途採用者の採用には抑制的であったと判断できるのである。

　本章では、採用が活発化して人員規模を急激に拡大する1930年代から40年代の三井物産における人員について、学歴に考慮しながら検討した。そこで明らかになった知見は次の2点に整理される。

第一に、同社では「職員」と「非職員」が明確に区分されており、「職員」は大学・高等商業・商業学校卒業後、新卒で入社した人員にほぼ限定されていた。その結果、必要人員数の確保が難しく、1940年代にかけて採用者の主力を大学や高等商業出身者から全国の商業学校出身者に移していった。しかし、狭い条件に規定される「職員」層では必要人員数の確保が難しく、中途採用枠としての特務職員や、各地の支店・出張所で採用される準社員や女子事務員の採用を拡張して、人員規模の拡大を図っていった。

　第二に、狭い「職員」層の中では激しい昇進競争が繰り広げられており、出身学歴間の格差は、主任クラスへの登用がみられる30歳代半ばまでにほぼ解消されていた。また、支店長格への選別が始まる40歳代以降になると賃金格差が大きくなるという構造がみられた。昇進に重要な20歳代の海外赴任の機会は、早期に入社する商業学校出身者にも開かれており、学歴間の格差は従来想定されているほど大きくはなかった。

注

1) 明治中期以降の職員名簿は1904年から1907年には「店別職員録」という名称が、1908年から1910年には「店別使用人録」という名称が用いられ、使用人録と職員録という呼称が混在していた。株式会社化後しばらくは店別使用人録、社員録などの名称が用いられたが、1912年12月1日「職員録（第1版）」以降、職員録に名称が統一され、以降「版」が重ねられて1944年4月には第47版が刊行されている。すなわち、「職員録」への統一は職員録を主管した人事課の創設（1912年）と連動していたと判断できよう。そして「職員録」の第1版が刊行された時期以降、通常の職員録とは別に「使用人録」と称される資料群が作成された。なお、「職員録」は部署ごとの職員名が記載されているのに対し、「使用人録」は職員の給与が記載されている点、「使用人録」は年1回刊行であったのに対し、「職員録」は年度内に数回刊行されることもある点、「職員録」が職員一般に公開されているのに対し、「使用人録」は支店長クラスの幹部のみに公開されている、という違いがあった。「職員録」とは別に「使用人録」が作成された意図が何であったかについては、今後検討の必要があろう。なお、今回主として使用する「使用人録（特別職員録）」はオーストラリア国立公文書館のシドニー分館に所蔵されていた接収資料群に含まれているもので1916年の第5版以降の資料が多く残されている。1916年と17年の第5版、第6版は手書きで「使用人録」と「店別使用人録」の2つに

分かれており、1918年以降は「使用人録」に統一された。以後、1938年では「使用人録」という名称が使われていたが、1939年以降は「特別職員録」と名称が変更され、以後戦後までその名称が使われたようである。以下では、混乱を避けるため時期を問わず、本文中では資料名を「特別職員録」で統一する。同資料には当初、学歴に関する記載はなかったが、確認できる1916年の第5版の「店別使用人」からは学歴が記載されるようになった。これは1913年に人事課おける日給職員の全廃（月給職員への一本化）方針が示された後、1915年取締役会で可決され（2年以内に日給職員を月給職員に編成替え）、1915年7月31日に使用人採用規則を改定という一連の流れを受けたものと判断できる。

2) 分析にあたっては次の3つの時点の人事データを用いる。具体的には、造船部や船員を除く、1931年の2,635人、37年の3,174人、41年の4,256人の「年齢」、「入社年」、「出身校」、「職種」、「給与」の各データである。分析のもととなった『昭和6年度使用人録（7月31日現在）』では、月給者2,635、見習者4、特別採用日給者1、臨時雇1、待命者85、嘱託24、罷役者36、造船部技術員66、造船部事務員12、造船部付属病院8、船員280の合計3,156名のデータが記載されている。また、『昭和12年度使用人録（7月31日現在）』では、月給者3,174、見習者7、嘱託34、罷役44、待命1、造船部技術員77、造船部技術員見習4、造船部事務員9、造船部付属病院10、船員389の合計3,749名のデータが記載されている。最後の『昭和16年度特別職員録（6月30日現在）』では、職員（見習者181名を含む）4,256、嘱託55、罷役（特）28、船員（見習21名ヲ含ム）514、合計4,930名のデータが記載されている。

3) 「使用人採用規則」（1915（大正4）年7月31日改訂）第8条。
4) 「使用人採用規則」（1942（昭和17）年12月8日改定）。
5) 三井物産株式会社本店総務部「第1回（昭和19年）部店長会議録」1944年3月、54頁（三井文庫所蔵資料）。
6) 同上、58頁。
7) 使用人採用規則（1915年7月31日改訂）には第3章に店限使用人に関する項目が挙げられており、その内容は以下のようなものであった。
「第9条　店限使用人ニハ日額又ハ月額ヲ以テ定メタル手当金ヲ支給ス
　第10条　左記各項ノ1ニ該当スル者ニ非ザレバ店限使用人トシテ採用スルコトヲ得ズ
　　出納掛、用度掛、受渡掛ノ付属員又ハ商品鑑定人トシテ適当ナリト認ムル者
　　特殊ノ技能アル者
　　臨時雇（一時的用務ノ為メ雇入ルル者）
　　台湾、朝鮮、満州及海外各店ニ於テ雇入ルル土人又ハ外人
　　其他商務上特殊ノ必要アリト認ムル者
　第11条　店限使用人ハ雇入店以外ニ転勤ヲ許サズ
　第12条　店限使用人ニシテ満5年以上勤続シ品行方正技能抜群且第8条ニ該当

スル者ハ詮衡ノ上本店使用人ニ採用スルコトアルベシ」
8) 「使用人採用規則」（1942 年 12 月 8 日改定）
9) 前掲「第 1 回（昭和 19 年）部店長会議録」、32 頁。
10) 三井物産の女性従業員については、谷ヶ城秀吉「第二次世界大戦直後における三井物産の女性従業員」『アジア太平洋討究』No. 22、2014 年を参照のこと。
11) 前掲「第 1 回（昭和 19 年）部店長会議録」、103〜104 頁。
12) 使用人養成要綱（1928 年 8 月 11 日制定）「使用人養成方ニ付テハ大体左記各項ヲ実行スベキ事　第一　新タニ見習者ヲ採用シタル場合ニハ本店又ハ所属店ニ於テ担当者ヲ定メ約一ヶ月乃至三ヶ月間会社ノ組織、職制、通信、勘定、出納、用度、受渡並商務等ニ関シート通リ心得置クベキ要諦並左ニ列記スル使用人ノ心得方ヲ講和スル事…第二　右終了後適宜ノ掛ニ配属セシムベキモ主義トシテハ成ルベク通信、庶務、勘定等ヨリ順次受渡、商務等ニ配属セシムル方針ヲ取ルベキ事、就中勘定並電信事務ハ成ルベク最初ノ内必ズ一度其掛ヲ経由セシムル事」。

参考文献

麻島昭一「戦前期三井物産の学卒社員採用－明治後半・大正期を中心として」『専修経営学論集』第 75 号、2003 年。

岡崎哲二「戦前期の三菱財閥における人的資本形成」『三菱史料館論集』第 11 号、2010 年。

金子良事「戦時賃金統制における賃金制度」『経済志林』第 80 巻第 4 号、2013 年。

菅山真次『「就社」社会の誕生』名古屋大学出版会、2011 年。

鈴木良隆「三菱の『使用人』明治 19〜大正 6 年」『三菱史料館論集』第 3 号、2002 年。

高橋弘幸「明治大正期三井物産における人材の組織的形成－仕事経験を通じた人材育成システム」『三井文庫論叢』第 43 号、2009 年。

谷ヶ城秀吉「第二次世界大戦直後における三井物産の女性従業員」『アジア太平洋討究』No. 22、2014 年。

吉田幸司・岡室博之「戦前期ホワイトカラーの昇進・選抜過程－三菱造船の職員データに基づく実証分析－」『経営史学』第 50 巻第 4 号、2016 年。

若林幸男『三井物産人事政策史 1876 年〜1931 年』ミネルヴァ書房、2007 年。

第4章
1950～60年代の人事労務管理における学歴格差

上原 克仁

第1節　本章の課題

　序章にも記されていたように、これまで学歴格差に関してさまざまな方面から議論されてきた。しかし、歴史認識が異なるとともに、戦後、それがどの程度存在していた、もしくはしているのか、データをもって明らかにした研究はあまり散見されない。そこで本章では、三井物産が1965年に発行した「特別職員録」をもとに、1950年代から1960年代にかけての三井物産の人事労務管理において、賃金や昇進、職務配置などといった処遇面で学歴格差が存在していたのかを明らかにすることを目的とする。

　本章の構成は次の通りである。第2節では、分析に際し、1947年の財閥解体から1960年代中頃までの三井物産の変遷を概観する。第3節では本章の分析で用いる「特別職員録」に記載されたデータの説明と分析対象期間である1950～60年代の採用をはじめとする人事労務管理の概要を記す。第4節および第5節では、本章の主たる目的である、賃金や職務配置、昇進といった処遇に学歴間での格差が存在したのかを明らかにする。第4節では1955年の3社合同以降に入社した男子職員を対象に、第5節では、第4節での分析結果を踏まえ、戦後から3社合同までに入社した男子職員を対象に分析を行う。そして第6節では、得られた分析結果を要約するとともに、それをもとに考察を加える。

第2節　戦後の三井物産の変遷

　本論に入る前に、『稿本 三井物産 100 年史（下巻）』（以下、稿本と称す）の記述をもとに、解散した 1947 年 11 月から「特別職員録」が発行された 1965 年 8 月までの三井物産の変遷を簡潔に確認しておきたい。

　1947 年 7 月に連合軍総司令部により解散命令が出されると、旧三井物産の役職員たちは直ちに清算に入るとともに、それまでに蓄えた知識と経験を活かして再出発を図るべく、互いに同志を募って小規模な商事会社を設立した。およそ 220 の新会社が設立されたが、その 1 つが同月に設立された第一物産で、旧三井物産の物資部、食糧部、金物部などに所属していた 37 人が集まりスタートした。そして、翌 1948 年には多数の新規大卒者の採用を開始するとともに、旧三井物産系新会社の合併・営業譲受によって企業規模の拡大を図った結果、1952 年 10 月時点で従業員数が 1,331 人にまでなった。

　第一物産は衣食住関連の諸商品を基本とした商品選択を行い、数年後には業界上位への進出を果たした。しかし、業界全体としては各社が弱い経営体質を露呈して、合併・統合による業界の再編成は必至の情勢であった。加えて、ゴム、皮革、油脂原料のいわゆる新三品の暴落で大きな損害を被る物産系新会社も続出する中、物産再建の志が厚かった第一物産の経営陣は、1953 年以降、有力な物産系新会社を対象とした合併・統合による成長戦略をさらに積極的に展開して、総合商社「三井物産」の再建を目指した（表 4-1）[1]。なかでも、1955 年 7 月には物産系新会社で第一物産に次ぐ規模を誇っていた日本機械貿易と第一通商の 2 社を統合[2]して（以下、3 社合同という）物産系新会社の盟主としての地位を不動のものとし、その後も、国際物産交易、大洋、東邦物産などを次々と統合していった。また、多くの被統合会社はそれまでにいくつかの物産系新会社を統合しており、1959 年 2 月に前三井物産と合併するまでに、第一物産は物産系新会社の大半を再度結集させたという。この結果、1959 年 6 月時点で、嘱託や現地職員を含め、職員数が 6,101 人になるまでに成長した

(稿本 56 頁)。

さらに、1965 年 6 月には鉄鋼の専門商社で、当時、巨額の損失を内包していた木下産商[3]を営業譲受という形式で吸収し、鉄鉱石の輸入およびその関連分野における貴重な商権を得た。このような変遷を経て、三井物産は 1965 年 9 月期には、売約高 1 兆 18 億円、売上高 7,496 億円、職員数 9,848 人（うち男子職員 5,956 人）の総合商社にまでなった（稿本 367 頁）。ゆえに、本章で用いる「特別職員録」は、この木下産商を吸収した直後に発行されたものである。

表 4-1 第一物産が統合した代表的な旧三井物産系企業

年	企業名
1948	西日本物産、ロッキー貿易
1949	横浜商会、京華産業
1950	東亜興業、第一木材商事、三静貿易、北九州貿易、三和通商、千代田物産、三金物産、宝満産業
1951	東日本物産、函館物産、前橋物産
1953	互洋貿易（営業譲受）
1954	三井木材工業（吸収合併）
1955	第一通商（営業譲受）
	日本機械貿易（吸収合併）
1957	国際物産交易（営業譲受）
1958	大洋（吸収合併）、東邦物産（吸収合併）
1959	（前）三井物産（吸収合併）

出所：『稿本 三井物産 100 年史 下』をもとに筆者作成。

第 3 節　用いるデータの説明とデータにみる人事労務管理

(1)　用いるデータの説明

本章は三井物産が発行した「特別職員録（昭和 40 年 8 月 1 日現在）」をもとに分析を行う。この「特別職員録」には 1965 年 8 月 1 日時点で在籍した男子職員 5,951 人[4]の氏名、本俸（単位：百円）、所属、役職、出生年月、卒業年月、出身学校および入社年月が、本俸が高い順（同額ならば出生年月順）に記載されている（表 4-2）。ただし、表 4-2 では、氏名についてはアルファベットによるイニシャルで表記した。

入社年月は最も古い者でも「昭和 30.7」となっている。前述したように、昭和 30（1955）年 7 月は第一物産が日本機械貿易と第一通商と 3 社合同を実現した時である。第一物産は合併後の職員間の差別待遇はしない方針のもと、この合併期日を従業員の勤続計算の新しい起点とした（稿本 107 頁）ことの

表 4-2 「特別職員録」の一部（「特別職員録」1 頁、本俸 1,270（百円）以上の者）

氏名	本俸 (百円)	所属	役職名	出生年月	卒業 年月	出身学校	入社 年月	旧 MBK 入社年
J S	1,280	人事	部長	明 42. 8	昭 7	京大、経	昭 30.7	昭 7
H M	1,280	電機	部長	明 42. 9	昭 9	早大、理工（電工）	〃	昭 9
K I	1,280	札幌	店長	明 42.10	昭 2	府立一商	〃	昭 2
K I	1,280	秘書	室長	明 43. 1	昭 8	慶大、経	昭 34.2	昭 8
H U	1,280	繊維	部長	明 43. 7	昭 6	横浜高商	昭 30.7	昭 6
N Y	1,280	名古屋	次長	明 44. 2	昭 9	慶大、法	〃	昭 9
T F	1,280	大阪	次長	明 44. 3	昭 3	府立一商	〃	昭 3
K N	1,280	開発	部長	明 44. 3	昭 9	東商大	〃	昭 9
J K	1,280	岡山	店長兼 玉野所長	明 44.11	昭 11	東大、農（農化）	〃	昭 11
S I	1,280	大阪	次長	明 45. 3	昭 9	東大、経	〃	昭 9
T H	1,280	Germany (Düsseldorf)	支配人	大 1. 8	昭 11	東大、法	〃	昭 11
S T	1,274	合樹	部長	明 44. 1	昭 9	慶大、経	〃	昭 9
I T	1,270	八幡	店長	明 43. 3	昭 3	新潟商	昭 34.2	昭 3

表れであろう。ゆえに、それまで誰がこの3社のいずれに所属し、いつ入社したのかは、「特別職員録」に記載された入社年次の情報からはわからない。「特別職員録」の職員の欄に記載された5,559人の入社年月は、前述した昭和30年7月が2,024人（36％）、昭和31年以降で出身学校を3月に卒業し翌4月に入社した1,412人（25％）のほか、昭和40年6月が1,287人（23％）、昭和34年2月が393人（7％）、昭和32年10月が137人（3％）、昭和33年7月が87人（2％）、その他が219人（4％）となっている。後者は、表4-1で示した合併年月と類似していることから、合併等で木下産商、前三井物産、大洋、東邦物産などから移籍してきた者と考えられる。

　所属には、本店（東京）に配属されている者は所属部署名、それ以外の者については所属支店名（海外支店や現地法人名を含む）が記載されている。これによれば、配属先の内訳は、本店（東京、本店附および休職者を含む）に配属されている者が3,015人（54.2％）と半数強を占め、大阪979人（17.6％）、名古屋346人（6.2％）、国内地方支店696人（12.5％）そして海外が523人（9.4％）となっている。

さらに、個々のデータの末尾には旧 MBK 入社年という情報も存在する。これは財閥解体前の旧三井物産にいつ入社したかを表す情報で、その者が旧三井物産に在籍していたか否かがわかる。これを集計すると 1,162 人を数える。名簿に記載された職員（5,559 人）の 20.9％ に過ぎないが、課長以上の役職者（1,369 人）に限ってみると 66.8％（915 人）が該当し、過半数を旧三井物産出身者で占める。

「特別職員録」に記載された出生年月から、名簿発行時点の職員の年齢が計算できる。これをもとに、図 4-1 に 1965 年時点での男子正職員の年齢と学歴の分布を示してみた。これによれば、最も多く在籍するのは 1955 年の 3 社合同以降に入社した 20 歳代半ばから後半の層で、40 代以降、年齢が高くなるほど職員の数が減少している。棒の柄で示された学歴に目を向けると、3 社合同以降に入社した 30 代前半までにおいては大卒者が 9 割以上を占め、残りを高卒者と数名の短大卒の者で分ける。30 代後半では大卒者がおよそ 6 割、40

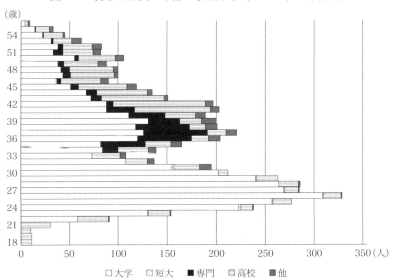

図 4-1　男子正職員の年齢と学歴分布（1965 年 4 月現在）

出所：「特別職員録」に記載されたデータをもとに筆者作成。

代になると大卒者が半数を下回るようになるなど、年齢が高まるにつれ大卒者の割合が低くなり、代わって、高卒者と専門学校卒の者の割合が高まる。30代では専門学校卒者の方が多くみられるが、40代以降の中高年では高卒者の割合が高まる。

(2) 大卒者の採用動向と出身大学

「特別職員録」に記載された情報から、大学および大学院を卒業もしくは修了し、1956年度から1965年度に新卒で三井物産に入社後、1965年8月現在も在籍する者の数が得られる[5]。これをもとに、当時の三井物産の大卒者の採用動向を明らかにしたい。ここでいう新卒とは、卒業もしくは修了後、1年以内に三井物産に入社した者を指す。

当該期間中に新卒で三井物産に入社した大卒社員を入社年度と出身大学（グループ）で区分して示したのが表4-3である。これによれば、慶應（212人、15.6％）と早稲田（159人、11.7％）出身者の割合が顕著に高く、東京、京都、一橋、早稲田および慶應の5大学出身者で当該期間中の大卒新卒者（1,359人）の約半数（669人、49.2％）を占めることがわかる。地方をはじめとするその他の国公立大学出身者（259人、19.1％）も多い。これに東京、京都を除く旧帝国大と神戸、東京工業の2大学をあわせた帝大＋α（206人）、東京、大阪、神戸の3外語大（63人）、その他の国公立大学をあわせると88.1％（1,197人）にまでなる。国公立大学に限っても60.7％（826人）とその割合は高い。私立大学出身者（526人）の出身校をみると慶應と早稲田でその7割を占め、銘柄私大（115人）とその他私大（40人）をあわせても早稲田のそれに及ばず、早慶2大学以外の私立大学出身者は少ないことがわかる。東京大学出身者は1950年代半ばには大卒新卒者の15～16％を占めていたが、その後は大卒新卒者の採用者数は増加するものの、東京大学出身者のそれは増えず、むしろ減少傾向にあり、1965年には6.2％（8人）にまで低下している[6]。

『ダイヤモンド会社就職案内 大学編』には大卒採用者数が文系理系で区分け

表 4-3 1956 年から 1965 年までの大卒新卒入社者数と出身大学 (人、%)

入社年度	大学名 東京	京都	一橋	早稲田	慶應	帝大+α	銘柄私大	外語大	国公立大	他私大	外国大	大学院	年度計
1956	5	1	4	2	7	8	1	0	1	1	1	0	31
	16.1	3.2	12.9	6.5	22.6	25.8	3.2	0.0	3.2	3.2	3.2	0.0	100.0
1957	12	2	13	8	11	13	7	6	4	2	0	1	79
	15.2	2.5	16.5	10.1	13.9	16.5	8.9	7.6	5.1	2.5	0.0	1.3	100.0
1958	11	6	13	14	15	14	6	8	8	3	0	0	98
	11.2	6.1	13.3	14.3	15.3	14.3	6.1	8.2	8.2	3.1	0.0	0.0	100.0
1959	12	2	10	16	18	13	13	3	12	2	1	0	102
	11.8	2.0	9.8	15.7	17.7	12.8	12.8	2.9	11.8	2.0	1.0	0.0	100.0
1960	20	5	9	14	18	13	15	6	21	5	0	0	126
	15.9	4.0	7.1	11.1	14.3	10.3	11.9	4.8	16.7	4.0	0.0	0.0	100.0
1961	25	10	17	27	29	39	12	13	54	4	0	2	232
	10.8	4.3	7.3	11.6	12.5	16.8	5.2	5.6	23.3	1.7	0.0	0.9	100.0
1962	23	8	11	24	32	37	16	12	66	5	0	1	235
	9.8	3.4	4.7	10.2	13.6	15.7	6.8	5.1	28.1	2.1	0.0	0.4	100.0
1963	9	8	9	19	26	25	19	7	36	3	0	1	162
	5.6	4.9	5.6	11.7	16.1	15.4	11.7	4.3	22.2	1.9	0.0	0.6	100.0
1964	10	6	5	19	37	24	13	7	35	9	0	0	165
	6.1	3.6	3.0	11.5	22.4	14.6	7.9	4.2	21.2	5.5	0.0	0.0	100.0
1965	8	7	17	16	19	20	13	1	22	6	0	0	129
	6.2	5.4	13.2	12.4	14.7	15.5	10.1	0.8	17.1	4.7	0.0	0.0	100.0
大学計	135	55	108	159	212	206	115	63	259	40	2	5	1,359
	9.9	4.1	8.0	11.7	15.6	15.2	8.5	4.6	19.1	2.9	0.2	0.4	100.0

注：表頭の大学（グループ）は以下のように区分した。
　　帝大+α：北海道、東北、名古屋、大阪、九州、神戸、東京工業
　　銘柄私大：国際基督教、上智、東京理科、学習院、明治、青山学院、立教、中央、法政、関西、関西学院、
　　　　　　同志社、立命館
　　外語大：東京外語、大阪外語、神戸外語
　　国公立大：東京、京都、一橋、帝大+α、外語大に含まれる国公立大学以外の国公立大学
　　他私大：早稲田、慶應、銘柄私大に含まれる私立大学以外の私立大学
出所：「特別職員録」をもとに、大学もしくは大学院を卒業後、1956（昭和31）年度から1965（昭和40）年度
　　に新卒で三井物産に入社し、1965年8月現在も在籍する者の数を筆者が出身大学（グループ）別に示し
　　たもの。

されている。これによれば、1961年4月に入社した241人のうち文系は161人で理系は80人、1963年は161人中、文系は118人で理系が43人、1965年は129人中、文系が101人なのに対し理系が28人とある。採用者に占める理系出身者の割合は1961年には33.2%だったものが1965年には21.7%まで減少している。

(3) 高卒者の採用動向と出身校

次に、高卒者に目を向けたい。先にみたように、3社合同以降の大卒新卒者が1,359人なのに対し、同時期に高等学校を卒業後、新卒で三井物産に正職員として入社し1965年8月時点で在籍していた者は59人ときわめて少ない。1956年以降の各年の三井物産の新卒採用者に占める高卒者の割合は1.8%から9.3%で、総じても大卒者の5%に満たない。もちろん、中学卒の職員は存在しない。先にも記したように、第一物産は設立された翌年の1948年から新卒の大卒者を多く採用していた（稿本22頁）ことも関連してか、すでにこの頃の三井物産の採用は大卒者が主だったことがわかる。

表4-4(1)は3社合同がなされた1955年7月以降、新卒で三井物産（第一物産）に入社した高卒職員59人の出身高校を示したものである。いずれの学校も工業系の実業学校であることに特徴がある。3社合同以降、合併等で新たに三井物産の職員になった者のうち高卒者は115人で、そのうち112人の入社年月が昭和40年6月となっており木下産商出身者であると考えられる。112人の出身校を示した表4-4(2)をみると、表4-4(1)にみた三井物産に就職した者と異なり、商業高校出身者が62名と最も多く、普通科を卒業している者も少なくない。このほか、高校卒業後、中途で入社した者が4人、新卒で雇員として雇われた後に正職員として採用された者が9人、中途で雇員として雇われ、その後、正職員として採用された者が1人いる。

(4) 合併で三井物産の職員となった者の配属

第2節でも述べたように、三井物産は財閥解体後、合併・統合による成長

表 4-4　高卒者の出身高校

(1) 三井物産

学校名	人
北豊島工高（東京）	14
大阪電通高（大阪）	13
東工大附属工高（東京）	8
東山工高（愛知）	4
港工高（東京）	3
詫間電波高（香川）	3
蔵前工高（東京）	3
本所工高（東京）	2
広島電機高（広島）	2
世田谷工高（東京）	2
工芸高（東京）	2
倉敷工高（岡山）	2
東京実業高（東京）	1
計	59

(2) 木下産商

学校名		
青山高	静岡市立商高	都立四商高
飯塚商高	芝商高	直方高
今市高	成城高	長崎西高
帯広農高	仙台育英商高	新潟高
折尾高	高田商高	羽生実業高
京橋商高	高松商高	広島市商高
熊本商高	筑豊高	福島商高
小倉商高	千葉商高	藤沢商高
小倉西高	敦賀高	穂別高
御殿場高	東筑高	山鹿高
佐伯高	戸畑中央高	若狭高
札幌商高	都立一商高	若松高
静岡商高	都立三商高	若松商高

出所：「特別職員録」に記載された情報をもとに筆者作成。

戦略を積極的に展開してきた。合併統合により新たに三井物産の職員になった者の転籍前後の職務にどのような傾向がみられるか確認してみたい。表4-5は、1965年6月の吸収合併にともない木下産商から三井物産に転籍してきた40人の1963年時点の木下産商在籍時の所属および役職と、「特別職員録」に記載された転籍直後の三井物産での配属先を列記したものである。木下産商在籍時の配属先は、課長職以上の者に限定されるが『ダイヤモンド会社職員録』に記載された情報に基づく。これをみると、ほぼ全ての者が人事から人事、資金から経理など、転籍前後できわめて類似した業務に従事している。あわせて、転籍後に部長から部長代理に、課長から課長代理へなどと降格していることがわかる。期中かつ移籍直後ということもあって、課長や部長といったラインの管理職に就いている者は存在しない。

表 4-5　木下産商から三井物産に転籍してきた職員の転籍前後の所属と役職

木下産商での 所属・役職(1963年)	三井産物での所属・役職 (1965年)	木下産商での 所属・役職(1963年)	三井物産での所属・役職 (1965年)
鉄鋼一部長	鉄一部長代理	審査課長	監査部・考査一課・課長代理
鉄鋼貿易部長	鉄線部長代理	入為課長	財務部・入為一課・課長代理
鉄鋼製品部長	鉄線部長代理	予算課長	経理部・決算二課・課長代理
人事部次長	人事部長代理	機械物資会計課長	輸機部・会計課・課長代理
運輸部次長	運輸部参事	鉄鋼会計一課長	経理部・決算一課・課長代理
資金部次長	New York・経理・参事	出納課長	財務部・支払一課・課長代理
関連事業部次長	開発部長代理	総務課長	業務部・投資管理課・課長代理
業務部長代理	重機部・企総課・参事	調査課長	調査部・調査課・課長代理
総務部長代理	庶厚部参事	運保企画課長	運輸部・船腹一課・課長代理
総務部長代理	監査部長代理(検査員)	運保統括課長	運輸部・保険一課・課長代理
人事部長代理	本店付参事	運輸輸入課長	運輸部・東出一課・課長代理
業務部長代理	監査部長代理(検査員)	業務・調整課長	監査部・管理一課・課長代理
資金部長代理	財務部長代理	海外一課長	業務部・業務課・課長代理
経理部長代理	監査部長代理(検査員)	海外二課長	業務部・中近東課・課長代理
運輸部長代理	運輸部・東入三課・参事	厚生課長	人事部・給与課・課長代理
鉄鋼部長代理	鉄一部・棒鋼課・課長代理	人事課長	庶厚部・庶務課・課長代理
鉄鋼貿易部長代理	鋼管部・参事	鋼材一課長	鉄一部・造船鋼材課・課長代理
鉄鋼貿易部長代理	鉄線部・線出一課・課長代理	鋼管二課長	鋼管部・鋼管出二課・課長代理
監査課長	監査部・監査課・参事	普通線材課長	鉄線部・普通線材課・課長代理
決算課長	経理部・決算二課・課長代理	亜鉛鉄板課長	鉄二部・亜鉛鉄板課・課長代理

出所：1965年7月の合併に伴い、木下産商から三井物産に転籍した職員40人の、合併前後の所属と役職を示したものである。40人は無作為に抽出された。1963年の木下産商での情報は『ダイヤモンド会社職員録』、1965年の三井物産での情報は「特別職員録」に記載されたデータに基づく。それをもとに筆者が作成した。

第4節　3社合同以降に入社した世代の処遇にみる学歴格差

　本節および次節では本書の共通の仮説である、賃金や職務配置などといった処遇に学歴格差が存在していたのかについて、以下の方法で明らかにする。

　本節では、3社合同がなされた1955年7月以降に新卒で三井物産（1959年までは第一物産）に入社した男子職員を対象に、「特別職員録」に記載され

第4章　1950〜60年代の人事労務管理における学歴格差　　139

た人事データをもとに、職務配置と賃金において学歴間格差が存在したのか明らかにする。なお、1955年以降に新卒で入社した者には、最終学歴が大学もしくは高卒の者しか存在しない。

(1) 大卒者の職務配置

1955年7月になされた3社合同以降の新卒者の9割以上を占める大卒者の配属状況をみてみたい。図4-2は「特別職員録」に記載された情報をもとに、1956年以降、大学を卒業後、新卒で三井物産に入社した者の1965年時点での職務配置を、入社年度ごとに区分して示したものである。タテ軸は入社年度、ヨコ軸は同期入社者を100%として部署ごとに配属されている者の割合を表している。入社1年目の1965年入社者は、初任配属先として各営業部の会計課もしくは支店の経理課に配属される者がおよそ半数で最も多く、以下、受渡業務[7]などを担当する運輸部、為替や資金を担当する財務部の順となっている。総合商社の主たる業務である営業部に入社直後から配属される者は1割ほどと少ない。初任配属先が営業部の者の多くは理系出身者で、工学部（応用化

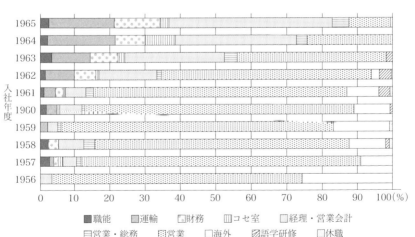

図4-2　大卒新卒社員の職務配置

出所：「特別職員録」に記載された情報をもとに筆者作成。

学）出身者が化学品部で有機化学品を、工学部（電工）出身者が機械部で開発機械を、農学部（農）出身者が穀油部で畜産を担当する部署に配属されるなど、大学で学んだ専門分野ときわめて関連した部署に配属がなされていることがうかがえる。さらに、入社2年目（1964年入社者）以降、勤続年数が増すとともに初任配属先であった営業部会計課や財務部、運輸部で従事する者の割合は減少し、代わって、営業部で営業を担当する者の割合が顕著に増加している。入社3年目（1963年入社者）になると語学研修の機会を得る者も散見され、4年目（1962年入社者）には海外勤務を経験する者もみられる。海外勤務をする者も多くは営業を担当すると考えられることから、4年目で半数以上、5年目（1961年入社者）で8割を超える者が営業に従事していることが図からわかる。すなわち、この頃の三井物産では、初任配属から営業を担当させるのではなく、経理や運輸などといった営業に密接に関係する間接部門でいわゆる下積み業務を経験させ、営業の基礎となる教育訓練を施した上で本業である営業に従事させているものと考えられる。

(2) 高卒者の配属部署

　表4-6は、1955年7月以降、高等学校を卒業後、新卒で三井物産に正職員として入社し1965年8月時点で在籍していた59人[8]の出身高校と配属部署を示したものである。先にもみたように、表側にある高卒者の出身校が工業系の実業学校に限られている。しかも、ここでは記述を省略したが、「特別職員録」に学科名まで記載がある者のほとんどが（電通）や（電）とある。これは表頭に示した配属部署と大きく関係している。すなわち、入社後10年が経過した者まで、ほぼ全ての者が国内で通信もしくはパンチカードを担当する部署に配属されている。通信等の業務に従事させることを目的に、表側の限られた学校を指定校のように定め、採用しているものと思われる。先にみた大卒者では、入社2年目以降、初任配属部署から営業部署に異動する傾向がうかがえたが、高卒者においては入社後5年（1961年入社）以上が経過した時点でも通信部（課）やコセ室（コンピューティング・センター）に従事する者が多く

第4章 1950～60年代の人事労務管理における学歴格差

表4-6 1956年以降に新卒で入社した高卒職員の1965年8月現在の配属先

入社年度		1965			1964			1963			1962			1961		
支店名		東京	大阪	名古屋	東京	大阪	名古屋	東京	大阪	名古屋	東京	大阪	広島	東京	大阪	
部・課		通信・国内通信	総務・通信	総務・通信	通信・国内通信	コセ・パンチカード	総務・通信	総務・通信	通信・国内通信	総務・通信	通信・海外通信	総務・通信	庶務	コセ・パンチカード	通信・海外通信	総務・通信	休職
出身高校	北豊島工高（東京）	1		2				1			1			1	1		
	東工大附属工高（東京）	3		2													1
	蔵前工高（東京）											1					
	港工高（東京）					1											
	本所工高（東京）	1															
	世田谷工高（東京）	1															
	工芸高（東京）																
	東京実業高（東京）																
	大阪電通高（大阪）		2			2					3			2		1	
	詫間電波高（香川）		1			2											
	東山工高（愛知）			2			1										
	広島電機高（広島）												1				
	倉敷工高（岡山）			2													
	計	11			11			3			5			7			

入社年度		1960		1959		1958					1957			
支店名		東京	大阪	ニューヨーク	東京	東京				新潟	東京	ニューヨーク	八幡	
部・課		通信・国内通信	コセ・パンチカード	通信・海外通信	総務・通信	総務	コセ・パンチカード	通信・海外通信	コセ・システム	コセ・経理分析	人事・給与	機械	コセ・パンチカード	汎機・事務機	経理	経理	計
出身高校	北豊島工高（東京）	1			1		1	1					1	1	1		14
	東工大附属工高（東京）	1					1										8
	蔵前工高（東京）									1							3
	港工高（東京）					1			1								3
	本所工高（東京）						1										2
	世田谷工高（東京）														1		2
	工芸高（東京）							2									2
	東京実業高（東京）											1					1
	大阪電通高（大阪）	1		1	1												13
	詫間電波高（香川）																3
	東山工高（愛知）																4
	広島電機高（広島）						1										2
	倉敷工高（岡山）																2
	計	5			2		10						5				59

出所：「特別職員録」に記載された情報をもとに筆者作成。

みられ、初任配属のみならず、長期にわたり同様の業務に従事していることがわかる。このことから、職務配置や教育訓練方法においては大卒者と高卒者で明確に異なり、学歴に応じたキャリアパスが採られている可能性がある。

　高卒者の多くが初任配属される通信部[9]は、1965年8月現在、電話、郵便、国内電信、海外電信および総務の5課からなり、男子職員が68人配属されている。配属された職員の学歴を◎（大卒）や☆（新制高校）などの記号で示した図4-3にみるように、通信部には課長代理以上の管理職者13人のうち大卒者が4人在籍する。しかし、通信部の右に示した燃料部等他の営業部署に比べて大卒者の数は少ない。さらに、通信部に配属された一般職員55人のうち大卒者は7人いるが、いずれも1955年以降、合併等で新たに三井物産の職員となった者である。短期大学卒業者も4人いるが全て木下産商出身者で、出身校はいずれも電通短大である。1955年以前に入社した者の出身校をみても逓講や旧制の中学校となっており、通信部は高卒者をはじめとする中等教育出

図4-3　通信部、コセ室、営業部（燃料部）に配属された者の学歴

通信部		コセ室		燃料部	
部長	◎	室長	◎	部長	◎
次長	◎	室長代理	●○	次長	○○○●
部長代理	○			部長代理	○○●●●
参事	■			参事	○○○
課長	◎●○○	課長	◎	課長	○○○○○○●●●
課長代理	○○□□★	課長代理	○○○●●	課長代理	○○○○○○○○○○ ●●●●●●●●□
郵便課	○○○★★★▲▲	経済分析課	◎○○○○☆	会計課	○○○○○
電話課・総務課	□□		○☆	原炭1-2課	○○○○○
国内電信課	☆☆☆☆☆☆☆☆☆ ☆☆☆△△△◎ □□□□	システム課	○○○○○○○○○ ○○○○○○○○ ○☆	石炭課	○○○
				石油1-3課	○○○○○○
				石油企画課	○○○
海外電信課	☆☆☆☆☆△○○○ ○○○▲ ○●□□□□□□□	パンチカード課	☆☆☆☆☆☆☆☆☆ ☆☆☆○○☆☆ ☆	石油企画課	★
				石油施設課	◎
				石油舶用課	○○○

注：1965年8月現在、通信部とコセ室および燃料部に配属されている職員の数と学歴を記号で表したものである。記号は以下のように学歴を表す。また、網掛けされた箇所は1955年以降学校を卒業した者を表す。
　　◎大卒、●高商・高専、△短大、○高校（旧制）、☆高校（新制）、□逓講・中学、▲無線学校等、★尋小、■高小
出所：「特別職員録」に記載された情報をもとに筆者作成。

身者（48人）が大多数を占めていることがわかる。

　コセ室のパンチカード課についても同様のことがいえる。パンチカード課には1965年8月現在、20人の男子一般職員が在籍していた。そのうち大卒者は5人だが、いずれも、1965年6月に木下産商との合併で転籍してきた者（うち3人が電気通信大）で、高校（新制）を最終学歴とする中等教育出身者が大半を占める。しかし、営業部署に配属された者の最終学歴は趣きが異なる。燃料部を例にみると、男子職員（非管理職者）で3社合同以降に入社した者は全て大卒者である。3社合同以前に入社した者も含めても、中等教育出身者は石油企画課に配属された1名（尋小卒）だけである。このことから、1955年以降に三井物産（第一物産）に採用された高卒者は、大卒者とは異なり、通信やパンチカードといった間接的な業務に専門的に従事させるための人材として採用されていたといえよう。

　最後に、吸収や合併で新たに三井物産の職員となった高卒者の職務配置を確認しておきたい。木下産商から営業譲受にともない転籍してきた高卒者のそれは、先にみた三井物産に入社した高卒者のそれとは傾向が異なる。木下産商からの転籍者には会計や運輸、通信等に配属された者も存在するが、入社年次を問わず、営業を担当する部署に配属されている者も多く散見される。これは、表4-5にもみたように、合併前の木下産商での配属と関係しているものと思われる。あわせて、わずかにみられる木下産商以外の企業からの転籍者についても木下産商出身者と同様の傾向が示された。

（3）　大卒者の賃金（本俸）

　3社合同以降に新卒で三井物産に入社した大卒者および大学院卒者の本俸の分布をみるため、「特別職員録」に記された情報をもとに、図4-4に箱ひげ図[10]を描いた。タテ軸は本俸（百円）、ヨコ軸は勤続年数（年目、カッコの中の数字は入社年度（西暦））を表している。これによると、入社10年目まではひげが描かれず、中央値を示す線と外れ値しかみられない。すなわち、同期入社者間における本俸の格差はごく少数の例外を除き存在しない。具体的に、

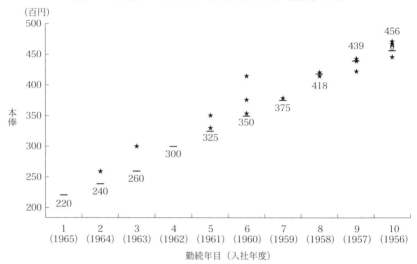

図4-4 入社10年目までの大卒者の本俸（賃金）分布

注：図中の−は中央値、★は外れ値を表す。
出所：「特別職員録」に記載された情報をもとに筆者作成。

大卒者の入社1年目の本俸は220百円で、入社3年目までは勤続が1年増すごとに20百円の昇給（2年目は240百円、3年目は260百円）がうかがえる。入社2年目以降、大卒職員の本俸に外れ値がみられるようになる。「特別職員録」で、外れ値が示す、同期入社者より高い本俸を得ている者の属性をみると、出身大学名に共通の特性はみられず、大学を2回卒業している者、大学院を修了した者、現役で卒業した者よりも2歳以上年齢が高い者等で、この者たちの本俸の額は1年もしくは2年前に入社した者と同額となっている。

3年目から4年目への昇給幅は昇格をともなってか40百円と高く、その後、7年目までは25百円の昇給がうかがえる。入社5年目以降、先にみた2歳以上歳上の者以外にも、本俸の中央値よりも3百円高い外れ値が散見されるようになる。5年目の者（大卒同期入社者は233人、本俸の中央値は325百円）で本俸が328百円の者が11人、6年目の者（同128人、同350百円）で本俸が353百円の者が16人いる。6年目には356百円の者も1人存在する[11]。7年目以降も、外れ値は本俸の中央値から3百円の倍数ごとに存在する。ここ

でも該当者の出身大学に一定の傾向は見出されず、予想するに、この3百円は考課結果をもとにした昇給額の増額分と思われる。戦前にみられたような、同じ高等教育機関修了者でありながら、出身学校の違いで入社時から生じていた賃金（本俸）格差は全くみられない。

（4） 高卒者の賃金（本俸）

3社合同以降に新卒で三井物産に入社した高卒者の本俸の分布をみるため、「特別職員録」に記された情報をもとに、図4-5に箱ひげ図を描いた。

これをみると、1965年4月に入社した高卒者の月額本俸は150百円、入社2年目の1964年4月入社者は160百円となっている。大卒者同様、出身学校により本俸に格差は生じることなく、高卒という学歴で一律の額となっている。その後、入社4年目までは勤続が1年増すごとに12百円昇給し（3年目は172百円、4年目は184百円）、入社5年目には36百円昇給し、本俸は220百円までになる。

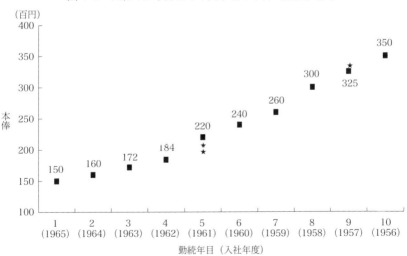

図4-5　入社10年目までの高卒者の本俸（賃金）分布

注：図中の■は中央値、★は外れ値を表す。
出所：「特別職員録」に記載された情報をもとに筆者作成。

この本俸の額は、3社合同以降、三井物産に採用された者ばかりでなく、その後、営業譲受や吸収合併にともない新たに三井物産の職員になった者にも同じ額が適用されている。5年目で外れ値が散見されるが、該当者は休職中の者で、そのためによるものと思われる。大卒者にみられたような考課結果に基づく昇給額の増額を受けた者もみられない。

　図4-4にみた大卒者の本俸の分布とあわせてみると、高卒者の入社5年目と大卒者の1年目の者の本俸がいずれも220百円と同じで、それ以降も同額で昇給していくことがわかる。このことから、本俸においては、入職間もない者における学歴間の格差は、制度上は存在しないということができよう。

第5節　3社合同前に入社した世代の処遇にみる学歴格差

　前節では、1955年の3社合同以降に入社した若い世代における処遇の学歴格差を賃金と職務配置の観点から眺めてきた。賃金においては大卒の新入社員と高卒で5年目の社員とで本俸が同額になるとともに、その後の昇給額も同一であった。すなわち、制度上においては学歴間の格差はみられなかった。しかし、中高年世代でも同様の傾向がみられるだろうか。職務配置では学歴間に格差がみられた。初任配属先であった経理や運輸などの間接部門から数年後に営業部署に異動し業務に従事する大卒者と、入社から長期にわたり通信やパンチカードといった業務に従事し続ける高卒者とでは、その後の昇給（本俸）や昇進の確率に学歴格差は生じないだろうか。本節では、1955年の3社合同前に入社した者に分析対象を拡大し、昇進と昇給をはじめとする処遇と仕事の幅と質を規定する職務配置に学歴格差が生じていなかったのか、分析を通じ明らかにしたい。

　本章のこれまでの分析から、賃金である本俸は年齢と入社年度、考課結果などが規定していたものと考えられる。かつて所属していた企業やそこでの賃金も関係していよう。しかし、本章の分析で用いている「特別職員録」に記載された情報では、3社合同前に入社した職員の入社年度はわからない。そこで、

3社合同前に入社した世代の学歴間格差の存在を明らかにするために、いささか正確さは欠くものの、入社年度の代理指標として最終学歴の卒業年の情報を用い、全ての者が最終学歴の学校を卒業後、新卒で入社したとみなして学歴格差の分析を試みる。

さらに、第2節で記したように、三井物産は1947年以降、合併を繰り返して規模を拡大してきた。第一物産に入社した者と吸収合併や営業譲受の形で三井物産の職員になった者との間でも格差が存在する可能性がある。しかし、「特別職員録」に記載された情報からは、かつて、誰がどこの企業に入社し在籍していたかわからない。第一物産が、平等を図るべく、3社合同を実現した1955年7月を従業員の勤続計算の新しい起点とした（稿本107頁）との記述から、3社合同で三井物産（第一物産）の職員になった者を対象とすることで、出身企業間の格差を最小のものとし分析を行いたい。あわせて、財閥解体前の三井物産に在籍していた者は他者に比べ本俸に加算がなされている可能性も考えられるので、この者たちも除外する。その結果、「特別職員録」に記載され分析対象となる者の内訳は、大卒者637人（70.5％）、高専卒者157人（17.4％）、高卒者82人（9.1％）、中学校、高等小学校、尋常小学校、通信講習所（逓講）、その他で計27人（3.0％）の総計903人である。この数字から、終戦直後においても、第一物産をはじめとする旧三井物産系の企業は高等教育を修了した大卒者を多く採用していたことがわかる。

本節の具体的な分析手法は次の通りである。賃金における学歴格差の存在を明らかにするための分析では箱ひげ図を用いる。分析対象者の卒業年次と学歴ごとに箱ひげ図を描いて分布を比較する。昇進の学歴格差の分析では、「特別職員録」が発行された1965年8月時点での三井物産の昇進構造を概観するとともに、最終学歴ごと、卒業年度ごとの役職分布を横棒積み上げグラフを描いて示し、比較検討する。最後に、勤務地および部署ごとの配属人数を分析対象者の最終学歴ごとに示して、職務配置の格差が存在するかを明らかにする。

(1) 賃金にみる学歴格差

図4-6はタテ軸に本俸、ヨコ軸に卒業年をとり、1945年以降に「特別職員録」に記載された最終学校を卒業した903人の本俸を、学歴別に箱ひげ図に示したものである。学歴は、大卒、高等専門学校、その他に区分した。これをみると、新卒で入社した者ばかりでないにもかかわらず、いずれの学歴においても、卒業年が古く勤続年数が長くなるにつれ、概ね、本俸の中央値と分布が高くなっており、本俸が入社年で規定されていることがうかがえる。また、第1四分位と第3四分位の差を表す箱の大きさは、その他には区分された学校の種類が多様なため大きな年も散見されるが、総じて小さい。

学歴格差に目を向けたい。先にみた3社合同以降に入社した世代に採られていた制度では、学歴が異なっても、高卒5年目と大卒1年目など標準年齢が同じであれば、本俸の額は等しくなっていた。これを基準に考えると、大卒者の1～2年前に入社した高専卒者、さらにその1～2年前に入社した高等学

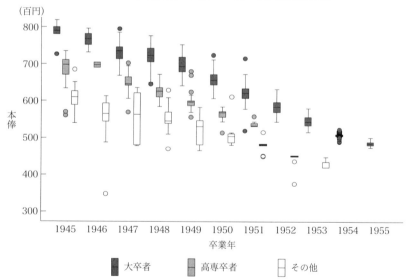

図4-6 3社合同前に入社した者の学歴別賃金分布

出所:「特別職員録」に記載された情報をもとに筆者作成。

校卒業者の大半を占めるその他が同じ歳となり、図中の箱ひげの高さがほぼ同じとなるはずである。入社年次が若い世代では概ねそのような傾向が示されているが、卒業年次が古く勤続年数が増すほど、標準年齢が同じでも本俸の中央値を示す線の高さが高学歴者ほど高くなるなど格差が生じ、拡大していく傾向がうかがえる。

さらに、詳細な結果は示さないが、学歴格差の存在を確認するため、被説明変数に本俸、説明変数に最終学歴のダミー変数と生年もしくは卒業年を入れて回帰分析を行った。その結果、大卒者を基準に、最終学歴のダミー変数の係数がいずれも負で、最終学歴が低くなるほどその絶対値が大きくなり、1％水準で有意であることが示された。ゆえに、回帰分析の結果からも賃金（本俸）における学歴格差の存在が確認された。

(2) 昇進にみる学歴格差

具体的に学歴格差をみる前に、1965年時点の三井物産における昇進構造を概観しておきたい。図4-7は主な役職層の年齢分布を示したものである。「特別職員録」に記された情報から、東京本店にある1つの部署は、上から部長、部次長、部長代理、課長、課長代理、そして役につかない職員（以下、無役と称す）で構成されている。部長代理が課長を兼務したり、課長や課長代理が複数の課を兼務するケースも多く散見される。これによれば、最も若く34歳で課長代理に昇進する者が現れる。すなわち、当時の三井物産の、同期入社者のあいだで初めて昇進格差が生じる第一選抜出現期が大卒者で入社後13年目、高卒者で同18年目であることがわかる。その後、課長代理で4年の滞留の後に最も若く38歳で課長に、41歳で部長代理に、45歳で次長に、そして49歳で部店長に昇進する者が現れる。また、「特別職員録」にある記述から、東京本店の部長は国内支店の支店長、部次長は店次長、部長代理は店長代理と同等に位置づけられている。

昇進における学歴格差の存在を明らかにするために、図4-6と同じ学歴区分（大卒者、高専卒者、その他）で、1945年以降に最終学校を卒業した者の

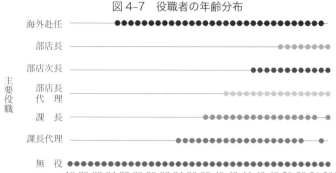

図 4-7　役職者の年齢分布

出所：「特別職員録」に記載された情報をもとに筆者作成。

　卒業年ごとの 1965 年 8 月時点での役職分布の割合を図 4-8 に示した。なお、海外の役職者については、国内のそれ以上に役職が細分化されているため、ここでは海外役職者とひとくくりにして示した。

　課長代理には大卒では 1953 年卒者が、高専卒は 1951 年卒者が最も早く昇進している。同じ年齢ならば大卒者と高専卒者では入社年次が高専卒者の方が 1～2 年早いため、大卒者と高専卒者で課長代理への昇進が始まる時期に違いはみられない。しかし、課長代理への昇進が始まる初年度に課長代理に昇進する者の割合には、大卒者がおよそ 6 割なのに対し高専卒者は 4 割と、格差が生じている可能性がある。上位役職の課長昇進では、学歴に応じて明確な格差が生じている。大卒者では、一部の例外を除き、1951 年卒業者から課長昇進者がみられるようになり、卒業年次が古くなるにつれ、課長昇進者の割合が高まる。1946 年卒業者ではおよそ 6 割が課長もしくは部店長代理に昇進している。一方、高専卒者では 8 割以上の者が課長代理に昇進するものの、課長や部店長代理等といった上位役職に昇進した者の数は 1965 年時点できわめて少数に限られている。また、大卒者には海外で従事している者が卒業年次ごとおよそ 2 割ずつ存在するが、高専卒者にはごくわずかしか存在しない。他方、最終学歴が高卒者およびその他の学校の者については、1949 年卒業者から課長代理昇進者がみられ、制度上、昇進開始時期について学歴格差はみられない。

第4章 1950～60年代の人事労務管理における学歴格差　　151

図 4-8　学歴別、卒業年ごとの役職分布（1965 年 8 月現在）

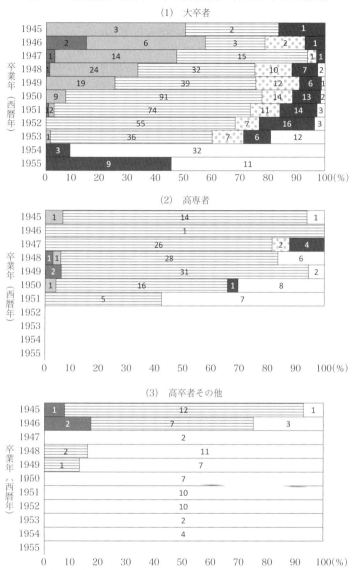

■部店長代理　■課長　■課長代理　□海外役職　■海外無役　□無役

注：図中の網掛けは以下のように役職を表す。
出所：「特別職員録」に記載された情報をもとに筆者作成。

しかし、先にみた2つの学歴に比べ早期に昇進する者の割合が顕著に低い。さらに、部店長代理等上位役職に昇進する者はきわめて少なく、昇進者でも海外に勤務する者は存在しない。

このことから、1965年時点において、3社合同前に第一物産の職員になった30～40代の男子職員には、同期入社の間で昇進・昇格に遅速が現れる課長代理昇進の開始時期（第一選抜出現期）については学歴格差は存在しないが、上位役職への昇進者の割合や昇進時期においては格差が存在していたことがうかがえる。さらに、海外勤務者の数にみられるように、配属にも格差が存在していた可能性がある。

（3） 職務配置にみる学歴格差

前項の昇進における学歴格差の分析で、管理職層の海外勤務者の分布に格差がみられた。また、3社合同以降に入社した大卒者と高卒者との間にも、職務配置における明確な学歴間格差がみられた。そこで、もう少し詳しく、戦後から3社合同までに第一物産の職員になった者の配属状況を学歴ごとにみてみたい。

表4-7は、職務配置の格差が学歴間で存在するか、表側に学歴、表頭に1965年時点の勤務地や部署など配属に関する情報を示して表したものである。学歴区分の方法は図4-6と同じで、その他には、中学校、高等小学校、尋常小学校などが含まれる。ここでも、入職後、相当の年月が経ったとはいえ、3社合同前に在籍していた会社で従事していた業務が大きく関係していると思われる。3社合同以降に入社した高卒者は、長期にわたり通信を担当する部署で従事していた。それ以前に入社した者においても、高卒者およびその他といった中等教育修了者に同様の傾向が見受けられる。なかでも、その他に含まれる通信講習所（通講）や中学校を最終学歴とするほぼ全ての者がこれに該当する。電信技術者の養成所を母体とする通信講習所の卒業生を通信業務に従事させることは、ごく自然のことと考えられる。その他に区分される職員は、3社合同以降に入社した大卒社員が入社間もない頃に従事していた運輸や経理などとい

第4章 1950～60年代の人事労務管理における学歴格差

表4-7 学歴と職務配置

	営業	総務経理	通信	運輸	計		東京	大阪・名古屋	国内地方	海外	計
大卒	579	46	0	12	637	大卒	342	115	28	152	637
	90.89	7.22	0.00	1.88	100		53.69	18.05	4.4	23.86	100
高専卒	143	10	0	4	157	高専卒	74	45	21	17	157
	91.08	6.37	0.00	2.55	100		47.13	28.66	13.38	10.83	100
高卒	53	20	5	4	82	高卒	25	26	22	9	82
	64.63	24.39	6.10	4.88	100		30.49	31.71	26.83	10.98	100
その他	5	6	11	5	27	その他	11	9	7	0	27
	18.52	22.22	40.74	18.52	100		40.74	33.33	25.93	0.00	100
計	780	82	16	25	903	計	452	195	78	178	903
	86.38	9.08	1.77	2.77	100		50.06	21.59	8.64	19.71	100

注：学歴ごと、上段の数字は人数（単位：人）、下段の数字は割合（単位：%）を示している。
出所：「特別職員録」に記載された情報をもとに筆者作成。

った部署に多く配属されていた。営業を担当する部署に在籍する者も散見されるが、いずれも国内の地方支店で業務に従事していた。高卒者は営業を担当する部署に従事する者が最も多くみられるが、その大半が、大阪・名古屋を含む国内の地方支店で従事していた。

　他方、大卒者と高専卒者にはそのような傾向はみられなかった。大卒者と高専卒者にも運輸や経理といった部署に配属される者が1割ほどみられるが、そのほとんどが課長代理や課長など、管理職者として従事していた。9割を超える多くの者は営業部署に配属されていた。

　学歴格差は、担当部署のみならず、勤務地にもみられた。同じ営業を担当する部署でも国内地方支店と東京、さらには海外支店とでは業務の幅と質に違いがあることは想像し易い。表から、通信や運輸といった部署に多く配属されるその他の者を除き、学歴が高くなるほど、大阪、名古屋を含む国内地方支店に勤務する者の割合が低くなり、代わって、東京と海外（海外支店や現地法人）に勤務する者の割合が高くなる傾向が示されている。高卒者の半数以上は国内の大阪、名古屋支店（31.71%）もしくはその他の国内地方支店（26.83%）

に配属されているのに対し、大卒者の4分の3は東京（53.69％）もしくは海外（23.86％）で従事していた。

第6節　結論

　本章では、三井物産が発行した「特別職員録（昭和40年8月1日現在）」に記載されたデータを用いて、1950～60年代の三井物産の人事労務管理における学歴格差の実態を明らかにした。分析結果から得られた知見は以下の通りである。

　三井物産では3社合同が行われた1955年以降、高卒者（中等教育修了者）の採用がきわめて少ない。そのような状況下で、「特別職員録」に記された本俸の情報から、高卒者と大卒者では、制度上、賃金における学歴格差は存在しない。なぜなら、高卒者の入社5年目と大卒者の入社1年目の本俸が等しく、その後の昇給幅も学歴を問わず同額となっていた（図4-4、図4-5参照）。また、戦前にみられた同じ学歴でも出身学校で初任給が異なるような、いわゆる学校歴格差もみられなかった。

　職務配置をみると、大卒者と高卒者で大きな学歴格差が存在した（図4-2、表4-6、図4-3を参照）。工業系の実業学校で電気通信科などに在籍した後、新卒で採用された高卒者の多くは通信（テレタイプ）やパンチカードなどといった入力等の定型業務を行う専門部署に初任配属され、勤続年数を重ねても、長期にわたり同様の業務に従事していた。他方、大卒者の多くは経理部や営業部内の会計課に初任配属されるものの、数年後には営業部署や海外支店、現地法人に異動する傾向が示された。大卒者に、高卒者同様、通信やパンチカードなどといった業務に従事する者はみられず、学歴ごとに異なるキャリアパスの存在が明らかになった。

　制度上はみられなくても実際の運用において格差が生じている可能性がある。そこで、1945年から3社合同前までに最終学歴の学校を卒業した者に分析対象を替え、学歴格差の実態を明らかにするため同様の分析を行った。若年層に

おいて標準年齢が同じならば学歴が異なっても同額が支払われていた本俸（賃金）も、勤続年数が増すにつれ、高学歴者ほど本俸の中央値が高くなるなど、学歴により賃金の分布に違いがみられることが描かれた箱ひげ図（図4-6参照）から明らかになった。昇進においても、学歴を問わず、一定の年齢基準を満たした者が課長代理以上の管理職に昇進できる制度が採られていたが、高学歴者ほど早期に多くの者が昇進し、上位役職に昇進する者の割合も高かった（図4-8参照）。すなわち、制度上はみられなかった昇進可能性格差と昇進スピード格差が存在した。これは若年層からみられた職務配置における学歴格差と関係しよう。中年世代層の分析においても、大卒者の多くは東京もしくは海外の営業部署で従事していた。高専卒者も営業に就いている者が多かったものの、大卒者に比べ、大阪や名古屋を含む国内地方支店に配属されている者の割合が高かった。高卒者では総務や経理といった間接業務に従事する者の割合が高まり、旧制の中学校や逓信講習所などの卒業者は通信等の定型業務や間接業務に従事する者が8割を超えていた（表4-7参照）。戦前および終戦直後の学制のもと、大学や専門学校、高等学校を卒業した者が従事していた業務には新制の大学卒の者が、旧制の中学校、逓信講習所、高等小学校などを卒業した者が従事していた業務には新制の高等学校卒業者が就いていた。

いずれも初任配属は間接業務に従事するが、その後、大卒者は国内外の営業部署へ異動となり、不確実性の高い業務の経験と昇進を通じ高度な技能の向上を図ることが可能であった。他方、高卒者は、長期にわたり定型業務に従事し、キャリアの幅の狭い専門分野の中で技能を形成していた。すなわち、制度上では格差は存在しないものの、制度には書き表されていないキャリア（職務配置）の幅と質に学歴格差が存在し、それがのちの本俸や昇進といった処遇における学歴間の格差となって表れていたと考えられる。

分析結果から、学歴格差が存在したか否かと言われれば存在しただろう。民主化・労働運動によって一連の「不当な差別」撤廃の動きの影響もあってか、制度上は格差がないようにみせかけていた可能性もある。しかし、学歴が異なっても、大卒1年目と高卒5年目など、標準年齢が同じであれば本俸と昇給

額は同額になる。昇進についても同様で、標準年齢が同じであれば課長代理昇進が始まる時期は同じである。相当の困難さが予想されるも、中等教育修了者である高卒者が同世代の大卒者と同様かつ同時期に上位役職に昇進することは可能であった。当時の三井物産の処遇にみる学歴格差の大きさは、氏原(1968)で議論されたような強固なものでも、差別的処遇といわれるほどのものではない。1965年に三井物産が吸収した木下産商では三井物産よりも規模がやや小さかったためか、三井物産よりも高卒者を多く採用し、三井物産で採用された大卒者同様に営業を担当させていた。三井物産でみられた職務配置や昇進スピード、昇進可能性の学歴格差は、三井物産が大卒者をはじめ高等教育修了者を多く採用できた大企業ゆえのものであるとも考えられよう。

本章の分析は、1965年に刊行された「特別職員録」のみをもとになされた。それゆえ、職員ごとにデータをパネルデータ化することも、コーホート分析を行ってその後の処遇にみられる学歴格差の実態を十分に明らかにするにも至っていない。技術進歩にともない、三井物産に入社した高卒者が従事していた通信(テレタイプ)やパンチカードなどといった定型業務も1970年代以降、徐々になくなり、そこに配属されていた高卒者をはじめとする職員も配置転換を余儀なくされた[12]。そこでは本章の分析でみられた学歴格差が存在するのか、分析に用いた「特別職員録」のような貴重な資料の発掘を待って、速やかに行われるべき今後の課題と考える。

注

1) 合併の目的は商権の拡張のほか、人材の結集、確保にあった。戦中から戦後にかけて自由な貿易活動の余地がなかったため、貿易業務のエキスパートの養成がほとんどなされていなかった。それだけに新会社に散在した人材は、かけがえのない人々であった(稿本12頁)。
2) 稿本には日本機械貿易は吸収合併、第一通商は営業譲受とある。当時の各社の職員数は、第一物産が2,264人、第一通商が1,060人、日本機械貿易が710人であった(稿本82頁)。
3) 会社四季報によれば、木下産商は昭和38年時点で従業員数2,520人、売上高は2,280億円であった。

4) 5,951人には三井物産に在籍する者のほか、嘱託（日勤）と罷役の者も含む。内訳は三井物産に在籍する者5,559（うち旧三井物産に在籍していた者1,162）人、嘱託（日勤）100（同40）人、罷役292（同93人）人である。
5) 1965年8月までに退職した者も存在すると思われるが、ダイヤモンド社『ダイヤモンド会社就職案内　大学編』（1962年版から1965年版）に記された新卒採用者数（4月）と「特別職員録」に記載された在籍者の数を照らし合わせてみるとほぼ一致する。具体的に、ダイヤモンド社に記載された新卒採用者数は、1961年度は241人（表4-3は232人）、1962年度は241人（同235人）、1963年度は161人（同162人）、1964年度は168人（同165人）、1965年度は129人（同129人）となっている。このことから、表4-3の分析は、当時の三井物産の大卒者の採用動向を表しているといえよう。
6) 前述のとおり、1955年の3社合同以降も、三井物産（第一物産）は、木下産商はじめ物産系新会社を中心に合併を繰り返し、規模を拡大してきた。合併により三井物産の職員になった1956年以降に大学を卒業した者の出身大学は、本文でみた職員とはやや傾向が異なる。該当する811人の出身大学をみると、最も多いのは銘柄私大（208人、25.6％）で、国公立大学（168人、20.7％）、早稲田大学（92人、11.3％）と続く。東京、京都、一橋、早稲田および慶應の5大学出身者は大卒者の28.0％（228人）にとどまる。
7) 受渡業務とは、商社の仕事は、取引契約に先立って、輸出入であればテレックスのやり取りがあり、契約が成立した後は、契約文書の作成、船積み手配、貨物手配、入出荷指図、納期の管理、交渉、クレームの処理などの業務がある。これら一連の業務をいう（中村恵（1991）108頁）。
8) 三井物産に入社したものの1965年8月までの間に退職した者も存在するものと思われる。
9) 稿本に通信部の記述がある（稿本404頁）。それまで文書課の中にあった国内電信課、海外電信課、通信課の3課が1962年に通信部として独立した。商社活動にとって部店間の迅速で正確なコミュニケーションは必要不可欠なもので、三井物産は伝統的に通信を重要視してきた。営業量の拡大にともない、通数自体が加速度的に増大し、通信の合理化のための専門的な企画が必要となってきたため、部が設けられた。海外専用線をはじめとする電信専用線網の整備拡充で高額な電報の使用を減らし、費用削減に努めた。あわせて、テレタイプの利用と営業担当者の負担軽減で通信の合理化を図るため、通信部にテレタイプを入力する業務を集中させる。通信部はテレタイプを入力する専用のエキスパート部隊であった。
10) 箱ひげ図とは四分位を用いて異なる複数のデータのばらつきをわかりやすく表現するための統計図である。箱の上端は第3四分位、下端は第1四分位、箱の中央の線は中央値を表す。左右のひげはともに箱の1.5倍以下の長さとして、もしそれを越えるようなデータがある場合それは外れ値とみなすとされている。
11) 入社6年目に本俸が414百円の者が、1名存在する。この者は、アメリカの大

学院を卒業後、1960年11月に新卒で三井物産に入社し、2年前に入社した世代と同年齢のため、入社8年目の者の本俸と同じと思われる。
12) 日本経営史研究所編（1976）によればコンピューティング・センターは、1971年6月に廃止となった。

参考文献

上原克仁『ホワイトカラーのキャリア形成―人事データに基づく昇進と異動の実証分析―』、社会経済生産性本部 生産性労働情報センター ブックレット No.7、2007年。

氏原正治郎『日本の労使関係』東京大学出版会、1968年。

中村恵「総合商社におけるキャリア形成」小池和男編『大卒ホワイトカラーの人材開発』東洋経済新報社、1991年、103-120頁。

ダイヤモンド社『ダイヤモンド会社職員録』1961年版から1966年版。

ダイヤモンド社『ダイヤモンド会社就職案内 大学編』1962年版から1965年版。

東洋経済新報社『会社四季報』昭和38年2集から昭和41年1集。

日本経営史研究所編『挑戦と創造―三井物産100年のあゆみ―』1976年。

日本経営史研究所『稿本 三井物産100年史 下』1978年。

三井物産株式会社「特別職員録（昭和40年8月1日現在）」1965年。

第 II 部　三井物産の「学卒」採用と不祥事

第5章
三井物産の人材採用システムと学校教育システムの変遷

山藤竜太郎

第1節 三井物産を支えた人材

(1) 先行研究

　本章の目的は、三井物産の人材採用システムと学校教育システムの変遷について検討することである。三井物産に関する先行研究の中でも、とくに人材に注目した先駆的研究としては、森川や米川の研究が存在する[1]。これら研究は、三井物産が総合商社化した要因として、東京高等商業学校（現：一橋大学）を中心とする高等教育機関出身者を活用したことを挙げている。

　一橋大学は1875年9月に商法講習所として設立され、東京商業学校、高等商業学校、東京高等商業学校、東京商科大学、東京産業大学と改称された。その間、1887年10月に高等商業学校へと改編されてから1920年3月に東京商科大学に昇格するまでの期間が比較的長く、本章の分析対象期間とも合致していることから、本章では他の高等商業学校との区別の上からも東京高等商業学校と呼称する。本章は主に1900年前後を中心に扱うため、他の教育機関についても複数の名称を総称する場合は、基本的に1900年前後の名称を使用する。

　三井物産の人材に関する研究は近年さらに発展し、高等教育機関出身者が外国店舗の支配人を占めた1890年代より前の段階については、木山によって洋行経験者が重要な役割を果たしたことが指摘されている[2]。東京高等商業学校

以外の人材については、慶應義塾出身者が三井銀行と比較すると少ないと考えられていた三井物産においても、武内は中上川彦次郎の死去後でも三井物産で慶應義塾出身者が一定の役割を果たしていたことを明らかにした[3]。三井物産の前身である先収会社からの人材に注目した木山も、近代的な西洋式簿記や外国語の知識を身につけた慶應義塾出身者が、初期の三井物産の基礎の構築に貢献したことを明らかにしている[4]。

　三井物産の人事政策について幅広い研究を行った若林は、東京高等商業学校をはじめとする高等商業学校出身者だけでなく、帝国大学法学部内に新設された経済学科、商業学科の出身者や、慶應義塾や早稲田大学などの私立大学出身者などの「学卒者」や、甲種商業学校出身を中心とする「準学卒者」にまで範囲を広げて分析を行っている[5]。

(2) 本章の分析

　本章では若林の議論に基づきつつ、三井物産の人材採用システムと学校教育システムの変遷について検討する。三井物産の「支店長会議議事録」における使用人を、出身学校別に分類した資料に基づいて集計したものが表5-1である。原資料では1926年のみ東京高等商業学校は東京商大となっているけれども、表5-1に集計する際には連続性を重視し、他の年と同様に高等商業学校の分類に東京商大も含めた。

　表5-1から第一にいえることは、先行研究でも指摘されていた東京高等商業学校をはじめとする高等商業学校出身者の占める割合が最も高いことである。高等商業学校出身者は、1915年は422人（36.4%）、1919年は834人（28.3%）、1921年は893人（27.2%）、1926年は717人（28.9%）と3割前後を占めていた。高等商業学校の中でも東京高等商業学校が占める割合が圧倒的に高く、同校だけで1915年は314人（27.1%）、1919年は552人（18.7%）、1921年は566人（17.2%）、1926年は443人（17.9%）と、第一次大戦による使用人の急増以降においても18%前後、高等商業学校出身者の約3分の2を占めている。

表 5-1　本使用人出身学校細別表

(人、%)

	1915 年		1919 年		1921 年		1926 年	
	人数	比率	人数	比率	人数	比率	人数	比率
帝国大学	76	6.6	276	9.4	337	10.3	245	9.9
高等商業学校	422	36.4	834	28.3	893	27.2	717	28.9
高等工業学校	47	4.1	80	2.7	100	3.0	86	3.5
東京外国語学校	50	4.3	107	3.6	93	2.8	57	2.3
私立大学	83	7.2	319	10.8	405	12.3	302	12.2
東亜同文書院	46	4.0	66	2.2	56	1.7	37	1.5
その他専門学校	46	4.0	110	3.7	166	5.1	129	5.2
外国大学	15	1.3	22	0.8	21	0.6	12	0.5
甲種商業学校	185	16.0	654	22.2	790	24.1	613	24.7
中学及之ニ準スル者	67	5.8	126	4.3	129	3.9	112	4.5
その他の者	122	10.5	351	11.9	295	9.0	171	6.9
合計	1,159	100.0	2,945	100.0	3,285	100.0	2,481	100.0

出所：各年度「支店長会議議事録」より筆者作成。

　高等商業学校出身者に次いで多いのは甲種商業学校出身者である。甲種商業学校出身者は、1915 年は 185 人（16.0%）、1919 年は 654 人（22.2%）、1921 年は 790 人（24.1%）、1926 年は 613 人（24.7%）と使用人全体の 4 分の 1 に迫る。

　これに対して、若林が「オン・ザ・ジョブ・トレーニングで小供から一人前の営業マンを育てるブリーディング・システム」と分析した[6]、初等教育以下の出身者を指す「その他の者」はその占める割合を減らしている。「その他の者」は、1915 年は 122 人（10.5%）、1919 年は 351 人（11.9%）、1921 年は 295 人（9.0%）、1926 年は 171 人（6.9%）と 1 割以下にまで減少した。

　本章では表 5-1 を前提として、三井物産が、高等商業学校出身者を中心とする高等教育機関出身者や、甲種商業学校出身者を中心とする中等教育機関出身者を、どのように採用したのか検討する。第 2 節では三井物産支店長会議における議論を通じて、三井物産がどのように人材を採用し、育成していたのか確認する。第 3 節では三井物産の人材採用システムについて、若林の十九世紀型と二十世紀型に分類に基づきつつ、支店採用中心の時代と本店採用中心の時代に分類して検討している。第 4 節では 1900 年前後の日本の学校教育シ

ステムについて、近代教育制度の確立以前と確立以後に分類して検討している。第5節では本章のまとめとして、三井物産の人材採用システムと学校教育システムの変遷について、1900年前後の変化に注目して結論をつける。

第2節　三井物産支店長会議における議論

　1902年4月に制定された三井家同族会管理規則により[7]、三井物産の支店長諮問会は同年5月以降、数年に1回開催された。1915年以降は基本的に支店長会議と改称されるため、一連の会議を総称する場合は「支店長会議」と呼称する。これらの会議は三井物産の支店長だけでなく、三井物産の社長や理事などの経営幹部、庶務課主任などのスタッフ、さらには三井家同族会議長、管理部部長など三井家同族会の主要メンバーも臨席する場であった。これら会議の議事録の多くは三井文庫に所蔵されており、本節では「支店長諮問会会議録」や「支店長会議議事録」（本章では「支店長会議議事録」と総称する）における、三井物産の人材採用や人材養成に関する議論を確認する。

(1)　明治三十五年支店長諮問会：1902年

　三井物産合名会社の第1回支店長諮問会議は1902年5月に開催された。この会議では、1898年4月制定の「清国商業見習生規則」に続いて、1899年1月に制定された「支那修業生規則」に基づいて派遣された、修業生の現況についての議論が行われている。

　香港の修業生について犬塚信太郎香港支店長は、「小生総テ知ルコト能ハサレトモ聞ク所ニテハ何レモ差支ナク話シ得ル者ハ一人モナシト云フ」と説明している[8]。後年の議論でも、香港では修業生による広東語の学習意欲の低さが問題になっていた。この理由は、第一に広東語は香港を含む広東地域の地方言語（方言）であり、標準語である北京語（北京官話）に比べて優れた教師の確保が難しく、教科書の整備も遅れていたため、広東語の学習環境に問題があった。第二に香港は香港島が1842年、対岸の九龍半島が1860年にイギリスに

割譲され、1898年には新界も99年間イギリスに租借され、これらの地域がイギリスの統治下で発展しており、取引内容によっては広東語よりも英語の方が重要であったことが挙げられる。

これについて益田孝理事は、前年の1901年5月に上海で設立された東亜同文書院に対し、北京語についてはこの上奨励する必要なし、と言うほどの期待を寄せていた[9]。一方で東亜同文書院のような学校教育システムの整備されていない広東語について、広東語は商売社会に広く通用するため、社内養成が必要であるとの認識であった[10]。

益田が期待を寄せる東亜同文書院と比較して、山本条太郎上海支店長は三井物産の社内養成制度を高く評価している。東亜同文書院が16科目も薄く広く教育するのに対し、上海支店では御幡雅文のような優れた教師が毎日8時間も専門に語学を教えていることを強調し、語学を集中的に教育していることを理由に挙げている[11]。上海支店では中国語に加えて、1日1時間半の英語学習も希望により行われていた。上海は1860年の天津条約締結後、「上海ネットワーク」と呼ばれる貿易ネットワークの拠点となり[12]、国際貿易の拠点として英語の必要性も高かった。

明治三十五年支店長諮問会の段階では、三井物産の社内養成制度の方が学校教育システムよりも高く評価されていた。広東語については、そもそも学校教育システムが未整備であり、社内養成制度に頼らざるをえなかった。北京語については、前年の1901年に設立された東亜同文書院に益田は期待を寄せていたものの、山本が主張するようにこの時点では社内養成制度が一定の実績を上げていたことは事実であった。

(2) 明治三十六年支店長諮問会：1903年

第2回の支店長諮問会は1903年4月に開催された。益田孝専務理事は会議の冒頭で、従来は一定程度の学校教育を受けていない人が三井物産への入社を希望していたため、その入社を防ぐために試験制度を定めたと述べている[13]。一方で、若手は一定程度の教育を受けており、試験を通過して使用人として登

用されていると説明している[14]。

これに続き、地方の中等教育機関出身者の採用が本店だけでなく支店においても議論となっていることが紹介されている。益田は高等教育を受けた者でなくとも、ビジネスに適する人材を選抜する必要性を主張している[15]。

諮問会本案第八「使用人登用並ニ待遇法ノ事」として、使用人登用規則改正についても議論されている。南新吾天津支店長は小供採用を廃止して中学校卒業以上の者に採用を限定すれば、使用人登用試験の必要は無くなると考えており[16]、冒頭の益田の現状認識とも対応している。これに対し田中文蔵庶務課主任は、小供採用の希望者は未だに多く存在し、それを無下に謝絶すると商売上差し支えを生ずることもあるため、使用人登用試験というハードルを課していると説明している[17]。

明治三十六年支店長諮問会の段階では、小供採用が縮小し、学校卒採用に収斂しつつあることがうかがえる。また益田の発言から、地方で中等教育を受けた商売に適当な人物に対する期待もうかがわれ、後年の議論と重ねると、この頃から地方の甲種商業学校卒業者への注目が高まり始めたのではないかと考えられる。

(3) 明治三十七年支店長諮問会：1904 年

第3回の支店長諮問会は 1904 年 8 月 10 日から開催された。日露戦争は同年 2 月に開戦し、8 月 19 日からの旅順要塞総攻撃が開始される前にもかかわらず、諮問会の会長を務める渡辺専次郎専務理事は、日露戦争後の中国でのビジネスの拡大を視野に入れていた[18]。

三井物産は日露戦争後を見据え、「支那修業生養成ノ事」について検討するために、既存の修業生の状況を確認した。山本条太郎上海支店長は、明治三十五年支店長諮問会に続き、東亜同文書院に加えて、今回は外国語学校（現：東京外国語大学）も比較対象にしながら、三井物産の社内養成制度である修業生による中国語の学習の進歩を評価している[19]。

一方で中丸一平香港支店長は、中国語（広東語）に熟達した者はわずか 1、

2名で、中国語能力が極めて不十分な者も修業生の中に含まれていると回答している[20]。この理由として、修業生の中でもとくに年長者が3年後の無試験での使用人登用を見越して中国語の学習を怠っていることや、中国の環境に慣れないという問題点を中丸は指摘しており、年長者よりも小供を派遣することを提案している。中丸は「語学ヲ研究セシムルニハ十五歳位迄ヲ宜シトス」とも述べ[21]、15歳位までの年少者の派遣を主張している。

呉大五郎参事長はこの点について、「本店ニ多クノ小僮ヲ使用シ居レハ、其内ニテ将来見込アル者且ツ高等小学校ヲ卒業セシ位ノ者ヨリ採用スルモ一ノ選択方法ナルヘシ」と提案している[22]。1900年から1907年までの小学校令によれば、尋常小学校は修業年限4年、高等小学校の修業年限は2年または4年であり、高等小学校4年修了時点で14歳となり、中丸の15歳位までという主張とも一致している。さらに、これまでの修業生は学校卒業者を採用して派遣していたのに対し、本店に勤務する小供の中から選抜して修業生として派遣するという提案は興味深い。小供の人材養成について、若林は「日清戦争後急拡大する海外関連事業分野においては、旧来の丁稚修業だけでは事足らなかった」と分析している[23]。呉は小供採用者について、旧来の丁稚修業だけでなく、海外関連事業分野に対応できる人材養成の経路を提案していたのである。

一方で、田中文蔵庶務課主任は小供の中から選抜して派遣するという議論に同意しつつも、地方商業学校卒業者を修業生として派遣することを提案している。その理由として、地方商業学校卒業者は簿記と英語を一通り学習しており、随意科（選択科目）として中国語を学んでいる者もいることを挙げている。

明治三十七年支店長諮問会では、日露戦争後の中国ビジネスの拡大に対応するため、修業生など中国語に精通した人材をいかに養成するかという議論が生じていた。1つの有力な提案は、小供採用が縮小し、小供採用者の養成や処遇の再考が求められる状況で、小供採用者の中から選抜して修業生として派遣するというものである。もう1つの提案は、地方商業学校卒業者を修業生として派遣するというものであり、前回の益田に続き、ここでは田中による甲種商業学校卒業者への期待がうかがわれる。

(4) 明治三十八年支店長諮問会：1905 年

　第 4 回の支店長諮問会は 1905 年 9 月 11 日から開催された。三井三郎助が三井同族会管理部部長を務めており、益田孝は管理部副部長として三井三郎助らとともに同会に出席している。日露戦争の講和条約であるポーツマス条約は同年 9 月 5 日に締結されており、三井八郎次郎社長は「今ヤ日露ノ講和談判モ諸君ノ知ラルル如ク既ニ成立シ」と述べ、日露戦争の戦後経営が会議の焦点となっていた。

　会議の冒頭で渡辺専次郎専務理事は、小供採用中心から徐々に学校卒業者の採用が増加する中で、学校卒業者が商売人として不適切である書生的粗暴な態度を取る傾向が見られるため、各支店長に部下の養成（指導）を求めている[24]。

　益田は日露戦争後の中国での販路拡大について、「修業生ノ如キモノヲ増シ満州、上海、芝罘等ノ各所ヘ行商セシメテ販路ノ模様ヲ見ルコトハ如何」と提案している[25]。この提案の背景として、益田は「現今或ル学校ノ如キハ実際生徒ニ行商ヲ為サシムルモノアリ」と語り[26]、田中清次郎長崎支店長は「大阪ノ商業学校ノ生徒ニテ福州辺ニ行商シ居ル者アリ」と続けている[27]。

　管見の限り、大阪商業学校の生徒による福州での行商についての記録を見つけることはできなかった。しかし、他の学校における例として、1902 年に福岡市商業学校が韓国で行商を行ったという記録が存在している[28]。さらに、滋賀県立八幡商業学校では、1892 年から商業実習として「同校独自の教育方法として行商が定着」しており[29]、京都市立第一小業学校では 1893 年から「西陣織物染呉服などの行商などの行商を試行している」など[30]、商業学校における国内での行商は幅広くみられた。

　明治三十八年支店長諮問会は 9 月 11 日から 15 日までと期間も短く、人材採用や人材養成についての議論は限られていた。その中で、渡辺が指摘した学卒者採用の増加にともなって書生風の態度を取る新規採用者の指導の必要性と、益田が商業学校による中国での行商を参考に、修業生による中国での行商を提案していることが注目される。

(5) 明治三十九年支店長諮問会：1906年

　第5回の支店長諮問会は1906年7月に開催されている。益田孝管理部副部長は人材登用について、仕事にも慣れ易い、つまり実践的な教育を受けているという理由から、東京高等商業学校の卒業生を優先して採用していると説明している[31]。しかし、東京高等商業学校卒業生に偏りすぎる傾向を避けるため、帝国大学卒業生や慶應義塾卒業生も採用し、さらに地方商業学校卒業生の採用も増加しつつあった。さらに益田は、高等教育機関出身者および地方商業学校卒業生だけでなく、かつての小供に相当する高等小学校卒、または尋常中学校卒業者の採用も必要であると判断していた[32]。

　この時期は採用後、直ちに各支店に配属していたものの、支店配属後の6カ月から1年間は研修期間と呼ぶべき状況であった[33]。そこで益田は、三井物産本店で研修を行う、「実践科」の設立を提案している[34]。益田は実践科の研修期間について、先に仕事にも慣れ易いと説明している高等商業学校卒業者のみは研修期間を3カ月程度とし、それ以外の学校の卒業者への研修期間6カ月と区別している[35]。この提案に対して会議では概ね賛意が述べられているものの、山本条太郎理事は当時の学校教育が需要者である企業の要望に適した人材養成を行っていないという認識から、三井物産自身が学校を設立することを提案している[36]。

　学校教育と企業、とくに三井物産の要望との相違の具体例として、犬塚信太郎門司支店長は東京高等商業学校卒業生について、能力全般については問題がないけれども、英語については「全然駄目」と酷評している[37]。これに対し益田は、東京高等商業学校と交渉して他の学課を削減して英語の時間を増やしたものの、1週間6時間しか英語の授業がないため不十分だと説明している[38]。東京高等商業学校に対しては、ある程度注文を及ぼすことが可能であり、幾分望みもあると述べる一方で、他の学校には注文もできないという問題意識を益田は抱いている[39]。東京高等商業学校に益田が注文をつけることが可能であった理由として、同校の商議委員制度が挙げられる。益田は1884年から1920年まで同校の商議委員を務めている[40]。

これに続いて田中文蔵庶務課主任は、東京の学校は規模が大きく教師と生徒の連絡が密ではない一方で、地方商業学校は比較的規模も小さく、教師の目が行き届いているため、優秀な生徒が選び抜かれていることを指摘しており、地方商業学校出身者に期待していた[41]。

安川雄之助天津支店長は、天津における修業生の一期生について、三井物産の取引先の中国商家で「小僧」として修業しており、台湾協会学校（拓殖大学の前身）や東亜同文書院の卒業生よりも語学能力が高いと評価している[42]。

明治三十九年支店長諮問会における人材養成の議論の特徴は、当時の学校教育に対して若干の不満または不信があることである。益田は学校教育への不満から三井物産による採用後の再教育の場として「実践科」の設立を提案し、山本は学校教育への不信とも言える立場から、実践科目からさらに進んで「学校」の設立を提案している。安川の修業生に関する報告も、台湾協会学校や東亜同文書院よりも、中国商家での「小僧」としての人材養成の方を高く評価している。その中で、後に人事課長を務める田中が、甲種商業学校卒業生に対し一定の評価していることも注目される。

(6) 明治四十年支店長諮問会：1907年

第6回支店長諮問会は1907年7月に開催されている。同会では23項目の諮問事項が挙げられており、21番目の項目として支那修業生について議論されている。田中文蔵庶務課主任によれば、ここでの支那修業生という言葉は、清国商業見習生（尋常中学3年修了程度）、支那修業生（尋常中学全科卒業程度）、貿易見習生の3者を含んでいる[43]。

山本条太郎理事は上海支店長としての自身の経験に基づき、上海の支那修業生について一定の評価を下している[44]。しかし、山本は続いて、以前は学校教育システムが不十分であったため、修業生のような社内養成制度が必要であったものの、その後に東亜同文書院の卒業生を採用した結果が良好であったため、修業生の必要性が低下したと述べている[45]。

わずか3年前の1904年の支店長諮問会議で、山本は支那修業生を「結果良

好」と判断し、外国語学校や東亜同文書院の卒業生を必ずしも高く評価していなかった[46]。山本による東亜同文書院に対する評価の転換の理由について、山本自身は２点挙げている。１点目について、各県で選抜される県費生の質の高さや、政府による多額の補助金を挙げている[47]。前者の入学者の素質については、支店長諮問会の会長を務める渡辺専次郎専務理事による「東亜同文書院ハ詰リ人物ノ選択其宜シキヲ得タルモノナルヘシ」との意見に対し[48]、山本は「各地方ノ士族ノ子弟抔多キヲ以テ此点宜キ者ヲ出ス原因ナルヘシ」と応えている[49]。

２点目について、三井物産側からの要望によって教授方法に変更が加えられたことを挙げている[50]。この点は前年の明治三十九年支店長諮問会においても、商議委員であった益田孝の要望により、東京高等商業学校が英語の授業時間数を増やしたこととの類似性が見受けられる。

続いて飯田義一理事は「要スルニ我社ノ修業生ハ成功シタルモノニテ」と、これまでの修業生を評価しつつも、飯田は山本と同様、以前の学校教育システムが未整備の時代には三井物産の社内養成制度である修業生制度が有効に機能していたものの、学校教育システムが整備された以上、学校出身者を活用することが十分可能であるという判断している[51]。

学校出身者を重視する傾向が強くなる中で、小供から育成された者の存在意義が問われるようになってきた。飯田は「只子供時代ヨリ仕立テタルモノト学校出ニテ青年ヨリ入社シタルモノトハ幾分其観念ニ於テハ差アルヘシ」と語り[52]、それに対して、山本は「之ヲ使用スル点ヨリ云フモ小供仕立ノ者ニハ無理モ言ヒ得テ頗ル其間ニ相違アリ」と応えている[53]。

修業生の監督の必要性から、その派遣先が大きな支店のある天津、香港、上海に限定されるという議論に対し、斉藤吉十郎台北支店長は中国南部は「言語モ異ナル」ので、中国南部にも修業生を置く必要があると主張している[54]。これに対し山本は、中国南部の支店の小供に中国語を習得させることを提案している[55]。これは明治三十七年支店長諮問会における、小供を修業生として派遣するという議論と重なる。

しかし、斉藤は小供では学識が不十分であるため、中国語を習得させても単なる通訳にしかならないと判断している[56]。これに対し、田中は養成対象として小供ではなく地方商業学校卒業生を挙げ、午後5時の退社時間を午後4時退社にする代わりに、残りの時間で語学を学習させることを提案している[57]。

明治四十年支店長諮問会における人材養成の議論の特徴は、前回までの議論から一転して、東亜同文書院をはじめとする学校出身者への高評価が挙げられる。とくに今回の議論は人材養成全般よりも支那修業生制度の評価を中心としており、三井物産の社内養成制度である支那修業生制度自体を一定程度は評価をしているものの、学校教育システムの整備が進んだため、今後は学校出身者の採用を中心にすることが会議における共通認識となった。

(7) 明治四十一年支店長諮問会：1908年

明治四十一年支店長諮問会は1908年8月に開催されている。会議の会長を務める飯田義一専務理事は冒頭で、アメリカ発の1907年恐慌と日本での日露戦争後の反動恐慌の経営への影響を説明している[58]。同会での議論は不況対策として商品選択や商品取扱店選定が中心となり、人材採用や人材養成についてのまとまった議論は行われていない。

(8) 第2回支店長諮問会：1913年

1909年11月の三井合名の成立にともない、三井物産は合名会社から株式会社に改組され、三井物産株式会社としての第1回支店長諮問会は1911年8月に開催された。三井文庫には同会議事録の本文部分は伝わっていないため、会議の内容の分析については今後の調査研究による同会議事録の発見を待つ必要がある。三井文庫には同会の目次だけが伝わっており[59]、「使用人登用規則改正ニ関スル件」、「使用人ノ精神修練並待遇ニ関スル件」、「語学手当給与規定ノ件」、「日給最高限度ヲ定ムル件」、「出張及賜暇帰朝ノ場合ニ関スル取締方法」、「考課状発送ニ関スル件」などの人事関係の議論がなされていることがわかる。

三井物産株式会社としての第2回支店長諮問会は1913年7月に開催された。会議の会長を務める岩原謙三取締役は冒頭で、課や掛の新設および廃止について、「内部ニ於ケル課、掛の廃合新設ニ付テ述フレハ、第一ニ昨年九月人事課ヲ新設シタリ」と述べ[60]、前年1912年9月の人事課の新設を第一に取り上げている。三井物産における人事課の創設については、若林によって詳細な分析がなされている[61]。

　従来は庶務課が管掌していた人事を専門に扱う部署が設立されたことについて、岩原は従業員数の増大を理由として挙げている[62]。本社採用の月給者と日給者だけで約1,500人、支店採用の店限および雇の約1,700人と合計すると約3,200人もの従業員がこの時点で存在していた。

　藤村義朗人事課長は人事課報告の中で月給使用人873人の出身について、内訳を紹介している[63]。高等商業学校303人（うち東京高等商業学校243人）、小供（および小供に準ずる）235人、商業学校出身者156人、大学48人（法学士31人、工学士16人、林学士1人）、外国語学校52人、慶應義塾29人、専門学校50人となっている。月給使用人の中で、高等商業学校出身者が34.7％と3分の1を超えるものの、小供（および小供に準ずる）出身者も26.9％、商業学校出身者も17.9％と、月給使用人でも高等教育出身者以外が多数存在した。さらに店限と雇の内訳は、日本人317人、中国人および（アジア等の）現地人261人、西洋人82人、船員・船頭118人、タイピスト58人、小供小使849人の合計1,685人であり[64]、小供小使が50.4％と過半数を占めていた。

　藤村は中国を2、3カ月かけて巡回した上で、当時の三井物産における中国語人材養成制度である支那修業生規則、清国貿易見習生規則、清国商業見習生規則について「御幡雅文氏ノ在勤中ハ熱心修業生教育ニ努メラレ、為メニ相当出来好キ人物モ出テタレトモ其後ハ余リ振ハサル模様ナレハ」と述べている[65]。1902年から1904年の支店長諮問会では高く評価された三井物産の中国語人材養成制度は、御幡という教師個人に依存する側面が大きく、1912年の御幡の死後は制度として十分に機能しなくなってしまったのである。

(9) 第3回支店長会議：1915年

　三井物産株式会社としての第3回の会議は支店長会議と改称され、1915年7月1日から開催された。田中文蔵人事課長は使用人の採用と減員などの数字を挙げた上で、使用人採用の現状について述べている[66]。この時点で月給使用人は大学、高等商業学校またはこれと同等以上の学校の卒業者から選抜採用し、日給使用人は甲種程度の商業学校、中学校またはこれと同等以上の学校の卒業者のうち優秀な人材を選考して採用するようになっていた。

　選考の標準的な方法はまず当該学校長から推薦された者の中から、「学術優良、意思堅実、人格高尚ナルモノ」、「可成年少ニシテ係累少ク身体強健、何レノ土地ニモ勤務シ得ルモノ」の2つの条件に基づいて選考するとされている[67]。学術優良、意思堅実、人格高尚はともかく、若くて健康で係累が少ないという条件は、三井物産が全世界に支店網を展開する中で、気候条件などが厳しい土地の支店に赴任する際にも、支障が少ない人物を選考しようとする意思が見受けられる。

　続いて田中は、当時の学校の卒業時期は4月か6月であり、卒業から半年程度遡って年始か前年末に採用選考を行っているものの、採用時期の早期化に対応した各店からの採用人数の希望の申出の早期化を要望している[68]。個別の学校については、各店からの採用希望が東京高等商業学校の卒業生に集中しているため、他の高等商業学校の卒業生などに分散して採用することを提案している[69]。また法律の素養のある帝国大学法科の卒業生の積極的な採用方針も提案している[70]。

　使用人登用試験に関する1913年改正の規則によれば、「月給資格ハ甲種商業学校又ハ中学校卒業生タルヲ要スル」とされ[71]、経過規定の対象者を除くと、月給使用人に登用される可能性があるのは中等教育機関以上の出身者に限定されるようになった。田中文蔵人事課長はさらに、甲種商業学校の優秀な卒業生を最初から月給者として採用するなど、甲種商業学校の優秀な卒業生を積極的に採用する方針を提案している[72]。

　前回の1913年の支店長諮問会において、1912年の御幡雅文の逝去後の中

国語人材養成制度の不振が指摘されており、今回の支店長諮問会でも藤瀬政次郎取締役から「近来支那修業生ヲ派出セサル理由如何」との質問が出されている[73]。田中は支那修業生に対して「成績必スシモ全部良好ナリト云フヲ得ス」との認識を示す一方で[74]、東亜同文書院や外国語学校で中国語を学んだ者を採用することが可能になった、つまり学校教育システムの整備が進んだことを理由として挙げている[75]。

(10) 第4回支店長打合会：1916年

三井物産株式会社としての第4回の会議は支店長打合会と改称され、1916年6月12日から開催された。会議の冒頭で藤瀬政次郎取締役は、「従来使用人ヲ採用スルニ方リ高等教育ヲ受ケタル者ノミニ偏重スルノ傾向ナシトセス」と指摘している[76]。1916年6月1日時点において、三井物産の使用人1,514人のうち高等教育機関出身者が806人（53.3%）、甲種商業学校またはこれと同等の学歴ある者（中等教育機関出身者）が404人（26.7%）、小供等から進級した者304人（20.1%）であり[77]、高等教育出身者が過半数を占めていた。この状況に対し、藤瀬は商業上の競争を戦争に喩えており、高級将校に相当する高等教育機関出身者だけでなく、下士官や兵卒に相当する甲種商業学校卒業生の採用の増大を主張している[78]。

(11) 第5回支店長会議：1917年

三井物産株式会社としての第5回の会議は支店長会議という名称に戻り、1917年6月11日から開催された。三井文庫所蔵の「第五回支店長会議議事録」では、分冊（其一）の1–18頁が欠落しているため第1日の内容は不明であるものの、第2日目以降の内容については確認することが可能である。

人事課報告に於いて田中文蔵文書課長兼人事課長は、第一次大戦の好況にともなう各社の採用数の増加によって、「反対商ニ於テモ非常ニ多数ノ卒業生ヲ採用スル為メ本年度ノ如キハ殊ニ其採用困難ヲ感シタリ」との採用の困難を訴えている[79]。採用の困難に関連して、田中は既に6月の時点で翌年4月採用

の所要人員（採用予定者数）を高等商業学校に申し込むという採用の早期化の傾向とともに、所要人員の申し込みが遅れると所要人員を充たすことが困難になると述べている[80]。同時に、三井物産の人事課長が高等商業学校長会議での発言に注視していることや、採用予定者数を学校に申し込んでいたことが明らかになる[81]。

学校別の応募状況についても若干の言及があり、東京高等商業学校から三井物産への入社希望は多く、200人余の卒業生のうち120人と6割近くが入社を希望している[82]。これに対し当時の佐野善作校長が調整し、希望者を80人に絞り込んだ中で、三井物産はそのうち70人を採用している[83]。一方で、神戸高等商業学校の場合は、地元のいわゆる阪神財閥の有力企業を志望する者が多く、三井物産は採用予定者数30人に対しわずか6割の18人の希望者しか集めることができなかった[84]。

(12) 第6回支店長会議：1918年

三井物産株式会社としての第6回支店長会議は1918年6月10日から開催された。人事課報告で田中文蔵文書課長兼人事課長は、新規採用の困難について述べている[85]。その上で翌年の卒業予定者を年内に採用予約するため、前年に引き続き所要人員の早期の人事課への申し立てを各支店長に要望している[86]。1918年の新卒採用者数について、各支店の所要人員の合計は456人であり、各学校には522人の申し込みをしたものの、実際に採用できたのは431人であった[87]。つまり、実際の採用者数は所要人員に対し94.5％、申込人数に対して82.6％となっている。

加地利夫神戸支店長は、甲種商業学校卒業生の入社希望者が所要人員の半分以下であったことを指摘している[88]。しかも、兒玉一造綿花部長は所要人員の確保が困難になっているだけでなく、甲種商業学校卒業生の中でも優秀な人材が確保できなくなっていると述べている[89]。若林も指摘しているように[90]、この背景にはとくに甲種商業学校卒業者の初任給が低水準であることが挙げられる。甲種商業学校卒業生の給与が月給13円から18円なのに対し、神戸にお

ける下宿料は 16、7 円から 25、6 円であり、「最モ劣等ナルモノニテモ十三圓以上ナリ」と川村貞次郎船舶部長兼造船部長により説明されている[91]。三井物産の給与は郵船会社や横浜正金銀行と同水準であるものの、加地は「正金ノ如キハ多分大人数申込ミタレトモ一人モ之ニ応スルモノナカリシ、是レ虐待カ主ナル原因ナリ」と主張し[92]、横浜正金銀行には応募者が集まらず、その待遇を「虐待」とまで指摘している。

(13) 第 7 回支店長会議：1919 年

　三井物産株式会社としての第 7 回支店長会議は 1919 年 9 月 1 日から開催された。田中文蔵人事課長兼文書課長による人事課報告の後、主に話題になっているのは体格検査についてである。野平道男上海支店長が「近来入社スル者ニハ病気ニ罹ル者多キカ如クニ思ハル」と述べたのに対し[93]、田中は体格検査の結果を甲乙丙丁の 4 種に分類し、昨年までは甲乙の上位 2 種を採用していたものの、本年（1919 年）は 4 分の 3 は甲の者を採用していると応えている[94]。第一次大戦の終結により、人員の需要も減少したため、採用基準をより厳格にしている。

(14) 第 8 回支店長会議：1921 年

　三井物産株式会社としての第 8 回支店長会議は 1921 年 6 月 15 日から 7 月 7 日まで開催された。前回が 9 月 1 日から 12 日まで 12 日間だったのに対し、2 年ぶりの今回は 23 日間と、ほぼ 2 倍の期間を会議に費やした。

　田中文蔵文書課長兼人事課長による人事課報告に対し、平田篤次郎大阪支店長は「過刻ノ報告中大正九年ノ人員採用ハ見込ノ当リタルモノナルカ、其要求人員ハ何人ナリシヤ」と質問している[95]。田中によれば、例年は各支店の要求人数に対し 8 割程度の人数を採用していた。しかし、1920 年度は第一次大戦以来の好況により要求人数が 800 人以上にも達したため、「本店ニ於テハ取締役ニモ御協議ノ上雇入人員ヲ約半数ニ制限シ」て[96]、半数以下の 370 人まで絞り込んだものの、反動恐慌の影響でその人数でも過剰になってしまったので

ある。

(15) 第9回支店長会議：1926年

　三井物産株式会社としての第9回支店長会議は1926年6月1日から開催された。安川雄之助常務取締役は会議の冒頭で、「支店長会議ハ大正十年六月ニ開催セラレタル以後内外財界ノ変動期ニ遭遇シ一日モ支店長ノ不在ヲ許サザル状態ナリシ為メ、満五ヶ年間之ガ召集ヲ見合ハセタリシ」と述べ[97]、前回の会議から5年間もの空白が生じた理由を説明している。

　田中文蔵人事課長兼文書課長は使用人採用方法について、人事課の担当者だけでなく、安川をはじめとする常務取締役も採用面接に携わっていると説明している[98]。三井物産の当時の社長は三井守之助が務めており、主席常務取締役である安川が実務上の最高経営者である。田中は新規採用者の研修について、一時的に本店で集中的に2、3カ月間の新人研修を実施した時期もあったものの、この時期には新規採用後直ちに各店に派遣されるようになっていたと述べている[99]。

(16) 第10回支店長会議：1931年

　三井物産株式会社としての第10回支店長会議は1931年7月23日から開催された。前回と同様、安川雄之助常務取締役は会議の冒頭の演説で、「支店長会議ハ大正十五年六月開催以後引続キ世界的不況時代ニ直面シタルガ為メ永ク店長ノ不在ヲ許サザルモノアリ五ヶ年有余召集ヲ見合ハセ来リタリシ」と述べ[100]、再び前回の会議から5年間もの空白が生じた理由を説明している。安川は演説の最後に、中国や東南アジア、インドにおいて「土語」、つまり現地語の学習の奨励について改めて支店長に働きかけている[101]。

第3節　三井物産の人材採用システム

(1)　支店採用中心の人材採用システム

　若林は三井物産の初期の人材について、「創業以来新規に雇い入れられて一八八七年に勤続している職員の大多数（七六人中の六一人、八〇％以上）は……、伝統的な丁稚、『小供』であった」と分析している[102]。小供は店限と同様に使用人の枠外に置かれており、支店の権限で採用が行われていた。

　この支店採用中心の人材採用システムの対象となったのは、主として小学校修了程度で、小供として採用された人々である。1886 年 4 月公布の小学校令にでは、小学校は尋常小学校（修業年限 4 年）と高等小学校（修業年限 4 年）に分類され、尋常小学校だけが義務教育とされた。そのため、義務教育を終えた最小限の学歴では 10 歳、高等小学校卒業でも 14 歳であった。小学校の修業年限にはその後何度かの変更が加えられ、1907 年の小学校令の一部改正により、尋常小学校の修業年限が 6 年、高等小学校の修業年限が 2 年とされた。この段階でも、義務教育を終えた最小限の学歴では 12 歳、高等小学校卒業でも 14 歳であった。一方で、東京高等商業学校出身者を中心とする高等教育機関出身者は、若林によれば 1887 年に勤続している「全従業員に対して一〇％」に過ぎなかった[104]。しかも、後述する安川雄之助のように、小供と同様に支店長に採用を依頼している例もみられる。高等教育機関出身者は月給見習（1897 年以前は手代試補）として採用され、試験を経て月給使用人となる。甲種商業学校出身者などの中等教育機関出身者はこれに準じ、日給見習として採用され、試験を経て日給使用人となり、さらに改めて試験を経て月給使用人となった。

　第一の小供採用者として、上海支店長を長く務め、常務取締役まで昇進した山本条太郎について紹介する。1867 年生まれの山本は共立学校（現在の開成中学校）で学んでいたものの、肋膜炎に罹患して学校を 1881 年に中退せざるを得なかった[105]。山本は横浜在住であった叔父の吉田健三の下に移り、この

叔父の紹介で同年秋に三井物産横浜支店に小供として採用された。

　山本の採用の経緯については、「横浜支店馬越恭平は……吉田健三と横浜での商取引で懇意の仲であったから、条太郎少年の採用についてその依頼を快く引き受けたのである。その頃、小僧の月給は一円五十銭ぐらい、これから食費を差し引かれると手取りは五十銭そこそこである」と記されている[106]。中学校中退で小僧として採用され、月給1円50銭から仕着住み込み制度にともなう食費を差し引かれて手取り50銭程度という、まさに典型的な小供採用者であった。

　第二の高等教育機関出身者として、主席常務取締役として実務上の最高経営者となる安川雄之助について紹介する。1870年生まれの安川は1889年に大阪商業学校を卒業し、同年に三井物産に採用されている。安川は「三井物産に入るについて別に何も伝手はなかった。現在のように学校が就職の世話などするではなし、自ら銘々が勝手に職を探すので、自分は直接支店長に頼んで入れてもらったのであった」と記している[107]。安川は後年の「学校が就職の世話」をする人材採用システムと対比し、「伝手」もしくは「直接」支店長に頼んで入れてもらうという人材採用の仕組みを説明している。

　安川の経歴は採用だけでなく、養成過程においても前時代的な特徴を示している。安川は「自分等の服装も筒袖の着物に角帯、前垂掛けという有様であった。この丁稚然たる服装で得意先の集金に回ったのであるが、初めは挨拶から、言葉遣いから、まだ素人で腰の低い言葉が出ないので困った。どうかすると学生時代の無遠慮な言葉が出るので叱られたものであった」と記している[108]。安川自身「丁稚然」と表現する服装であり、支店長会議でも話題となった「書生的粗暴」を注意されていた[109]。

　山本と安川の2例だけから一般化することは困難であるものの、山本のような典型的な小供採用者だけでなく、安川のような高等教育機関出身者であっても、「伝手」もしくは「直接」支店長に頼んで入れてもらうという人材採用の仕組みが存在したことが明らかになった。これを図示すると図5-1のようになる。応募者は①②紹介者を通じて、または直接③支店長または④本店に採

図 5-1　支店採用中心の人材採用システム

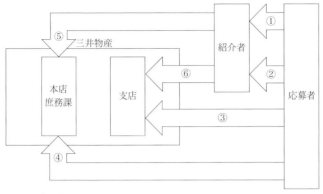

出所：筆者作成。

用を依頼する。紹介者は必要に応じて紹介状を添えて⑤本店または⑥支店長に採用を依頼する。先述した通り、初期の新規採用者は小供採用者が大多数を占めており、②紹介者を経て、⑥支店で採用される例が多かった。高等教育機関出身者の場合でも、③支店長に直接頼んで「手代見習」として入社し、本店で人事が管理されるようになるのは、正式に使用人として採用されてからである。

　もちろん小供も含めて採用後に本店で働く場合は本店で採用され、洋行経験者で採用後すぐに外国支店の支配人（支店長）に就任する人材や、清国商業見習生、支那修業生などの修業生は本店で採用されてから外国に派遣される。しかし、1890年代半ばまでの三井物産の人材採用は小供が中心であり、彼らの多くは支店で採用されていたため、この時代は支店採用中心の時代であったといえる。

（2）　本店採用中心の人材採用システム

　若林は「物産の人材採用・養成システムは第一次大戦期において刷新され、最終的には日清戦争期までの中核的な職員養成システムであった小供からの職員登用制度までが廃止されるほど、人材の学卒者への全面切り替えが徹底的に展開されることとなった」と指摘している[110]。この時代は人材採用の中心が

小供から学校卒に移行すると同時に、採用の中心も支店から本店に移行していた。

　支店長会議録から明らかになった、三井物産の新たな人材採用システムは図5-2に示す通りである。①各支店から所要人員が庶務課（1912年8月以前）または人事課（1912年9月以降）に連絡される。単に人数だけでなく、具体的な学校名を挙げて、特定の学校の出身者を希望する例があった。②③各支店からの要望をまとめ、概ね8割程度の人数を採用していたものの、好景気による人員の需要増の場合などは、取締役に諮って5割以下に採用枠を削減する場合もあった。④学校ごとの採用枠を学校長に告知し、⑤学校長を通じて学生・生徒に告知される。⑥学生・生徒は各自の判断で応募するものの、採用枠に対する応募の割合は学校により大きく異なっていた。⑦採用枠に対して過大な応募があった場合は、学校長が調整を行い、⑧最終的な応募は、⑨学校長などの推薦状を添付して三井物産に提出される。⑩⑪採用面接にも取締役が参加することもあり、最終的に採用された人材は⑫各支店に配属される。

　人材を供給する学校と求人を行う企業とのリンケージについては、菅山が八幡製鉄所と京都帝国大学、長崎高等商業学校、明治専門学校との関係や、鶴岡工業学校と日立製作所との関係について史料に基づいて具体的に明らかにしている[111]。大島は大学就職部に注目し、大学や専門学校（後年の大学も含む）による就職斡旋は20世紀初頭から行われ、「大学が担当の事務部署を設けて専門的に就職斡旋を行うことが広く普及したのは、大正末期になってからである」と説明している[112]。

　もちろん、新卒採用以外の中途採用の場合や、新卒採用でも特定の採用枠がない学校の出身者などは、必ずしも図5-2に示すような過程を経ない。しかし、1913年の第二回支店長諮問会では小供採用を「全廃スルノ必要アルヘキ」と主張され[113]、使用人への登用を前提としない雇を除けば、基本的に人材採用は本店に委ねられるようになった。

図 5-2　本店採用中心の人材採用システム

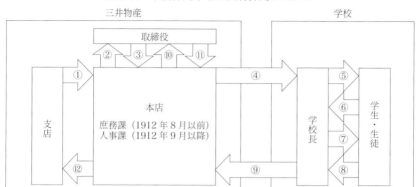

出所：「第五回支店長会議議事録」（物産 198-4）より筆者作成。

（3）　使用人差入書における紹介状

　三井物産入社時の紹介者については、三井文庫所蔵の「使用人差入書」の内容が参考になる。この書類は三井物産の使用人として採用される際に、紹介状、身許引受保証状、誓約書を提出したものである。500 通程度が 1 冊にまとめられており、1894 年から 1898 年の書類がまとめられた第 1 号（1-473）から、1918 年から 1920 年の資料がまとめられた第 15 号（14932-15497）まで存在する。

　第 1 号の使用人差入書の身許引受保証状 173 通（100.0%）を基準にすると、誓約書 155 通（89.1%）、紹介状 38 通（21.8%）となる。身許引受保証状に対して、誓約書は約 9 割あり、身許引受保証状と誓約書はほぼ一対の書類として提出されている。一方で紹介状は身元引受保証状に対して約 2 割しかなく、少なくとも 1894-1898 年の段階では紹介状は不可欠の書類とは扱われていなかった。

　紹介状 38 通の内訳は、水島銕也 5 通、矢野二郎 3 通、朝吹英二 2 通、江原素六 2 通、園田孝吉 2 通、祖山鍾三 2 通、その他は 1 通ずつとなっている。水島銕也と矢野二郎、江原素六は教育関係者であるものの、朝吹英二、園田孝吉、祖山鍾三は紹介状を書いている時点では実業界の人物である。

その他の 22 通のうち、明らかに教育関係者と判断されるのは、明治学院の熊野雄七 1 通だけで、その他に成瀬隆蔵 1 通と白石直治 1 通がある。成瀬隆蔵は 1878 年に商法講習所助教に就任し、1892 年に大阪商業学校長に就任しているものの、1895 年に三井財閥に転身しているために、紹介状を書いた 1898 年時点では実業界、とくに三井財閥関係者としての側面が強い。白石直治は 1881 年に工部大学校土木学科を卒業し、留学を経て 1887 年に帝国大学工科学校教授に就任したものの、1890 年には関西鉄道会社社長に転身するなど、主に民間で土木関連事業に従事していた。

その他にも中野武営や川西清兵衛などの財界の有力者による紹介状などもあった。つまり、「紹介状」は不可欠の書類ではなかった上に、紹介状の執筆者も明らかな教育関係者は 38 通中 11 通（29.0%）で、むしろ実業界の人物や名士（官僚や軍人）による紹介状の方が多かった。

一方で、三井物産に所蔵される最後の使用人差入書である第 15 号の使用人差入書によると、身許引受保証状 189 通（100.0%）に対し、誓約書 189 通（100.0%）、紹介状 185 通（97.9%）となっている。1894-1898 年の第 1 号では身許引受保証状に対し紹介状はわずか 21.8% しかなかったのに対し、1918-1920 年の第 15 号では 97.9% となり、紹介状がほぼ必須の書類となっていたことが明らかになった。

（4） 身元保証金制度

使用人差入書と関連して、若林は「『身元引請保証状』と本人の誓約書を差し出し、さらに初期の史料には『雇丁身許保証金』を払い込んでいた形跡が残っている」と指摘している[114]。丸山、今村は、「大商店若くは古来の制度を踏襲せる所にては、今尚保証人制度を採用せり、身元保証金を納めしむるもあり」と述べており[115]、1910 年前後でも大商店においても身許保証金制度が存続していた。そこで、ここでは三井物産における身許保証金制度を検討する。

1893 年 6 月に制定された「三井物産合名会社契約及諸規則」に含まれる「三井物産合名会社使用人身許保証金規則」によれば、第 1 条において、使用

人は身分によらず本人俸給の1カ年額を身許保証金として会社に差し入れ置くとされている[116]。一見すると、年間給与額に相当する身許保証金を事前に納付できる、資産家およびその子弟しか入社できないように考えられる。

しかし、同規則の第3条において、身許保証金は一度に全納すべきであるけれども、全納することができない場合は、定額に達するまで毎月俸給額の20分の1を納め、賞与金がある場合に50円以下の場合は10分の1、50円以上の場合は10分の2を納めると定められている[117]。つまり、入社後1年から1年半程度の期間をかけて、給与および賞与から天引きで身許保証金を積み立てることが可能であった。

さらに、同規則の第4条においては、身許保証金は差し入れた翌月から年8%の利子を付け、毎年5月31日と11月30日の年2回計算して本人に渡すこととされていた[118]。同規則の第6条においては、身許保証金は退社または本人死亡以外の場合は支払われないとあるものの[119]、身許保証金は第4条のように利子が付与され、第6条のように退職金に類似する性格を持つ、福利厚生の一環として捉えることもできる。

その後、1901年6月1日の達第19号によれば、使用人身許保証金規則の第1条は給与の1カ年額から3カ年額に変更されている[120]。この増額の理由について、本店庶務課の田中文蔵主任から小室三吉上海支店長に宛てたコメントによると、身許保証金額を増加するのは主として倹約貯蓄の美風を養成する目的であり、保証金納入方法は従前と変わりがないと説明されている[121]。「倹約貯蓄」を目的としていることからも、この保証金納入方法は主として給与および賞与からの積み立てであると推測することができる。

1905年1月改訂の「現行達令類集」によれば、身許保証金は1904年2月24日の達第13号における改定により、給与の1カ年額に戻された[122]。分納の方法についても変更があり、月給者は臨時手当金の半額以上、日給者は毎月給料の10分の1以上、臨時手当金の10分の2以上を差し入れるとされた。利子も固定的な利率ではなく、三井銀行本店定期預金最高利子より2.5%高い利子を付与すると変更された。

さらに、1907年6月改訂の「現行達令類集」によれば、1905年8月13日の達第18号により、身許保証金は使用人在職積立金と改められた[123]。臨時手当金の4分の1を差し入れるとされ、利子は三井銀行本店定期預金最高利子より1%高い利子を付与するとされた。身許保証金と異なり積み立てを最初から前提としているものの、使用人在職積立金は身許保証金と積み立て方法も利子の付与の仕方も連続性を持っていた。1905年改定の1908年5月改訂の「現行達令類集」では変更がなかった[124]。

　1912年6月改訂の「現行達令類集」によれば、1910年2月21日の達第8号および同年10月15日の達第48号により、利子は年8%となり、計算のタイミングは4月末と10月末に変更された[125]。また、1910年2月7日の達第6号により、新たに特別預金が規定されており、「特別預金ノ金額ハ之ヲ制限セス」とされ、4月末と10月末に計算されて年8%の利子が付与される[126]。

　三井物産における身許保証金は、設立当初は他の大商店と同様に整備されたものの、少なくとも1893年の段階で積み立てが可能であり、1901年の段階では「倹約貯蓄」を目的とすると説明されていた。さらに、1905年には身許保証金は使用人在職積立金と改められ、1910年には特別預金の制度まで整備された。つまり、身許保証金は遅くとも1900年代には身許保証という本来の役割は失われ、貯蓄を目的とする制度へと改変されたのである。

第4節　学校教育システム

(1)　近代教育制度確立以前の学校教育システム

　三井物産の人材採用システムを規定する1つの要因が学校教育システムである。日本の学校教育システムは、江戸時代以来の藩校や寺子屋といった伝統もあるものの、1872年の学制以降、近代教育制度が段階的に整備された。1876年7月に先収会社を引き継いで設立された三井物産にとっても、会社設立当時の日本の学校教育システムは必ずしも十分に整備されていたとはいえなかった。

第5章 三井物産の人材採用システムと学校教育システムの変遷

　三井物産の人材採用システムの変化の要因の1つは学校教育システムの変化であり、1907年までは義務教育期間はわずか4年間に過ぎず、上級学校に進学する者も限られていた。しかし、1907年以降は義務教育期間も6年に延長され、さらに甲種商業学校や高等商業学校、私立大学など、この時期に拡張された各種の学校に進学する人々が急増した。

　三井物産はこれらの学校出身者を安定的に採用するため、所要人員（採用予定者数）を学校に連絡し、場合によっては学校長等と調整しながら、採用活動を進めていた。三井物産の総合商社化を支えた人材は、森川や米川によって強調されてきた、東京高等商業学校出身者を含む高等商業学校出身者だけでなく、帝国大学、私立大学（専門学校時代も含む）、甲種商業学校などの多様な学校の出身者であり、その中でも絶対数では高等商業学校出身者と甲種商業学校出身者が多くを占めていた。

　本章の主な貢献は、図5-2に示した通り、本章が本店採用中心の人材採用システムと呼んだ、三井物産による新卒一括採用について、具体的な過程を明らかにしたことである。支店と学校を結ぶ重要な役割を本店の庶務課（1912年9月以降は人事課）が果たしており、社内で所要人員（採用予定者数）を取締役らと協議しながら調整しているだけでなく、学校長等と調整するなど人材採用システムの中心的な役割を果たしていた。菅山は主にメーカーの人材採用過程について明らかにしており、菅山の研究と対比をなす、商業分野における人材採用過程を具体的に明らかにしたことに意義がある。さらに、三井物産の身元保証金制度についても、身元保証を目的とする制度から貯蓄を目的とする制度への改変過程を明らかにしたことにも意義がある。

　本章は主に三井物産側の資料に基づいて分析しており、学校側の資料についての分析は限られている。今後は学校側の資料に基づいて、三井物産とどのような調整が行われたか分析するだけでなく、三井物産と他の企業との求人の相違などについても分析する必要があるものの、この点については今後の課題としたい。

注
1) 森川英正「総合商社の成立と論理」宮本又次他編『総合商社の経営史』東洋経済新報社、1976 年、米川伸一「総合商社形成の論理と実態－比較経営史からの一試論－」『一橋論叢』第 90 巻第 3 号、1983 年、319-343 頁。
2) 木山実「三井物産草創期の海外店舗展開とその要員」『経営史学』第 35 巻第 3 号、2000 年、1-26 頁。
3) 武内成「三井物産会社における慶応義塾卒業生の動向」『三田商学研究』第 28 巻第 5 号、1985 年、34-65 頁。
4) 木山実「三井物産草創期の人員－特に先収会社からの人員に注目して－」『経濟學論叢』第 64 巻第 4 号、1282-1312 頁。
5) 若林幸男『三井物産人事政策史 1876〜1931 年－情報交通教育インフラと職員組織－』ミネルヴァ書房、2007 年。
6) 若林、前掲書、17-18 頁。
7) 若林、前掲書、9 頁。
8) 「明治三十五年支店長諮問会議事録」(物産 197-1)、316 頁。
9) 同上、317 頁。
10) 同上。
11) 同上、318 頁。
12) 古田和子『上海ネットワークと近代東アジア』東京大学出版会、2000 年。
13) 「明治三十六年支店長諮問会議事録」(物産 197-2)、11 頁。
14) 同上、11 頁。
15) 同上、12 頁。
16) 同上、217 頁。
17) 同上。
18) 「明治三十七年支店長諮問会議事録」(物産 197-3)、280 頁。
19) 同上、280-281 頁。
20) 同上、282 頁。
21) 同上、283 頁。
22) 同上。
23) 若林、前掲書、114 頁。
24) 「明治三十八年支店長諮問会議事録」(物産 197-4)、5 頁。
25) 同上、133 頁。
26) 同上。
27) 同上。
28) 福岡市立福翔高等学校編『福商百年史』福岡市立福翔高等学校、136-137 頁。
29) 三好信浩『日本商業教育発展史の研究』風間書房、2012 年、455 頁。
30) 同上書、456 頁。
31) 「明治三十九年支店長諮問会議事録」(物産 197-5)、226 頁。

32) 同上、227 頁。
33) 同上、226-227 頁。
34) 同上、227 頁。
35) 同上、233 頁。
36) 同上、230-231 頁。
37) 同上、231 頁。
38) 同上。
39) 同上、231-232 頁。
40) 飯塚陽介「教育支援活動の持続性－東京高等商業学校への影響力の基盤とその変化」『渋沢栄一と人づくり』有斐閣、2013 年、99-132 頁。
41) 前掲「明治三十九年支店長諮問会議事録」、234-235 頁。
42) 同上、238 頁。
43) 「明治四十年支店長諮問会議事録」(物産 197-6)、450 頁。
44) 同上、449 頁。
45) 同上。
46) 前掲「明治三十七年支店長諮問会議事録」、284 頁。
47) 前掲「明治四十年支店長諮問会議事録」、453 頁。
48) 同上、455 頁。
49) 同上。
50) 同上、453 頁。
51) 同上、455-456 頁。
52) 同上、456 頁。
53) 同上。
54) 同上、461 頁。
55) 同上。
56) 同上。
57) 同上。
58) 「明治四十一年支店長諮問会議事録」(物産 197-7)、1 頁。
59) 「第一回支店長会議議事録目次」(物産 198-1)、頁番号なし。
60) 「第二回支店長会議議事録」(物産 198-1)、2 頁。
61) 若林、前掲書、144-158 頁。
62) 前掲「第二回支店長会議議事録」、203 頁。
63) 同上、200 頁。
64) 同上、203 頁。
65) 同上、204 頁。
66) 「第三回支店長会議議事録」(物産 198-2)、172 頁。
67) 同上、172 頁。
68) 同上、173 頁。

69) 同上。
70) 同上。
71) 同上、174 頁。
72) 同上。
73) 同上、176 頁。
74) 同上。
75) 同上。
76) 「第四回支店長会議議事録」(物産 198-3)、7 頁。
77) 同上。
78) 同上。
79) 「第五回支店長会議議事録」(物産 198-4)、42 頁。
80) 同上。
81) 同上。
82) 同上、45 頁。
83) 同上。
84) 同上。
85) 「第六回支店長会議議事録」(物産 198-5)、412 頁。
86) 同上、412 頁。
87) 同上、413 頁。
88) 同上、414 頁。
89) 同上。
90) 若林、前掲書、190-195 頁。
91) 前掲「第六回支店長会議議事録」、413 頁。
92) 同上、414 頁。
93) 「第七回支店長会議議事録」(物産 198-7)、310 頁。
94) 同上。
95) 「第八回支店長会議議事録」(物産 198-8)、84 頁。
96) 同上、83 頁。
97) 「第九回支店長会議議事録」(物産 198-9)、1 頁。
98) 同上、68 頁。
99) 同上。
100) 「第十回支店長会議議事録」(物産 198-10)、2 頁。
101) 同上、6 頁。
102) 若林、前掲書、17 頁。
103) 丸山侃堂・今村南史『丁稚制度の研究』政教社、1912 年、71 頁。
104) 若林、前掲書、17 頁。
105) 原安三郎『山本条太郎』時事新報社、1965 年、23-24 頁。
106) 同上書、30 頁。

19世紀の末年、1900年の学校系統図について、とくに三井物産との関係が深い学校を中心に整理を示したものが図5-3である。三井物産にとって最も重要な人材供給源であった東京高等商業学校は、学制上は専門学校であったものの、予科1年、本科3年に加えて、1899年には専攻部が2年に延長されていた。本科卒業で修業年限4年、専攻部卒業の場合は修業年限6年に達し、高等学校（大学予科）3年、帝国大学3年の修業年限6年に並び、1901年以降は専攻部卒業者には商業学士が授与された。

　慶應義塾も学制上は専門学校であったものの、1898年に学制を改革し、幼稚舎6年、普通学科5年、大学科5年の16年一貫教育体系を確立した。これは帝国大学に比べて修業年限が1年短いだけであった。東京専門学校（現：早稲田大学）の政学部と法学部は修業年限3年、修業年限2年の研究科を1893年に設置しており、さらに1899年に修業年限1年の高等予科を設置し、研究科まで含めれば修業年限6年に達していた。

　甲種商業学校は1899年の実業学校令に基づいて修業年限は3年とされたものの、2年以内の予科・専攻科・専修科を置くことも認められた。2年制の高等小学校の後に2年間の予科、または4年制の高等小学校を経て3年間の本科に進学する課程が設けられた。大阪商業学校や名古屋商業学校は1年間の専攻科を設置しており、専攻科まで含めれば修業年限4年の甲種商業学校について、若林幸男は「大阪商業、横浜商業などの補習科を設置し、古くから物産への人材供給を担っていたエリート商業学校」と呼んでいる[127]。一方で横浜商業学校は4年制の高等小学校の後に2年の予科と3年の本科で修業年限5年となり、大阪商業学校や名古屋商業学校の専攻科よりもさらに1年長かった。

　専門学校であれ甲種商業学校であれ、戦前の学校制度の特徴は、制度上は同じ呼称であっても、修業年限に相違があることである。1915年の第三回支店長会議で兒玉一造綿花部長は「地方甲種商業学校卒業生採用ノ際学校ニヨリテ給料ヲ異ニシ居ルハ特ニ理由アリヤ」という質問をしている[128]。兒玉自身、滋賀県立商業学校（現：滋賀県立八幡商業高等学校）を卒業し、支那修業生と

図 5-3　1900 年学校系統図

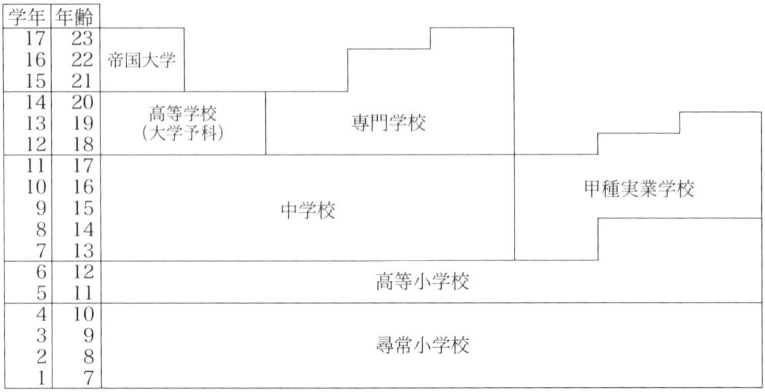

学年	年齢				
17	23				
16	22	帝国大学			
15	21				
14	20	高等学校	専門学校		
13	19	(大学予科)			
12	18				
11	17				
10	16			甲種実業学校	
9	15	中学校			
8	14				
7	13				
6	12	高等小学校			
5	11				
4	10	尋常小学校			
3	9				
2	8				
1	7				

出所：文部省『学制九十年史』文部省、1964 年より筆者作成。

して 1900 年に三井物産に採用されていることから、甲種商業学校卒業生の採用について関心があったと考えられる。田中は甲種商業学校卒業生の初任給の格差について、「学校ノ修業年限ノ長キモノハ多ク給料ヲ支給シ居レリ」と回答している[129]。三井物産では甲種商業学校卒業生であっても、修業年限によって初任給に格差を付けていたのであった。

1907 年の小学校令の改正まで、義務教育は尋常小学校 4 年間のみであった。1904 年の支店長諮問会で、呉大五郎参事長は「本店ニ多クノ小僮ヲ使用シ居レハ、其内ニテ将来見込アル者且ツ高等小学校ヲ卒業セシ位ノ者ヨリ採用スルモ一ノ選択方法ナルヘシ」と提案している[130]。この時点でも三井物産の小供採用者の中に、高等小学校を卒業していない者が存在していたことを示している。

(2)　近代教育制度確立以後の学校教育システム

文部省は「明治五年学制によって出発した学校制度は三十年を経て近代学校として安定した体系をとることができた。大正年代から昭和初年にかけてはこの制度を基本として学校制度を拡充・整備したのである」と説明しており[131]、近代教育制度が 1900 年代に入って確立され、1910 年代から 1920 年代にか

第 5 章　三井物産の人材採用システムと学校教育システムの変遷　　189

図 5-4　1920 年学校系統図

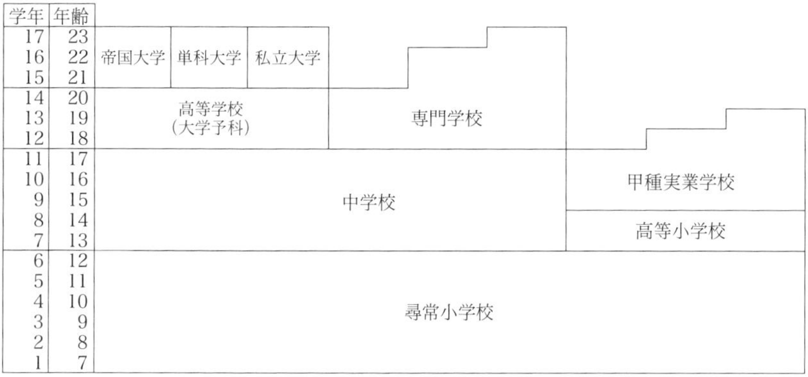

学年	年齢						
17	23						
16	22	帝国大学	単科大学	私立大学			
15	21						
14	20	高等学校 (大学予科)			専門学校		
13	19						
12	18						
11	17	中学校				甲種実業学校	
10	16						
9	15						
8	14					高等小学校	
7	13						
6	12	尋常小学校					
5	11						
4	10						
3	9						
2	8						
1	7						

出所：文部省『学制九十年史』文部省、1964 年より筆者作成。

けて学校制度が拡充、整備された。

　そこで、図 5-3 で示した学校系統図から 20 年後、近代教育制度の確立以後の 1920 年の学校系統図を示したものが図 5-4 である。大学令は 1918 年 12 月に公布、翌 1919 年 4 月に施行され、帝国大学以外の単科大学や私立大学の設置が認められた。

　東京高等商業学校は 1920 年に東京商科大学に昇格した。1900 年時点では高等商業学校は東京にのみ設置されていたものの、官立は 1902 年に神戸、1905 年に山口と長崎、1910 年に小樽、公立は 1901 年に大阪に高等商業学校が設立され、1912 年には高千穂高等商業学校や関西学院高等学部商科など私立の高等商業学校も設立された。

　慶應義塾は 1890 年に大学部を設置し、東京専門学校は 1904 年に早稲田大学と改称していたものの、制度上は専門学校のままであった。大学令により正式に私立大学の設置が認められ、慶應義塾大学と早稲田大学に続き、1920 年以降に相次いで私立大学が設立された。

　1907 年の小学校令の改正で、義務教育期間である尋常小学校は 6 年間に延長されており、中学校や甲種実業学校に進学する者も急増していた。文部省によれば[132]、甲種商業学校の生徒数は、1900 年は 8,169 人、1910 年は 19,320

人、1920年は48,514人、1930年は132,190人、1940年は263,373人と、1900年から1920年で5.9倍、1920年から1940年にさらに5.4倍も生徒数が増加していた。表5-1によれば、甲種商業学校出身者は三井物産においても増加傾向にあり、1915年は185人（16.0%）、1919年は654人（22.2%）、1921年は790人（24.1%）、1926年は613人（24.7%）と4分の1に迫る勢いであった。

近代教育制度確立以前の学校教育システム、人材採用システムでは、尋常小学校または高等小学校卒業で小供として採用され、オン・ザ・ジョブ・トレーニングで人材養成される人々が多数存在した。一方で二十世紀に入り、近代教育制度確立にともなって人材採用システムも修正された結果、学校で一定の知識を身につけた人々を採用するようになった。

1904年の支店長諮問会で、田中文蔵庶務課主任は「地方ノ商業学校ヲ卒業シタル者ヨリ採用スルモ亦一策ナルヘシ、後者ハ概ネ十七歳位ニテ卒業スルヲ以テ之ヲ採用セハ好都合ナラン、且ツ学校ニテ簿記モ修メ英語モ一通リ研究シ居ルノミナラス、随意科トシテ支那語ヲ兼修セル者モ之アルヲ以テ斯ル者ヲ採用セハ一層利便ナルヘシ」と述べている。田中は地方商業学校卒業者は簿記と英語を一通り学習しており、随意科（選択科目）として中国語を学んでいる者もいることを強調している。

第5節　三井物産の人材採用システムと学校教育システム

本章では若林の十九世紀型と二十世紀型に分類を参考にしつつ、1900年前後の三井物産の人材採用システムと学校教育システムについて検討してきた。若林が十九世紀型と分類した人材採用システムにおいては、とくに1890年代半ばまでは小供からの昇格者が職員の大多数を占め、採用の中心は支店にあった。一方で、若林が二十世紀型と分類した人材採用システムにおいては、新規採用は学校卒に限定されるとともに採用の中心は本店に移行し、その移行段階である1912年には本店庶務課から分離して人事課が創設されている。

107) 安川雄之助『三井物産筆頭常務－安川雄之助の生涯－』東洋経済新報社、1996年、8頁。
108) 同上書、9-10頁。
109) 前掲「明治三十八年支店長諮問会議事録」、5頁。
110) 若林、前掲書、147頁。
111) 菅山真次『「就社」社会の誕生　ホワイトカラーからブルーカラーへ』名古屋大学出版会、2011年、92-171頁。
112) 大島真夫『大学就職部にできること』勁草書房、2012年、38-42頁。
113) 前掲「第二回支店長会議議事録」、202頁。
114) 若林、前掲書、18頁。
115) 丸山・今村、前掲書、71頁。
116) 「三井物産合名会社契約及諸規則」(物産57-1)、51頁。
117) 同上、51-52頁。
118) 同上、52頁。
119) 同上。
120) 「本社諸達規則類　明治卅三年六月起明治卅四年十二月止」(物産89)、頁番号なし。
121) 同上。
122) 「現行達令類集」(物産90-1)、273頁。
123) 「現行達令類集」(物産90-2)、309頁。
124) 「現行達令類集」(物産90-3)。
125) 「現行達令類集」(物産90-4)、299頁。
126) 「現行達令類集」(物産90-4)、300-301頁。
127) 若林、前掲書、150頁。
128) 同上書、176頁。
129) 同上書。
130) 前掲「明治三十七年支店長諮問会議事録」、283頁。
131) 文部省編『学制百年史』帝国地方行政学会、1972年。
132) 同上『産業教育七十年史』雇用問題研究会、1956年。

第6章
戦前期三井物産の処罰と規律

藤村　聡

第1節　本章の課題

　本章は戦前期の三井物産における従業員の違反行為と不祥事を考察する。
　その前提として、これまでの筆者の研究成果を簡単に整理しておくならば、貿易商社兼松を中心に文部省報告書や諸企業の人事史料を分析した結果、戦間期における貿易商社の人事システムの特徴として第一に賃金やキャリアパスにおける学歴格差は希薄で、高等教育修了者と中初等教育修了者の間で処遇の違いは極めて小さかったこと。第二には明治期は商品知識と取引経験を持つ高齢中途入店者が業務の中核を担ったものの、学校制度の普及にともなって若年採用者が増加し、その中で新卒の高等教育修了者が従業員の相当数を占めるに至ったことなどが判明した[1]。そうした学歴格差の希薄さや特異な従業員構成は、多くの貿易商社に共通するという見通しを得ている。
　このような貿易商社における人事システムの特性、とりわけ従業員数における高等教育修了者の多さは、高等教育の意義を考える上で重要な手掛かりを提供する。なぜ貿易商社は当時は稀少であった高等教育修了者を選好したのか、高等教育と中初等教育は従業員の資質にどのような差異を付与していたのか、あるいは貿易商社の業務のいかなる特殊性がそのような異質な従業員構成を必要としたのか。従来の見解では、高等教育の効用には専門的学識や同窓の人的ネットワークを挙げるのが通例であるが、本章では上記の疑問の一端を解明す

べく従業員の規律意識に着目し、具体的にそれが発露する現象として企業内部で発生した従業員の違反行為や不祥事を取り上げる。

分析対象は貿易業界で突出した巨大な経営規模を誇り、また戦前期の数少ない総合商社と称される三井物産であり、同社史料に拠って1876年の創業直後から1948年まで約70年間の従業員による違反行為や不祥事の趨勢が把握できた。企業の内部不祥事は関心を集める問題でありながらも史料的制約が大きく、管見のかぎりでは1つの企業について数十年に及ぶ長期時系列データは国内海外を通じて存在せず、稀少な研究素材と評価される[2]。本章では1903年から1948年まで刊行された「社報」を基本にしつつ欠落した数件を「重役会議案」「管理部会議案」で補足し[3]、明治後期から第二次大戦期までの違反行為や不祥事の実態を検討する（なお本章では問題の特殊性を考慮して当事者の氏名はイニシャルに変換し、その他の役職者は実名で表記した）。

第2節　社報による処罰の概要

三井物産は社則で従業員の処罰を規定し、たとえば1908年の「現行達令類集」では第四款「人事」の第十三項「懲罰」に「使用人懲罰規則」が記載されている。全4条の同規則では、冒頭の第1条で「当会社使用人誓約書ノ趣意ニ戻リ不都合ノ所為アルトキハ懲罰ニ処スヘシ」（ママ）とあり、第2条で「懲罰ノ種類ハ譴責・罰俸及解傭ノ三種トス」と処罰手段は譴責・減俸・解雇の3種類とされた。このうち最も重い解雇は刑事告訴に至る事案や組織統制の根幹に関わる深刻な事案に適用され、本章ではそうした解雇事案を「不祥事」と規定している。解雇事案の大半は横領（窃盗や収賄など不正な金銭授受全般を含む）である。続いて第3条では会社が損害を蒙ったときは賠償を命じる場合があり、第4条では処罰は社長が最終的に決定するものの、附則で月給50円未満の使用人の軽微な違反行為は所属支店長の権限で譴責に処して社長へは事後報告で構わないとされた。以上の「使用人懲罰規則」の文章は、その後の社則に踏襲されて戦間期でも変化していない。

上記の社則に従って従業員は処罰され、その結果は「社報」で告知された。「社報」は1903年から1948年まで本店庶務課（後年は本店文書課）が発行した社内通達であり、関東大震災で一部が失われた1923年などを除いて第二次大戦後まで毎年200〜300通が作成された。その内容は従業員の採用や解傭の「辞令」、出張や異動の「雑件」（後年「通報」と改称）、支店の開設等の「達示」のほか、「懲罰」という項目で従業員の処罰辞令が掲載されている。その一例を提示する。

◎懲罰
　　門司支店長　HK
其店所轄若松出張所事務所新築ニ際シ、経伺ノ手続ヲ踏マスシテ予算外ノ工事并支出ヲ為シタル段職務上不都合ニ付譴責ス、爾今注意ヲ加フヘシ
　　明治三十六年七月一日

これは1903年7月1日の社報第109号に記載された処罰辞令（本章表6-1のNo.1）で、本店へ経伺の手続を踏まずに無断で予算外の工事を行った門司支店長HKに譴責を加えており、表6-1では処罰の種類は譴責、違反内容は業務不備(b)に分類した。社報に掲載される処罰対象は「使用人懲罰規則」に明示されているように正規職員である使用人に限定され、店限雇など非正規職員は違反行為の実行主体であっても辞令は交付されなかったが、監督責任を問われて処罰される使用人への辞令から店限雇の氏名や違反内容が読みとれる。日常業務に起因して譴責や減俸で終わる一般的な違反行為と、企業組織からの強制排除である解雇をともなう不祥事は本来的には異質な事象で、両者は峻別すべきかもしれない。しかし一般的な違反行為の延長線上に不祥事が存在したのも間違いなく、連続性における断絶を意識しつつ一般的な違反行為から重大な不祥事まで包括的に検討したい[4]。

「社報」の刊行が始まった1903年から太平洋戦争直後の1948年までに発生した処罰事案の全件を表6-1にまとめた。46年間に合計67件132名が処

表 6-1　処罰事案の一覧

番号	年月日	氏名［発覚時の配属・役職など］	学歴[出自]	処罰	違反内容
1	1903. 7. 1	H K［門司支店長］	初等教育	譴責	無断で予算外工事．b
2	1903.10. 7	O R［札幌出張員］	初等教育	譴責	無断で砂川木挽工場の施設建築．b
3	1903.10.31	F S［大阪支店長］	東京高商	譴責	無断で三ツ矢印平野水製造主に融通．a
4-1	1903.10.31	F S［大阪支店長］	東京高商	減俸 2 カ月	無断で砂糖取引先に信用供与．a
-2	〃	Y K［大阪支店輸入雑貨主任］	東京高商	減俸 2 カ月	同上．a
5	1904. 2.10	K J［新嘉坡支店長代理］	東京高商	譴責	リチャードソン社と錫取引不備．a
6-1	1904. 2.22	O M［大阪支店用度掛付］	店限雇	解雇※	現金及び郵便切手 895 円横領．d
-2	〃	T C［大阪支店庶務掛主任］	東京帝	譴責	上記事案の監督責任．c
7	1904.11.11	F G［台北支店長］	慶應	譴責	無断で硫黄米等取引の前貸金供与．a
8	1904.11.11	M E［台北支店参事］	東京高商	譴責	服務不宜．b
9	1904.11.11	O K［台北支店受渡掛］	東京高商	譴責	商品保管の記帳不備．b
10	1905. 5.23	M N［香港支店長］	帝大	譴責	払下げ海面埋立費用の取調不備．b
11-1	1905. 8.29	A Y［門司支店石炭掛］	東京高商	譴責	契約破棄の取引先に無礼な書状．b
-2	〃	I S［門司支店長］	東京高商	譴責	上記事案の監督責任．c
12-1	1906. 6. 5	I U［長崎支店出納掛］	小供上り	解雇	生活苦で 378 円余を横領．d
-2	〃	T O［長崎支店長］	東京帝	譴責	上記事案の監督責任．c
-3	〃	N E［長崎支店出納掛主任］	初等教育	譴責	上記事案の監督責任．c
13-1	1906. 7.10	Y M［門司支店雑品掛主任］	東京高商	譴責	栗原商会の砂糖取引で調査不足．a
-2	〃	I S［門司支店長］	東京高商	譴責	上記の監督責任と債権処理不備．ac
14	1906.10. 2	M N［香港支店長］	東京帝	減俸 0.6 カ月	為替業務の不備．b
15	1907.10.16	I T［牛荘支店長］	初等教育	譴責	無断で軍器・石油・綿糸等を買持．a
16	1908.11.16	I T［牛荘支店長］	初等教育	減俸 4 カ月	支店経営の全般的な不適切行為．b
17-1	1908.12.31	Y K［倫敦支店雑貨掛主任］	東京高商	減俸 0.75 カ月	権限外の羽二重の買持など．a
-2	1908.12.31	K S［倫敦支店長］	東京高商	減俸 0.75 カ月	上記事案の監督責任．c
18	1908.12.31	Y S［漢口出張所長］	初等教育	減俸 0.75 カ月	無断で胡麻取引の先売り．a
19-1	1908.12.31	H A［大阪支店毛類掛主任］	東京高商	譴責	支那麻や作蚕糸の取引先調査不足．a
-2	〃	F K［大阪支店長］	初等教育	減俸 0.25 カ月	上記事案の監督責任．c
20	1909. 3. 1	Y N［漢口出張所］	中等教育	譴責	為替予約不備や買弁廃止無視．b
21	1909. 4. 6	O T［安東県出張員］	東京高商	減俸 0.4 カ月	無断で柞蚕糸を買持．a
22	1909. 4. 9	S Y［台北支店長］	東京高商	減俸 0.5 カ月	米砂取引での不適切行為．a
23	1909. 5.28	U M［広東支店長］	初等教育	解雇	売掛金放置や為替不備．b
24	1909. 5.29	E F［長春出張員］	小供上り	解雇	横領 3 万 9 千円．d
25	1909. 5.29	N F［奉天出張員］	中等教育	解雇	横領 5 万円．d
26-1	1909.12. 9	O K²［札幌出張所］	東京高商	減俸 1 カ月	木材商売で怠慢．a
-2	〃	K B［札幌出張所］	東京帝	減俸 1 カ月	同上．a
-3	〃	T K［札幌出張所］	東京高商	減俸 0.75 カ月	同上．a
-4	〃	N H［札幌出張所長心得］	(不明)	減俸 1.25 カ月	同上．a
27-1	1911. 4.28	A I［芝罘出張所］	初等教育	解雇※	横領及び社則違反の買越売越．da
-2	〃	F S［上海支店長］	東京高商	譴責	上記事案の監督責任．c
28-1	1911.10.13	T U［漢口出張所］	店限雇	解雇※	横領．d
-2	〃	N Y［漢口出張所長］	東京高商	減俸 0.2 カ月	上記事案の監督責任．c
-3	〃	Y N［漢口出張所］	中等教育	減俸 0.2 カ月	上記事案の監督責任．c
29	1912. 6.14	Y D［紐育支店］	東京高商	減俸 0.75 カ月	無断で棉花定期市場で売繋ぎ．a
30-1	1912. 8.14	O O［大連出張所用度掛］	東京商工学校	解雇	横領．d
-2	〃	Y Y［満洲営業部長］	大阪商業	減俸 0.1 カ月	上記事案の監督責任．c
-3	〃	M E［大連出張所長］	東京高商	減俸 0.4 カ月	上記事案の監督責任．c

第6章　戦前期三井物産の処罰と規律

番号	年月日	氏名［発覚時の配属・役職など］	学歴［出自］	処罰	違反内容
31-1	1912. 6.29	S F［横浜船積取扱所出納掛］	神戸商業	解雇	伝票偽造や小切手詐取による横領．d
-2	〃 8.23	N S［横浜船積取扱所主任］	東京高商	減俸0.4カ月	上記事案の監督責任．c
-3	〃	S K［横浜船積取扱所主任］	東京帝	減俸0.8カ月	上記事案の監督責任．c
-4	〃	N M［横浜船積取扱所勘定掛］	東京高商	減俸0.2カ月	上記事案の注意不足．c
-5	〃	K K［横浜船積取扱所勘定掛］	東京高商	譴責	上記事案の注意不足．c
-6	〃	I T[2]［本店営業部長］	慶應	譴責	上記事案の監督責任．c
-7	〃	O K[3]［本店営業部長］	東京高商	譴責	上記事案の監督責任．c
-8	〃	N I［本店営業部長］	東京帝	譴責	上記事案の監督責任．c
32	1912. 8.23	S I［名古屋支店出納用度主任］	初等教育	解雇	横領（名古屋事件）．d
33	1912. 9. 5	Y Y［満洲営業部長］	大阪商業	減俸0.2カ月	無断で大豆豆粕を売越買越．a
34-1	1913. 2.23	C K［営業部肥料掛主任］	東京高商	減俸0.2カ月	取引先の信用調査不足．a
-2	〃	N I［本店営業部長］	東京帝	譴責	上記事案の監督責任．c
35-1	1913. 3. 1	O T[2]［長崎支店長］	東京高商	減俸0.4カ月	取引先の信用調査不足や真相隠蔽．a
-2	〃	I S[2]［長崎支店勘定掛主任］	初等教育	譴責	上記事案の注意不足．c
-3	〃	S K[2]［長崎支店雑貨掛］	東京高商	減俸0.1カ月	上記事案の注意不足．c
36-1	1914. 6.19	F K[2]［漢口支店長代理］	神戸商業	減俸0.75カ月	胡麻取引先に前貸超過．a
-2	〃	M K［漢口支店］	日給者出身	減俸0.5カ月	上記事案の注意不足．c
-3	〃	N Y［漢口支店長］	東京高商	減俸0.75カ月	上記事案及び雇支那人の商品詐取．ca
37	1914. 7.20	Y S[2]［営業部穀物掛主任］	店限雇	減俸0.75カ月	米取引及び平乗の記帳不備．ab
38-1	1914. 7.20	N T［営業部金物掛主任］	東京高商	減俸0.6カ月	無断で銅の買持や損失隠蔽など．a
-2	〃	N I［営業部長］	東京帝	減俸0.6カ月	上記事案の監督責任．c
39-1	1914. 7.15	U K［芝罘出張所勘定掛］	福岡商業	解雇	横領．d
-2	〃 7.20	T T［芝罘出張所長］	東京高商	減俸0.4カ月	上記事案の監督責任．c
-3	〃	F S［上海支店長］	東京高商	譴責	上記事案の監督責任．c
40	1915. 5. 3	A C［仁川出張所長］	東京高商	減俸1カ月	取引先の信用調査不足や業務齟齬．ba
41-1	1916.10. 3	M Y［済南出張員］	東亜同文	解雇	横領．d
-2	〃	S U［済南出張員］	東亜同文	解雇	横領．d
-3	〃 10.24	I G［青島出張所長］	長崎中	譴責	上記事案の監督責任．c
-4	〃	I J［青島出張所長］	東京高商	譴責	上記事案の監督責任．c
42	1917. 3. 1	K M［砂川木挽工場主任］	東京高工	譴責	失火により工場焼失．b
43-1	1918. 5.18	T S［紐育支店雑貨掛主任］	神戸商業	解雇	独断で豆油等を売越．a
-2	1919.11. 7	S T［紐育支店長］	大阪商業	減俸2カ月	上記事案及び無断で資金融通．ca
44	1919.11. 7	T H［京城支店長］	東京高商	減俸0.6カ月	無断で朝鮮米や満洲粟を買持．a
45	1919.11. 7	N K［漢口支店長］	東京高商	減俸0.6カ月	無断で倉庫購入．b
46	1919.11. 7	K Y［天津支店長］	東京高商	譴責	為替処理の過誤．b
47-1	1919.11. 7	I R［シアトル出張員］	東京高商	減俸1.2カ月	無断で商品買持．a
-2	〃	N U［桑港支店長］	東京高商	減俸0.2カ月	上記事案の監督責任．c
48-1	1919.12.31	O Y［群山出張員附出納掛員］	店限雇	解雇	横領．d
-2	〃	M G［群山出張員首席］	東京高商	減俸0.1カ月	上記事案の監督責任．c
49	1921. 9. 9	K R［紐育支店雑貨掛主任］	東京高商	減俸0.4カ月	パルプ取引不備と事実隠蔽．a
50-1	1921. 9.29	H S［台南支店長］	東京帝	依願退職	不正融通と不正記帳を指示．b
-2	〃	U E［台南支店長代理］	東京高商	減俸0.5カ月	上記事案を容認．b
-3	〃	M R［台南支店勘定掛主任］	東京高商	減俸0.4カ月	上記案件を容認．b
51	1921.11.12	S Z［甲谷他支店輸出雑貨掛主任］	東京高商	減俸1.2カ月	権限外の商品買持と隠蔽．a
52	1922.11. 4	A G［甲谷他支店長代理］	東京高商	減俸1.2カ月	支店長の補佐不備．b
53-1	1924. 1.12	M U［パリ出張所勘定掛員］	畝傍中	解雇	社則違反．b
-2	〃	W R［パリ出張所勘定掛員］	東京高商	解雇※	社則違反．b

番号	年月日	氏名［発覚時の配属・役職など］	学歴［出自］	処罰	違反内容
-3	〃 2.7	H M［パリ出張所長］	東京高商	減俸 2 カ月	上記事案の監督責任．c
-4	〃	S T［倫敦支店長］	大阪商業	譴責	上記事案の監督責任．c
54-1	1927. 3.10	S N［孟買支店長］	（不明）	減俸 0.6 カ月	無断で石炭取引の信用供与．a
-2	〃	N C［孟買支店石炭担当］	慶應	減俸 0.2 カ月	上記事案を容認．a
-3	〃	H T［孟買支店勘定掛主任］	東京高商	譴責	上記事案で不適切な勘定報告．a
55-1	1927.11.10	Y C［セブー派出員］	京都帝	減俸 0.1 カ月	麻買付で社則違反の前貸金．a
-2	〃	A G［マニラ支店長心得］	東京高商	譴責	上記事案の監督責任．c
56-1	1929. 3.18	S J［甲谷他支店勘定掛主任］	東京高商	減俸 0.2 カ月	店限インド人横領の監督責任．c
-2	〃	K O［甲谷他支店勘定掛主任］	早稲田実業	減俸 1.2 カ月	同上．c
-3	〃	T R［甲谷他支店長］	東京高商	譴責	上記事案の監督責任．c
57	1929. 9.19	M C［サイゴン出張員］	東京高商	譴責	中国人仲買の横領と為替報告不備．ca
58-1	1931. 2.16	F H［上海支店雑貨掛］	東京高商	依願退職	金物取引で中国人仲買の詐取．a
-2	〃	F M［上海支店長］	東京高商	減俸 0.6 カ月	上記事案の監督責任．c
-3	〃	I B［上海支店雑貨掛主任］	慶應	減俸 0.6 カ月	上記事案の注意責任．c
-4	〃	O S［上海支店出納掛主任］	東京高商	譴責	上記事案の注意責任．c
59-1	1935. 3. 7	F J［孟買支店］	神戸高商	減俸 1 カ月	無断で砂糖取引の売越買越．a
-2	〃	N O［孟買支店長］	四日市商業	減俸 0.75 カ月	上記事案の監督責任．c
60-1	1935.12.30	T J［ヤンゴン出張所長代理］	東京高商	減俸 1 カ月	無断で前貸金供与や蒸気船購入不備．a
-2	〃	A K［ヤンゴン出張所長］	神戸高商	減俸 0.75 カ月	上記事案の監督責任．c
61-1	1936. 5.14	S S［造船部営業課］	（不明）	解雇※	資材購入時に横領．d
-2	〃	U S［造船部長］	東京帝	減俸 0.6 カ月	上記事案の監督責任．c
62-1	1938. 8.12	M S［紐育支店麻護謨掛主任］	神戸高商	解雇	社則違反のゴム取引．a
-2	〃	Y H［紐育支店長］	東京高商	減俸 1 カ月	上記事案の監督責任．c
-3	〃	Y O［紐育支店次長］	東京高商	減俸 0.6 カ月	上記事案の監督責任．c
-4	〃	Y R［紐育支店勘定掛主任］	東京高商	減俸 0.4 カ月	上記事案等で勘定精査怠慢．c
-5	〃	T T[2]［紐育支店］	同志社	減俸 2 カ月	上記事案の幇助．c
63-1	1939. 3.15	H S[2]［ハルビン出張所］	店限雇	解雇※	保険金を横領．d
-2	〃	O N［ハルビン出張所長］	東京高商	減俸 0.3 カ月	上記事案の監督責任．c
-3	〃	T I［ハルビン出張所保険掛主任］	早稲田	減俸 0.3 カ月	上記事案の監督責任．c
64-1	1940. 7.26	N Y[2]［セブー出張員首席］	東京商	減俸 0.3 カ月	現地雇員の横領の監督責任．c
2	〃	S C［マニラ支店雑貨課長］	慶應	減俸 0.3 カ月	上記事案の監督責任．c
-3	〃	K M[2]［マニラ支店長］	東京帝	譴責	上記事案の監督責任．c
-4	〃	Y I［マニラ支店会計課長］	東京高商	譴責	上記事案の監督責任．c
65-1	1943. 9.10	K U［阪神運輸事務所次長］	山口高商	譴責	失火で荷物焼失．b
-2	〃	H Y［阪神運輸事務所長代理］	慶應	譴責	上記事案の監督責任．c
-3	〃	M T［阪神運輸事務所神戸輸入課長］	奈良商業	譴責	上記事案の現場監督責任．c
66-1	1943.10.28	N J［ヤンゴン出張員］	準職員	解雇	暗号書を紛失．b
-2	〃	N B［本店電信課長］	東京電信学校	減俸 0.3 カ月	上記事案の監督責任．c
67	1945. 6.22	N Z［天津支店］	特務職員	戒飭	無許可で任地離脱．b

出所：三井物産「社報」「重役会議案」「管理部会議案」より作成。

罰され、そこには不祥事 19 件 21 名が含まれている。

　本表の各項目を説明しよう。本表の左端には各事案の番号を記載し、1 つの事案で複数の人員が処罰された場合には各々に枝番を付与した。枝番の順番は社報の掲載順序ではなく、違反行為の実行主体者（首謀者）を冒頭に挙げ、関与の度合いや責任の軽重に応じて配列している。「年月日」は社報掲載日である。なかには複数の案件が同一日に掲載されたケース（No. 43-2〜47-2）や、不祥事では主体者の解雇と監督責任など二次的処罰の日時が異なる場合がみられる。それらは言わば処分の告知日時であり、必ずしも違反行為の実行期間ではない点に留意したい。連綿と不正を続けた事案も珍しくなく、最も長期間に及ぶ違反行為は 1936 年 5 月 14 日の社報に掲載された造船部の横領事案（No. 61）である。本件は造船部員 SS が実行主体で、監督責任を問われた造船部長 US に減俸を科した本文部分から概要が判明する。

　其部営業課員タリシ SS ニ於テ昭和二年九月ヨリ同九年九月ニ亘リ継続シテ各種木材購入ニ際シ、供給者ヲシテ故ラニ増加セル単価ヲ記載セシメタル見積書ヲ提出セシメ、其差額丈ケ高価ニ買入レ以テ当社ニ損失ヲ与フルニ至ラシメタルニ心付カサリシノミナラス、為之刑事問題ヲ惹起シ、当社ノ名声ヲ傷クルニ至リタルハ畢竟平素部下ノ監督指導不行届ニシテ職務上怠慢ノ致ス処ナリトス

　すなわち SS は 1927 年から約 7 年間にわたって見積書を操作し、故意に高値で木材を購入して会社に損害を負わせたという内容であり、おそらく業者のリベートで私腹を肥やしていたのではないかと推測される。1917 年の造船部創設に際して三井物産は一時にまとまった人数を雇い入れ、SS も同年 12 月 21 日に正規職員（使用人）の身分で入社した。従業員名簿（「三井物産会社職員録」）では 1918 年の造船部営業課の配属者は 19 名で、課長を頂点に SS の名簿序列は第 3 位、1927 年には第 2 位に昇進しているが、その後も主任や課長には登用されていない。入社当初の高い序列を勘案すれば、おそらく造船業

の専門知識を持つ高齢中途採用者であり、その一方で長年ずっと同一の部署に固定され、しかも役職者に昇進していない経歴からは高等教育修了者ではなく、中初等教育出身者の公算が大きい。同人の懲罰や解雇の辞令は見出せず、前出の辞令に「刑事問題ヲ惹起シ」と三井物産は告訴し、また 1935 年 10 月の従業員名簿では姿を消すので、1934 年内か翌年の早い時期に解雇されたと考えられる。

続いて表 6-1 の「氏名」はイニシャルに変換しており、複数人が同じイニシャルの場合、たとえば SF は何回登場しても同一人物であるが、SF^2 や SF^3 はそれぞれ別の人物を意味している。また身分・役職は違反行為当時の肩書きで、同一事案で同じ役職に複数の者を記載したケースが散見される。1912 年 8 月の横浜船積取扱所の事案（No. 31）では本店営業部長に IT^2・OK^3・NI の 3 名が挙げられており、これは違反行為中の本店営業部長が上記 3 名であり、3 名の本店営業部長が並存していたわけではない。

表中の「学歴［出自］」は従業員の最終学歴や出自であり、それらはおおむね高等教育、中等教育、初等教育および店限雇（日給者）に区分される。高等教育は帝大・東京高商・神戸高商・慶應・東亜同文書院といった大学や専門学校の高等教育修了者で、ここでは最も人口に膾炙した校名を使用した。たとえば東京高商（東京高等商業学校）は 1902 年以前には「高等商業学校」が正式な名称であったが、一括して東京高商と表記した。

中等教育は東京商工中学校や神戸商業学校など中学校や甲種商業学校の卒業生であり、史料に記載があるかぎり具体的な校名を記載した。また史料では「支那修業生」となっている場合（No. 25, 28-3）は、支那修業生は中等教育修了者が充てられるシステムだったので中等教育に推定している。初等教育の多くは小供出身者であるが、明治期の人員で名簿や辞令に学歴が無記載で確認できない者は、いまだ学制が未整備な社会環境を考慮し、それらの教育課程は初等教育のみと判断した。不明 2 名は学歴の情報が皆無で、そのうち造船部員 SS（No. 61-1）以外に、三井銀行から転入した NH（No. 26-4）は入社時の辞令に出身校は記載されていないものの相応の学歴を持つ可能性があるため、

表 6-1 では不明にした。このほか「店限雇」は三井物産では高等教育修了者は入社時から月給者として処遇されて店限雇や日給者には充てられないので、高等教育を受けていないのは間違いないものの、史料にそれ以上の記述がなく中等教育と初等教育が判別できない人員である。後年の「準職員」もこのカテゴリーに該当する。

次に「処罰」は違反行為に下した懲罰の種類である。前述のように三井物産は処罰手段を譴責・減俸・解雇の3種類に定めており、実際に適用された処罰の大部分は譴責あるいは減俸であった。減俸は複数月にまたがる場合は各月の減俸額を併せて、たとえば「減俸3カ月10分の1」は「減俸0.3カ月」と合算した。最も重罰である解雇は、非正規職員の店限雇は辞令交付の対象外なので正式な処分は明らかでない。しかし以後の史料に全く姿を現さず、また横領事案は刑事告訴されるケースも珍しくないので、辞令で解雇が確認できない使用人のケースと共に※を付して解雇に区分した。

最後の「違反内容」は違反行為の内容であり、(a)個別の商品取引で齟齬が生じたケース：取引齟齬、(b)執務態度や為替処理など業務一般に関するケース：業務不備、(c)違反行為の監督責任（職位が同等以下の場合は注意怠慢）、(d)横領の4つに分類した。もっとも下記のように同一事案に複数の処罰理由を挙げた事案も散見される。

> 香港支店西貢出張員勤務中、仲買人 JS ヲ過信シタル結果、売掛金費消事件ヲ発生セシメ、又米前貸金並為替約定ニ関シ管轄店並本店ニ対シ誤レル報告ヲ為シタルハ前者ハ監督上注意周到ナラス、後者ハ職務上怠慢ノ行為ナルニ付、幸ニ善後ノ処置ニ依リ損失ヲ僅少ノ程度ニ局限シ得タルモ、而モ其責ヲ免カレサルモノトス、依テ譴責ス、爾今深ク戒飭ヲ加フヘシ

これは1929年9月19日の処罰事案（No. 57）で、サイゴン（西貢）出張員 MC が中国人仲買の横領に巻き込まれ、また米取引の前貸金や為替約定に関して香港支店や東京本店に誤った報告を送ったと譴責された。前者は監督責

任、後者は取引上の齟齬を問われて同一事案に2つの処罰理由が混在する。こうした複数の処罰理由が混在するケースは7件あり、後出の表によっては分析の目的に応じて、それぞれの処罰理由を個別にカウントしている。

第3節「名古屋事件」について

　本節では不祥事の実態をさらに詳しく理解するために、三井物産で起こった代表的な不祥事というべき「名古屋事件」を通じて当時の組織構造や従業員の行動を観察しよう。

(1)「名古屋事件」の概要
　三井物産の従業員が起こした不祥事で、最も社会を騒がせたのは1912年に発覚した名古屋支店の手形詐欺事案 (No.32) である。これは三井物産でも「名古屋事件」と呼ばれて一大不祥事と認識され、事件の震源地であった名古屋近隣の地方新聞はもちろん全国紙でも広く報道されて、銀行の取付け騒動を巻き起した大事件であった。『稿本三井物産株式会社100年史』は数ページを割きながらも、同書は二次編纂資料で作成者が三井物産のせいか自己弁護の傾向が強く、主犯の1人であった三井物産職員は首謀者に使嗾されて加担したにすぎないという、いささか公平性を欠く論調になっている。

　そこで本章では名古屋事件を報じた新聞資料を利用し、できるだけ客観的に事件を検討したい。事件の発覚直後は憶測や風説の域を出ない記事が少なくないが、しばらく時間が経過すると内容は精緻になっており、ここでは確度の高い記事以外に、新聞に記載された裁判の傍聴や判決文などの裁判記録から事件の経緯や背景を明らかにする。

　名古屋事件は、三井物産名古屋支店の出納用度掛主任 SI のほか、名古屋ビルブローカー会社を経営する SO と同社の営業主任で途中から犯行に加わった TU が共謀し、数年間にわたって偽造手形で銀行から合計76万円 (21世紀初頭の金銭感覚で数十億円) を騙し取った詐欺事件である。その際に悪用された

のは市中に流通する一般的な商業手形ではなく貸付目的の融通手形であり、また偽造の巧妙さから長年にわたって摘発をまぬがれていた。

　本事件を最初に企てた首謀者はSOであった。同人は藤本ビルブローカーの従業員で株取引に失敗して1908年に解雇され、同僚で妹婿のTUと語らって名古屋ビルブローカー会社を創業した。その後は名古屋株取引所の仲買人として活動するなど、それなりの社会的地位を築いたものの、1911年の取引所不正仲買人検挙事件で公文書偽造が発覚し、名古屋地方裁判所で懲役6ヵ月の判決を受けて執行猶予中であった。同業者の評判は芳しくなく、かつての勤務先の藤本ビルブローカーに三井物産の支払証明書が添付された真正の手形を持ち込んでも、同社は手数料だけを与えて現金は渡さず、常に三井物産の銀行口座に振り込んだという。また北浜銀行名古屋支店長は早くから奸計を見抜いて1910年には三井物産の手形をすべて回収し、SOが6万円の手形を持ってきた時も体よく撥ねつけた。伊藤銀行や第一銀行も取引を謝絶しており、一部の銀行には問題がある人物と認識されていた。

　SIは三井物産名古屋支店に勤務し、生年は1864年、名古屋事件の発覚当時は49歳で当時では老境に属する。1901年の「重役会議録」には「当会社ノ都合ニ依リ解傭ス」という辞令が収録され、それによれば1876年7月に入社し、勤続25年（1880年5月から1885年10月までは三井銀行に勤務）とあり、三井物産の入社年齢は13歳なので「小供上り」と判断される。1893年の従業員名簿では「函館、手代、三等」と記載され、1896年は「東京、監査方、手代六等」、1897年は「東京、火災保険掛主任」、1898年も同様の記載が見られて昇進は着実であった。1901年の解雇理由の詳細は判明しないが、慰労金2,500円が支給されているから懲戒免職ではなく、また年齢的にも兵役の可能性は低い。しかし1906年4月4日の「社報」に「当会社ニ雇入名古屋支店勤務ヲ命ス（月給）」と復職し、1908年の名簿では出納用度掛主任と記載され、再入社から間もなく主任に就任したことが判明する。

　1911年の名簿では名古屋支店は総勢37名（使用人のみ）で、支店長の岡野悌二［1888年に大阪商業学校を卒業］の配下には米穀肥料掛主任・機械掛主

任・石炭掛主任・棉糸布掛主任・勘定掛主任・受渡掛主任・雑貨掛主任・出納用度掛主任と8名の主任が置かれ、SIは用度出納掛主任で銀行関係の業務を担当した。以上の履歴を要約すれば、幼年で三井物産に入社して相応に昇進したものの途中で三井銀行に転じたほか、中堅というべき年齢で一旦は退職し、必ずしも三井物産一筋というわけではなかった人物像が浮かび上がる。

(2) 犯行の経緯

予審判決文[5]によれば、偽造手形を使った詐欺を始めたのは1906年12月頃であった。SIの再入社が同年4月なので、再入店の直後から手形偽造に手を染めたことになる。SIは同年9月にSOの要望で三井物産の社金1万円を融通したもののSOは株取引に失敗し、その返済の目途が付かなくなったのが手形詐欺の発端だったと供述し、また自身も株取引に失敗して借金を負っていた模様である。偽造手形で得た巨額の金は借金返済や豪遊に費やすと共に、さらに株取引につぎ込んで損失を膨らませたと伝えられる。

手形詐欺に当たっては、SIは三井物産名古屋支店長の岡野悌二の実印を支店に出入りする甲州印判師に偽造させ、SOは同じく支店長の実印を大阪で偽造し、両名は2つの印判を使って詐欺に使う手形を作成した。このとき手形の署名は岡野支店長の自筆ではなくゴム印を使用する慣習も手形の偽造を容易にしており、三井物産の用紙を使ってそのゴム印の下に偽判を捺印し、見た目は真正の手形と寸分の相違がない手形を作り上げた。手形詐欺の被害者を受けた四日市銀行について新聞記事は次のように伝える。

> 愛知銀行、十六銀行の三井物産と取引せるは久しき前よりの事なるも四日市銀行との取引は昨年四月以来にして、当時四日市銀行は三井物産会社支店に向け取引を願ふこととなりたれば念の為印鑑の送附ありたしと請求するに対し物産会社よりは直に送附し来れり、今回偽造との説あるや驚いて印鑑と対照したるに毫も違ふ所なしと安心し居たるが、何ぞ計らん其の印鑑はSIより偽造の物を廻附し居たること取調べと共に発見して驚きたる程なり[6]

四日市銀行が三井物産の手形を扱い始めたのは 1911 年 4 月からであり、SI が接触するまで取引関係はなかった。事件の報道に驚いて手形を確認したところ、印影が届け出の物と同一なので安心していた。ところが、届け出の印影は SI の偽造印鑑であったという。顕微鏡で手形の印影を精査した銀行もあったが、そもそも届け出の印影が偽の印判なので真偽の判定は不可能であり、さらに手形の入金には当座預金を利用するのが通例であったのに対し、SI は銀行から現金を受け取ったために三井物産名古屋支店の口座に記録は残らず、また手形業務を管轄する出納掛主任が SI 自身なので取引記録の隠蔽や改ざんも容易で、銀行や三井物産が手形詐欺を察知するのは困難であった。

　偽造手形で詐取された被害額は十六銀行 23 万円、四日市銀行 21 万円、愛知銀行 17 万円、鴻池銀行 15 万円の合計 76 万円に達する。三井物産と同じく三井財閥に属する三井銀行は詐欺の対象にされず、情報が伝わりやすい三井銀行を避けて、犯行が露見しにくいように取引関係が希薄であった上記 4 行をターゲットにしたと推測される。

　予審判決文によれば、1910 年 6 月 6 日に愛知銀行から詐取したケースでは、SI は 3 万円の偽造手形を銀行に渡して割引料 296 円（銀行にとっては手形支払期日までの利子を意味する）を差し引いた残金 2 万 9 千円余を受け取った。以後は 1912 年 8 月 22 日まで期日の到来ごとに 9 回にわたり、割引料を支払って偽造手形を差し入れた。実質的に初回の 3 万円の偽造手形を基にして割引料（1 回 300 円と仮定すれば合計 3 千円程度）を支払い、約 2 万 7 千円の現金を手に入れたと考えるとわかりやすい。

　四日市銀行や十六銀行も同様の手口で多額の金銭を詐取された被害者であったが、鴻池銀行は多少事情が異なる。SI と共に鴻池銀行職員も共犯として有罪判決を受けており、それは鴻池銀行で割引貸付業務を担当していた副支配人心得の職員が、1911 年 7 月に SO から受け取った手形に捺されている岡野悌二の実印が他のブローカーから回ってきた手形と違うのに気づき、銀行に呼び出して詰問した結果、手形偽造の事実を発見した。すでに鴻池銀行は 54 万円

の三井物産の手形を抱えており、密かにその処理を進めて3カ月間で13万円を回収し、以後も偽造手形と知りながら期日到来ごとに新手形と差し替え、そうした取引を偽装する目的で振替伝票や帳簿を改竄して銀行に損害を与えたという罪状であった。鴻池銀行は被害者でありながらも内部に共犯者がいた点が弱みになり、後日の三井物産と被害銀行の補償交渉でも蚊帳の外に置かれ、最終的に弁済を受けたか否かはさだかでない。

(3) 事件の発覚

この巨額の手形詐欺事件に関する新聞報道は1912年の8月末から始まり、連日にわたって『大阪毎日新聞』『大阪朝日新聞』『新愛知新聞』『時事新報』など各紙が大々的に報じた。犯行が発覚した経緯は明確ではなく、8月21日に商業興信所が6月末の無担保手形調査を発表したのを岡野支店長が読み、十六銀行に物産手形23万円とあるのに不審を抱いて興信所に電話し、内部調査で露見したという記事もあれば、手形割引を試みたSIの態度に疑念を持った四日市銀行が三井物産名古屋支店へ照会して発覚したという記事もみられる。SIの解雇辞令が出されたのが8月23日で、辞令には「解雇ス」とだけ書かれて理由は記載されていない（解雇辞令には理由が書かれないのが通例である）。さまざまな出来事を勘案すれば、おそらく8月初旬には三井物産は犯行に気づき、社内調査を経て警察に告発したのではないかと考えられる。

身辺に司直の捜査が迫るのを察知した名古屋支店のSIと手形ブローカーのSOは、8月22日に名古屋を出奔して行方をくらませた。SOは出生地の大阪に逃走し、旅館で愛妾と無理心中して生命を絶ち、SIは郷里の山陰に戻って知人宅に潜伏していたものの、名古屋警察署の依頼を受けた地元警察が内偵を進めてSIを発見し、9月12日夜に逃走を企てたところを逮捕した。その際に隠し持っていたピストルで左胸を撃って自殺を図ったものの急所を外れ、米子病院で治療した後に名古屋へ護送された。

名古屋で収監されたSIは、自分は従犯にすぎず、また詐取した76万円はSOが独占して受け取っていないと検事に抗弁した。SOが自殺したので真相

は藪の中であるが、仮に手形詐欺を最初に企図したのが SO であっても偽造に加担し、密接に連絡しつつ役割分担して詐欺を続けているから、SI は共同正犯と見なすべき存在であり、12 月 14 日に手形偽造行使詐欺の罪で懲役 1 年の判決が下され、翌年夏に控訴は棄却されて原判決が確定した。

　事件の衝撃は大きく、資本金が 70 万円で経営基盤が脆弱な四日市銀行は、『大阪毎日新聞』が第一報を掲載した翌 28 日には預金者が押し寄せて取付け騒動になり、同日だけで 23 万円の預金が流出した。直ちに日銀の金融支援を得たものの、30 日早朝も小口の農家預金者が群集して警察官が出動する有り様で、事態の沈静化に数日間を要している。また名古屋全域の手形取引も縮小を避けられなかった。神経過敏になった各銀行は顧客が持ち込む手形の印鑑を一々照合し、少しでも疑念があれば容赦なく取引を拒否して殊に巨額の手形取引は忌避した。さらに安全な大蔵省証券に投資して 9 月中だけで 42 万円余を購入し、その合計は 115 万 9 千円と近年稀な金額に達したという。手形は商取引に不可欠な手段であり、ほどなく常態に復したと考えられるが、一時的にせよ経済活動が萎縮したのは想像に難くない。

　当然ながら世論の非難は事件を引き起こした三井物産に集中し、とりわけ岡野悌二支店長には「月給五十円や六十円の腰弁当的社員が多年豪奢を極めしことに気付かず、又気付きても不正事件ありやの疑念を差挟まず、只だ一回の調査もなさず」[7]と監督の不充分さを指弾する。予審判決文は、SO は質朴無能を装って岡野支店長に接近し、「歓心を得んが為めに其株式売買・定期取引・田地の借入れ等の斡旋等を為し巧みに悌二を籠絡」したと岡野支店長が不動産や株取引で個人的便宜を供与されていたのを暴露し、また名古屋支店の社印は支店長のデスクに放置されて SI は恣に利用できた実情も明らかになった。新聞各紙は「斯かる悪漢を数年間使用して社印其他を保管せしめ……数年間の不正所業に対して監督者たる支店長が注意を怠りたるは、支店長も亦黙認したるにあらずや」[8]と支店ぐるみの犯行ではないかと厳しく追及した。

　警察から数度の取り調べを受けた岡野支店長は 10 月に自宅謹慎を命じられ、12 月 19 日に支店長を解任、1913 年 6 月 19 日に罷役、1914 年 11 月 17 日

に取締役会で依願退職が認められた。ただし退職まで岡野支店長に表立った懲罰が下された形跡は見られず、それは詐欺被害を受けた銀行との交渉や裁判が係争中で、犯行はあくまで SI の個人的行為にすぎず、組織としての責任はないという三井物産のアピールではないかと推察される。

(4) 名古屋事件の教訓

結局、三井物産にとって名古屋事件は SI の解雇、岡野支店長の更迭、早期の和解を求めた四日市銀行と十六銀行は半額弁済、全額補償を要求して裁判に訴えた愛知銀行は翌年に約 75％ の弁済で決着した。

ひとまず事件が落着した後、三井物産は「名古屋手形事件ニ付学ヒタル諸点」[9] という文書を作成している。作成者は本店本部庶務課に勤務する原浩一で、1912 年 8 月 30 日の新聞記事には「岡野支店長は問題の発生以来、大に心痛苦悶したる結果、非常に神経を痛め殆ど病人の如き有様にて、今は東京本店より派遣されし調査役原浩一氏専ら各方面の交渉に関係し居れり」[10] とあり、原浩一は事件発覚直後から名古屋支店に送り込まれ、事件を調査すると共に岡野支店長に代わって事後処理の陣頭指揮を執っていた。「名古屋手形事件ニ付学ヒタル諸点」の作成時期は 1914 年 7 月で、事件の終結からは 1 年が経過している。同文書の構成は「第一、店員ノ配置ニ就キテ」「第二、店員相互間及店長トノ間柄ニ就キテ」「第三、店員ノ素養並ニ店内ノ風紀ニ就キテ」「第四、業務ニ就キテ」「第五、金融事務ニ就キテ」「第六、業務及会計検査ニ就キテ」「第七、銀行ニ望ミタキ事」の全 7 章に分けられ、各章 10 項目ほどの箇条書きで、名古屋支店の現状と改善点を報告する。

まず冒頭の第 1 章「店員ノ配置ニ就キテ」は「同一店ニ薄給者ヲ集メ過キサル事」という記述で始まり、続いて使用人を同一店に長く勤続させない、所在地出身者を集中させない、同一掛に長く固定しない、適材適所に努める等々を提言する。第 2 章の店長と支店員の関係では、支店長は支店員の家庭事情や生活状態を知悉し、支店員と円満で心易い人間関係を築くように求める。

続いて第 3 章は店員の素養や風紀を粛正すべく金銭欲に駆られないように

注意する、内職的営利に腐心しない、投機的欲望の抑制に努めることなどを列挙する。第4章は支店に出入りする業者や取引先の信用程度の把握、第5章では出納掛員を過信せず家庭品性素行に注意し、出納掛勘定掛には高給者を充てる、またブローカーの人格信用を吟味して銀行家との会合を怠らないこと。第6章の会計検査は帳簿尻だけに注目せず累計主義を採り、検査員は自分で突合照会する。そして第7章では銀行に求めるべき注意点として手形の用紙は真正の物か、振出名義人である支店長の氏名は自著か、金高などの筆跡は従来と変わらないか、相場以上の高い割引料を甘受していないか、手形割引金は口座入金が原則なのに現金を要求していないか、そして割引前には必ず支店長に確認してほしいといった諸点を挙げている。

　総じて「名古屋手形事件ニ付学ヒタル諸点」は、名古屋事件の直接的な原因になった問題点を羅列し、とくに手形の処理方法を細かく説明する。手形振出名義人の支店長氏名はゴム印が使われ、手形の偽造を容易にした一因になっていたが、本文書ではゴム印を廃して自著に変更するように提言するなど、それなりに手形偽造詐欺の再発防止に有効であったかもしれない。しかし、その他の部分は支店内の円満なコミュニケーションの促進や支店員の経済状況の把握など観念的な指摘に留まり、はたして不祥事全般を予防する実効性があったか否かは疑問が残る。実際に、この後は手形偽造は発生しておらず、その点では学習効果が認められるものの、表6-1でみるように横領などの不祥事は根絶できず、従業員を文字化されたルールや内部監査で統制する困難さを示している。

第4節　処罰事案の多角的検討

　ここでは処罰の実態を多角的に理解すべく、明治後期から第二次大戦直後まで46年間の処罰事案67件132名を学歴（人的要因）、地域（空間）、職位（組織構造）の3つの側面から検討する。

(1) 学歴別の処罰者数

まず第一の観点として、処罰された従業員の学歴を数的に把握したい（処罰された従業員は正しくは「被処罰者」と記載すべきであるが、便宜的に「処罰者」と略記する）。それをまとめた表6-2では、表6-1と同様に従業員の学歴は「高等教育」、「中等教育」「初等教育」「店限雇・日給者」、「不明」に大別し、さらに本章が重視する高等教育は「帝大」（ほぼ全員が東京帝大）、「高商」（高等商業学校以外に高等工業学校など各種の専門学校を含み、東京高商が圧倒的多数を占めた）、「その他」（私立大学や外国大学）に細別した。

処罰を受けた合計132名の学歴は高等教育90名、中等教育19名、初等教育11名、店限雇・日給者等10名、不明2名で、高等教育修了者が全体の7割、中初等教育修了者は3割という構成であった。高等教育修了者90名は譴責や減俸1カ月内の軽微な処分が76名で8割に達し、解雇は東亜同文書院2名（No.41-1, 2）と東京高商1名（No.53-2）、神戸高商1名（No.62-1）の合計4名にすぎない。とりわけ横領は東亜同文書院2名が唯一の高等教育修了者による横領事案であり、不祥事を起こす高等教育修了者の僅少さを示す一例になっている。

それに対して中初等教育修了者40名は譴責や減俸1カ月内は21名に留まる一方で、解雇は16名に達して高等教育4名を大きく超える（学歴不明のSSもおそらく中初等教育修了者である）。「店限雇・日給者等」に関しては、高等教育修了者は入社時から月給者で扱われて店限雇や日給者には充てられないので、非高等教育修了者という範疇で疑問の余地はないものの、初等教育と中等教育の区別はできない。そのため表6-2の解雇者数は正しくは中等教育6～12名、初等教育4～10名と幅を持たせるべきかもしれない。

続いて学歴と違反内容の関係を表6-3に整理した。1人の処罰者で違反内容が複数混在するケースが7件あり、それらを本表では個別にカウントしたので合計人数は139名になる。

最も多い違反内容は監督責任で、二次的処罰である監督責任の処罰者58名のうち高等教育修了者が45名を占めており、一般的な違反行為で高等教育修

表 6-2　学歴別の処罰者数

(単位：人)

学歴・出自	合計	一般的な違反行為				不祥事	依願退職
		譴責	減俸			解雇	
			1ヵ月内	3ヵ月内	6ヵ月内		
高等教育							
帝大	13	7	5				1
高商	66	22	34	7		2	1
その他	11	3	5	1		2	
小計	90	32	44	8		4	2
中等教育	19	4	7	2		6	
初等教育（小供出身）	11	4	2		1	4	
店限雇・日給者等	10	2	2			6	
小計	40	10	11	2	1	16	
不明	2		1			1	
合計	132	42	55	11	1	21	2

表 6-3　学歴と違反内容

(単位：人)

学歴・出自	合計	取引齟齬	業務不備	監督責任	横領
高等教育					
帝大	13	2	3	8	
高商	70	27	12	31	
その他	11	3		6	2
小計	94	32	15	45	2
中等教育	20	5	2	9	4
初等教育（小供出身）	12	2	4	2	4
店限雇・日給者等	11	1	4	2	4
小計	43	8	10	13	12
不明	2	1			1
合計	139	41	25	58	15

注：違反内容が複数の場合は個別にカウントしたので合計人数は表6-2と異なる。

了者の処罰者数が中初等教育修了者を上回る理由の1つになっている。

　不祥事の中核というべき横領15名に関しては、高等教育修了者は東亜同文書院卒業の2名だけで帝大や高商出身者はおらず、中初等教育修了者12名

（SS を加算すると 13 名）と隔たりは大きい。日常業務に付随する一般的な違反行為は高等教育修了者が多くその処分は軽い一方で、横領などの不祥事は専ら中初等教育修了者が引き起こしたと言えるものの、不祥事の主体が中初等教育修了者であったと判定する際には、学歴別の母集団の人数に留意する必要がある。もし中初等教育修了者の全数が多ければ、不祥事の処罰者数がそれに比例するのは当然である。

　その観点から学歴別従業員数をみると、1913 年の使用人 1,427 名のうち月給使用人 873 名の内訳は高等教育 482 名、中等教育 156 名、初等教育 235 名であった。残 550 名余は日給使用人で、それは中初等教育修了者を意味するので同年の高等教育修了者の比率は約 3 割である。1916 年の使用人 1,514 名は高等教育 806 名（53％）、中等教育 404 名（26％）、初等教育 304 名（21％）であり、1926 年の 2,482 名は高等教育 1,586 名（64％）、中等教育 725 名（29％）、初等教育 171 名（7％）である。1930 年は 2,680 名で高等教育 1,727 名（64.5％）、中等教育 818 名（30.5％）、初等教育 135 名（5.0％）という構成になっている[11]。このように高等教育修了者の比率は大正初年に 3 割（明治後期も同程度と推測される）、第一次大戦期から戦間期には 5〜6 割であった。

　その一方で不祥事 19 件 21 名の内訳は、高等教育 4 名に対して中等教育 6 名、初等教育 4 名、中等教育と初等教育が不分明の店限雇・日給者等 6 名、不明 1 名であり、高等教育 4 名に中初等教育 16 名（不明 1 名を加えると 17 名）という構成は、従業員の学歴別総人数を考慮しても、中初等教育修了者が不祥事を起こす主体であったことを示している。とりわけ不祥事の中核というべき横領事案 15 名では、高等教育は第一次大戦期の東亜同文書院 1 件 2 名に留まり、それ以前および以後に横領事案を引き起こした高等教育修了者は出現しなかったものの、中初等教育はコンスタントに横領事案を発生させて通算 12 名（不明を加算すると 13 名）を数える。このように不祥事の主体は母集団の大きさ以上に傾向的に従業員の学歴による明確な偏りが認められ、高等教育修了者と中初等教育修了者の集団間には隔絶した差異があった。

さて全体の数的把握に続いて、個別事例ではニューヨーク（紐育）支店で発生した２つの不祥事を観察しておきたい。下記の史料はニューヨーク支店で大豆油など植物油取引に失敗して約３千万円の損失が生じた不祥事で、1919年11月7日の社報に掲載された支店長 ST の処罰辞令（No. 43-2）である。

曩ニ紐育支店長兼穀肥部並金物部紐育支部長在任中、部員力専擅ヲ以テ巨額ノ豆油等ヲ売越シタルニ心付カス、為メニ之カ整理上多大ノ困難ヲ惹起シ、延テ少ナカラサル損失ヲ醸成セシメタルハ平素部下監督不行届ノ致ス所ナルノミナラス、又経伺ノ手続ヲ為サスシテ商品ヲ買持シ、其結果多額ノ損失ヲ醸成シ、且飛行機製造所ニ対シ一時巨額ノ資金ヲ貸与固定セシメタル段、職務上不都合ニ付、向フ六ヶ月間月給額三分ノ一宛ノ罰俸ニ処ス、爾今戒飭ヲ加フヘシ

文中の「部員力専擅ヲ以テ巨額ノ豆油等ヲ売越シタル」はニューヨーク支店の輸入雑貨掛主任 TS を指している。神戸商業学校を成績優等で卒業した TS は、1904年に最初から月給者で三井物産に入社し（通常は中等教育修了者は日給者で入社して数年後に月給者に昇格する）、神戸支店に配属されたのち、遅くとも1907年からニューヨーク支店に勤務して輸入雑貨掛主任に就いていた。この事件は、すでに鈴木邦夫論文がアメリカ所在の接収史料に基づいて全貌を解明しており[12]、同論文によれば TS は大豆油相場の見通しを誤って巨額の損失を発生させたのみならず、虚偽の報告を続けて自らの失敗を隠蔽した。架空の伝票で会計記録を改竄したので三井物産自身も損失額の確定に数年間を費やし、最終的に1917年と1918年の両年度で損失額は約３千万円に達したという。同時期の三井物産は資本金７千万円、年間利益 3,219 万円であったのを勘案すれば、その損失の甚大さが想像される。TS は1918年5月18日の辞令で解雇され、支店長 ST は本事案以外に飛行機製造所への融資の不備を咎められて減俸２カ月の処分を受けた。次も同じくニューヨーク支店の不祥事である。

其店 MS カ昨年春以来、護謨商内オペレーションニ連続的ニ甚敷社則違反ノ行為アリシニ之ニ心附カス、MS ヨリ虚偽ノ報告ヲ受ケ、久敷ニ亘リ之レヲ過信シタルノミナラス、金融上ノポジション等ヨリ疾クニ其違反行為判明スヘカリシニ之ニ不審ヲ懐カス、遂ニ不測ノ損害ヲ醸スニ至リシハ畢竟平素部下ノ監督不行届ニシテ職務怠慢ノ致ストコロナリトス、仍而四ヶ月間月給額ノ四分ノ一宛ノ罰俸ニ処ス、爾今戒飭ヲ加フヘシ

　これは 1938 年 8 月にニューヨーク支店長 YH を監督不行届で減俸 1 ヵ月に処罰した辞令（No. 62-2）である。本事案は他に詳しい記録が得られず、この文章によれば、同支店に勤務する MS が社則違反（おそらく事前申請の懈怠や取引限度額の超過）のゴム取引を進め、不測の損失を生じさせたと叙述する。ゴム取引の実態はさだかでなく、おそらく無許可で投機的な先物取引に手を出し、相場の動向を見誤って損失を膨張させたのではないか。
　MS は 1923 年に神戸高商を卒業して三井物産に入社し、ニューヨーク支店では麻護謨掛主任の要職に就いていたが、この不正行為によって 8 月 12 日に解雇された。本事案では支店長に加えて、支店次長（直接監督すべき地位にありながら MS の報告を鵜呑みにした）・勘定掛主任（会計記録から不正行為を見抜くべきであった）・MS の部下（諫言すべきだった）が監督責任あるいは注意義務を問われて合計 5 名が処罰された。この人数は TS の不祥事を上回り、現実に発生した損失額は判明しないものの金額だけでなく、内部統制が破綻した深刻さを考慮して広範囲に及ぶ処分が下されたと思われる。
　さて TS と MS の 2 つの事案は驚くほど酷似する。舞台はニューヨーク支店であり、両者共に年齢は 40 歳を過ぎたベテランで、主任という実務を統括する職位にありながらも社則違反の取引で莫大な損失を蒙り、監督者の支店長に事態を隠蔽したという一連の行為に相違は認められない。ただし両者の学歴は異なり、TS は中等教育の神戸商業学校、MS は高等教育の神戸高商であった。すなわち違反内容と処罰結果が同一で、なおかつ両者の学歴が異なっている点

は、不祥事の処罰にあたって学歴の違いが斟酌されなかったことを意味しているのではないか。本書で明らかにされているように、三井物産では従業員の賃金やキャリアパスに学歴格差をつくらない点が人事政策の基本になっており、処罰措置でも高学歴は何ら免罪符にならず、また逆に、もし学歴を理由に処分を躊躇するならば高学歴従業員のモラル・ハザードにつながりかねず、内部統制に深刻な悪影響をもたらす危険を醸成するように思われる。

このように違反行為の処罰に対しては、従業員の一体性を重視する貿易商社では学歴を考慮しなかったと考えられるが、しかし、その綻びと言える事例がなかったわけではない。表6-2に提示した「依願退職」に注意したい。高齢や転職を理由にした自主退職は日常的に行われているが、違反行為と同時に発生したケースでは処罰の一種であった可能性は否定できない。

それに該当する依願退職は、1921年9月29日の事案HS（No. 50-1：台北支店長、東京帝大）と1931年2月16日の事案FH（No. 58-1：上海支店雑貨掛、東京高商）の2件で、前者は支店長HSが自ら取引先の沙轆製糖株式会社に不適切な資金融通を行い、勘定掛に不正な記帳を指示したというもので、支店長代理と勘定掛主任に減俸処分が下された。後者は「仲買人NSヲ過信シ、同人カ虚偽ノ取引先ヲ作リ又ハ不確実ノ銭荘荘票ヲ使用シ居リタルニ気付カス、遂ニ鉅額ノ損失ヲ醸成スルニ至ラシメタル」と中国人仲買に騙されて巨額の損失が生じ、支店長と主任が監督責任を問われて処罰された。両事案では、依願退職した違反行為の主体者本人は処罰されておらず、また不正融資や損失の金額は明らかでなく、はたして依願退職しなければ、どの程度の処分を受けたのかは判然としない。両名は別の理由で退職したのか、あるいは解雇相当の不祥事ながらも温情して"名誉ある退職"が許されたのか（退職金や年金資格の取扱いは不明）、それは高等教育修了者の特権であったのか、疑問はつのるが史料的制約で確定は困難である。もっとも、こうした依願退職は46年間で上記2件に留まるから例外的事案とみなすべきかもしれない。

(2) 違反行為の地域別発生状況

　本節では処罰事例を空間的に把握すべく、時系列の変化を加味しながら違反行為の発生場所を分析する。この観点から処罰事案を表6-4にまとめた。違反行為が海外で発生しても監督責任など二次的処罰が東京本店の上位監督者に波及するケースがあるので、違反行為の発生地点を厳密に測定すべく、表6-4と表6-5では対象を違反行為の主体者69名（No.41とNo.53の主体者は単独でなく2名存在するのでそれぞれ個別にカウント）に限定し、また不祥事（解雇事案）はカッコに併記した。

　表6-4は違反行為の発生場所を国内と海外に大別し、国内は本店と国内各地、海外は中国・朝鮮、アジア（東南アジアやインドなど）、欧州、北米に分けた。本店は東京に所在し、国内各地は小樽・横浜・大阪・名古屋・神戸・門司・口ノ津などの支店や出張所で、いくつかの主要な支店には船舶部（神戸支店）・木材部（小樽支店）・生糸部（横浜支店）等の本部が置かれた。中国・朝鮮は上海や香港の支店以外に安東県や群山など小規模の出張所も多い。欧州の業務はロンドン支店が中心でありながらも、違反行為の発生場所はパリ出張所であった。北米はニューヨーク（紐育）以外にサンフランシスコ（桑港）やシアトルでも違反行為がみられる。

　さて表6-4でみるように第一次世界大戦終結以前（1903～1919）の違反行為は国内17名に海外32名、第一次大戦期以降（1920～1948）は国内2名に海外18名となっており、当初から違反行為の重心は海外の営業拠点で、時期と共にさらに海外に傾斜した様子が看取できる。

　参考までに従業員の国内と海外の配置人数を確認すると、1905年732名は国内523名（73％）と海外209名（27％）で7：3の比率であり、1918年は6：4、1935年は7：3になっている。国内勤務の従業員が通期で6～7割と過半を占める一方で、1919年以前の違反行為の発生場所は国内4割に海外6割、1920年以後は海外9割で、海外の発生頻度が圧倒的に高い。また不祥事21名も国内5名、海外16名で海外中心である。

　細かな地域別の発生状況では中国・朝鮮地域が目を惹く。中国・朝鮮地域は

表6-4 地域別発生状況

(単位:人)

年	合計	本店	国内各地	中国・朝鮮	アジア	欧州	北米
1903〜1904	9 [1]			5 [1]	3	1	
1905〜1909	17 [4]			5 [1]	11 [3]		1
1910〜1914	13 [6]	3		3 [2]	6 [4]			1
1915〜1919	10 [4]			1	7 [3]			2 [1]
1920〜1924	6 [2]				1	2	2 [2]	1
1925〜1929	4 [0]				1	3		
1930〜1934	1 [0]				1			
1935〜1939	5 [3]			1 [1]	1 [1]	2		1 [1]
1940〜1948	4 [1]			1	1	2 [1]		
総計	69[21]	3		16 [5]	32[11]	10 [1]	3 [2]	5 [2]

注1:違反行為の主体者に限定し、「監督責任」などの二次的な違反行為は除外した。
 2:[ ]は不祥事(解雇事案)である。

合計32名(中国27名と朝鮮5名)で全69名の4割を超えて、その範囲は香港・上海・漢口・台北・安東県・芝罘・大連・牛荘・奉天と中国全土に及ぶ。さらに不祥事21名のうち中国・朝鮮地域が11名で、これも他の地域より突出している。明らかに中国・朝鮮地域は違反行為や不祥事が発生しやすい地域になっており、その背景には日清日露戦争の余波や、その後も国家統治の不安定さという事情が影響したと推察される[13]。あるいは明治期の創業以来、三井物産(同社だけではなく日本全体に当てはまるが)は欧米の道徳律に沿って組織制度や企業意識の構築を進めており、それに対して独自の文化規範や商習慣を持っていた中国地域で、ある種の道徳的な衝突が起こり、それが違反行為や不祥事の形で発現した可能性も想像できる。

総じて違反行為は国内よりも海外で多発し、海外拠点を統制する困難さを語っている。このとき東京本店は約2割の人員を擁しながらも違反行為がほとんど発生していない。それは組織を統制する権力中枢からの距離が秩序の逸脱をもたらすという論理を暗喩している。

続いて時系列の発生頻度を検討しておこう。表6-4でみるように第一次大戦期を挟んで違反行為は著しく減少し、1919年以前は17年間49名(年間平均2.9名)、1920年以後は29年間20名(同0.7名)と2割程度に減少した。

その反面で従業員数は1905年の732名から1935年の2,935名に約4倍に増加しているから、従業員1人当たりで換算すれば違反行為はまさしく激減したと理解される。

違反行為の減少には複合的な要因が考えられ、その最大の要因には社内規律の強化が想定できる。明治期の社内は極めて乱雑で、1906年の支店長会議に出席した山本条太郎は「店ノ規律ニ付テ聊カ述ヘタキハ、規則中ニ規定アルヤ知ラネト、執務時間中同僚ノ送迎ニ行クトカ、或ハ執務時間中新聞挟ヲ机上ニ持来リ閲覧スルト云フカ如キハ誠ニ些々タル事ナレトモ事務ノ進行ヲ妨クヘシ」[14)]と執務中の同僚送迎や新聞閲覧が横行して業務に支障が生じており、また雨天の日には廊下に数十本の傘を並べるなど社内に規律が行き届いていないと慨嘆する。「中ニハ洋服ヲ着シ素足ニ草履ヲ穿チ居ルモノアリ、又昼食時間ノ如キモ一定シタキモノナリ」と洋服に素足で草履履きという珍妙な服装や、昼食時間もバラバラで乱雑な様子が垣間みられる。

こうした状況は神戸の兼松も同様で、明治期は近代企業の揺籃時代で会社勤めのマナーが充分に理解されておらず、前垂れや羽織姿の和服姿の勤務が普通で、遅刻や宿直違反が続発する有り様だったと兼松の重役は述べる[15)]。今日的な勤務感覚を持ったスーツ姿のサラリーマン像は未だに定着しておらず、それは諸研究が指摘するように第一次大戦期以後を俟たなければならなかった。しかし内部統制の機構整備と共に、リスク管理などの業務手順を明確にしたマニュアル化の進展にともなって[16)]、業務規程に従った執務が貫徹されるようになり、一般的な違反行為は次第に減少したのではないか。ただし不祥事は1919年以前に15名、1920年以後は6名で一般的な違反行為と比較して減少の度合いは小さく、予防や根絶が容易ではなかった特徴がうかがえる。

(3) 職位と違反行為

最後に職位と違反行為の関係を検討しよう。はたして違反行為の主体者はどのような地位に就いており、両者にはいかなる関連性があったのか。違反行為の主体者の職位を支店長・主任・一般社員・店限雇に区分し、地域と時系列を

第 6 章　戦前期三井物産の処罰と規律

表 6-5　職位別発生状況

(単位：人)

年	合計	支店長		主任		一般職員		店限雇	
		国内	海外	国内	海外	国内	海外	国内	海外
1903～1904	9 [1]	3	2		1	1	1	1 [1]	
1905～1909	17 [4]		7 [1]	2	1	3 [1]	4 [2]		
1910～1914	13 [6]	1	2	3		2 [2]	4 [3]		1 [1]
1915～1919	10 [4]		4	1	1 [1]		4 [3]		
1920～1924	6 [2]		2		2		2 [2]		
1925～1929	4 [0]				1		3		
1930～1934	1 [0]						1		
1935～1939	5 [3]				1 [1]	1 [1]	2		1 [1]
1940～1948	4 [1]		1	1					2 [1]
総計	69[21]	4	18 [1]	7	7 [2]	7 [4]	21[10]	1 [1]	4 [3]

注 1：違反行為の主体者に限定し、「監督責任」などの二次的な違反行為は除外した。
　 2：［　］は不祥事（解雇事案）である。
　 3：部長と支店長代理及び出張所長は「支店長」に、参事は「一般職員」に計上した。
　 4：準職員は「店限雇」に含む。

加えたものが表 6-5 である。前表と同じく監督責任などの二次的処罰は除外し、違反事案を引き起こした主体者 69 名を対象にした。

　ここで最も特徴的な動きをしているのは支店長である。明治期（1903～1909 年）の処罰 26 名のうち 12 名が支店長で、違反行為は半数近くが支店長であった。明治期の支店長の違反行為は下記のようなものである。

　　牛荘支店長勤務中、昨年十月ニ於テ社則違反ノ行為ニ対シ譴責ヲ加ヘ将来ヲ警醒シタルニモ拘ハラス、之レカ戒飭ノ実ヲ挙ケス、爾後再ヒ社則違反ノ行為ヲ敢テシ、加之出張員ニ対スル管轄支店長トシテノ監督任務ハ殆ト之ヲ欠如シ、出張員ノ業務紊乱フ極メクルモノアリ、又一般業務ノ経営モ其宜ヲ得ス、是等ノ為ニ鉅額ノ滞貨ト損失トヲ醸成スルニ至ラシメタル段、職務上不都合ノ太甚シキモノトス、依テ厳ニ懲罰ヲ加フヘキノ処、当時満洲方面ニ於テハ戦後ノ余弊ヲ承ケ百事常軌ヲ逸シ業務ノ経営亦困難ヲ極メタルノ実アリシヲ以テ特ニ状情ヲ斟酌シ、向フ一ヶ年間毎月月俸参分ノ一宛ノ罰俸ニ処ス、爾今深ク戒飭ヲ加フヘシ

明治四十一年十一月十六日　社長

　これは1908年11月16日、牛荘支店長ITに減俸処分を下した処罰辞令（No.16）である。処罰の理由は、これまで譴責しても違反行為を繰り返し、所属出張員も紊乱を極めて、その他の業務遂行も宜しくない結果、牛荘支店は巨額の滞貨と損失を生じるに至ったので厳罰に処す。ただし日露戦後という事情を斟酌し、1年間にわたって毎月3分の1、合算で減俸4カ月と処断された。同支店長は前年10月に無断で軍器・石油・綿糸・砂糖を買い持ちして譴責を受け（No.15）、同時期には支店長から出張員まで支店全体の統制が破綻していた状況が窺われる。減俸4カ月はかなり重い措置であり、経営首脳陣が牛荘支店の事態を深く憂慮し、綱紀粛正を期して厳罰を下したと思われる。すでにITは1908年2月29日に牛荘支店長を更迭されて本店参事に異動しており、調査の終了を待って上記のように懲罰された模様である。支店長クラスで最も重い処罰事例は、1909年に業務不備で解雇された広東出張所長UM（No.23）であり、その処罰理由は清国官憲への売掛金放置や為替処理の不手際で巨額の損失を出し、さらに決算を改ざんして本店に虚偽報告したという悪質さが咎められた。

　1919年以前の処罰全体の職位別内訳は、支店長19名、主任9名、一般職員19名、店限雇2名となっており、就位人数の割合から言って支店長は最も処罰される職位あるいは違反行為の主体になりやすい存在であった。また支店長19名のうち15名は海外支店、しかも14名は中国・朝鮮地域で、前述の通り同地域は問題を抱えがちな場所であったと言える。

　ところが1920年以降の戦間期に処罰された支店長は3名にすぎず、なかでも1922年から1939年の18年間は完全な空白期間になっている。支店長が処罰対象から唐突に姿を消した理由は、支店統治システムが変わったのか、学歴や出自など支店長の資質に起因するのか現時点では特定できず、今後の課題に残されている。とりあえず本章では変化の発生を指摘しておきたい。

　このほか違反行為の主体者に限定せず、監督責任など二次的処罰を含めた全

139 名の職位を俯瞰すると、支店長 61 名のうち監督責任が 33 名で過半を超え、次いで取引齟齬 16 名、業務不備 12 名であった。主任 30 名は中間管理職かつ実務の統括者という職位だけに取引齟齬 10 名、業務不備 5 名、監督責任 15 名と分散し、その中にはニューヨーク支店の取引齟齬による解雇事案が 2 名いる。一般職員 43 名と店限雇 5 名では、取引齟齬と横領が 15 名ずつで処罰理由の第 1 位である。支店長や主任の横領事案はなく、監督責任における支店長と横領における一般職員以下の比率は、職位と違反内容の関連性の特徴になっている。

第 5 節　まとめと展望

　これまでの研究では高等教育修了者の特質には、教育課程で修得した広い視野や専門知識、学窓の人的ネットワークなどを挙げるのが通例であった。本章ではそこに規律意識という要素を追加すべく、戦前期三井物産を題材に従業員の違反行為や不祥事を考察した。

　本章の観察結果で、第一に注目されるのは学歴による発生頻度の偏りである。日常業務に起因する一般的な違反行為は高等教育修了者が大半で、それらは軽微な処罰で済まされたが、不祥事 21 名のうち中初等教育修了者は 16 名（不明の SS を加えると 17 名）である。その一方で高等教育修了者の解雇は 4 名に留まり、とりわけ横領事案 15 名では高等教育修了者は明治後期から第二次大戦直後の 46 年間で 2 名にすぎない。同じく貿易商社の兼松では、この傾向はさらに鮮明であり、不祥事はすべて中初等教育修了者が起こしている。

　専門的知識や人的ネットワークの有効性を数値で検証するのは容易ではないが、本章では不祥事の発生件数を通じた規律意識の観察という手法で、計量的に高等教育の効用あるいは外部性を測定できた。もちろん不祥事の発生に学歴による差異を認める本章の結論は、学歴に左右されず公平に対処する人事方針が前提になり、依願退職のように解釈が曖昧なケースは残しつつも、基本的に三井物産では不祥事の処理に際して違反者の学歴を酌量した形跡はなく、時期

は違うものの類似の不祥事を起こしたニューヨーク支店 TS（神戸商業学校）と MS（神戸高商）が直ちに解雇された事実からみても学歴による対応の違いは感じられない。

　本章の冒頭で述べた従業員数に占める高等教育修了者の比率の高さは、三井物産が高等教育修了者を選好したと同時に、中初等教育修了者とりわけ初等教育修了者を忌避した人事政策の結果にほかならない。1912 年には「使用人採用規則改正ニ関鏈シ、可成小供ヲ採用セサルノ件」[17]という通達で小供の採用抑制を明確化し、翌年の支店長会議の席上で藤村義朗人事課長は、横浜船積取扱所の横領事案（No. 31）や名古屋事件（No. 32）など社内で発生した忌まわしい不祥事は低学歴者に起因しているので正規職員への登用を停止したいと提議し[18]、不祥事と従業員の学歴を結びつけて人事政策が立案された証左になっている。丁稚出身など低学歴者の規範意識の弱さは先行研究でも指摘されており[19]、逆にいえば、本章が明らかにした不祥事の発生頻度に示される規律意識の強さが高等教育の重要な成果の 1 つと評価できるのではないか。敷衍すれば、最も有効な不祥事の抑制手段は規律意識を備えた従業員集団の構築であり、人事課長の発言にみられるような低学歴者の排除と高等教育修了者の増加という人事政策が実行された結果、高等教育修了者が過半を占める特異な従業員構成が出現したと理解されるのである。

　第二に注目すべきは時系列変化である。違反行為の発生数は第一次大戦期を境目に明治後期から戦間期までに実質的に 1 割以下まで激減した。違反内容をみる限り、処罰基準を低下させたがために発生数が減ったとは考えがたく、その背景には、人的管理のソフト面では初等教育修了者の減員と高等教育や中等教育修了者を増加させた従業員全体の高学歴化、システム面ではリスク管理など業務全般のマニュアル化の進展といった複合的な要因が想定される。概して規律のある集団が形成されたのは間違いなく、企業経営の効率化が達成されたと理解されるものの、一般的な違反行為が激減した傍らで不祥事の減少は小幅に留まり、不祥事を抑制する困難さを表している。

　従業員数が千人を超える三井物産は違反行為や不祥事のサンプル数が豊富で、

その実態をきめ細かく分析できる利点がある。しかし当然ながら企業ごとに個性があり、貿易商社の内部不祥事をさらに深く考究するには、三井物産以外の商社も観察しなければならない。また本章では三井物産の明治創業期は扱っていないほか、商社業務の特殊性や内部統制の在り方を明らかにする必要がある。それらは改めて別稿で論じたい。

注
1) 筆者が「兼松史料」（神戸大学経済経営研究所蔵）に拠って、戦前期企業は必ずしも学歴社会ではなかったことを学界で初めて発表したのは「企業家研究フォーラム（第2回全国大会、2004年7月）貿易商社兼松の人事システム－戦前期企業は学歴社会か－」であり、それを踏まえて明治半ばの創業期から戦間期まで人事政策や賃金構造を中心に藤村聡「戦前期兼松の人事採用」『神戸大学経済経営研究所 年報』第56号、2007年3月、および同「創業期兼松の人員構成」『神戸大学経済経営研究所 年報』第57号、2008年3月、や同「戦前期兼松の賃金構造－図像による概観の提示－」『国民経済雑誌』第206巻第6号、2012年12月などを刊行した。近年は回帰分析を取り入れると共に藤村聡・清水泰洋・川村一真「戦前期の賃金分布：会社内・会社間比較」『国民経済雑誌』第211巻第4号、2015年4月では兼松と鐘紡の賃金構造を比較している。また学歴に着目した人員構成は藤村聡「戦前期企業・官営工場における従業員の学歴分布－文部省『従業員学歴調査報告』の分析」『国民経済雑誌』第210巻第2号、2014年8月や同「戦間期鐘紡の職員構成－昭和12年名簿による職務と学歴の分析－」などを参照。

2) 従業員による企業不祥事を論じた先行研究は、武田晴人「古河商事と『大連事件』」『社会科学研究』第32巻第2号、1980年8月、鈴木邦夫「三井物産ニューヨーク事件とシアトル店の用船利益」『三井文庫論叢』第48号、2014年12月、昭和期の陸軍の不正経理に関する本間正人「日本陸軍の経理上における非違行為」『軍事史学』第52巻第3号、2016年12月、の数点にすぎない。古河商事の大連事件は藤村聡「古河商事『大連事件』の人的要因－企業不祥事と従業員の気質－」『国民経済雑誌』第216巻第2号、2017年8月を参照。

現代企業の不祥事は、近年の論考だけでも間嶋崇『組織不祥事－組織文化論による分析－』文眞堂、2007年、斎藤憲監修『企業不祥事辞典－ケーススタディ150－』紀伊國屋書店、2007年、樋口晴彦『組織不祥事研究－組織不祥事を引き起こす潜在的原因の解明－』白桃書房、2012年、井上泉『企業不祥事の研究－経営者の視点から不祥事を見る－』文眞堂、2017年など研究成果は蓄積されているが、いずれも単発的な個別事例の分析であり、不祥事の全体構造や時系列変化はさだかでない。

3) 三井文庫所蔵。「社報」には残存していない号や時期があり、1910年まで残る「重役会議案」「管理部会議案」から4件（表6-1のNo. 12, 23, 24, 25）を補足した。また創業直後の「元方評議案」や「重役会議案」「管理部会議案」には約30件の処罰事案が収録されており、それら創業期から1903年までの期間は別稿で検討したい。また本章では船長の処罰など船舶関係者および海外の外国人従業員、あるいはシーメンス事件のような重役が主導した違反行為は除外している。
4) 三井物産『社報』の処罰辞令を扱った先行研究には高橋弘幸『企業競争力と人材技能－三井物産創業半世紀の経営分析－』早稲田大学出版会、2013年があるものの、同書は分析範囲を大正11年以前に限定するほか、従業員の属性情報に学歴が含まれておらず、本章の考察目的とは異なる。
5) 『時事新報』1912年12月15日。
6) 『大阪朝日新聞』1912年9月3日。
7) 『新愛知新聞』1912年9月2日。
8) 『大阪毎日新聞』1912年8月30日。
9) 三井文庫蔵（物産448）。
10) 『大阪毎日新聞』1912年8月30日。
11) 「三井物産支店長会議議事録」および藤村、前掲「戦前期企業・官営工場における従業員の学歴分布」を参照。
12) 前掲、鈴木を参照。
13) 中国地域の経済事件については山藤竜太郎「買弁の逸脱行動に対するイギリス企業と日本企業」『一橋商学論叢』第1号、2006年5月、本野英一『伝統中国商業秩序の崩壊』名古屋大学出版会、2004年を参照。
14) 「三井物産支店長会議議事録」明治39年。
15) 神戸大学経済経営研究所編『兼松商店史料』第1巻、2006年。
16) 鈴木邦夫「見込商売についての覚書－一八九〇年代後半～一九一〇年代の三井物産－」『三井文庫論叢』第15号、1981年や大島久幸「両大戦間期総合商社のリスク管理」上山和雄・吉川容編『戦前期北米の日本商社－在米接収史料による研究－』第9章、日本経済評論社、2013年など参照。
17) 「社報」訓示、明治45年3月30日。
18) 「三井物産支店長会議議事録」大正2年。
19) 若林幸男『三井物産人事政策史』48頁、参照。

第III部　メーカーの賃金管理と「学歴身分」

第7章
「社員」の賃金管理と定期昇給制度

菅 山 真 次

第1節　問題の設定

　本章の課題は、両大戦間期の重工業大工場で「社員」と呼称された人びと[1]を対象として、個人の給料額と学歴、技術・事務の別、新卒・中途採用の別などの詳細な情報が得られる一次史料をもとに、賃金管理の実態とその論理について実証的分析のメスを入れることである。なかでも焦点を当てるのが、個人の給料額、したがって経営内の序列を定めるにあたって決定的な役割を果たした、定期昇給制度の仕組みと査定の実態の解明である。本章では、このような作業を踏まえて次の2つの問いに迫ることをめざしたい。

(1)　学歴と格差：三井物産モデルはどこまで一般化できるか

　第一は、学歴に基づく企業内の処遇の格差はどこまで存在したのか、そして、それは戦前から戦後にかけてどのように変化したのかという問いである。この点について、本書序章は、戦前の民間会社は学歴格差がほとんどみられない「実力主義」の社会だったが、戦後になって学歴・学校歴の違いが処遇の格差と密接にリンクする「学歴主義」の社会へと変貌を遂げたのではないかという、極めて大胆な仮説を提出している。この仮説は、第Ⅰ部の三井物産のケースの緻密な実証分析の結果をもとに組み立てられたものであり、これまでの定説的な見方によって覆い隠されてきた日本社会の一側面を鋭く抉り出し、明確に言

語化してみせたという点で、研究史上の意義は大きい。

　だがしかし、このような三井物産モデルを民間企業一般に拡張して適用し、戦前の学歴格差の実相と戦後への変化のトレンドを語るとしたら、それもまた一面的な見方であるといわざるをえない。全体像を大つかみに捉えるためには、大企業従業員の学歴と経営内の地位を調査したマクロ・データの検討が欠かせない。戦前期について、こうしたデータは極めて乏しいのが現実であるが、そうした中で文部省実業学務局が1930年に実施した調査は、サンプリングと調査項目の設定の仕方に難点があるものの、大変貴重な材料を提供している。藤村聡は、はじめてこの調査を包括的に分析して、次のような興味深い事実を発見した[2]。

(1)　調査対象となった民間企業396社（従業員数総計459,038人）を人員構成の観点からみると、若干の例外を除いて事務系従業員が約9割を占める「ホワイトカラー企業」と、技術系従業員が9割に達する「メーカー企業」に明確に2分される。

(2)　ホワイトカラー企業で中核となる事務系従業員（以下、事務系と略記）の学歴構成は、平均でみると高等教育2割・中等教育[3] 4割・初等教育4割だが、業種によって散らばりがある。それに対して、メーカー企業で中核となる技術系従業員（以下、技術系と略記）では、初等教育率がおしなべて非常に高く、平均で全体の9割に達する。そして、そのほとんどは「職工」として雇用された人びとだった。

(3)　高等教育終了者の上級管理職[4]の占有率をみると、事務系のほうが技術系よりもやや高いものの、おおむね6〜7割前後で大きな違いはない。ところが、学歴別の上級管理職の輩出率[5]をみると、事務系では高等教育修了者の数値は初等教育修了者のそれの8.5倍だったが、技術系ではその較差は実に468.6倍に上っていて、両者で隔絶した違いがある。技術系では、初等教育修了者で上級管理職に昇進している者は千人に一人に満たず、事務系に比べてことさら厚い学歴の壁が厳然と存在していた。

　藤村は、このような事実発見をもとに、「従来の戦前期企業は学歴に基づく

強固な身分制社会という理解は、もっぱら職工を中心とした技術系従業員の分析に立脚してきたが、戦前期の企業社会は「職工の世界」と「事務職員の世界」に2分されており、人数の比率は小さくても事務系従業員の領域が異なる論理を持っていた可能性は十分に」[6)]ある、と結論づけている。表7-1は、文部省調査から機械器具工場（59工場）[7)]と三井物産のデータを抜き出して、学歴別に経営内の地位（社員／職工／その他）の構成比を算出したものである。

あらためて、技術系では初等教育修了者が社員の地位を占めるのがきわめて難しかったことを確認できる。

以上の分析結果は、三井物産モデルはすぐれて「事務職員の世界」への適用可能性が高いモデルであって[8)]、ブルーカラーが労働力の主力をなす鉱工業企業に対して、少なくともストレートな形では適用できないことを強く示唆するものといえる。しかし、戦前期の大工場・鉱山は、単純に「職工の世界」として一元化できる世界ではなかった。先行研究が明らかにしたように、そこではマネジメントによって企業経営をともに担う「社員」として位置づけられた人びとと、時間や労働を売り買いする取引相手と認識さ

表7-1 従業員の学歴と地位（1930年）

地位		学歴			
		高等	中等	初等	計
機械器具工場　技術系従業員（男）					
割合（%）	社員	93	36	2	8
	職工	6	63	97	92
	その他	1	1	0	0
計		100	100	100	100
ケース数	人	2,577	6,425	69,133	78,135
	%	3	8	88	100
三井物産　事務系従業員（男）					
割合（%）	社員	99	96	42	92
	その他	1	4	58	8
計		100	100	100	100
ケース数	人	1,739	856	319	2,914
	%	60	29	11	100

注1：学歴は高等＝大学＋専門学校および大学専門部＋高等学校または大学予科
中等＝実業学校およびこれに準ずる学校＋中等普通学校
初等＝実業補習学校＋初等普通学校
注2：地位は技術方面　社員＝技師＋技手　職工＝職長＋職工
事務方面　社員＝部長以上＋課長＋主任＋社員
注3：三井物産の数値は、「売買業」の報告で「資金一億円以上ノモノ一社」として参考添付されている表による。これが三井物産のデータと推定される根拠については、藤村聡「戦前期企業・官営工場における従業員の学歴分布」『国民経済雑誌』第210巻第2号、2014年、57頁参照。
出所：間宏監修・解説『日本労務管理史資料集第1期　第9巻　企業と学歴』五山堂書店、1987年、59、207頁より作成。原史料は文部省実業学務局調査室『会社工場従業員学歴調査報告』。

れていた「職工」とでは、原理的に全く異なる処遇が行われていた[9]。職工から社員へと上昇移動するパスは存在したがハードルは非常に高かったから、個人の視点からみると、それは採用されるポジションによって企業内のキャリア形成の展望が決定的に異なるシステムであったといえる。それでは、「職工の世界」とは全く異質であると想定される、「社員の世界」とは果たしてどのようなものだったのか。それは三井物産モデルが描くような「実力」（この言葉の多義性はさしあたり問わない）がモノをいう社会だったのか、それとも、学歴や学校歴の違いによって明確に異なる昇給・昇進ラインが引かれている学歴分断社会だったのか。さらに、工場・鉱山の社員と一口にいっても、技術者と事務社員では学歴と昇給・昇進の構造に大きな違いがあったのかもしれない。これらの問いに対して、丹念なケース・スタディに基づいて解答を与えること、これが本章の第一の課題である。

(2) ブラックボックスとしての定期昇給制度

　第二は、個人の賃金決定のメカニズムとはどのようなものだったのか、そして、それは戦前から戦後にかけてどのように変化したのかという問いである。戦前の日本では、商社やメーカーなどの業態の如何を問わず、「社員」は月単位で支払われる給料（俸給とも呼ばれた）という形で賃金を受け取っていた。他に、きまって支給される賃金として勤務手当や住宅手当などの諸手当があったが、これらは給料額によって支給率が変わるものが多かった。さらに、給料額は賞与や退職金の支給基準としても、きわめて重要な要素をなしていたといえる。それだけではない。すべての社員に対して固定額で表示される給料額は、そのまま経営内の序列を形成していた。それは、出来高払いで賃金を支払われた者も含め、すべての「職工」に対して日給が定められていて、「賃格」と呼び習わされていたことと対比される事態であった[10]。

　それでは、個人の給料額はどのようなルールに基づいて決定されたのだろうか。第I部でみたように、三井物産では20世紀初頭から出身学校によって異なる初任給額を設定する試みがなされ、1920年代に入ると内規で定められた

初任給額が原則としてすべての新卒採用者に一律に適用されるようになった。本章が分析の対象とする日立製作所のケースでも、1930年代半ばの時点で、新卒者の出身学校別の初任給額が内規で定められていたことが確認できる。しかし、中途採用者の初任給の規定はなく、昇給の手続きについてもこれを明確に定めた規則は存在しない。慣行として、毎年末に社員および役付職工全員を対象に過去1年間の業績の査定が行われて、その結果に基づいて出勤日数が基準に満たない無資格者およびごく少数の成績不振者を除き、翌年1月1日付で一斉に発令される昇給辞令の増給額が決定されていた[11]。

このような賃金の決め方は、新規学卒者を標準とする学歴別の初任給額を出発点として、年々査定によって個人で異なるある程度の額が増給されていく、「積み重ね」型とも呼ぶべき決定方式といえる。それは、戦後の激しい労使対立の状況下で繰り返された試行錯誤を経て、結局1950年半ば代以降、大企業を中心に広く普及していった「基本給」の決定方式——官庁統計で「総合決定給」と呼ばれるそれ[12]——と、ぴったり一致している。このような定期昇給制度を中核とするシステムが確立・定着したのは、これが労使当事者の要求のいわば妥協点として、両者に受け入れられていったからだった。仁田道夫がいうように、「経営者は、戦後期の賃金が、勤続に基づく経営内序列を損ない、査定による能率刺激を無効にしていたのに対して、これらを復活、確立させることができた。労働者・労働組合は、インフレ収束以後、定期昇給制度を年齢による生活費上昇に配慮する生活給の制度として受け止め、これが制度化されて誰にでも適用される制度として確立したことに満足した」[13]。

ただし、仁田は、定期昇給制度は第一次大戦期に職工の足止め策として始まったと述べており、その起源を職工の日給制度のうちに求めている[14]。しかし、この見方は妥当とはいえない。というのも、戦間期に制度化された日給の定期昇給システムでは、査定対象は一部の者に限定されていたうえに、査定の基準も極めて曖昧だったため、公平性について労働者から強い疑問の声が上がっていた。当時の労働組合の機関紙に寄せられた多くの投稿は、昇給や昇進をめぐる依怙贔屓に対する不平・不満がいかに根強かったかを雄弁に物語っている[15]。

このような状況下では、年々昇給額が積み重なっていく制度的保証はどこにもなかったといえる。事実、三菱長崎・神戸造船所や日本鋼管川崎製鉄所を対象とした丹念な実証分析の結果は、職工の日給額は外部労働市場の裁定によって決定される部分が大きく、役付の地位に昇進しない限り、勤続年数との相関は必ずしも高くないというものだった[16]。

　第二次大戦期の日本で、ナチス政権の経験を含めて「近代史上例をみない」[17]と評される、国家による徹底した賃金統制が行われたことはよく知られている。なかでも1942年2月に施行された重要事業場労務管理令は、指定事業場の事業主に従業規則・賃金規則等を作成して厚生省の認可を得ることを義務付けていた点で画期的だった[18]。賃金規則の認可にあたって、厚生省はあらかじめ模範となる記載例を示し、とくに「工員」[19]の昇給内規について昇給の欠格条件をできるだけ限定した上で、昇給額の最高・標準・最低を明記したものとするよう強力に指導した。厚生官僚がわけても工員の日給制度の改革にこだわったのは、それがシステムとして賃金が勤続年数に応じて上昇することを保証しておらず、それゆえ、年齢による生活費上昇に配慮した制度になっていないことを熟知していたからだった。太平洋戦争の開戦を境に国民生活が急激に悪化していく中、総動員体制を維持・強化するためには、大衆労働者の生活の恒常性を保障する制度を構築することが焦眉の急の課題だったのである。

　このようにみてくると、戦間期の社員の月給制度こそは、しばしば「年功賃金」というタームで表現される現代日本企業の特徴的な賃金システムが形成される、直接の歴史的前提をなしていたことがわかる。それでは、その経験とはどのようなものだったのか。個人の賃金はどのようなプロセスを経て、何を実質的な基準として決定されたのか。さらに、そうしたメカニズムをもつ「制度」がかつて存在したということが、戦後、日本企業における賃金管理の発展の経路を拘束するということはなかったのか。これらの問いに答えるためには、これまでの研究ではブラックボックスのまま放置されてきた、定期昇給制度の内実に立ち入って実証の光を当てなければならない[20]。これが本章の第二の課題であり、そして研究史への最大の貢献である。

第2節　分析対象のプロフィール[21]

　本章で取り上げる日立製作所の前身となったのは、久原鉱業所日立鉱山工作課所属の電気機械修理工場である。創業者・小平浪平は、東京帝国大学工科大学を卒業した技術者であり、日立鉱山赴任前は東京電灯に勤務して、山梨県の駒橋に建設中の最新鋭の水力発電所で送電方面の主任を務めていた。電気技術者として、誰もが羨む地位にあった小平がそれを辞して、鉱山で使う電気機械の修理のような下積みの仕事に携わったのは、修理から始めて製造技術を獲得して、やがては国産技術による電気機械の国産化を果たすという、大きな野望を抱いていたからだった。1910年初め、小平はいよいよ製造事業に乗り出す決心を固めて、11月には山手工場を完成させた（その後日立地区では電線工場と海岸工場が建設され、これら3工場を日立工場と総称）。1912年1月、山手工場は日立製作所として、日立鉱山と並ぶ久原鉱業株式会社の一事業所へ昇格した。第一次大戦が勃発してヨーロッパ製品の輸入が途絶すると、これまで国内の技術水準では不可能だった大容量機器の製作に果敢に挑戦し、一万馬力水車（1915年受注）を皮切りにさまざまな製品を製造することに成功した。株式会社日立製作所として、久原鉱業から完全に独立したのは1920年2月のことだった。

　このような成功のカギとなったのが、小平が採用したきわめて積極的な人事戦略である。なかでも力を入れたのが「学卒」の技術者の獲得で、当時工学士の初任給は三菱系の企業で50円だったが、小平は破格の70円を提示して事業が将来有望なこと、電機国産化の抱負を諄々と説き聞かせ、母校の東京帝大から若い有為の人材を多数獲得するのに成功した[22]。事業所に昇格した1912年には帝国大学卒5人（うち新卒4人）、高等工業学校卒5人（うち新卒4人）を一挙に採用して、世間の注目を浴びた。当時、久原鉱業所の社員は社長名義で任命される「職員」と事業所の権限で採用できる「雇員」および「見習生」の区別があった[23]が、高等教育修了者はすべて職員として採用されて主

に設計部門に配属された[24]。製造事業進出からわずか5年で大容量機器製作に成功し得たのも、高度な知識・技術を持つ人材が蓄積されていたからだった。他方、創業期には専門度が低い、工業学校出身者の採用は低調だった。彼らはすべて雇員または見習生として採用されたが、当時はそもそも下級社員の数自体が少なかった。また、事務社員については、高等教育終了者はもちろん、商業学校・中学校出身者もほとんどいなかった。

　このような状況が大きく変わるのが第一次大戦期である。この時期は日立製作所にとって大きな飛躍の時期であり、1918年末の従業員数は社員277人、職工2,465人、合計2,742人で、5年前の6倍になった。しかし、それだけにトラブルも頻発し、小平は製品の納入先に宛てて、「涙をもっておわびします」といった詫び状を書いたこともあったという。なかでも製造面のトラブルは深刻で、不良品が続出するとともに、作業の流れがスムーズに行われないため納期に遅れることもしばしばだった。このような状況下で、日立製作所では製造部門の社員を大幅に増員して、とくに下級社員を多く配置した。工業学校出身者の採用数は1916年を境に急増して、毎年20人前後にのぼり、その多くが新卒者だった。しかし、それだけでは下級社員の需要を満たすことはできず、むしろ主要な供給源となったのは職工として働きながら電機学校や工手学校など、夜学中心の各種学校で学んだ人たちだった。事務社員については新卒採用の比重はさらに低く、毎年商業学校から数人程度採用しただけだった。高等教育終了者の採用は年に0〜3人で、1914-19年計で7人（うち新卒4人）にとどまった。ただし、1918年には東京丸の内に本社が設立されたから、日立製作所全体では事務社員の新卒採用も本格的に行われるようになったと推測されるが、学歴のデータは日立工場に配属された社員しか得られないため詳細は不明である。

　1920年3月、東京株式市場の相場が大暴落して、バブルに沸いた日本経済は一転して長期不況の時代を迎えることになった。大戦期には中・高等教育機関が大増設されていたが、その卒業生がタイム・ラグをともなって大量に労働市場に輩出されたため、ホワイトカラー市場は売り手市場から極端な買い手市

場へと、大転換を遂げていった。このような状況下で、日立製作所がとった人事戦略は、技術系の上級社員だけではなく、事務系上級・下級社員、技術系下級社員も含めて、すべての社員について新規学卒者の定期一括採用を採用管理の柱に据えることだった。原則として、大学・高等専門学校・大学専門部卒を職員として、工業・商業の甲種実業学校卒を見習生として採用した。と同時に、1920年代半ばには職工から雇員へと上昇移動するパスが正規に設定され、毎年1月1日付で定期的に社員への登用が行われるようになった。しかし、その選抜方式は学力を中心とするものでかなり厳格だったため、制度化されたことでむしろ上昇移動のチャンスは実質的に大幅に低下した。

表7-2は、社員採用数計を分母にとって、上記の中・高等教育機関の新卒者が占めた割合を示したものである。これによれば、1920年代前半から後半にかけて、上級社員の新卒採用率は52%から80%へ、そして下級社員の採用率は44%から67%へと顕著に上昇している。採用数が急増した1930年代前半でも、その数値は上級社員73%、下級社員72%といずれも高い比率を保っており、新卒採用が採用管理のまさに中心に置かれたことがわかる。さらに興味深いのは、このような新卒採用制度の導入・確立とほぼ軌を一にして、離職率が大きく低下し、企業への定着化が顕著に進んだことである。社員の離職率は1920年には年率21%であったが、1921-25年には平均で10%、1926-30年は平均で5%へと、1920年代を通じて継続的かつ大幅に低下した。しかも、景気の回復が進んだ1930年代後半でも離職率は反転することはなく、

表7-2 日立工場社員の新卒採用率

採用年	上級社員	下級社員
1920-1925	52%	44%
1926-1931	80%	67%
1932-1936	73%	72%

注：新卒採用率は次の式によって算出した。
　　上級社員＝大学・高等専門学校・大学専門部卒新卒採用数／職員採用数計
　　下級社員＝甲種工業学校・商業学校新卒採用数／雇員・見習生採用数計
出所：菅山真次「戦間期雇用関係の労職比較」『社会経済史学』第55巻第4号、1989年、9頁より作成。

労働力不足が大きな問題となった1937年でも、年率2％の超低水準に止まっていた。

　視点を個人の側に移して、1920年代に入社した新卒社員の離職状況を史料で追える下限の1938年まで追跡調査してみよう。すると、いずれの年の入社者でも自発的に退職するのは入社後4年までが多く、入社後8年以降ではほとんど見られなくなることがわかる。そこで、入社8年後の歩留り率を算出すると、1920年代前半入社者の歩留り率は職員として採用された者62％、見習生として採用された者38％であったのが、1920年代後半入社者ではそれぞれ89％、69％となっていて、両者とも30ポイント前後も上昇している。この分析結果は、日立製作所のケースでは、1920年代後半以降新卒採用と長期雇用が同時に定着し、これらが相互補完的に機能する社員の人事管理システムが形成されたことを物語るものといえる。

第3節　史料

　本章で分析に用いる主な史料は、日立工場総務部庶務課が作成した『昇進調書昭和13年末』である。当時、日立工場では社員の人事管理は総務部庶務課が、そして職工の労務管理は総務部労務課が、それぞれ所管していた。史料のタイトルには「昇進」という言葉が使われているが、実際には係長・課長や部長など役職への昇進に関わる調書ではなく、毎年定期的に行われる給料の増給額の査定＝昇給に関わる調書である。こうした用語の使われ方自体、給料額が社員の経営内の序列を示すものであったという事実を反映しているといえよう。この史料は個人別の一覧表の形式で作成されているが、増給額の項目にはいくつも訂正した跡がみられ、また欄外にはさまざまな語句や数字・計算式が書き込まれており、定期昇給の原案を審議・決定するための基礎資料として作成された文書であると推定される。

　さて、表7-3は、その記載内容を示したものである。まず、縦の行に注目して、この調書の対象となったのが誰だったかを確認しておく。第一に指摘す

べきは、職員 A 以下見習生まで、当時日立工場で「社員」と呼称されていた人全員がリストアップされていることである[25]。社員は、職員、雇員、職員・雇員待遇[26]、見習生という経営内の地位の区分ごとに配列されているが、特徴的なのは職員がさらに給料額によって A-E に分けられていることである。このことの持つ意味については、行論で明らかにする。第二に、この調書でリストアップされているのは社員だけではなく、職長以下組長まで、「役付職工」と呼称される人びとが含まれていることである。このうち、職長・工長・組長は現業の直接労働者の、助手・筆生は事務手・製図手・試験手・検査手など間接労働者の監督職である。守衛長・守衛は警備、看護婦は医務を担当する特務職といえる。すでにみたように、職工の労務管理は労務課の管轄だったが、しかし、これら役付職工の賃金管理は総務課の管轄下にあって、定期昇給もまた社員と同じ制度的枠組みの下で実施されていたのである。

　次に、横の列に目を移して、個人の昇給額の査定にあたってどのような項目が調査されていたかをみよう。昇給後の給料額を示す「増差」より右の欄がこれにあたる。それによれば、①採用年月日・初任給額、②過去の昇給実績（年給職員については 8 カ年分、それ以外については 4 カ年分）、③出身学校・専攻・卒業年（ただし、役付職工についてはこの欄の記載は求められていない）、④過去 1 年間（当該年上期、前年下期）の勤務状況[27]、の 4 項目が参考とされていたことがわかる。採用年、学歴、勤怠と並んで、過去の実績および採用ポジション・初任給額が詳しく調べられていることが目をひく。と同時に、勤続年数は採用年からわかるが、年齢を記入する欄が設けられていない──出身学校の卒業年からある程度類推できるとはいえ──ことも、注目に値しよう。

　表 7-4 は、調査対象者を賃金形態別に示したものである。これによれば、社員は合計 1,432 人で、うち職員は年給職員と月給職員に、雇員は月給雇員と日給雇員に分かれていて、見習生は全員日給で支払われていたことがわかる。しかし、ここで注意しなければならないのは、こうした賃金形態の違いが実質的にはさほど大きな意味を持っていなかったことである。まず、年給と月給の関係については、月給額が 200 円を超えると自動的に年給になる仕組みにな

表 7-3 『昇進調書』

区分	所属	No	氏名	現給	増給	増差	採用年月日および初任給	各年度増差額					
								6	7	8	9	10	11
職員A													
副工場長	×	○	○	○	○	○	○	○	○	○	○	○	○
課長	×	○	○	○	○	○	○	○	○	○	○	○	○
課員	○	○	○	○	○	○	○	○	○	○	○	○	○
職員B													
課長	×*	○	○	○	○	○	○	×	×	×	×	○	○
課員	○	○	○	○	○	○	○	×	×	×	○	○	○
職員C	○	○	○	○	○	○	○	×	×	×	×	○	○
職員D	○	○	○	○	○	○	○	×	×	×	×	○	○
職員E	○	○	○	○	○	○	○	×	×	×	×	○	○
雇員	○	○	○	○	○	○	○	×	×	×	×	○	○
職員待遇	○	○	○	○	○	○	○	×	×	×	×	○	○
雇員待遇	○	○	○	○	○	○	○	×	×	×	×	○	○
見習生	○	○	○	○	○	○	○	×	×	×	×	○	○
職長	○	○	○	○	○	○	○	×	×	×	×	○	○
守衛長	○	○	○	○	○	○	○	×	×	×	×	○	○
助手	○	○	○	○	○	○	○	×	×	×	×	○	○
工長	○	○	○	○	○	○	○	×	×	×	×	○	○
守衛	○	○	○	○	○	○	○	×	×	×	×	○	○
筆生	○	○	○	○	○	○	○	×	×	×	×	○	○
看護婦	○	○	○	○	○	○	○	×	×	×	×	○	○
組長	○	○	○	○	○	○	○	×	×	×	×	○	○

注1：○は記載あり、×は記載なしを示す。ただし、×*のうち1名については例外的に記載がある。
　2：職員A＝年給者、職員B＝月給199-150円、職員C＝月給149-100円、職員D＝月給99-70円、職員E＝月
出所：日立製作所日立工場『昇進調書　昭和13年末』(旧小平記念会所蔵)より作成、以下とくに断らない限り同じ。

っていて、両者で原理的な違いはなかったといえる。問題は、月給と日給の違いをどう考えるかである。というのも、日給社員は日給に出勤日数を乗じた額を月単位で受け取るのが原則だったが、一般職工とは違って、日立製作所で定められた休暇日（毎月第1・第3日曜日、年末年始、紀元節、天長節、明治節、

の記載内容

12	13	出身年度・校科名	昭和12年度下、13年上両期勤休									備考／摘要
			暦日数	出勤	欠勤	応召入営	現役入営	教育又ハ演習招集	忌引	早退	特勤	居残	
○	○	○	○	○	○	○	○	○	○	○	○	○	備考
○	○	○	○	○	○	○	○	○	○	○	○	○	備考
○	○	○	○	○	○	○	○	○	○	○	○	○	備考
○	○	○	○	○	○	○	○	○	○	○	○	○	摘要
○	○	○	○	○	○	○	○	○	○	○	○	○	摘要
○	○	○	○	○	○	○	○	○	○	○	○	○	摘要
○	○	○	○	○	○	○	○	○	○	○	○	○	摘要
○	○	○	○	○	○	○	○	○	○	○	○	○	摘要
○	○	○	○	○	○	○	○	○	○	○	○	○	摘要
○	×	○	○	○	○	○	○	○	○	○	○	○	摘要
○	×	○	○	○	○	○	○	○	○	○	○	○	摘要
○	○	○	○	○	○	○	○	○	○	○	○	○	摘要
○	×	○	○	○	○	○	○	○	○	○	○	○	摘要
○	×	○	○	○	○	○	○	○	○	○	○	○	摘要
○	×	○	○	○	○	○	○	○	○	○	○	○	摘要
○	○	○	○	○	○	○	○	○	○	○	○	○	摘要
○	×	○	○	○	○	○	○	○	○	○	○	○	摘要
○	×	○	○	○	○	○	○	○	○	○	○	○	摘要
○	○	○	○	○	○	○	○	○	○	○	○	○	摘要
○	○	×	○	○	○	○	○	○	○	○	○	○	摘要

給70円未満。

創業記念日)は「出勤」とみなされて、賃金を支払われていた。月給社員と同様、年間10日の有給休暇も認められていた。それだけではない。遅刻・早退および勤務時間中の外出は、事前に「其旨上長に申出」ておく必要があるだけで、その分賃金が差し引かれることはなかった[28]。社員の日給制度は事実上、

表 7-4　賃金形態

(人)

	年給	月給	日給	総計
職員 A	66			66
職員 B		65		65
職員 C		248		248
職員 D		476		476
職員 E		71		71
雇員		128	175	303
職員待遇		3		3
雇員待遇		1	8	9
見習生			191	191
社員　小計	66	992	374	1432
職長			22	22
守衛長			5	5
助手			1	1
工長			53	53
守衛			31	31
筆生			131	131
看護婦			49	49
組長			203	203
役付職工　小計			495	495
総計	66	992	869	1927

月給制度の性格を強く帯びていたのである。

さらに、個人のキャリアという視点からみると、日給社員は勤続を積むことで速やかに月給社員へと昇格することを期待できた。表 7-5 は、1938 年の時点で実業学校の新卒入社者がどのような地位（職員／月給雇員／日給雇員／見習生）を占めているかを、入社年別にみたものである。ここからは、新卒で見習生のポジションからスタートして、6 年目でほとんどの者が月給で支払われるようになったことがわかる。

最後に、表 7-6 によって、社員の所属部課別・職能別構成を確認しておこう。ただし、職能については出身学校の専攻から判断して技術、事務、医務に分類した。初等教育だけしか受けていない者は所属部課によって判断した。これによれば、社員計 1,432 人のうち、技術者は 1,154 人で全体の 8 割強を占めていることがわかる。それに対して、事務社員は 251 人で、そのうち 109 人が総務部に、44 人が会計課に所属していて、この 2 つの部課に集中して配置（62%）されている。社員の人事を所管する総務部庶務課は、技術 6 人、事務 26 人、プラス課長 1 人で、計 33 人という体制であった。なお、日立工場には日立病院が設置されていたため、他に医務に従事する者が 27 人在籍している。

表 7-5 実業学校新卒入社者の地位
(1938年：入社年別)
(人)

入社年	職員	月給雇員	日給雇員	見習生	総計
1912	3				3
1913	1				1
1914	1				1
1916	2				2
1917	3				3
1918	9				9
1919	10				10
1920	8				8
1921	2				2
1922	5				5
1923	4	2			6
1924	5				5
1925	10	2			12
1926	7	5			12
1927	2				2
1928	3	7			10
1929	7	4			11
1930	3	4			7
1932	1	8	1		10
1933	1	14	2		17
1934		21	20		41
1935		2	51		53
1936			51	3	54
1937			3	95	98
1938				69	69
総計	87	69	128	167	451

第4節 定期昇給の制度的枠組み

　それでは、日立工場の庶務課員はどこから、どのような指示を受けて、この長大なリストを作成したのだろうか。個人別の「増給」額の原案は、誰が、どのようにして作ったのか。すでに指摘したように、社員の定期昇給は慣行として行われていて、もともと具体的な手続きを定めた明文の規定は存在しなかった。しかし、戦時期に極秘扱いで作成された史料[29]からは、当時日立製作所

表7-6 所属部課別・職能別社員構成

(人)

	技術	事務	医務	総計
海岸原料部	44	7		51
回設部	196	10		206
回工部	67	2		69
配電盤部	88	7		95
変圧器部	34	2		36
電艦部	51	9		60
山手原料部	105	13		118
電線部	46	11		57
計器部	46	6		52
商品部	161	12		173
技術課	38	4		42
特許課	12	1		13
総務部	35	109		144
うち庶務	6	26		32
海岸試験部	57	1		58
研究所	82	1		83
会計課	2	44		46
日立病院		4	25	29
山手試験課	26	2		28
特金課	2			2
監査課	5	1		6
記載なし	57	5	2	64
総計	1154	251	27	1432

の定期昇給がどのようなプロセスで行われ、また、一連の流れの中で工場・事業所レベルの原案がどのように準備・作成されていったかを、かなりはっきりと知ることができる(図7-1)。そこでまず、この史料と同様の手続きが取られたと仮定して、本章で検討する年度の定期昇給の準備がどのようにして整えられていったか、日立工場総務部庶務課(以下、工場庶務課と略記)の動きを中心に描き出してみよう。プロセスの要点は、次の3点にまとめることができる。

第一に、工場庶務課に「昇進調書」の作成を指示したのは、東京所在の本社だったことである。当時、本社で社員人事を所管していたのは総務部庶務課だった[30]。次年度の定期昇給に向けての準備は、まず本社が各工場・事業所の関

図7-1 昇進事務図解

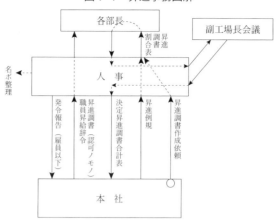

出所：日立工場人事課『人事課関係諸規定集』1941年5月15日（旧小平記念会所蔵）。

係部署宛てに、その年の「昇進例規」を添付して「昇進調書作成依頼」を出すことから始まるのである。勤務状況の査定の対象時期が同年上期・前年下期であること、書類作成や審議に膨大な手間がかかることを考えると、この依頼は7月以降さほど遅くない時期に出されたことであろう。第二に、依頼を受けた工場庶務課は昇進例規を「昇進調書割合表」という形で各部長に提示して、回答が揃うのを待って結果を集約し、「副工場長会議」へと上げられていく資料をとりまとめた。こうして作成された資料こそ、以下、その詳細を分析する『昇進調書　昭和13年末』だったと考えられる。この一連の流れからわかること、それは、個人の昇給額原案の作成が工場の「部」を単位として、本社によって提示された昇給例規という制約条件下で行われたことである。

　しかし、第三に、この原案はそのままの形で承認されたわけではない。まず、それらは副工場会議での討議に付されて必要と判断された額の修正が行われた。上記調書の書き込みからすると、その対象者は数十名程度に上ったと推定される。さらに、こうした修正を経た工場原案は「決定昇進調書合計表」として本社へ送られ、その「認可」を受けてはじめて、1939年1月1日付で行われる個人別昇給額が確定した。調書の書き込みから、本社の指示によって年給職員

2人の額が変更されたことがわかる。そして、本社から職員の昇給辞令が発令され、これらは工場庶務課を介して各部長へと届けられた。ただし、雇員以下の人事は基本的に工場・事業所マターだったので、工場庶務課で発令した後に本社へ報告するという手続きが取られた。

　それでは、プロセスの起点となった「昇進例規」とはどのようなものだったのか。これにまさに該当すると推定されるのが、次の史料である。全文を掲げよう。

昭和13年末　（昭14年1月1日付）
年給者　一人平均100円（内50円は抜擢昇給に使う）
職員　雇員　及　同待遇者（年給職員を除く）
(1)　月給150円以上200円未満　　有資格者一人平均12円
　　　　　　　　　　　　　　　　20円以上昇給者は更に抜擢昇給（総員
　　　　　　　　　　　　　　　　の6％以内）
(2)　月給100円以上150円未満　　有資格者一人平均10円
　　　　　　　　　　　　　　　　15円以上昇給者は更に抜擢昇給（総員
　　　　　　　　　　　　　　　　の6％以内）
(3)　月給70円以上100円未満　　 有資格者一人平均9円
(4)　月給50円以上70円未満　　　有資格者一人平均8円
(5)　月給50円未満　　　　　　　有資格者一人平均　7円
・昭和11年度各学校卒業職員の増給割当額は一般増給の80％とすること
・出勤日数200日未満100日以上のものは増給割当額は前各号増給割当ての1/2とし、出勤日数100日未満は昇給せしめざること
(6)　昭和12年度各学校卒業職員は左の各別により一律昇給せしむ
　　　官立大学卒業者　　増給　6円
　　　その他　　　　　　増給　5円
見習生　有資格者一人平均10銭[31]

この「昇進例規」のポイントは、次の3点にまとめることができる。第一に、この例規が、昇給査定の実施に当たって、(1)定期昇給の対象者としての条件を完全に満たす「有資格者」(以下、「標準査定者」と呼ぶ)について、基準とすべき「一人平均」の金額を設定するとともに、(2)そうしたスタンダードな基準の適用が除外されるケースについて、欠格や減額などのルールを明確に定めていることである。マネジメントの立場を代表する本社から、このような指示が工場庶務課へ出されたことは、賃金コストの総額管理の観点からすれば合理的だったといえる。第二に、上記(1)の1人当たり基準額が、標準査定者全員に適用される単一のレートではないことである。この例規では、社員は年給者から見習生まで、7段階[32]のカテゴリー（以下、「等級」と呼ぶ）に分けられていて、それぞれの等級ごとに異なる、複数の基準額が設定されている。こうした昇給査定の仕組みが役付職工に対するそれと根本的に違っていることは、後にみる通りである。

　第三に、最も特徴的なことは、ここでの社員等級の区分の仕方がきわめてシンプルで、基本的に現在の給料額のみを基準とする区分がなされていることである。すでにみたように、日立工場の社員は職員と雇員という上下2層の地位に分かれていたが、この例規では「職員・雇員及び他同待遇者」として一括されていて、経営内のポジションの違いは等級設定にあたって全く考慮されていない[33]。等級ごとにどのような査定の基準額が設定されているかをみると、等級が上がるほど、したがって現給額が高いほど金額が高くなっていて、正しく勤続年数に比例して昇給額が積み重なる仕組みになっていることがわかる。ただし、年給職員の一人平均は100円で、これを月額に換算すると8.3円となり、月給70円以上100円未満の社員のそれよりも低い。月給額が200円を超えて「年給者」になれば、そこでほぼ打ち止めとするというのが、会社の基本方針だったのであろう。

*

　これまで、現存するわずかな史料を手掛かりとして、戦間期における定期昇給の制度的枠組みを仮説的に再構成することを試みてきた。そこで次に、上で

表 7-7 社員等級別昇給額の分布（標準査定者）①

	社員A (年給)	社員A (月額換算)	社員B	社員C	社員D	社員E
ケース数（人）	66		67	230	236	108
平均（円）	100		11.9	10.2	8.9	7.9
標準偏差	43.85		5.32	3.43	1.94	1.67
最大値	200	16.7	25	22	16	12
第3四分位	137.5	11.5	15	12	10	9
第2四分位	100	8.3	10	10	9	8
第1四分位	100	8.3	10	7.25	8	7
最小値	0	0.0	0	3	4	2

注：社員B（月給150-199円）、社員C（月給100-149円）、社員D（月給70-99円）、社員E（月給50-69円）には、それぞれの月給クラスの月給雇員・職員待遇・雇員待遇を含む。以下、とくに断らない限り同じ。

　描き出したようなメカニズムが現実に作動していたのか否か、『昇進調書　昭和13年末』に記載されている年給・月給社員のデータの計量分析によって検証しておこう。表7-7は、標準査定者を対象として、社員等級別の昇給額の分布を示したものである。みられるように、各等級の平均値は「例規」と推定した史料に記載されている数値と、ぴったり一致している。標準偏差の値は等級が上がるほど、したがって現給額が高くなるほど大きくなっていて、勤続を重ねるにつれて昇給額の分散が進むことがわかる。表7-8は、これが拡大していく様子を、金額ベースで視覚的に捉えることができるよう作表したものである。この表からは、昇給額の査定が社員A（年給職員）については0、50、100、150、200円の5段階で、社員B（月給150～199円）については0、5、10、15、20、25円の6段階で行われていて、切りのいい数字を目途にざっくりと昇給額が決められていたことも読み取れる。また、表示はしていないが、社員Bおよび社員C（月給100～149円）について、抜擢昇給者が全体のうちに占める割合を算出するといずれも6％となり、これも上記史料の数値とぴったり一致する。

　ところで、先に想定したように、個人の昇給額の原案が部を単位として、本社から提示された昇進例規を制約条件として決定されたとすれば、各部の昇給額平均もまた横並びとなり、かつ、例規の数値と一致しているはずである。表

表 7-8　社員等級別昇給額の分布（標準査定者）②

昇給額 (年給・円)	社員A (人)	昇給額(月給) (円)	社員B (人)	社員C (人)	社員D (人)	社員E (人)
0	4	0	1			
		2				1
		3		2		1
50	11	4		2	1	1
		5	11	5	4	4
		6		24	17	10
		7		25	27	22
100	34	8		22	54	38
		9		23	51	14
		10	28	26	42	11
		11		21	20	4
		12		30	9	2
150	15	13		22	5	
		14		5	3	
		15	19	6	2	
		16		3	1	
200	2	17		1		
		18		9		
		19		3		
		20	4			
		22	1			
		25	4			
計	66	計	67	230	236	108

注1：社員Bについては、年給への変更に伴って生じる昇給月額の端数をまるめた。
　2：網掛けは当該者の昇給額が各社員等級の平均値であることを示す。

7-9 は、十分なサンプル数が確保できる社員等級 C（想定平均値：10 円）と等級 D（想定平均値：9 円）の標準査定者を対象として、この点の検証を試みたものである。結果は、各部の平均値がほぼ横並びで、かつ、想定値にきわめて近い値であることを示していて、部が原案作成の実質的な単位であったとするここでの仮説をポジティブに支持している。また、この結果のコロラリーとして、総務部とその他の部で昇給額平均に違いがないという知見を得ることができる。表 7-3 からわかるように、総務部は特に事務社員が多く配置されている部署だったから、この結果は、査定に当たって技術と事務の職能の違いが考慮されることのない制度的仕組みとなっていたことを示唆している。

表 7-9　所属部別平均昇給額（社員C・社員D：標準査定者）

所属部	社員C		社員D	
	昇給額平均（円）	ケース数（人）	昇給額平均（円）	ケース数（人）
海岸原料部	10.6	8	8.9	11
回設部	10.1	39	8.8	26
回工部	10.3	11	8.8	14
配電盤部	10.1	26	8.9	17
電艦部	10.5	14	9.0	10
山手原料部	10.0	19	8.8	18
電線部	9.9	7	9.1	10
計器部	10.4	10	8.9	9
商品部	10.1	27	9.0	40
総務部	10.6	18	8.8	22
海岸試験部	9.9	14	9.1	12
研究所	10.3	12	8.3	6

注：社員Cないし社員Dの標準査定者が10人以上所属する部のみを表示した。

　以上の分析は、年給・月給社員の定期昇給が本節で想定したような制度的枠組みの下で行われたことを裏付けるものといえる。以下、この結果を踏まえて、昇進例規が存在しない役付職工と、例規では必ずしも明確な取扱いがわからない日給雇員について、査定がどのように行われたかを「昇進調書」の分析を通して解明する。

　表7-10は、役付職工の標準査定者について、職名別に現在日給額と昇給額平均を示したものである。まず、現給額をみると、組長の最高額が3円80銭であるのに対して最低額は1円69銭となっていて、同じ職名であっても大きな格差があることがわかる。役付職工全体を1つのカテゴリーに括れば、格差はさらに大きなものとなろう。ところが、役付職工の調書は、社員の場合とは違って現給額を基準とする等級区分がなされておらず、単純に職名別に日給額が高い順から記載される形式になっている。さらに注目されるのは、職長と筆生の頁の欄外に、「18s口」という書き込みがなされていることである。これは何を意味しているのだろうか。

第7章 「社員」の賃金管理と定期昇給制度　　253

表7-10　役付職工の昇給額（標準査定者）

職名	現在日給額平均（円）	昇給額			ケース数（人）
		最高（円）	最低（円）	平均（円）	
職長	3.30	4.60	2.60	0.17	22
守衛長	2.59	3.05	2.25	0.15	5
助手	3.10	3.10	3.10	0.20	1
工長	2.55	3.50	1.94	0.17	52
守衛	1.53	2.05	1.15	0.10	27
筆生　男性	2.05	2.85	1.49	0.18	117
筆生　女性	1.15	1.59	0.92	0.10	8
看護婦	1.12	2.00	0.73	0.09	35
組長	2.36	3.80	1.69	0.17	195

　その謎を解くカギは、表7-10の昇給額平均の欄に見出すことができる。これによれば、「18s 口」の書き込みがある職長と筆生（男性）の昇給額平均はそれぞれ17銭と18銭で、また、職長と同じ現業の直接労働者の監督職である工長と組長はいずれも17銭になっている。なお、筆生の上級職（工長と同格）の助手は20銭だが、該当者は1人である。そこで、これらの役付職工の昇給額の分布を示したものが、表7-11である。一見して、昇給額が10銭、15銭、20銭、25銭という切りのいい額に集中していることがわかる。そして、これらの額のまさに中心に位置するのが、17銭ないし18銭という額なのである。これらのことから、「18s 口」とは、昇給査定にあたって基準とすべき「一人平均」額が18銭であることを意味するものと解釈できる。それに対して、守衛や看護婦などの特務職の昇給額平均は9銭ないし10銭で、ワンランク下だった[34]。看護婦と共通の女性というカテゴリーで括られているためか、女性の筆生の平均も10銭になっている。

　以上の分析結果からわかること、それは、役付職工の昇給査定は職能ごとに定められた基準額を目安として行われていて、社員のような等級制度をベースとするものではなかったことである。それゆえ、賃金が勤続年数に比例して上昇する程度もまた、社員と比べて顕著に小さかったと推定される。それでは、日給雇員の場合はどうだったのか。表7-12によれば、日給雇員の現給額平均

表 7-11　役付職工（18s 口）の昇給額の分布

(人)

昇給額	職長	助手	工長	筆生	組長	総計
0.05			1	3	3	7
0.06				1		1
0.08			1		1	2
0.09				1		1
0.1	1		6	6	30	43
0.11			1	1		2
0.12				1		1
0.13				1	1	2
0.14					1	1
0.15	13		17	21	83	134
0.16			1	4	4	9
0.17				6		6
0.18				8	3	11
0.19				3		3
0.2	7	1	19	40	40	107
0.21				2	2	4
0.22				4		4
0.23				2		2
0.24				2		2
0.25	1		3	8	22	34
0.26				2		2
0.3			3		4	7
0.34					1	1
0.35				1		1
総計	22	1	52	117	195	387

注：網掛けは該当者が多いことを示す。

は月額換算で 48 円であり、昇給額平均は 7 円だった。この 7 円という額は、昇進例規で月給 50 円未満の「一人平均」として示された額に他ならない[35]。おそらく、例規では「月給」という表記になっているが、そこでの規定はすべて、月額換算で相当する額の日給雇員に対しても適用されたのであろう。役付職工と日給雇員の平均昇給額を月額換算ベースで比較すると、前者が 5 円だったのに対して後者は 7 円となっていて、両者では 4 割ほどの格差がある。ただし、役付職工の現給額平均は日給雇員よりかなり高かったから、現給額を分母とする比率ベースでみると、格差はさらに大きく拡大する。役付職工と社員とでは、やはり処遇の在り方に原理的な違いがあったのである。

これに対して、社員内部の処遇の格差は、必ずしも明確なものではなかった。むしろ、個人のキャリアの視点からみれば、日立工場の人事管理システムは、下級社員にとってきわめてオープンな上昇移動のチャンスを提供するシステムだったといえる。行論で明らかにしたように、甲種実業学校の新卒入社者の場合、採用ポジションは日給の見習生だが、2 年後には日給雇員となり、さらに数年勤めると月給雇員に昇格することを期待できた。しかも、毎年 1 回行われる昇給の査定においては職員・雇員の地位の違いは考慮されることがなかっ

たから、大学や高等専門学校の出身者に伍して昇給＝「昇進」レースを競っていくことが可能な「制度」であった。そして、職員というポジションへの昇格も、——個人や入社のタイミングによって遅速の違いはあったものの——勤続さえ積んでいけば遠くない将来に果たすことができる、企業内のキャリア形成の一通過点だったといえる（表7-5)[36]。要するに、社員のキャリア形成のルートには、高等／中等ないし大学／高等専門学

表7-12　社員と役付職工（18s 口）の昇給額・現給額平均（標準査定者）

区分	昇給額平均(A)(円)	現給額平均(B)(円)	A/B(%)	ケース数(人)
社員				
社員A	8	248	3	66
社員B	12	169	7	68
社員C	10	118	9	232
社員D	9	85	10	237
社員E	8	64	12	111
日給雇員	7	48	15	135
役付職工				
職長	5	99	5	22
工長	5	77	7	52
組長	5	71	7	195
助手	6	93	6	1
筆生　男性	5	61	9	117

注：年給は12で除し、日給は30を乗じて月給に換算した。

校という学歴の違いによる制度的トラッキングは存在しなかったのである。

　これまでの研究では、「「学歴身分制度」を基軸とした人事制度を採用していた戦前期の日本企業の中でも、日立製作所は、人事管理の運用に対する教育資格＝学歴の影響力が大きかった企業」[37]として、描き出されるのが通例であった。後述するように、このような見方は必ずしも誤りではないが、しかし、実業学校出身者に対してオープンな上昇移動の途を設定していたという重要な事実を見逃している点で、一面的であるといえる。というのも、文部省が実施した「全国甲種工業学校卒業生の勤務状況調査」（1933年3月1日現在）によれば、技術方面に就職した者37,091人中、大多数は「職工」として入社していて、明確に社員として位置づけられる「技手」として入社した者は全体の1割に満たなかった。工業学校出身者は初等教育しか受けていない者とは違って、社員に登用されるチャンスが格段に大きかったが、それでも「技手」の割合が全体の5割を超えるのは卒業後15年のことだった[38]。このような観点から、再度表7-1の1930年調査の結果をみると、機械器具工場では中等教育終了者

で社員の地位を得ている者は 36% に過ぎず、全体の 63% は職工として雇われていることが、あらためて注目される。

　それでは、日立工場の「社員の世界」は、三井物産モデルが描くような学歴による処遇の格差が存在しない、「実力主義」の世界だったのだろうか。初任給は学歴によってどのように違っていたのか、そして、定期昇給の査定の実質的な基準とは果たしてどのようなものだったのか。さらに、年齢を基準として賃金の上昇カーブを描くとすれば、それは、学歴の別、技術と事務の別、新卒採用と中途採用の別で、それぞれ違った形状の曲線となるのだろうか。以下、次節では、「昇進調書」のデータの計量分析を通して、これらの問いに答えることにしたい。

第5節　賃金決定のメカニズム

(1)　出身学校と初任給

　さて、表 7-13 は、分析対象とする日立工場社員 1,405 人の出身学校を、当該者の卒業年次を基準として分類した学校区分別に示したものである。戦前期日本の中・高等教育がさまざまなタイプの教育機関から構成される、きわめて複雑なシステムになっていたことはよく知られている。ここでは、高等教育機関を官立大学、早稲田大学・慶應義塾大学、私立大学、官立専門学校、私立専門学校とその他に、中等教育機関を甲種実業学校とその他に、分けることとする。この区分は、新卒者の初任給額設定の基準として、1938 年当時日立工場で採用されていた出身学校の区分（ただし、「その他」という項目は設定されていない）に従ったものである[39]。表 7-13 の最右欄にみられるように、これら中・高等教育機関出身者の圧倒的多数（84-94%）は新卒で採用された人たちで、その数を足し合わせていくと 1,224 人となり、全体の 87% にのぼる。なかでも人数が多いのが官大・官専・実業学校の官公立学校（ただし、実業学校は一部私立校も含む）で、この 3 つのタイプの教育機関出身者だけで技術者の 82%、事務社員の 66% を占めている。

第 7 章 「社員」の賃金管理と定期昇給制度　　　257

表 7-13　出身学校（技術・事務別）

出身学校	技術		事務		総計		新卒採用者の割合（％）
	実数(人)	比率(%)	実数(人)	比率(%)	実数(人)	比率(%)	
高等　計	587	51	110	44	697	50	84
官大	173	15	21	8	194	14	84
早慶	39	3	17	7	56	4	80
私大	8	1	10	4	18	1	94
官専	335	29	51	20	386	27	84
私専	26	2	11	4	37	3	86
その他	6	1	0	0	6	0	17
中等　計	437	38	114	45	551	39	83
実業学校	436	38	94	37	530	38	85
その他	1	0	20	8	21	1	24
準中等　計	116	10	6	2	122	9	34
日専工	51	4	0	0	51	4	53
その他	65	6	6	2	71	5	20
初等・記載なし　計	14	1	21	8	35	2	0
総計	1,154	100	251	100	1,405	100	77

注 1 : 医務に従事する者 27 人を除く。以下、とくに断らない限り同じ。
　2 : 出身学校の分類は、当該者が卒業した年次を基準とする。たとえば、1929 年に東京工業大学となった東京高等工業学校出身者については、1931 年までの卒業生は官専に、1932 年以降の卒業生は官大に分類した。ただし、明治専門学校については、私立明治専門学校（4 年制）の時代の卒業生も官専と同格の初任給額の格付が行われているため、すべての出身者を官専に分類した。
　3 : 官専のうちには官立大学専門部・高等学校を含む。私専のうちには私立大学専門部を含む。
　4 :「高等その他」には、外国大学・高等工業学校選科など、「中等その他」には中学校・師範学校など、「準中等その他」は乙種実業学校・各種学校などを含む。
　5 : 日専校は、日立製作所の技能工養成施設である日立工業専修学校を指す。

　表 7-14 は、調書に記載されているデータをもとに、1912 年から 1938 年までの出身学校別初任給額の推移を推定したものである。まず技術者について、すべての学校類型のデータが得られる 1935 年の初任給額をみると、官大 90 円、早慶 75 円、私大 60 円、官専 70 円、私専 50 円、実業学校 1.25 円（日給：月額換算 37.5 円）となっていて、学歴段階や修業年数の違いだけではなく、官立・私立の設置主体の違いや社会的評判を考慮に入れた、いわば総合評価によって学校の序列が定められていたことがわかる。とくに興味深いのは、官大の初任給額がとびぬけて高く、さらに、官専のそれが私大を上回り、早慶と比べて 5 円の差しかない（前年は同額だった）ことである。すでにみたよ

表7-14 新卒採用者の初任給の推移（1912-1938年）

(円)

採用年	官大 技術	官大 事務	早慶 技術	早慶 事務	私大 技術	私大 事務	官専 技術	官専 事務	私専 技術	私専 事務	実業学校 技術	実業学校 事務
1912							35				0.42	
1913											0.42	
1914	70						35				0.45	
1915							35					
1916							35				0.45	0.45
1917							35				0.45	
1918	70						35				0.5	0.5
1919							40				0.6	0.6
1920	70						40				0.6	0.6
1921	70						40				0.6	
1922	70						40				0.65	
1923							40				0.65	
1924	70		45				40	35			0.65	0.65
1925	110		75				72				1.1	1.1
1926	110			70		65	75				1.15	
1927	110						75				1.15	
1928	110						75				1.15	1.15
1929	110	90	75				75	70			1.2	1.2
1930	100		75				75	70			1.2	1.2
1931												
1932	100						75	70			1.2	1.2
1933	90		70				70	65			1.2	1.2
1934	90	80	70	65			70	65		50	1.2	1.2
1935	90	80	75	65	60		70	65	50	50	1.25	1.25
1936	90	80	75	65	60		70	65	50	50	1.25	1.25
1937	90	80	75	65	60	55	70	65	50	50	1.3	1.3
1938	90	80	75	65	70	60	70	65	60	55	1.3	1.3

注1：官大・早慶・私大・官専・私専・大学専門部は月給額、実業学校は日給額を示す。
　2：表示とは違う初任給額のものが若干名存在する。

うに、これら官立高等教育機関出身者の獲得こそ、創業以来、「国産技術による電気機械の国産化」を社是に掲げる日立製作所が人事戦略の要としてきたものであった。

　次に、1912年から38年までの変化をみると、1925年に初任給額が一気にハネ上がっていることが目を引く。これは、第一次大戦期の物価高騰の対策として支給した臨時手当を給料に繰り込み、約7割増給したためだった[40]。む

表7-15 初任給額の学歴格差(新卒技術者)

採用年	初任給額 (円)			指数 (官専=100)		
	官大	官専	工業学校	官大	官専	工業学校
1914/1915	70	35	13.5	200	100	39
1925	110	75	35	147	100	47
1935	90	70	37.5	129	100	54
1938(年齢加味)	90	83*	63**	108	100	76

注1:*は1935年採用者の1938年時の給料額平均を、**は1932年採用者の1938年時の給料額平均を示す。
　2:実業学校の給料額は30を乗じて、月額に換算した。

しろ、実質的な変化として、この間一貫して初任給額の学校類型による格差が縮小するトレンドが継続したことが注目される。表7-15は、1914/15年、1925年、1935年の3時点をとって、学校間格差がどのように変化したかを、官専の金額を100とする指数で示したものである。とくに官大と官専の格差の縮小はドラスティックで、1914/15年には100ポイントもの格差があったのが、1925年には47ポイント、1935年には29ポイントへと急速に低下している。官大と官専の標準卒業年齢には3歳の違いがあったから、この点を考慮して実質的な格差を推計したものが、表7-15の最下欄である。これによれば、官大と官専の差はわずか8ポイントで、格差は実質的にみてほぼ解消されたといえよう。

　このような変化が起こったのはなぜだろうか。その理由を示す決定的な証拠を見つけることはできないが、格差の解消が官専の初任給の上昇というより、むしろ官大のそれの減少によって実現したことから、この間、官大の量的拡大(官専からの昇格を含む)が著しく進んだことを背景として、官大卒技術者のスキルの稀少性が低下したことが原因だったと、ひとまず考えることができる。このような推定は、技術と事務の初任給の格差がとくに官大で大きく、1929年の官大の技術・事務の差額が20円だったのに対して、官専のそれは5円だったという事実とも整合的である。一方、実業学校の初任給には当初から技術と事務の違いはなく、このことは工業学校卒技術者のスキルについて、会社側が稀少であると認識していなかったことを示唆している。そのためか、実業学

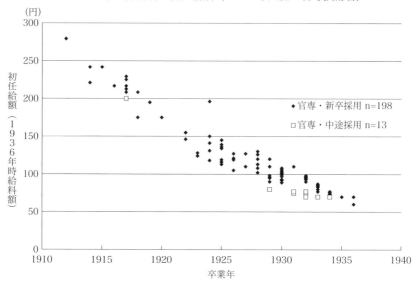

図7-2 中途採用者の初任給額（1936年入社の官専技術者）

校の初任給額は継続して上昇しているものの、そのテンポは比較的緩慢で、官専との格差はなかなか縮まらなかった。再び表7-15をみると、官専を100とした時の実業学校の初任給額は1935年でも54にとどまっていて、およそ半額というのが相場だったことがわかる。採用時の年齢を考慮するとその差はかなり縮小するが、それでも官専に比べて24ポイント低くなっている。

以上は新卒者の初任給だが、中途採用者についてはどのような格付けがなされたのだろうか。図7-2は、十分なサンプル数が確保できる1936年中途入社の官専卒技術者について、初任給額を卒業年別に□でプロットして、これを◆でプロットした新卒入社の官専技術者の給料額（1936年時点）と比較したものである。一見して、卒業年をコントロールすると、中途採用者で新卒採用者の給料額以上の初任給を得ることができた者は存在せず、中途採用者の初任給は新卒採用者の給料より一段低い水準に設定されていたことがわかる。図示していないが、官大、実業学校卒業者についても複数年にわたって同様の作業を行ったが、結果はほぼ同じであった。先行研究が明らかにしたように、戦間期

日本のホワイトカラー市場は、すでに個人の全き自由を基調とする労働市場ではなく、企業と学校のリンケージを基盤とする制度のなかに「埋め込まれた市場」になっていた。当時の中央職業紹介事務局の調査を見ると、中・高等教育機関の新卒者の多くは、「学校への求人→学校内での学生の選考と推薦→採用試験」という一連の流れを経て、企業に入社した人たちだったことがわかる[41]。ここでの分析結果は、主にそうした「制度化」されたルートを通してリクルートした定期採用者と、外部労働市場から随時雇い入れた中途採用者に対して、会社側が実質的に異なる処遇をしていたことを強く示唆するものといえる。

(2) 昇給：査定で高評可を得たのは誰か

昇給の検討に移ろう。表7-16は、標準査定者合計683人[42]のうち、査定昇給額が該当の社員等級において第3四分位以上の額（表7-7参照）だった者を「高評価者」と操作的に定義して、高評価者が全体に占める割合（以下、「輩出率」と呼ぶ）を社員の学歴別、新卒・中途採用別、技術・事務別の区分ごとに示したものである。ここからは、次の2点を指摘することができる。第一に、これらいずれの区分についても、特定のカテゴリーの輩出率が皆無に近いという状況ではなく、違いはいわば程度の差として認識できることである。すでにみたように、本社から工場庶務課に示された例規では、昇給査定は現給額に基づく社員等級の区分ごとに行うことが指示されただけで、学歴や経営内の地位、あるいは新卒・中途採用の別によって取扱いを変える旨の内容は一切含まれていなかった。ここでの分析結果は、ひとまずこの事実と整合的であるといえる。

しかし第二に、個人が受けた教育のレベルや入社＝採用経路の違いによって、査定で高評価を得る確率に顕著な違いがあったこともまた、否定できない事実である。学歴別にみると、高等教育修了者の高評価者の輩出率は44%であるのに対し、中等教育、準中等・初等教育修了者の輩出率はそれぞれ24%、21%に止まっていて、高等教育と中等教育以下の間で明確な格差がある。さらに、新卒採用・中途採用の別をみると、いずれの学歴レベルについても、新

表 7-16 高評価者の輩出率（学歴、新卒・中途採用、技術・事務別）

	高評価者 A（人）	標準査定者 B（人）	輩出率 A/B（％）
高等　計	161	367	44
新卒採用	130	271	48
技術	117	243	48
事務	13	28	46
中途採用	31	96	32
技術	26	83	31
事務	5	13	38
中等　計	50	209	24
新卒採用	40	148	27
技術	35	129	27
事務	5	19	26
中途採用	10	61	16
技術	8	42	19
事務	2	19	11
準中等・初等　計	23	107	21
新卒採用	7	27	26
技術	7	26	27
事務		1	0
中途採用	16	80	20
技術	12	56	21
事務	4	24	17
総計	234	683	34

注1：高評価者とは、昇給査定額が該当の職員等級で第3四分位以上の額（表7-7参照）だった者を指す。
　2：準中等・初等は学歴記載のない者を含む。

卒採用者の輩出率が中途採用者の数値を上回っていて、とくに高等では差が大きいことがわかる。

　そこで次に、高評価者を被説明変数として、調書から得ることができるデータを説明変数とするロジスティック回帰分析を行って、それぞれの変数の影響をみることとする。説明変数としては、学歴、新卒・中途採用の別（以下、新卒と略記）、技術・事務の別（以下、技術と略記）、勤続年数、欠勤日数、前年度実績を採用した。学歴は高等、中等、準中等・初等に区分し、中等を0、高等、準中等・初等を1とするダミー変数を作成した。新卒は新卒採用を1、中

第7章 「社員」の賃金管理と定期昇給制度

表7-17 高評価者に対する説明変数の推定結果(ロジット・モデル)

	モデル1			モデル2		
	推定値	標準誤差	z値	推定値	標準誤差	z値
切片	−1.242	0.315	−3.943***	−1.693	0.366	−4.629***
高等	0.692	0.205	3.376***	0.307	0.234	1.313
準中等・初等	0.313	0.309	1.015	−0.003	0.350	−0.010
新卒	0.781	0.205	3.819***	0.204	0.235	0.866
技術	0.140	0.251	0.559	0.302	0.287	1.053
勤続年数	−0.052	0.015	−3.360***	−0.041	0.018	−2.317*
欠勤日数	−0.468	0.249	−1.880†	−0.249	0.281	−0.885
前年度実績				2.283	0.203	10.640***
AIC	833.890			687.610		
Log Likelihood	−409.946			−335.806		
N	683			677		

注:†:p<0.1、*:p<0.05、**:p<0.01、***:p<0.001で有意。

途採用を0とした。技術は技術を1、事務を0とした。勤続年数は実数を入力した。欠勤日数は11日以上の者を1、10日以内の者を0とした。前年度実績は前年度の昇給額が該当の等級[43]において第3四分位以上の額だった者を1、それ以外の者を0とした。

ここでの分析にあたっては、次の2つのモデルを作った。モデル1は、個人の属性および勤務状況の影響をみるモデルで、説明変数として学歴・新卒・技術・勤続年数・欠勤日数のみ投入した。モデル2は、モデル1にさらに前年度実績を投入して、上の変数の効果がどのように変化するかをみるモデルである。分析結果は、表7-17にまとめてある。各モデルの説明変数の相関係数行列をチェックしたところ、変数間で極端に強い共線性を示す値は検出されなかった。

まず、モデル1の説明変数の推定値をみると、その効果の強さと方向性に違いがあることがわかる。学歴については、高等が正に有意な結果(p<0.001)であるのに対して、準中等・初等は有意な結果が得られなかった。また、新卒については正に有意な結果(p<0.001)であるが、技術については有意な結果が得られなかった。これらの結果は、表7-16の分析から得られる

知見と極めて整合的であるといえる。それに対して、勤続年数については負に有意な結果（p＜0.001）であり、また、欠勤日数についても負に有意な結果（p＜0.1）となっている。欠勤日数の推定値が負に有意であることはある意味で当然であり、むしろその効果が意外と小さいことに留意すべきかもしれない。

　問題は、勤続年数の推定値が負に有意な結果となっていることをどのように解釈するかである。一見すると、このことは、日立製作所の社員の賃金システムが毎年定期的に実施される昇給によって積み重なっていく構造を持つのに対して、ブレーキをかける力が働いていることを示すものであるかのようにみえる。しかし、ここで被説明変数とする「高評価者」が社員等級ごとの高評価者であって、かつ、等級が現給額のみを基準として区分されていることを想起するならば、こうした解釈は妥当とはいえない。というのも、該当する等級で高評価を受けた者は、昇給額が高く、それゆえ上位の等級へ昇格するスピードも速くなり、結果的に該当する等級の社員平均からみると勤続年数が短くなる傾向がみられるはずだからである。とするならば、勤続年数が負に有意な結果となっていることは、過去の実績が与える効果が強いことを示唆しているのかもしれない。

　もう1つ、考慮する必要があるのは、学歴レベルが高い者ほど該当する等級の社員平均からみて勤続年数が短くなる傾向があることである。いま、官大の新卒入社者X氏と実業学校の新卒入社者Y氏が、同じ社員等級C（月給額100円〜149円）に位置づけられていると仮定しよう。標準的なモデルを適用すると、X氏は23歳で入社し、月給90円からスタートしているから、入社後3年前後で等級Cのポジションに到達したであろう。これに対して、Y氏は、17歳で入社し、日給1.3円からスタートしているから、優に10年を超える勤続を積まないと、等級Cの地位に到達しなかったであろう。事実、社員Cの学歴別の平均勤続年数は、官大卒3.6年、官専卒7.6年、実業学校卒16.7年であった。ところで、上の推定によれば高等の学歴は正に有意な結果となっているから、他の条件にして同一であれば、勤続年数は負の効果をもつといえる。おそらく、上記2つの要因が複合されて、勤続年数が負に有意の

結果となったのであろう。

　次に、前年度実績を説明変数として投入して、以上の推定結果がどのように変わるかをみよう（モデル2）。推定値は、前年度実績が正に有意な結果（p＜0.001）であり、勤続年数も負に有意な結果（p＜0.05）となっているが、高等、新卒、欠勤日数はいずれも有意な結果ではなくなっている。準中等・初等、技術は、引き続き有意な結果が得られていない。すでに指摘したように、勤続年数の効果は過去の実績と高等のそれが複合したものと推定されるから、この結果は、前年度実績がきわめて強い効果をもつことを示すと解釈できる。さらに、モデル1とモデル2のAICとLog Likelihoodを比較すると、いずれの値もモデル1よりモデル2のほうがモデルとしての当てはまりがよいことを示していて、昇給査定額が事実上、前年度の実績に大きく影響されて決まっていたことがわかる。

　そこで、「前年度実績」がどのような要因に影響されてつくり出されたものだったのか、さらに前年度実績を被説明変数とするロジスティック回帰分析を行って検証してみよう。説明変数としては、先ほどの分析で用いた学歴ダミー、新卒ダミー、技術ダミー、勤続年数に加えて、前前年度実績を採用した。前前年度実績は、前前年度の昇給額が該当の等級[44]において第3四分位以上の額だった者を1、それ以外の者を0とした。他の変数の取り扱いについては、先ほどの分析と同じである。ここでの分析にあたっても、2つのモデルを作った。モデル1は、説明変数として学歴、新卒、技術、勤続年数のみ投入した。モデル2は、モデル1にさらに前前年度実績を投入して、これらの変数の影響がどのように変化するかをみる。分析結果は、表7–18にまとめてある。各モデルの説明変数の相関係数行列をチェックしたところ、変数間で極端に強い共線性を示す値は検出されなかった。

　まず、モデル1の推定値をみると、データが得られないため変数から外した欠勤日数を除き、表7–17のモデル1とほぼ同様の結果が出ていることがわかる。学歴については高等のみが正に有意な結果（p＜0.001）で、新卒も正に有意な結果（p＜0.001）であるが、技術については有意な結果は得られな

表 7-18 前年度実績に対する説明変数の推定結果（ロジット・モデル）

	モデル 1			モデル 2		
	推定値	標準誤差	z 値	推定値	標準誤差	z 値
切片	−1.808	0.340	−5.322***	−1.825	0.408	−4.471***
高等	0.972	0.218	4.453***	0.594	0.264	2.246*
準中等・初等	0.471	0.338	1.393	0.251	0.405	0.620
新卒	1.275	0.225	5.656***	1.014	0.269	3.767***
技術	−0.156	0.262	−0.596	−0.168	0.296	−0.566
勤続年数	−0.043	0.016	−2.654**	−0.081	0.025	−3.292***
前前年度実績				2.350	0.226	10.396***
AIC		775.700			582.160	
Log Likelihood		−381.850			−284.081	
N		677			618	

注：† : $p<0.1$, * : $p<0.05$, ** : $p<0.01$, *** : $p<0.001$ で有意。

かった。勤続年数については負に有意な結果（$p<0.01$）となっている。次に、前前年度実績を説明変数として投入して、以上の推定結果がどのように変わるかをみよう（モデル 2）。推定値は、前前年度実績が正に有意な結果（$p<0.001$）であり、勤続年数が負に有意な結果（$p<0.001$）であるが、それだけではなく、高等が正に有意な結果（$p<0.05$）、新卒も正に有意な結果（$p<0.001$）となっている。モデル 1 と比較すると、高等の効果が小さくなっているが、その分勤続年数の効果が大きくなっている。この分析結果は、プラスの実績の形成にあたっては、高等教育修了者であることや、新卒入社者であることといった、個人の属性が強く影響していることを示すものといえる。

(3) 年齢 – 賃金プロフィール

最後に、以上の分析結果を踏まえて、日立工場社員の年齢 – 賃金プロフィールを学歴別、新卒・中途採用別、技術・事務別にみよう[45]。ここでは、年齢の推計を行うため、対象を官大、官専、実業学校出身者にしぼった（年齢の推計方法については、図 7-3 の注参照）。サンプル数は合計で 1,110 人である。

図 7-3 は、最も人数が多い新卒入社の技術者をとって、給料額が年齢の上昇とともにどのように上がっていくか、そのトレンドを官大・官専・工業学校

図 7-3 新卒採用者の年齢 – 賃金プロフィール（官大・官専・工業学校卒技術者）

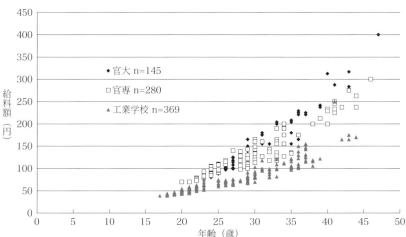

注1：賃金は月給換算額。年給は12で除し、日給は30を乗じた。
　2：年齢＝標準卒業年齢＋(1938－卒業年)。官大は23歳、官専は20歳、実業学校は17歳を標準卒業年齢とした。

の学歴別に示したものである。ここからは、次の2点を読み取ることができる。第一に、官大・官専に比べて、工業学校の給料額が全般的に低位に止まっていて、さらに、年齢上昇にともなう増加率も低い傾向がみられることである。そのため、官大・官専との格差は年齢が上がるにつれて一層拡大している。この結果は、新卒採用者を標準として年齢 – 賃金プロフィールを描き出すとすれば、官大・官専と工業学校では違った形状の曲線となること、前者に比べて後者のそれは傾きがかなり緩慢なカーブとなることを意味するものといえる。第二に、官大と官専の給料額を比較すると、30歳代前半までほぼ同一のレベルにあるのに対し、30歳代半ば以降は官大の給料額が官専を上回る傾向が鮮明になることである。すでにみたように、1910年代の官専の初任給が35円ないし40円だったのに対して、官大のそれは70円で、当時の相場からみて破格の高い水準にあった。ここでみられる傾向は、とくに日立製作所の発展の初期において、官大出身者が特別扱いの待遇を受けていたことと関係しているのかもしれない。

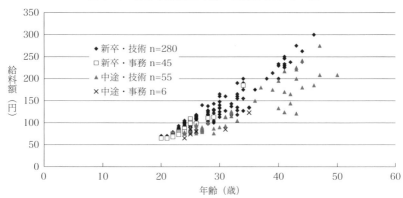

図7-4　官専卒業者の年齢 – 賃金プロフィール

注：図7-3と同じ。

　図7-4は、官専出身者をとって、上でみた新卒採用の技術者と比べて、中途採用の技術者、および新卒・中途採用の事務社員の年齢 – 賃金プロフィールがどのように違っているかを示したものである。新卒採用に比べて、中途採用では技術・事務とも給料額が低位にとどまっていて、さらに、年齢上昇にともなう増加率も低い傾向がみられることがわかる。技術と事務の違いについては、ケース数が少ないため確かなことはいえないが、大きな差はないようにみえる。図示はしなかったが、官大、実業学校についても、ほぼ同様の傾向を読み取ることができる。これらの結果は、査定の高評価者に対する説明変数の推定結果ときわめて整合的である。

　そこで次に、現給額を被説明変数として、調書から得ることができるデータを説明変数とする重回帰分析を行って、それぞれの変数の影響をみることとする。説明変数としては、年齢（推定値）、学歴、新卒、技術を採用した。年齢は実数を入力した。学歴は官大、官専、実業学校に分け、官専を0とし、官大、実業学校を1とするダミー変数を作成した。新卒は新卒採用を1、中途採用を0とした。技術は技術を1、事務を0とした。分析結果は、表7-19にまとめてある。F値は十分な値（1388.061, $p<0.001$）になっていて、分析モデルのフィッティングに問題はないといえる。説明変数の相関係数行列をチェッ

表 7-19　現給額に対する説明要因の推定結果
　　　　　（重回帰分析）

	推定値	標準誤差	t 値
切片	−77.924	3.417	−22.807***
年齢	6.107	0.092	66.391***
官大	9.582	1.568	6.110***
実業学校	−23.034	1.211	−19.013***
新卒	22.009	1.593	13.820***
技術	2.678	1.504	1.781†
R^2	0.863		
修正済み R^2	0.862		
F 値	1388.061***		
N	1110		

注：†：$p<0.1$、*：$p<0.05$、**：$p<0.01$、***：$p<0.001$ で有意。

クしたところ、変数間で極端に強い共線性を示す値は検出されなかった。

　推定値をみると、年齢については正に有意な結果（$p<0.001$）であり、また、新卒についても正に有意な結果（$p<0.001$）となっている。学歴については、官大は正に有意な結果（$p<0.001$）であるのに対して、実業学校は負に有意な結果（$p<0.001$）となっている。ただし、係数の絶対値をみると、官大の値（9.582）に対して実業学校の値（23.034）の方が圧倒的に大きく、官大と官専の差よりも官専と実業学校の差の方が現給額に与える影響が格段に大きいことがわかる。最後に、技術については正に有意な結果（$p<0.1$）となっているが、その有意水準は高くない。これらの結果は、図 7-3・図 7-4 から得られる知見とぴったり一致しているといえる。

第 6 節　結論

　本章では、戦間期の日立製作所における社員の賃金管理の実態とその論理を、定期昇給の査定のための基礎資料として作成された『昇進調書』（日立工場）の分析を通して、できるだけ実証的に明らかにすることを試みてきた。主な分析結果は、次の 4 点にまとめることができる。

第一に、社員の賃金は、新卒者を標準とする学校別の初任給を出発点として、毎年査定によって個人で異なるある程度の額が増給されていく、積み重ね方式で決定されていた。査定は社員等級の区分ごとに行われ、等級が上がるほど個人の昇給額の散らばりが大きくなる仕組みになっていたが、1人当たり平均は高い等級ほど高い額に設定されていた（年給職員を除く）から、全体としてみると社員の賃金は勤続年数に比例して逓増的に上昇した。出身学校と卒業年をコントロールすると、中途採用者で新卒採用者の給料額以上の初任給を得ることができた者はほとんど存在せず、中途採用者は新卒採用者に比べてワンランク下の賃金＝経営内の序列に格付けされるのが通例だった。さらに、入社後の昇給＝昇進レースでも、中途採用者が査定で高評価を得る確率は新卒採用者に比べて顕著に低く、不利な立場にあったといえる。要するに、日立製作所の賃金システムは、新卒採用や長期雇用という他のサブシステムときわめて整合的なものとなるよう設計されていて、これらが相互補完的に機能するトータルな社員の人事管理システムを形づくっていたのである。

　第二に、日立製作所が社員の定期採用にあたって、求人を出した相手先は全国（植民地を含む）の主要な中・高等教育機関であり、なかでも官大・官専・実業学校の官公立学校とは毎年の新卒者の就職＝採用を通して緊密な関係を築いていった。だが、会社側は、学歴ランク・修業年数の異なるこれら3つのタイプの学校出身者を、一律平等に処遇していたわけではない。とくに日立製作所の発展の初期においては、官大卒技術者は当時の相場からみて破格に高い初任給で迎えられた。ただし、1920年代から30年代にかけて官大の量的拡大が進んで、スキルの稀少性が低下すると初任給も傾向的に低下して、1930年代半ばまでには官大と官専の初任給の格差は年齢ベースでみてほぼ解消した。他方、実業学校の初任給は1910年代から30年代にかけて継続的に上昇したが、1930年代半ばの時点でも官専のおよそ半額で、年齢ベースでみても一段低い水準にとどまっていた。官大・官専卒が職員として採用されたのに対して、実業学校卒は見習生のポジションからスタートしたが、入社後の昇給＝昇進レースではそうした地位の違いが考慮されることはなく、査定で高評価を得た者

も少なくなかった。しかし、学歴別に高評価者の輩出率をみると、高等教育修了者に比べて中等教育、準中等・初等教育修了者の数値は顕著に低く、高等教育と中等教育以下では明確な格差が存在した。日立製作所の「社員の世界」は、三井物産のケースとは違って、学歴や学校歴、新卒・中途採用の別によって異なる形状の年齢-賃金プロフィールを描くことができる、実質上の学歴分断社会だったのである[46]。

　しかし、第三に、社員の賃金決定に強い影響を与えたのは、高等教育修了者であることや、新卒入社者であることといった、個人の属性に関する要因のみではなかった。むしろ、毎年の昇給額の査定にあたって、決定的に重要なファクターだったのは前年度の実績である。事実、高評価者を被説明変数として、調書から得ることができるデータを説明変数とするロジスティック回帰分析の結果では、推定値は前年度実績が正に有意な結果（$p<0.001$）であり、勤続年数も負に有意な結果（$p<0.05$）であるが、学歴、新卒・中途採用の別、技術・事務の別、欠勤日数については、いずれも有意な結果が得られなかった。勤続年数の効果は過去の実績と学歴のそれが複合されたものと考えられるから、この分析結果は前年度の実績がきわめて強い効果を持つことを示すと解釈できる。ただし、さらに前年度実績を被説明変数とするロジスティック回帰分析を行うと、推定値は前前年度実績が正に有意な結果（$p<0.001$）であり、勤続年数も負に有意な結果（$p<0.001$）であるが、それだけでなく、高等学歴が正に有意な結果（$p<0.05$）、新卒採用も正に有意な結果（$p<0.001$）になっていて、プラスの実績の形成にあたって属性要因が強く影響していることがわかる。

　第四に、日立製作所の定期昇給制度は、このような「実績主義」とも呼ぶべき査定の実態ときわめて親和性の高い制度的仕組みになっていた。制度化された一連のプロセスで、個人の昇給額の原案を作成する責任者の立場にあったのは日立工場の各部長である。彼らは本社から提示された例規に基づき、社員等級の区分ごとの1人当たり平均が指定の金額となるよう原案を作成した。その結果、工場各部の人材の質や仕事の内容はそれぞれ違っていたにもかかわら

ず、昇給額の平均は横並びの数値となり、そうした状況は副工場長会議での調整を経てもほとんど変わらなかった。このような条件下で、個人の業績を評価する全社（工場）統一的な基準を定めることはきわめて困難だったといえる。事実、副工場長会議の資料として用いられた調書には、職務遂行に関連する項目は勤怠状況を別として、一切設けられていない。他方、査定にあたっては社員等級が高くなるほど個人間で大きな格差をつけることを求められたから、査定者は評価が恣意的であると疑われないためにも、前年度の実績を参照する強いインセンティブを持っていたと推測される。さらにいえば、個人がどの社員等級に該当するかは、そもそも現在の給料額、すなわち属性を加味した過去の実績の総和によって一義的に決まっていた。その意味で、等級制度をベースとする査定の仕組みは、それ自体が実績主義の原理を内に含んでいたとみることができる。

　以上の分析結果は、第二次大戦後の日本における賃金管理の発展とその論理について、戦前からの歴史経路依存性（path dependence）の観点から考える上で示唆に富んでいる。戦後の労働組合が、電産型賃金に代表されるような年齢と家族数を主な基準とする、生活給を求めたことはよく知られている。これに対して、経営側は仕事とリンクした賃金設定にこだわり、一時は能率給の導入を追求したが、1950年代半ばになると定期昇給制度の確立を提唱するようになった。すでにみたように、この制度は、労使のそれぞれにとって好都合に解釈することが可能な制度であり、それゆえ大企業を中心に広く普及したと考えられる。注目すべきことは、これを契機に「昇給基準線」を設定するという、独特の賃金管理の手法が多くの企業で採用されたことである。それは、個人の賃金が勤続年数の経過とともにどのように上がっていくのが理想的か、そうしたトレンドのモデルを学歴別の新卒採用者の賃金プロフィールとして描き出したものであった[47]。

　問題は、このような定期昇給制度を中核とする賃金決定のメカニズムが、個人の属性によって影響される部分が大きく、職務遂行とどのように関連づけられるかが極めて不透明で、実質上前年度の実績によって強い影響を受けるシス

テムになっていたことである。それは、会社側のよく自覚するところでもあった。たとえば、定期昇給制度の確立を呼びかけた関東経営者協会の政策文書は、日本では「職務遂行能力即ち能力、熟練度等の社会的評価が客観化されて」いないため、「現状では学歴、勤続年数がこれに代わり有力な賃金格差の背景となっている点を基準線設定の際考慮しなければならない」、と指摘していた[48]。査定の実績主義の問題性については、次のように書かれている。

> 定期昇給制度における人事考課は従業員の職務遂行能力の将来における発揮度判定資料をうるのが目的であり、その意味における過去の実績を判定するのが目的である。……従ってたまたま一定の期間だけ人事考課の判定結果が好かったとしても、過去の実績は将来に対する発揮度の判断材料とならない限り、これは賞与支給の条件である功労報酬の度合測定の対象とはなっても定期昇給の際は考慮に入れるべきではない[49]。

その後の賃金制度改革の歴史は、すでに定着・確立している定期昇給制度を前提として、賃金が職務遂行にリンクして支払われ、かつ、その結びつけ方が労働者にフェアなものとして受容されることはいかにして可能か、という難問にこたえるための試行錯誤の歴史であったとみることができる。そうした試みの中で、とりわけ強い説得力を持ったのは、労使共同参加の職務調査によって職場の課業をすべて洗い出してランクづけを行い、これをもとに社員の職務遂行能力を評価する全社統一的な基準＝職能資格要件を作成していくというアプローチであった[50]。戦間期の等級制度——現在給料額を基準とするそれ——が孕んでいた実績主義の原理はここに払拭され、日本の賃金システムは職務遂行能力を基準として社員をランクづける、職能資格制度を基軸とするものへと進化したのである。それはまた、戦後新卒採用と長期雇用を中核とする雇用システムがホワイトカラーからブルーカラーを含む従業員全体へと拡大する中で、重要性が著しく高まった人材開発の要請に対してもよく応えることができる制度であり、それゆえインクリメンタルな革新を競争力の源泉とする日本企業にあ

まねく広まったといえる。

　だが、論理的にはともかく日常的な実践として、毎年定期的に行われる査定の実績主義を克服することは、決して容易な業ではなかった。職能資格制度の普及に貢献した賃金コンサルタントの楠田丘は、職務調査には大変な手間がかかるため、これをスキップしてしまい、結局相対評価、学歴性別運用の罠に陥った会社が非常に多かったと証言している[51]。それだけではない。すでにみたように、戦間期の社員の査定制度では、個人の人事評価は工場の部→副工場長会議→本社へと順次あげられていき、不適当と判断されればその都度修正される仕組みになっていた。そうした制度では、人事評価を行う査定者自身が、その適切性をめぐってより上位の査定者によって評価される立場に立たされているといえよう。このような構図は、戦後もほとんど変わっていない。むしろ、本社人事部のプレゼンスは格段に高くなっていると考えられる。とするならば、人の評価が究極的には主観とならざるを得ない以上、第一次査定者が自らの評価の恣意性を疑われないためにも、前年度実績を参照する強いインセンティブを持つという状況は大きく変わらなかったであろう[52]。

　1990年代に入ると、職能資格制度を基軸とする日本の賃金システムは一転して強い批判にさらされた。とりわけ90年代後半以降は、成果主義が声高に叫ばれる中で、職務遂行能力に基づく社員区分をゼロセットで見直し、新たに発見された「役割」という概念によって社員をランクづける、役割等級制度が急速に広まっていった。このような批判の根底には、1950年代以来、定期昇給制度の「年功的運用」が——経営環境の激変によって、その非合理性がかつてないほど高まっているにもかかわらず——いっこうに改善されない現状への、経営側の強い苛立ちが存在した[53]。このことは、本章の分析が明らかにした査定の「実績主義」——属性主義を包み込んだそれ——が、言葉の真の意味で克服されることがなかったことを示している。そうしたなかで、賃金全体のうち定期昇給によって支払われる部分をできるだけ縮小し、さらに、査定においてもマイナス評価を組み込んだいわゆるゾーン別昇給方式を導入して、「積み重ね」方式の脱却をめざす企業が現れたことが注目される。

このような動きは今後どこまで広まるだろうか。世界的に見ても厳しい減給を組み込んだシステムは、労働者からフェアなものとして受け入れられて、職場に定着することができるだろうか。積み重ね方式からの脱却は実績主義からの脱却へとつながり、そして、賃金は職務遂行とより密接かつ透明な仕方で結び付けられるようになるのだろうか。その答えはまだわからない。いま、日本の賃金は、制度変化をめぐる大規模な歴史的実験の途上にある。

謝辞：

　本章で利用した旧小平記念会所蔵史料については、長らく小平記念館の館長を務められた故・高橋市蔵氏のご厚意により閲覧することができた。また、第5節の計量分析にあたっては、秋池篤氏（東北学院大学）から貴重なご助言をいただいた。記して、謝意を表したい。

注
1) 本章が分析対象とする日立製作所日立工場では、当初「所員」という呼称が使われていたが、1920年代半ば以降「社員」という呼び方が定着した。『労務管理（日立工場50年史稿本）』日立製作所本社所蔵、26頁。煩瑣なので、以下「社員」という用語で統一する。なお、対象とする社員は、氏名から判断して日立病院勤務の者1人を除き、全員男性である。
2) 藤村聡「戦前期企業・官営工場における従業員の学歴分布－文部省『従業員学歴調査報告－』の分析」『国民経済雑誌』第210巻第2号、2014年8月。
3) 藤村の分析では、実業補習学校卒は中等教育の学歴カテゴリーに分類されている。
4) 藤村の分析では、事務系では部長以上、技術系では技師以上が上級管理職のカテゴリーに分類されている。
5) 藤村の分析では、「就位率」という用語が使われている。
6) 藤村、前掲論文、69頁。
7) このうちには本章が分析対象とする日立製作所日立工場が含まれている。
8) ただし、藤村は、三井物産のケースはホワイトカラー企業の中でもとくに高等教育修了者の比率が高く（52.5％）、上級管理職の輩出率において高等・初等の学歴による較差が際立って小さい（1.6倍）ことの2点で突出しており、その「特異性」が目立つと指摘している（藤村、前掲論文、70頁）。藤村によれば、高学歴者の比率が際立って高いという現象は兼松・伊藤忠でも観察することができ、これらは三井物産だけでなく貿易業一般に共通する傾向であるとも考えられるという。とする

ならば、三井物産モデルを第 3 次産業に属する企業にどこまで拡張して適用できるかということも重要な論点となるが、本章ではこの点について立ち入らない。

9) 氏原正治郎「戦後日本の労働市場の諸相」『日本労働協会雑誌』第 1 巻第 2 号、1959 年 5 月、菅山真次『「就社」社会の誕生—ホワイトカラーからブルーカラーへ—』名古屋大学出版会、2011 年、175-181 頁。

10) 戦前の職工の日給制度については、森建資「官営八幡製鉄所の賃金管理」(1)・(2)『経済学論集（東京大学）』第 71 巻第 4 号、2006 年 1 月、第 72 巻第 1 号、2006 年 4 月、同「賃金体系の二層構造」『日本労働研究雑誌』No.562、2007 年 5 月、参照。

11) ただし、社員の見習段階にある「見習生」に対しては 6 月にも定期昇給が行われた。見習生は 20 歳以下の者が対象で、通常 2 年間の身習い期間を経て正式の社員となった。

12) 小池和男『戦後労働史からみた賃金—海外日本企業が生き抜く賃金とは—』東洋経済新報社、2015 年、第 4 章。

13) 仁田道夫『変化のなかの雇用システム』東京大学出版会、2003 年、17 頁。

14) 同上書、16 頁。同様の理解は、梅崎修「賃金制度」仁田道夫・久本典夫編『日本的雇用システム』ナカニシヤ出版、2008 年、81-82 頁、にもみられる。

15) Andrew Gordon, *The Evolution of Labor Relations in Japan; Heavy Industry, 1853-1955*, Council on East Asian Studies, Harvard University, 1985, chap. 5〔二村一夫訳『日本労使関係史 1853-2010』岩波書店、2012 年〕。

16) 兵藤釗『日本における労資関係の展開』東京大学出版会、1971 年、442-453 頁、菅山、前掲書、296-304 頁。

17) 大原社会問題研究所編『太平洋戦争下の労働者状態』東洋経済新報社、1964 年、97 頁（徳永重良執筆分）。

18) 菅山、前掲書、182-190 頁。

19) 厚生省は、従来の「職工」という呼び方を改めて、「社員」と対をなす「工員」という呼称を使うよう指導していた。

20) 戦前の社員の定期昇給制度について、1 次史料に基づく研究は管見の限り、田中慎一郎『戦前期労務管理の実態—制度と理念—』日本労働協会、1984 年、489-531 頁、が唯一のものである。ただし、この研究は実務家の観点からなされているため、ケースの詳細に不必要に立ち入る傾向が強く、当時の統計処理の技術的限界もあって、制度の基本的な仕組みと運用の実態が十分に解明されているとはいえない。

21) 本節の記述は、とくに断らない限り、菅山真次「社員の世界・職工の世界—雇用関係の日本的展開—」深尾京司・中村尚史・中林真幸編著『日本経済の歴史　近代 2』岩波書店、2017 年、日立製作所『日立製作所史 1』改訂版、1960 年、初版は 1949 年、による。

22) 菅山真次「1920 年代重電機経営の下級職員層—日立製作所の事例分析—」『社

会経済史学』第 53 巻第 5 号、1987 年 12 月、61 頁。宇田川勝『日産コンツェルン経営史研究』文真堂、2015 年、211 頁によれば、学卒技術者の採用は小平が雇主の久原房之助に進言して実現したものだという。

23)　前掲『労務管理』、4 頁。このような社員内部の区別は日立製作所が久原鉱業から完全独立して以降も存続し、職員は東京の本社採用だったが、雇員・見習生は工場・事業所採用だった。以下、職員を「上級社員」、雇員・見習生を「下級社員」と呼ぶことがある。なお、久原鉱業時代には職員は給料額をもとに 1 級〜10 級の等級に分けられていたが、独立後、1920 年代半ばにこの等級制度は廃止されている。同上、3-4、26 頁。

24)　1912 年に採用された倉田主税（仙台高等工業学校卒）は、後年、月給 25 円で職員として採用するとの約束で入社したが、入社後受け取った辞令には「月給 35 円　雇員とする」と書いてあったと回想している（倉田主税「私の履歴書」日本経済新聞社編『私の履歴書　経済人 12』日本経済新聞社、1980 年、345-347 頁）。しかし、日立製作所日立工場『昇進調書　昭和 13 年末』旧小平記念会所蔵からは、同年に入社した倉田の同窓生・茂村松太郎を含めて、高等工業新卒者はすべて職員として採用されたことを確認できる。1912 年当時高等工業卒の初任給が 35 円だったこと、それに対して帝大卒は 70 円だったため待遇改善の声が高等工業出身者から上がったことは事実だが、要求の焦点は給料と寮の取扱いの格差是正であり、採用ポジションについては何ら問題にされていない。『労働運動（日立工場 50 年史稿本）』日立製作所本社所蔵、2 頁、日立製作所日立工場労働組合『日立労働運動史』1964 年、11 頁。なお、月給 35 円は 8 級職員の給料と同額である。

25)　この点は、株式会社日立製作所『職員録』昭和 13 年 5 月 1 日現在、旧小平記念会所蔵、と照合することで、ほぼ確認することができた。

26)　現業職に従事しながら、社員としての待遇を受ける者を指す。

27)　なお、「摘要」は「入営」や「無資格」など、基本的に勤務状況に関連して、査定のための留意事項がある場合にこれを記入する欄である。ただし、年給職員についてはこうした摘要欄はなく、代わりに「備考」が設けられている。

28)　「株式会社日立製作所所員俸給諸手当支給規則」1920 年 2 月 16 日制定・「株式会社日立製作所各工場所員勤務規則」1920 年 3 月 19 日制定、いずれも旧日立製作所中条工場（現・日立産機システム中条事業所）所蔵。役付職工については休暇日に賃金が支給された以外、一般職工と同一の取り扱いが適用された。「日立製作所日立工場職工就業規則」1922 年 3 月 29 日制定、旧小平記念会所蔵。なお、規則では第 1・第 3 日曜日のみが休暇日とされているが、戦間期には第 2・第 4 日曜日も休暇として与えられるのが慣行化していたようである。前掲『労務管理』29 頁。

29)　日立製作所日立工場人事課『人事課関係規定集』1941 年 5 月 15 日、旧小平記念会所蔵。なお、人事課は 1941 年 1 月に工場長直属として新設された課である（日立製作所『日立工場 50 年史』1961 年、27 頁）。戦時統制が加速したこの時期に、こうした史料が作成されたのは、矢継ぎ早に出される労務統制関連の法令に対

応する中で、規定や手続きの新設・改正が膨大な数に上ったため、これらを整理して取り扱いの統一を図る必要に迫られたからだったと推測される。おそらく、人事課の設置自体、膨れ上がる事務作業への対応の側面が強かったのであろう。

30) 本社総務部庶務課は、職員 16 人、雇員 2 人、雇員待遇 4 人、見習生 6 人および女性の見習 44 人の計 72 人の体制だった（日立製作所、前掲『職員録』）。タイプされた文書を大量に作成するためか女性の数は多いが、職員の数は意外に少ないことがわかる。

31) 旧小平記念会所蔵史料。

32) 論理的に見て、「(6)昭和 12 年度各学校卒業職員」の項目は「昭和 11 年度各学校卒業職員」と同じく、標準査定の適用除外を定めた項目と理解されるべきである。

33) 見習生のみは独立の等級として設定されているが、見習生については年に 2 回昇給が行われたから、扱いを別にすることが必要だったと考えられる。

34) ただし、守衛長（5 人）の昇給額平均は 15 銭になっている。

35) なお、対象を月額換算で 50 円未満の者にしぼって再分析したが、昇給額平均は 7 円で変わらなかった。

36) 一般に、入社年が遅いと職員への昇格に要する期間が長期化する傾向が見られることについて、菅山、前掲「1920 年代重電機経営の下級職員層」、86・87 頁、参照。ただし、同論文は、この事実を基に社員内部の階層差が「著しく拡大」したと断定している（89 頁）が、妥当な見方とはいえないので撤回したい。関連して、同上論文では、「上級職員（社員）」を「職員として採用された者」、「下級職員（社員）」を「雇員または見習生として採用された者」と定義して用いているが、この用語法も実態を正しく反映したものとはいえないので、修正したことを付言しておく（注 23 参照）。

37) 市原博「日立製作所の新製品開発と技術者の「現場主義」―「現場主義」の起源―」谷口明丈編『現場主義の国際比較―英米独日におけるエンジニアの形成―』ミネルヴァ書房、2015 年、239 頁。

38) 小路行彦『技手の時代』日本評論社、2014 年、347-351 頁。ただし、工業学校の社会的評価は学校ごと、専攻ごとに違っていて、採用ポジションにも影響していた可能性がある。沢井実『近代大阪の工業教育』大阪大学出版会、2012 年、第 2 部、参照。

39) 前掲『労務管理』、58 頁。

40) 同上、31 頁。

41) 菅山、前掲『「就社」社会の誕生』、137-151 頁。日立製作所の新卒者の定期採用システムが、学校とのリンケージを制度的基盤とするものであったことについては、菅山、前掲「社員の世界・職工の世界」参照。

42) 標準査定者の人数が意外に少ないが、これは 1936・37 年新卒入社者および 38 年入社者の多くが対象外となっているうえに、入営者が少なくなかったためである。

43) 該当の等級は、現給額から 1938 年の昇給額を差し引いて推定した。

44) 該当の等級は、現給額から 1938 年と 1937 年の昇給額を差し引いて推定した。
45) 筆者はかつて、同じ史料を用いて、社員・職工の勤続年数 – 賃金プロフィールと実収賃金の格差（年齢区分別）について論じたことがある。菅山真次「戦間期雇用関係の労職比較―「終身雇用」の実態―」『社会経済史学』第 55 巻第 4 号、1989 年 10 月、10-16 頁。そこでは、職工のデータが 1936 年しか得られないので対象時期を合わせるために、社員の給料額として現給額から 1938 年と 1937 年の昇給額を差し引いた額を用いた。ただし、主な結果は今回の分析によっても変わらないことを付言しておく。
46) 川村一真・清水泰洋・藤村聡「戦前期の賃金分布―会社内・会社間比較―」『国民経済雑誌』第 211 巻第 4 号、2011 年 4 月は、『職員名簿』のデータを基に戦間期最大のメーカー企業であった鐘淵紡績株式会社と、中堅の貿易商社であった兼松商店の社員の年齢―賃金プロフィールを、計量分析の手法を用いて厳密に比較検討している。そこでは、両者とも高等教育を受けたことが賃金に与える影響は正に有意であるが、その効果は兼松に比べて、鐘紡の方が格段に大きいという推定結果が得られている。この結果は、本章の分析が示すところとよく符号するように思われる。
47) 工藤信夫『賃金管理と昇給制度』東洋経済新報社、1958 年。
48) 関東経営者協会「定期昇給制度に対する一考察」『経営者』1954 年 5 月号、75 頁。
49) 同上、76 頁。
50) 楠田丘『楠田丘オーラルヒストリー　賃金とは何か』（石田光男監修・解題）、中央経済社、2004 年。
51) 同上書、195-197 頁。
52) こうした推測を傍証する証言として、『園田恭義オーラル・ヒストリー（元日本鋼管(株)人事部・(有)るいか代表取締役）』平成 28 年度文部科学省科学研究費補助金〔基盤研究(C)〕研究成果報告書（研究代表　田口和雄・岩崎馨）、2016 年、17-18 頁、を挙げておく。
53) 梅崎、前掲論文、石田光男・樋口純平『人事制度の日米比較―成果主義とアメリカの現実―』ミネルヴァ書房、2009 年。

第8章
「学歴身分」制度の再検討

市 原　　博

第1節　問題の所在

(1)　労働研究と「学歴身分」

　日本企業の従業員たちは、学歴＝教育資格を基準として、職務配分や処遇、キャリアが異なる集団に区分されて管理されてきた。労働研究が、従業員間に存在したこれらの区分を日本企業の人事制度のあり方を特徴づけるものと位置づけ、それを「身分」という概念でとらえるようになったのは1960年前後であった。この認識の形成を示す文献として今日まで繰り返し引用されてきたのは、戦後長く労働研究を主導する立場にあった氏原正治郎が1959年に発表した論文である。そこでは、大学・高等専門学校卒、中等学校卒、高等小学校卒、尋常小学校卒という教育資格と、職員、準職員、工員、組夫という「身分」が「みごとな照応」関係にある企業相互に封鎖された「従業員グループ別・学歴別労働市場」を内実とする「経営身分階層」が戦前期の日本企業に明確に存在し、戦後に労働組合運動により実現された「身分制撤廃」後もそれが強固に残存しているという認識が示され、そうした「経営身分秩序」が、当時進行し始めていた中卒技能工の減少と高卒者の技能工化により変容を迫られていることが論じられた[1]。

　同じ頃、日本企業の人事制度の特徴を説明するのに、氏原は使わなかった「学歴身分」という用語を使用したのが、当時の労働研究にもっとも大きな影

響力を及ぼしていた大河内一男であった。それまで日本の労働問題を「出稼ぎ型」論で説いていた大河内は、1960年前後にその見解を転換し、養成工制度を通した若年労働者の企業内養成により形成された企業封鎖的労働市場を基礎に、新卒採用された従業員が定年まで勤続する「生涯雇用」が昭和初期までに姿を現し、それが戦時期の労働統制で促進された後、戦後に大企業で一般化し、それに対応して年功賃金と企業別組合の制度が形成されたと論じ始めた。その中で、大河内は、「日本における雇入れは……経験や技能の雇入れではなく、一種の学歴身分の雇入れ」であり、「所定の学歴身分で雇用が定まれば、それ以後は、もっぱら従業員の勤続年数に応じて上昇し、工手、技手、技師等の身分階級の昇進」に対応して勤続に規定された賃金が支払われると、日本の雇用制度の特徴を、「学歴身分」を基礎とした「身分階級」別に処遇やキャリアが決定される点に求めたのであった[2]。

ここでは、従業員をその教育資格を基準に「身分」に区分する制度が、戦前期に限らず、戦後の大企業の人事制度をも特徴づけていると認識されていた点に注意する必要がある。とくに、大河内は1960年代後半まで、この認識を表明していた。大河内は1967年に出版した著作で「学歴社会」を論じ、「日本では学歴はただ一種の資格であり、また一種の身分であるにすぎない場合が、しばしば見受けられ」、「産業界の雇い入れの基準が学歴身分的なものに左右されてい」て、流動性の高い産業社会である欧米とは異なり、日本ではそれが「固定した身分」となっていると論じていたのである[3]。

しかし、こうした教育資格への視角は、その後、労働研究では衰微して行った。国民全体の教育水準の向上にともなう従業員の学歴構成の変化に促されて1960年代後半から1970年代に大企業で実施された職能資格制度の導入を軸とする人事制度改革による職員と技能工の格差の縮小や、ホワイトカラーとブルーカラーの差異を越えた日本企業の従業員の一体感の強さを強調して多くの支持者を獲得した日本的経営論の影響などがその背景に存在したと考えることができる。とくに、長く日本の労働史研究をリードしてきた二村一夫により1980年代に提起された、戦後結成された事業所別「工職混合」の労働組合の

要求により身分格差の撤廃および工員層と職員層の処遇の接近が実現されたことを強調する見解[4]がそうした傾向に拍車をかけた。以後、戦後改革期に実現された職員・工員間の「身分制度」撤廃により、戦前期に存在したような教育資格を基準とした従業員内部の「身分制度」は戦後の日本企業からは消滅したという認識が、労働研究者の間で一種の通念のようなものになったといえるであろう。

こうした近年支配的になっている認識が1960年代まで広く抱かれていた認識と大きく異なっていることは、上記した氏原や大河内の記述と対比すれば明らかである。それは、日本的経営論の起源となったアベグレンの著作に記された認識とも大きく食い違っている。アベグレンによれば、日本企業の従業員は教育資格＝学歴を基準に区分された「工員」と「職員」からなり、「職員」はさらに、比較的低い地位を占めている高卒の人々と、大卒で比較的高い地位を占め、最高経営者になる資格を持つ人々に区別されていた。そして、この3つの従業員集団は「経験やものの考え方の点で、各グループの内部では同質的であるが、各グループの相互の間では、意思の疎通が悪い」とされていたのである[5]。

そもそも、教育資格が企業の構成員に対して持つ影響力は、かつては戦前より戦後の方が強力だったと認識されていた。後に日本教育社会学会会長になる教育学者清水義弘は、1957年に出版した岩波新書で、社会の各分野の人材と教育資格との関係を歴史的に検討し、「実業界や産業界は、少なくとも戦前までは高級学歴をそれほど必要としなかったと思われるが、戦後はついに高級学歴の独占するところとなっている」[6]と論じていたのである。

かつてと近年のこうした認識の差の大きさを考えると、教育資格が企業従業員の職務配分と処遇、キャリアに与えた影響の実態を踏まえ、それに関する人々の認識がどのように変容してきたのかを再検討することは、日本企業の人事制度の特徴を正確に理解する上で重要な作業となるであろう。商社の詳細な内部データを用いて実態を分析する第Ⅰ部、第Ⅱ部に対して、本章は、その認識の変化を追跡することを課題としている。

(2) 「学歴身分」制度の登場

　上述のように、氏原や大河内は、戦前期以来の日本企業に存在した従業員内部の区分を「身分」概念で把握したが、それは彼らの創案によるものではない。それらの区分を「身分」という用語で表記した記述は、すでに戦前期の文献に確認することができる。その1つは、1926年の八幡製鉄所の職工規則改正の際に、同所課長がその内容を従業員に説明した社内報の記事である。そこでは、それまで「役人」に類する取扱いを受けていた宿老や工長を「職工身分」に変更したことから生じることが予想される不満に対して、「職工身分を職員身分より下等であると感ずるのは官尊民卑の思想と労働蔑視の観念に囚はれたものである」と、両「身分」の対等性が訴えられたうえで、「尤も此かる思想、此かる観念は製鉄所特有のものではなく我国に於て広く且つ長く瀰漫した一般の風潮である」[7]と、「職工身分」を下等とみる観念が日本に広く存在していることが批判されていた。

　1897年に活版関係者を対象に行った講演で成瀬正雄が、「雇主とても職工の身分ともなりて思い遣りもして見て出来得へくは給料も増し与ふる様にせさるへからす」と述べた記録が残されているので、職員と職工の区分を「身分」として捉える観念が明治期にすでに存在していたことも確認できる[8]。しかし、「職工身分」への蔑視の瀰漫に対する製鉄所課長の指弾にもかかわらず、職員と工員の区分を「身分」という用語で捉えるのは、戦前期には一般的だったとは言えないようである。その上、氏原が指摘した高等教育と中等教育の卒業者の間の区分を「身分」という概念で捉えた言説は、現時点で確認できていない。教育資格を基準とした従業員間の区分を表現する用語としては、むしろ、「階級」という用語が社会的影響力のある人々により使われていたのが目につく。

　例えば、1907年に文部省実業学務局長の立場で工業教育制度について論じた眞野文二東京帝国大学教授は、工業教育が「(一)工科大学＝技師長、技師　(二)高等工業学校＝技手　(三)工業学校＝職工長、職工　(四)徒弟学校＝職工」というように「工業者の有ゆる階級に属する人物」をそれぞれ教育・供給していると主張し[9]、教育資格と結合した技師長から職工に至る従業員間の差

異を「階級」という用語で表現していた。

　眞野がこうした工業教育と人材育成との関係を秩序だっていると高く評価したのに対して、それが教育資格を越えた人材の上昇を困難にしていることの弊害を批判したのが大河内正敏であった。大河内は、「各個人の技能、人格、学術等によりて地位が作られるに非らずして、学校時代の修業年限の長短に支配される事が多い為めに、適材が適所に置かれず」、技術者間に多種多様なる階級が出現して一の階級から他の高級なる階級に進級する事が容易でなくなるのみならず、或場合には絶対に不可能となる」[10]と、教育資格により技術者が「階級」に分断されている現状を批判したのであった。

　教育資格と結合した従業員内部の区分が「階級」という概念で捉えられた理由を確定することはもちろんできないが、文部大臣であった榎本武揚が1889年に行った東京職工学校卒業式での訓示の一節は、それが軍隊の階級制度のアナロジーに基づくものであったことを推測させる。そこで榎本は、「技芸なるものは工師・職工長・職工の三等に分ち得へきこと恰も兵に将・校・卒の別あるか如く」と、軍隊の階級制度の機能との比喩で工師（技師）・職工長（監督者）・職工の関係性を位置づけ、「工師なるものを養成するは工科大学の専門にて」「職工長即ち所謂『フォルメン』なる者……を養成するは当職工学校の主務の一」[11]であると、そうした「階級」が学校教育と結合して形成されるという認識を表明したのである。

　このように「階級」という概念で捉えられることが多かった教育資格を基準とする従業員内部の区分が、いつどのようにして「身分」という概念で広く捉えられるようになったかを明確にすることもできない。ただ、戦後に展開された労働組合の「身分制度撤廃闘争」がその契機として重要な役割を果たしたのではないかという仮説を抱いている。

　労働研究において、戦後に労働組合による職員・工員間「身分制度」撤廃要求が実現した意義が高く評価されていることは前述した。しかし、両者間の差別の撤廃を訴える労働組合の要求には、当初「身分」という言葉は入っていなかった。例えば、日立製作所日立工場労働組合の組合史によれば、同労組は

1946年1月15日の結成大会で、「差別待遇の撤廃」というスローガンを決定し、翌1946年1月31日に提出した最初の要求の中に「差別待遇撤廃の件」を盛り込んだが、その要求に「身分」の語が入ったのは、同年11月9日に日立総連合が「社・工具身分撤廃並びにそれに伴う給与確立の件」を要求したのが最初であった。しかもそこでは、「封建的階級制度を廃止し、身分的取扱いを平等にし」と、まだ「階級」という用語が廃止対象に位置づけられていたのである[12]。他の労働組合の事例を見ると、差別撤廃要求に「身分」という用語が入ったのは、三菱電機で1947年1月、東芝で同年9月であった[13]。『資料労働運動史昭和20-21年』[14]に収録された争議における労働組合の要求を確認すると、差別撤廃要求に「身分」の語が入れられたのは、1946年4月25日に全関西化学労働組合連合会が決定した「社員、工具の封建的身分差別の撤廃」要求が最初であった。職員と工具間の差別撤廃を要求した労働組合の中から、1946年に入って両者の差異を「封建的的身分」という概念で理解する組合が出現し、それが多くの組合に広がっていったと考えられる。多くの人々の心をつかんだこの組合の要求が「身分」概念の広がりに与えた影響は小さくはなかったであろう。

第2節　教育資格と採用・昇進に関する認識：戦前

(1)　実務・中等教育の高評価と労働者との文化的格差——明治後期まで

教育資格を基準とする従業員内部の区分は、それを把握する概念や用語には差がみられたが、戦前以来多くの人々に切実な問題として注目されてきた。以下では、この問題に対する人々の認識の変遷を追跡してみたい。本章で戦前期、次章で戦後期を対象にして、教育資格と従業員の採用・職務配分・キャリアなどの関連を扱っている文献の記述を検討する。取り上げた文献は、主に若者を対象とした就職・職業案内や職業生活に関するアドバイスを収録した著作を中心に、戦後期は『実業之日本』など主に会社員を対象にした雑誌や朝日新聞などの記事も含めた。学術研究の著作も一部引用している。これらの文献の多く

は、国会図書館の近代デジタルライブラリーの検索機能を使って収集した。

　明治後期までに刊行された文献を読んでまず気づくのは、職務能力の形成に果たす実務経験の意義が高く評価されていて、手代・見習からの実地昇進や、中等教育卒業者の昇進の存在が強調されるのに対して、高等教育の昇進に果たす役割に懐疑的な見方が多く表明されていることである。

　岡本（1890）では、「普通学科と専門学科は必ず修業すべきものにして如何に実業に熟練するとも学問の力なければ到底一業を貫き一事を為すこと難し」と、学校教育が職業の成功に必須であることが主張されたが、現実には、「書物に就て学問を為す人を見るに只理屈理論のみを穿鑿して実地に練習することを忘れ其実業を為す人は旧来の習慣仕来り通りを守りて学力を以て改良進歩を計ることを為さず……学者は実業家を賤み無学愚蒙取るに足らずとなし実業家は学者の空理虚論を笑ひ為す無しとして擯斥し」[15]ていることが嘆かれていた。ここでは「実業家」は、「学問」の知識を取り入れることなく、実務経験のみに依拠して仕事を進めている存在として描かれている。

　こうした「実業家」の姿が、小さな工場や商店に限られず、近代的な企業でも普通にみられたことを示唆したのが、若者に就業上のアドバイスを与えた林（1892）であった。銀行員志望者へのアドバイスとして、林は、「銀行員なるものは専ら実験を尊ぶものにして、……殊に銀行専門に設けられたる修業所とてもなく、唯高等商業学校にでも入りて、経済の真理を観察し、卒業後或る銀行の役員となるか、或る銀行の顧問ともなるべきのみ、されど……専ら実地の経験を尊ぶものなれば、或る一二の官吏風銀行を除くの外、他は是等の銀行者を喜ばず、累進的の方法を取て手代より支配人と、以て老練家を待つ風あり」と、官僚的な少数の銀行以外では、高等教育卒業者よりも手代からの実地経験による昇進者の方が主流であると述べていたのである。もちろん林も、銀行業務に役立つ簿記や数学の学習の必要性は指摘し、夜学や独学で学ぶことを慫慂しているが、それは1年程度で良く、それに必要な学力は中学校2、3程度で足りる[16]として、中等教育の修了さえ勧めていなかった。

　こうした実務経験による昇進の存在を強調する記述は、20世紀初頭になっ

てもみられた。山本（1903）では、「大学等の高尚なる学問は……小僧手代等の如き極めて微細の事務に当つて鋭き頭脳もて処置するの手腕は到底得ること能はず」、それゆえ「商業界に出陣せんと欲せば、悉く小僧手代より立身するも差支なく而も十分なる成功を期し得べきが如し」と、小僧からの立身の可能性が強調されたのである。一方で、山本は、「全く無教育にして直に商業社会に出でし者は、仮令ひ経験を積み又日進の学術に多少修養せらるゝとも、他日教育ある者に圧倒せらるゝ虞あり」と、学校教育の効用も慫慂していた。ただ、その際にも、大学教育を受けるより「中学に於いて普通学を修め之を卒へて一二年の間商業学を履修し然る後直ちに社会に闖入する時は却つて功績大ならんと信ず」[17]と、中等教育の効用を大学教育よりも高く評価していた。

　この山本の意見は「商業界」一般を対象としたものであったが、その1年後に当時の大企業の従業員取扱方法を紹介する岩崎（1904）が出版された。そこには、大企業においても実務経験による昇進が例外的でなかったことを示す記述が多く含まれていた。たとえば第一銀行に関しては、「行員は、重に児飼から仕立て、先づ読書、算術、会話、容貌等平易な課程を試験し、これに合格すると学修部を設け、日常勤務の傍ら普通学及び銀行事務を練習させ」と、企業内での養成が人材育成の主流であるとした上で、「以上の者にして精励且つ技倆卓絶すれば、数年の後には支配人支店長など枢要の地位に抜擢する」と、彼らの登用が強調されたのである。岩崎家（三菱）や住友家の人材育成についても、教育資格の影響力が大きくないことが紹介された。岩崎家では、「大学を出た者もあれば、慶應義塾、高等商業学校、地方商業学校等の出身者もある、然し履歴が立派だからとて直ぐに上地位を與へぬ、先づ以て下の役をさせ」たうえで、「日頃人物に注意し、其上理事に命じて彼の手腕を報告させ、然る後に適当な地位に進める」とされ、住友家の人事方針についても、「何でも世の人才を取ると云ふ方針になつて居る、夫れ故中には法学士もあれば、商業学校出身者もあり、別に特記すべき程の学力上経歴を有たぬ人もある」と記述されている。当時の経済界を代表するこれらの企業においても、高等教育修了者以外の人材の登用が一般的であったことが紹介されていたのである。それは、林

(1892) が言う「官吏風銀行」の代表ともいうべき日本銀行についてさえ指摘されていた。そこでは、「総裁だとか理事だとか乃至は局長だとか云ふ地位は、充分に学識技倆の卓越せる者を以て之に任ずるが、夫れ以下の課長支店長出張所に至つては、多く普通行員から順次昇級せし者を任命するのだ」と、トップの地位を除けば高等教育修了者でなくとも昇進可能であることが強調されたのである[18]。

　有力な地位にある経営者の講話を集めた商業学会（1903）には、人事の運用で教育資格に必ずしも大きなウェートが置かれなかった理由が、一部の中等教育卒業者を含む教育資格保有者たちの仕事への取り組み姿勢に対する上司たちの不満にあったことを示唆する発言が多く収録されている。その典型的な事例として、慶應義塾に学んで明治生命を創立した阿部泰蔵の講話を取り上げると、彼は、外国貿易に従事する上で必要になる外国の地理や産業、通貨に関する知識を獲得するために商業教育を拡大させる必要性を認める一方で、「商業学校から出たものなぞが自分が学校で一ト通り学んだから商売の事は何でも分ると心得、卒業の後は世間へ出て直に相当の地位を得られると云ふやうな考へを持って居」るために、なかなか出世できない現実に直面して「する仕事も面白くないと云ふやうな事で往々その自分のする仕事を重んじない」傾向が生じ、「詰らぬ仕事だからと云つて軽率に遣つて居れば……それより重大な仕事を任せると云ふことは出来ない、詰り是れは働きのない奴だと思はれて何時まで経つても出世が出来ない」結果になると注意を促していた。こうした認識は、商業教育の発達に力を尽くした渋沢栄一にも共通していて、「甚だしきは雇主が甚だ学問を重んじないとか或は学生に対する礼儀を知らんとか云つて不平を鳴らし雇主には又事務にはチッとも慣れないが屁理屈ばかり立つて困つた人間だと云ふて嫌はれる」と教育資格保有者を戒めていた[19]。

　このように実務経験による昇進の存在が広く紹介されるのとは対照的に、職工はその性格・行動が問題視され、それを彼らの無教育さに起因させられていた。若者に就業する上での教育・学習の大切さを説いた渡辺（1888）は、「教育ある者は商店雇人の職に適すべく、教育なき者は職工の職に適すべしと云ふ

は不可」で、両者ともに教育が必要と主張したが、「世人が多く職工の業を嫌ふものは職工社会中風俗言語の野鄙なるものあるか故」[20]であると、無教育に起因する「職工」の気風・行動が社会一般から忌避されている現実を問題とした。小学校への就学率が8割を超えた時点で刊行された佐藤（1899）では、教育の問題点を指摘する文脈においてではあるが、「工場に入りて職工となる少年は……目に文字無く道理の何物たるを弁ぜず周囲の悪風に感染して疎暴淫逸に流れ……執拗頑固となるか或は放恣軽薄に流れ自棄自暴して世を正観する能はず」[21]と、彼らの性格・行動がさらに厳しく批判されていた。職工のような肉体労働者の実務経験は評価されておらず、それは社会の識者と彼らの間に存在した文化的な軋轢に由来したことがこれらの記述からうかがわれるのである。

(2) 高等教育資格の重視と教育資格の採用資格化——明治末から昭和初期

明治期末になると、採用や昇進における高等教育修了者の優位性を指摘する記述を多く見かけるようになる。この点でまず目につくのは、三井物産関係者が高等教育の効用を高く評価していることである。

前述のように、岩崎（1904）は、実務経験による昇進を人事運営の主流とする事例を多く紹介しているが、三井物産については、高等教育と中等教育修了者の格差を指摘していた。そこでは、帝国大学、高等商業学校、慶應義塾大学部等の出身で名望信用ある者の紹介を持つ者を欠員に合わせて採用する無試験採用と、「高等商業学校と同一程度の学校を卒業したる資格あるを要し、又別に尋常中学に又は地方商業学校卒業者を取ることもある」試験採用の二種類の採用方法があるとされて、採用の主たる対象に高等教育修了者が措定され、その上、「無試験採用者は月給法を取り尋常中学又は地方商業学校出身の社員は何れも日給法に依る」[22]と、中等教育修了者は日給者として、月給職員になる高等教育修了者とは別の取り扱いを受ける旨が記されたのである。

立身をめざす若者に対する著名の士の助言を収録した奥村・鹿野（1907）でも、三井物産関係者の高等教育への積極的評価が目立っていた。同書で、近

藤廉平日本郵船社長は、「高等なる専門教育を受くるとせば、将に三十歳に近きに至らん。……三十歳にして業務に入りたりとせば、二十歳の時よりして十年を経過したる今日に於ても、其業務に関しては、何等の経過実歴なきが故に、其最下級に甘せざる可らず。……既に三十一歳になりては、使ふ方にても之を小僧と同一視して充分に使ひ込む能はず、使はれる方にても亦自分の意に満たず、自ら不平を起し自暴自棄に終るに至る」という理由から、「普通の実業に従事せんとする者は、其中学程度なる普通教育を卒へたる後は、直ちに実務に就くを可」とすると助言した。また、豊川良平三菱銀行部長も、高等教育修了者の就職が30歳近くになることの弊害を指摘して、「実業は思想家に経営せらるるのでなく、実務家の手に依つて行はるるものであるから、高等なる学問を修めた者を待つ必要はない。……先づ普通教育を了へた二十歳そこ〳〵の者を採用し、直に実務の練習をさせるのであるが、是等の青年が二十五六歳の年齢に達する頃には、実務を執らすれば一廉の役に立ち、相当の働きをして、其の結果が甚だ良好なるを認めた」という経験を記している。

　これに対して、渡邊専次郎三井物産専務理事は、「日本に於ては著名なる実業家の意見が概して、余り高尚なる教育を要せず、其れよりは寧ろ中学程度を卒へたる後、直ちに実務に就きて、一日も早く実地の修練を積む方が宜いとして居る」が、「余は実業に従事せんとする青年は成るべく完全なる教育を得んことを希望するものである」と、高等教育より中等教育修了者を選好する経営者に支配的な態度の変更を求めている。さらに、飯田義一三井物産理事になると、「完全なる実業家として、将来社会に活動を試むるには、高等なる学問、……普通学以上の学識を具ふるを肝要と信ずる」と、高等教育の必要性への信念を表明し、「普通学以上の学問を修めたる、彼の高等商業学校卒業生の如き、大学卒業生の如き者の内、成るべく年配の少なる人にして、卒業成績の優等なる者を選む」採用方針であると明言したのであった。飯田は、高等教育修了者を高く評価する理由として、平常と異なる「臨時の事」への対処や「枢要の地位」の昇った時に必要になる「理解力」に富んでいることと、「品性の正しき事」を挙げ、「学識乏しき小僧上りの社員は品性悪しく、動もすれば花柳界に

出入りし、或は帳面を誤魔化して社金を消費するなどの事往々あり」と、学校教育を受けずに実務経験のみで昇進した従業員の行動に厳しい評価を下していた[23]。

　この頃から、就職・職業案内や従業員の待遇を紹介する書籍に、教育資格の重要性を説く記述が多くみられるようになる。平井（1907）は、三井物産会社では慶應義塾出身者、日本郵船会社では大学出身者、芝浦製作所では高等商業学校出身者が採用に有利というように、「何れの会社でも一種の情弊があるのが普通」だが、「相当の学歴を有するもので重役連の紹介と確としたる二人の保證人があれば、多くの会社では入社に困難はない」として、「学閥」の如きものに負けずに採用されるためには「相当の学歴」と縁故があることが望ましいと助言している。「商業学校又は中学を出で高等商業に学んで、卒業即座に銀行会社に飛込めば、其の素養は先づ完全である」とか、「機械工業家」について「低度な工手学校出身すら大に世に歓迎せらるゝ」といわれているので、「相当な学歴」として高等教育が措定されていたわけではないが、当時学校教育への要求が相対的に弱いと考えられがちだった「商業家」についても、「正順の学校生活を送ることが出来ないならば、商店商館の手代番頭として実地の見習をなし、傍ら簿記や、商業や、経済の初歩又は算数に至る迄順を追ふて夜学校に学ぶか自修して研究するの外はない」と、学校教育の重要性が語られたのである[24]。

　実際、さまざまな職業・会社の採用状況を紹介した盛文社編輯部（1911）をみると、前掲岩崎（1904）で実務経験による昇進の存在が強調された第一銀行や三菱、住友でも、高等教育修了者の採用が主流になっていると見做されていたことがわかる。三菱合資会社については、「何学校出身でなければ採用せぬと云ふ如き、偏屈な規定はない」ものの、「現在は帝国大学法科、工科、高等工業学校、早稲田大学、慶應義塾、専修学校、等の出身を多く採用して居る」とされており、住友銀行東京支店で「採用する行員は、主に法科大学、高等商業、慶應義塾、早稲田大学等であ」るといわれた。第一銀行については、「小学卒業を程度として幾多の給仕を採用して……給仕から昇給した者で相当

の地位に居る者も尠くない」と、実務経験による昇進者の存在を指摘しつつも、「法科大学、高等商業学校、慶應義塾、早稲田大学、明治大学、専修学校、早稲田実業学校、及び地方商業学校出身者を採用して居る」と、中等教育を含めて教育資格保有者の採用が増加したことを紹介したのであった[25]。同書には、中等教育や小学校卒業者を多く採用する職業や企業の事例も多数収録されてはいるが、岩崎（1904）と対比すると、学校教育の意義の増大を感じ取ることができる。

こうした動きを反映してであろう、1910年代に出版された就職・職業案内の類では、採用や昇進には学校教育が必要であるという助言がなされるようになった。そのいくつかを紹介すると、以下の通りである。

日本職業研究会（1911）
　今日では銀行員及び会社員を養成する為めに、官私立の学校が随分多くあって……いざ卒業した暁となっても、引立てゝ貰へる先輩がなかつたり、欠員がなかつたりで、空しく遊んでゐる人さへ随分多いのであるから、別に経歴もない者が直ちに採用されるなぞは寧ろ不可能と思はなくてはならぬ[26]。

東京就職通信社（1914）
　普通の学力を有する者、又は其れ以上の学力を有する者でなければ、ならぬ事は勿論、其の会社の種類に適応した、専門的の技倆を有する者でなくては、ならぬのである[27]。

実業之日本社（1914）
　商業教育が始まつて已に廿有余年、至るところの銀行会社は、その玄関先きから重役に至る迄、悉く学校出を以て充たされて居るといってよい[28]。

実業之日本社（1917）
　実業界に入り、銀行員若くは会社員となつて、相当の地位を得んとするに

は、是非とも高等の教育を受ける必要がある。……これ迄の実業界には、余り学問もないもので、相当の地位を得た例が尠くないが、これを見て直ちに実業界には学問は不必要であると考へるのは、大なる誤りである[29]。

　ここには、採用や昇進の前提に教育資格の保有を位置づける認識が示されていると言ってよい。ただ、教育資格非保有者の採用や昇進の可能性が完全に否定されたわけではない。上記の東京就職通信社（1914）では、銀行員について、「初めは給仕に住み込んで、将来其の銀行員となる事を望む者なれば、小学卒業の学力さへあればよい」[30]といわれていたし、日本青年教育会（1918）は、「会社員となって立身しやうと思ふものは相当の学校に入学するがよいが、……学校卒業者でなければ入社が出来ないと云ふわけではない。学校を卒業せずに会社員とならうと思ふ者は、其会社の重要な地位にある人に頼んで採用して貰ふやうに運動し、入社の上は精出して働き、傍ら常に修養して、学校出身者に劣らぬやうに心掛けねば、立身出世は覚束ない」[31]と、縁故の利用と精勤による昇進を慫慂したのである。

　1920年代になると、採用に際しての教育資格の重要性はさらに強く認識されるようになった。主要企業の採用方法の紹介を載せている東京職業研究所（1923）では、「銀行会社員」の採用標準として第一人物、第二頭脳体格、第三学業成績の順番を挙げ、「学科成績は却つて参考たるに止まると云ふ状態であ」り、「学問の優劣が必ずしも採用の尺度とはならない」[32]と、人物・資質重視の採用方針であることが指摘されているが、これは逆にいえば、学業成績を提出することのできる教育資格保有者の採用しか問題として認識されていなかったことを意味している。その上、この時期になると、それまでの言説では明確ではなかった高等教育と中等教育修了者の格差の存在を示す記述がみられるようになる。各企業の従業員の待遇を取り上げた俸給者組合編（1924）がそれである。そこでは、山口銀行のような小財閥銀行でも、「各学校卒業試験両三ヶ月前に各学校に其年度の採用数及採用条件等を掲示し学校当局を通じて申込ましめ」と、新規学卒者の定期採用が行なわれ、「出身学校に応じて左の

給料を支給する」と、教育資格による処遇の格差が出現していたことが紹介されている。さらに、王子製紙では大学・高専卒が準社員、中学校・商業学校卒が雇員または準雇員に採用され、その後の昇進にも両者の間に大きな差があること、住友直系会社では大学卒が三等社員、高専卒が四等社員に採用されるのに対して、中等学校程度の卒業者は補助傭員にしか採用されないことなどを記して、大企業での人事制度の整備と並行して、教育資格を基準とする格差が明確化する動きが出てきたことを紹介している[33]。

　東京職業研究会（1925）では、「学閥なるものは大抵の社会にあるものであるが、大会社、大銀行でも其の閥に属するものは昇進が早く、圏外の者は其の閥と迎合して行かなくてはならぬ」と、特定の学校出身者を昇進において優遇する会社が多数あることが指摘され、大学卒業者の間でも官立と私立の卒業者の昇進に大きな差が付けられている会社として日本郵船の例が挙げられている。高等教育修了者内部の格差まで問題とされるようになったのであった。ただ、それでも、給仕として採用される小学校卒業者に対して、「給仕が出世すれば……見習となり、書記補となり、更に書記となる順序である。それ以上は本人の働き次第で如何程でも発展することが出来る」と、昇進の可能性を説いて精勤を促してはいた[34]。

　こうした人事の運用における教育資格の影響力の拡大を問題視したのが、三越百貨店で人事課に勤務していたという新山虎治であった。新山は、三越では「店員は、その学出身者たると否とに拘らず、技倆や勉強次第で、前途栄進の道が開けて行く」とする一方で、「どこの会社でも商店でも人を採用する場合はその出身学校の如何によつて待遇に差別をしてゐる官学出であれば俸給が高く私学出であれば安くまた学士であれば無能であつても抜擢せられ高工、高商その他私学出であれば、どんなに実力があつても顧みられない」と、一般の会社が「教育過重主義」に陥っていることを告発した[35]。新山のこの批判は、教育資格の影響力が当時の社会で広く認識されていた示唆するものである。

（3） 高等・中等教育修了者へのまなざしの変化──昭和恐慌期

　高等教育修了者の優遇を中心に形成された人事運用に対する教育資格の規定的影響力という認識は、昭和恐慌期の高等教育修了者の就職難の中で、一定の変容を見せた。この時期に学校新卒者の労働市場がきわめてタイトになり、中等教育修了者よりも高等教育修了者の就職率が悪化し、後者の中でも大学卒業者の就職率が専門学校のそれを下回るようになったことはよく知られている。1929年に公開された小津安二郎監督の映画『大学は出たけれど』は、大学卒のプライドを捨てられずに、受付からキャリアを始める仕事口を拒否して就職活動を行ったものの、生活に迫られてその仕事に就く大学卒業生の姿を描いた。

　こうした現実を見て、高等教育修了者に比較して中等教育修了者を高く評価する言説が登場したのを確認できる。東京専門学校を卒業して出版社博文館に勤め、雑誌『太陽』の初代主筆となった坪谷善四郎は、1929年に刊行した著作で、「何れの会社にも銀行にも、事務員には深遠なる理論を応用せしむる様な所は少なく、……大学出も中等学校出も優劣が無い。……中等程度の学校出身は下士位のもので、之を能く訓練すれば将校に進級せしむる材幹ある者も数多ある」と、中等教育修了者で仕事が間に合うと主張し、高等教育修了者を採用すると「高い月給を払ふことの不利益なばかりで無く、少しく年を取り過ぎて使ひにくい。其れよりも二十歳前後の青年を任用して十分訓練した方が却つて役に立つといふ」意見が広がったのが、大卒・専門学校卒の採用が減少した理由だと論じた。坪谷はさらに、「中等程度の学校出身でも、頭の良い者は出世が早く、未来の重役たることも決して不可能では無い」と、中等教育修了者の素質を高く評価したのであった[36]。

　各社の採用方針を紹介している井上（1930）にも、大卒者よりも中等教育修了者を選好する経営者の発言が掲載されている。平田學・北海道炭礦人事課長は、「あまり偉い学校の卒業生を望まぬ。近来では技術部では専門学校くらゐのところをとるやうにしているし、事務の方でも、むしろ甲種商業学校を出た方が直ぐ役立つやうで、また経験を積んでもずつと良くなるので、多くこの方面を採用する傾向になってゐます」と語っている。また、田中良雄・住友合

資人事課長は、大学卒業者の失業者が増えて、無理に大学に進学させる親が減ったので、「商業学校あたりの秀才で非常に優秀な者が来る。そんな人達は入社後経済方面其他専門のまとまつた勉強をやるから極めて成績がよい。そこで各地方の高商卒業は比較的給料が安くてよく役に立つ、中等程度の学校卒業者に就職口を奪はれることになります」と、中等教育修了者の素質の向上を高く評価していたのである。内山正也・大阪商船文書課長に至っては、「世間では『大学出身者は役に立たない、何をさせても間にあはない』と非難する」が、当社ではそうは考えない[37]と、大学卒業者が低く評価される傾向があることを批判していた。

　こうした認識の背後には、当然、大学卒業者の行動や大学教育の内容に対する批判的な捉え方が存在した。もちろん、日本経済連盟会（1929）に、「大学及専門学校卒業者の平均は中等学校卒業者の平均より著しく良好なり」（a セメント）とか、「概して学校出身者は非学校出身者に比し成績良好、幾多の特長を有す」（B 電力）[38]といった見解が掲載されているように、高等教育修了者や学校教育の効用を評価する意見は存在した。しかし、とくに大学卒業者に対する批判的見方には根強いものがあった。寿木（1930）には、主要各社の希望する人材像が収録されている。そこには、「最高学府を出て来た人々の中にも、たゞうかうかと学生時代を過ごして来た者は、相当に理窟は云ふが、肝腎の実際的な常識がないため、実社会に於ける無能力者に近い」（住友関係会社）とか、「長期間に修得した学問は何かと云へば、実地には少しも役に立たない死学問を習つて来るのであつて、寧ろそれは銀行会社へ就職するに必要であるどころか、却つて邪魔物になってゐる……而も気位ゐばかり高くなつて迚ても使ひ悪いし、且つ本人の方でも働き悪くて什方がないと云ふ厄介千萬な青年を今日の学校は教育して造り上げてゐるのである」（王子製紙）といった大学教育とその卒業者に対する厳しい意見が含まれていた[39]。また、高等教育修了者の就職難についての経済界の意見を収録した日本経済連盟会（1930）にも、「学校に於て学生が学ぶ処のものゝ殆んど総ては僅かに智識の注入にして、画一主義に流れ学生は其学びたる処を活用するの道を知らず単に暗記するに過

ぎず……されば之れに禍されたる学生は殆んど独創力に乏しく鋭き観察眼、推理力に欠くる」（生命保険会社協会会長弘世助太郎）とか、「高級実務家として社会の要求する人士を大学より送り出さんとする現今の制度は根本に於て無理がある」（三菱商事会長三宅川百太郎）[40]というような、大学教育の非実用的な性格にその責を帰する意見が多くみられたのであった。

　上記のような中等教育修了者の評価の高さは、実際に彼らが企業の中で、高等教育修了者には及ばないものの、ある程度の昇進を遂げ、重要な役割を果たしていたことを反映したものと考えられる[41]。この後、景気が回復し、さらに戦時体制へ移行する中で、下位の教育資格保有者の上位「身分」への登用が拡大し、教育資格を基準とする従業員間の区分が不明瞭になったことが明らかにされている[42]。

第3節　教育資格と採用・昇進に関する認識：戦後

(1)　「学歴秩序の揺らぎ」認識の登場──1950年前後

　1949年に、協調会産業能率研究所研究員や文部省調査局調査課長を務めた教育学者増田幸一は、高等教育資格を持たなくても大統領や閣僚になれる米国と対比させて、学歴が「政治・経済・教育等社会各界を通じての重要な通行手形」となっている日本の「学歴盲信」を批判し、それが「早く職業界に身を投じ、実際的な知識技能の錬磨によって、本当に実力を備えた職業人となるような願望を抱かすことを不可能にする」[43]ことを指弾する文章を『職業指導』誌に発表した。このように人材配分と人事運用に対する戦前以来の教育資格の影響力の大きさは、戦後になっても問題視されていた。

　しかし、多くの企業での職員・工員間「身分制度」撤廃と教育制度改革を初めとするさまざまな民主化措置の影響からか、戦後の一時期に、人事管理における教育資格の影響力が弱まるという楽観的な見方が出現したことを確認できる。1940年代末から50年代初頭の一時期に、教育資格の影響力の低下を予想する言説を含む著作が刊行されたのである。例えば、若者の進路についての

助言を行っている箕輪（1949）は、戦前は学校卒業が重視され、学校出身者でない者は非常に損をしていたが、「戦後、民主主義の傾向と共に、実力主義が重んじられる時代となったので、各人は十分にその才能と技倆とを働かし、目的へ行進し、一生下積みで終るようなことは少くなるであろう」と、実力主義による昇進の可能性の拡大を予想して、非学歴保有者を激励した[44]。

若手サラリーマンへの処世術を説いた三上（1951）も、アメリカの「実力第一主義的な風潮」の強い影響で「あなたが会社の中堅となり始める頃には、……封建色の強い残滓を拭い去り、出身学校の如何によらず、本人の才能、手腕人格によって自由に闊歩できる日がくるに違いない」[45]と、教育資格から実力への人事運用の基準の変化をアメリカの影響による民主化の文脈に位置づけて予想している。また、中島・尾沢・竹内（1953）は、「今は学歴のみが物を言う時代ではなく」、「実力が最後の優劣を決する関門」なので、入社後に大卒者と高卒者の「両者の間には差別的な待遇はなく、全く実力本位によって将来が決る」[46]のだと、高卒就職者を激励していた。同書は、高卒就職の案内本なので、彼らを激励している面もあるが、後掲する後年の同種の著作と比べると、その楽観的な見通しに強い印象を受ける。

ただ、こうした認識が実態の変化を反映していたわけでも、さらには一般化していたわけでもない。サラリーマンの心得を説いた財界研究所（1953）に寄稿した小林一三は、戦時中に早稲田工手学校の寄付金募集に卒業生が多額を拠出した事例をあげ、その理由を「大学を出た人が、これ等夜学を出た人に皆んな使われている」ことに求め、「そういうように時勢が変って、実学の世の中になって来ている」と、実態が変化してきたという認識を強調した。しかし、同書に寄稿した主要会社の人事関係者は、「大学卒業者に対しては……三井のマネージャーとして大成する素質のある人を心から望んでいる」（三井鉱山）、「大学出の人は将来会社の幹部になってゆく人々である」（三菱鉱業）、「大学出の人は……職工の仕事やガリ版刷りの給仕の仕事をやらせるわけではなく、将来の幹部となる人達だ」（日立製作所）というように、あくまで大卒者を幹部候補生と位置づけていたのである[47]。

(2) 大卒者の非エリート化と高卒者問題の登場——1950年代半ばから60年代前半

1950年代半ばになると、大卒者と高卒者それぞれと両者の関係についての認識に大きな変化が生じた。大卒者の多くが将来の幹部候補者でありえなくなったという意味で非エリート化したこと、しかし、それが高卒者との格差の縮小を意味せず、むしろ高卒者の人事上の位置づけが一段と低下したという言説が増えたのである。

ビジネスマンを主要購読者とする『実業の日本』は、1954年に掲載したサラリーマンの生活態度調査報告で、「折角大学を出て……一生懸命働いても、昔のように、重役、社長に必ずしもなれるわけではない。結局好きでもない仕事に生身をすりへらして、停年になってほうり出される」[48]と、大卒者の将来を暗く描き、翌1955年には、「大正時代あるいは昭和の初めであつたら、大学を出ていれば、ぼやぼやしておっても部長、重役になれるチャンスはあった。しかし、現在では普通で課長どまり」で、それ以上に昇進するためにはよほどの努力と特別な機会が不可欠だと[49]、彼らの昇進可能性の縮小を論じた。

こうした認識は、当時の労働研究者にも共有されていた。銀行労働研究会の松成義衛は、1957年の『経済評論』への寄稿の中で、「独占資本の段階においては、大多数のサラリーマンにとって『賃金労働者の中の高級部類』という実体はうしなわれて、いわゆる『サラリーマンの没落』『サラリーマンのプロレタリア化』が進行する」[50]と、大卒者の地位低下を一般法則として把握していた。こうした大卒者の地位の低下は、「サラリアート」という造語で当時よく表現された[51]。

このように、大卒者の非エリート化という認識が一般化したのは、もちろん、大学数の増加と大学進学率の向上により大卒者が増加し、彼らの間での昇進をめぐる競争が激化したからであった。1951年に1万8,997人であった大学卒業者は、1956年には10万7,867人へと10倍近く増加した[52]。こうした事態は、教育資格で劣る高卒者の基幹的職務からの排除と昇進可能性の低下に帰結するであろうことが容易に予想される。実際、高卒者への就職案内の記述をみ

ると、1950年代半ば以降、大卒者との職務とキャリアの分離を前提に自らの職業生活を考えるようにとの助言が目につくようになる。就職案内を目的とする旺文社編（1955）では、「いずれの会社でも大学卒業者に対しては将来中堅幹部として、社を担って立つ優秀な人物を嘱望して」いるが、高校卒業生は「中度の知識を応用して、企画と実務に当らせるための人材であり、高度の専門家を望んでいるわけではない」[53]と、高卒者を大卒者の補助的人材に位置づけて説明するようになったのである。

　1959年に刊行された高等学校進路指導研究会編（1959）になると、「大企業では、……管理的職員または、技術的職員は多く大学出身者が充てられるようになっており、高校出身者は多く下級又は中級程度の事務職員又は技能者としての地位が与えられるに過ぎなくなって来てい」て、「学歴が職業水準を決定する重要な要因であることは確か」[54]だと、大卒者と高卒者の職務とキャリアの分岐を明確に指摘するようになった。受験就職研究会（1960）では、就職難の大学に進学するよりも、専門高校で技能を身につけて就職することを奨励する文脈でではあるが、「大企業に就職するとして、すでにでき上がった組織の一つに座り、朝九時に出勤して五時に退社、三十年あるいは三十五年を一日の如く勤めて退社……定年まで勤めて係長くらいまで出世し、無事サラリーマンコースを終ります。幹部要員は大学出の秀才がたくさんいるので、課長以上にはなれませんが一応の標準生活はできます」[55]と、定型的な仕事と下位の職位での安定した人生に充足することを高卒者に促していた。

　こうした変化を受けて、この時期から人事への教育資格の影響力の大きさを厳しく批判したり問題視したりする記述が再びみられるようになった。初等教育終了後に独学で社会思想や哲学を学び、文理書院を創立した寺島文夫は、「学歴のないものはもとより、ひる働いて夜学んでいる学生には採用試験を受ける機会さえ与えられないという現代日本の人間の見方は、まったく尊徳の時代よりもひどい封建制である」[56]と憤慨し、「教育をできる機会を与えないでおいて『君は学歴がないから実力もないものとして差別する』という、今の日本の学歴主義は、人間を生れながらの身分によって差別した不合理な封建制度

とあまりちがわない」[57]と、教育資格による人材配分を封建的身分に擬して非難した。また、清川（1959）も、具体的な事例を示しながら「学歴がないために大学出に追いこされたり、職場で横柄な口をきかれたりしてくやしがっている人は無数にあ」ることを指摘し、「戦後、高等教育が普及した結果、"学歴なし"の劣等感になやまされる人の数は、相対的に少なくなっています。しかしそれだけに、その人たちのなやみは、逆にいっそう深刻になっている」と、大卒者の増加にともない高卒以下の人々の立場が悪化したことを論じたのである。

　清川（1959）はまた、戦後に縮小した大卒社員と中等学校卒社員の給与格差が再び拡大してきたことを取り上げ、「十年、二十年と勤めたあとでも、依然として大学出は文句なく高校出の二倍に近い高給をはんでいるということは、決して公正な状態とはいえません」と批判している[58]。若者への職業案内シリーズの一冊である奥山（1959）では、戦後の民主化でなくされた職員・工員の差別が「さいきんはまたぎゃくもどりの傾向があ」り、「職員と工員で、給料にひじょうな差がある。昇給、賞与などもひらきが大きい」[59]ことが紹介された。戦後に一時縮小した従業員間の格差が再び拡大し、戦前期の状態に戻ってきたという認識が広がっていたのである。

　こうした高卒者の立場の悪化を背景に、彼らが抱える問題点への関心が強まったとみられる。1955年に『実業の日本』に掲載された記事では、15人の高卒サラリーマンへのインタビューに基づき、「高校出身者はとかく下積みの仕事で、大学出身者の蔭にかくれがちである」が、「現在、特に高校出のサラリーマンが、社会的な問題をなげかけてはいない」状況で、「個人的には現実的であり、功利的であり、妥協性もあって、常識的だ。割り切った考え方もしている」[60]と、自分の立場に充足している彼らの姿が描かれていた。それに対して、1963年に著名な経営社会学者である間宏が『中央公論』に掲載した論稿では、彼らについて語られる機会は増えたが、「『高校出は生意気で、現場の職長とトラブルを起して困る』とか、『高校出はどうも経営者に批判的で、とかく組合運動に走りがちだ』というように、いわば『問題児』視」していること

が問題として取り上げられ、その背景に、「戦前、旧制中学校（実業学校もふくめて）に進むという者は……ある種のエリートであり、そうした意識をもちつづけてきた」が、最近は「高校を卒業したこと自体、かつてのようなエリート意識を生み出す要因とはなら」ず、「オペレーターのように、一番底辺から出発しなければならないようになっている」[61]ことがあると指摘された。間のこの主張は、この時期から高卒者の技能工への採用が増加した[62]ことを踏まえたものであるが、高卒者の意識に影響を与えたその立場の悪化はそれにとどまらないものであった。

（3）「学校歴主義」化と「学歴社会」の登場――1960年代後半以降

1960年代後半以降、人事に対する教育資格の規定力の大きさに対する批判的認識はさらに広がりと厳しさを増したように感じられる。国会図書館の蔵書検索で、「学歴」をタイトルに含む図書を検索すると、1950年代後半と1960年代前半にそれぞれ3冊がヒットするのに対して、1960年代後半には6冊がヒットする。それらの内で、教育学者が執筆した最も早い時期の著作である新堀（1966）は、経済同友会の1964年の年頭白書や社会開発懇談会の1965年の政府への勧告を例示しながら、「学歴偏重などの社会慣行が人材の発揮を阻んでいるから、これを解消しなくてはならぬというようなことが指摘されている」と、「学歴偏重」の弊害が広く問題視されていることを指摘し、日本では「実質としての学歴」よりも「レッテルとしての学歴」がものをいうために、「学歴という基準による身分」ができあがり、「一種封建的な身分社会」になってしまい、それが人材の発見や育成の妨げになっていると、厳しい批判を加えている[63]。

1965年10月に実施された高卒者を対象としたアンケートの調査結果は、彼らが企業内の昇進の決定要素として「学歴」をもっとも意識していたことを示している。このアンケート調査は、機械産業を中心に、金属・鉄鋼等の従業員1,000人以上企業50事業所の高卒男子社員2,692名より回収したものであるが、昇進に影響している要因を3つ選択させたところ、「学歴」が83.2%

の人から選択され、第3位の「仕事の能力」54.0% はもちろん、第2位の「勤続年数」59.9% をも大きく引き離したのであった。大卒者に対する認識に関する質問では、「それ相応の実力がある」20.8% を「実力以上に優遇されている」28.0% が上回っており、「努力すれば追いつける」と考える者も 22.1% いたが、それは年齢の上昇とともに減少した[64]。大卒者との格差に納得していない彼らの姿が浮かぶ。

1966 年 4 月に実施された上場企業の取締役を除く年収 120 万円から 240 万円の者 4500 名を対象に実施された調査（回収率 20% 強）は、高等教育と中等教育の卒業者間の格差が年齢が若くなるにつれて拡大していたことを示していた。全体としてみると、旧高等専門学校以上卒業者が 82% と、中等学校卒業者の 15% を大きく引き離していたが、役職階層を下るにつれて後者の比率がさらに低下したのである[65]。

しかし、この時期に現れた顕著な特徴は、教育資格よりも、「学校歴」が人事運用に与えた影響力への関心が高まったことである。ここで「学校歴」というのは、言うまでもなく出身大学の威信を意味している。1960 年に 10.3% であった大学・短大進学率は、1970 年には 23.6% へと急上昇し、その卒業者も同じ期間に 15 万 210 人から 35 万 5,724 人に増加した[66]。その結果、生産年齢人口に占める高等教育卒業者の比率も、1960 年の 5.4% か 1970 年には 8.9% へと上昇した[67]。1935 年の生産年齢人口に占める高等教育修了者比率は 1.6%、中等教育修了者比率は 9.2% で、その合計は 10.8% であった[68]。隅谷（1970）が、「大学卒も（専門学校出も含めて）、戦前は同じ年齢層の三% からせいぜい五% であったから、しぜん社会のエリート的存在であった」が、「今日ではそれが 二〇% を越すほどにふえ、大学出というだけでは、もはや戦前の中学出ほどの値打ちもなくなろうとしている」[69]と、大卒者の価値が戦前の中等教育卒業者のそれと同等にまで低下していると主張したのは正当な根拠をもつものであった。

こうした大卒者比率の上昇という事態を受けて、彼らの非エリート化を強調する言説が当然あふれ出ることになった。たとえば、従業員の昇進に関する代

表的研究者であった青沼由松は、「大学出の数は著しく増加しており、もはや、この学歴は希少価値をもっていない。したがって、高等学歴者を幹部候補生とみなすような慣例は崩れてしまった」[70]と書いたし、日本人の出世をめぐる心情に関する理解に大きな影響を与える研究をした社会学者の見田宗介も、「大学卒は文字どおり『掃いてすてるほどいる』。大学を出たというだけの肩書きはもはや、何ものをも意味しなくなった」[71]と、大学卒業の価値を否定したのであった。

しかし、このことは、全ての大卒者が非エリート化したと認識されたことを意味しない。上記のごとく、大卒者比率が上昇する中で、大卒者と高卒者の格差は拡大していた。高学歴化した社会の職業構造と教育の関わりを研究した教育学者の潮木守一は、高学歴化により、専門的・技術的職業や管理的・経営的職業が高等教育卒業者のみによって占められる度合が高まる「新たな閉鎖的特権化」という現象が発生しつつあると、この現象を説明した[72]。

実際に生じたのは、大卒者の内部での格差の拡大であった。見田も、上記と同一の文献で、「ホワイトカラーのうちの比較的少数の人々だけが、新しいエリートとして上昇し、その他の多数のホワイトカラーは次第にブルーカラーと見分けのつかぬところにまで沈んでいく」[73]と、大卒者の２極分化とその多数の社会的地位の低下を主張していた。この分岐の基準と考えられたのが出身大学の威信、すなわち「学校歴」であった。社会学者の馬場四郎は、1964年に行った主要企業の部課長へのインタビュー調査に基づき、「旧帝大・官立大学系の卒業者には、巨大企業で部課長に就任している比率が高く、早・慶その他の私大などとの間には、顕著な格差がみられ」、「高等教育学歴の実質的効果を問題にするよりも、"どこどこ大学卒"というレッテルをはるための形式的効果の方が、関心の焦点になっている」[74]ことを問題視していた。また、青沼も、「昇進をきめているのは学歴――厳密にいえば、特定の出身校――と年功」であり、戦後に平等意識が発達した後も、「大企業への入社の難易において、学校格差は依然として存在して」[75]いるとみなしていたのであった。

この時期以降、威信の高いいわゆる銘柄大学への進学を目指した受験競争が

激しくなり、それに多くの青少年が巻き込まれため、その弊害が深刻な問題ととらえられるようになり、その原因と指弾される形でやがて「学歴社会」の存在が通念となって行ったのは、この文脈においてであった[76]。1950年代半ばに出版された岩井（1956）が、『ダイヤモンド会社就職案内』や『ダイヤモンド会社職員録』を使って企業の役員や管理職に占める銘柄大学出身者の割合が高いことを示し、「地元に大学はあっても、中央の銘柄のよい大学をえらんで殺到するという受験地獄は、すでに旧時に倍してはじまっている。"青春のない季節"などとよばれるユウウツなものが、青少年の頭のうえに、濃く被いかぶさっている」[77]と告発したように、後の「学歴社会」論を先取りする認識は早くから存在していた。しかし、それが一般化したのはこの時期以降であった。

　朝日新聞は、1959年に「学歴と待遇」というコラムを掲載したが、そこでは大卒者と高卒者の初任給や担当職務の違いの小ささが取り上げられ、学歴と待遇の関係を再検討する必要性が主張される一方で、受験競争への影響を問う視角は見られなかった[78]。その5年後の1964年になると、同紙は「受験地獄と学歴主義」と題する社説を掲載し、「『試験地獄』を生む根因が、日本の社会に根強い学歴偏重の社会理念にあ」り、「民主化されたはずの戦後に、むしろ中流階層には『学歴主義』への盲信が、いっそう強くなった」[79]ことによる弊害の打破を訴えた。翌1965年に日本経済新聞社から出版された大学進学事情を紹介した書籍では、「来るところまできた"試験地獄"」と題する章が設けられ、「受験競争は、幼稚園にはいるときから始まり、大学入試で終わる。年齢でいえば、四、五歳から十八－二〇歳までの約一五年間を、多くの青少年たちが、高校に、また大学に入学するためのテスト生活でぬりつぶしてしまっている」と受験競争の過熱ぶりが批判され、その原因として「有名大学を卒業すれば、そうでない大学を卒業した場合よりよい就職口が得られると考えられ、また会社や官庁でも有名大学出の方が昇進が早く」なっていることが「有名大学入試を年々むずかしくしている」[80]ことを挙げていた。1967年には、受験競争を社会病理の1つと捉え、「受験地獄が社会問題化しているのは、有名国立大学（一部の私大を含む）の競争率激化によるから」であり、大学を新設し

ても解決しないと主張する社会病理学の書籍が刊行された[81]。

　紙幅の都合で具体的な記述例は省略するが、こうした認識は 1970 年代に入るとさらに強まった。1976 年に受験地獄解消を掲げた永井道雄文相の下で文部省が行った「学歴社会」に関する意識調査を報じた朝日新聞が、「学歴社会」の弊害として「特定大学の卒業生にしか入社を認めない会社がある」[82]ことを挙げたり、1977 年に国会で「学歴社会」の弊害を取り上げた社会党の代議士が、新規採用を一部の銘柄大学卒業生に絞り込む指定校制度をやり玉に挙げた[83]ことなどはその傍証になろう。

　一方で、大学と高校の卒業者の間に存在した教育資格による格差への視角は後景に退いていったように感じられる。『経済界』に掲載された大野（1974）が、「大学教育の大衆化は、……高卒で世に出ることのマイナスを一般化してしまった」「一部の有名大学志望者＝エリート候補生を除けば、大卒の若者は今では『人なみでありたい』ために大学を目指すのだ」[84]と述べたように、高卒者はすでに「人なみ」にはなりえない存在と捉えられるようになってしまった。朝日新聞が 1977 年 3 月 2 日から 12 日まで 10 回にわたって連載した「いま教育は　学歴社会」という特集でも、受験競争の過熱ぶりはこれでもかというくらいに紹介されたが、高卒者は 1 人も登場しなかった。この特集を受けて掲載された読者の意見でも、高卒者の問題を取り上げたのは 18 人中 1 人しかいなかった[85]。日本青少年研究所は端的に、「修学年限の多寡という意味で高学歴者、中学歴者、低学歴者の間に葛藤が存在することも事実であるが、現在最も鋭くあらわれているのは高学歴者の間の葛藤、つまり一部大学の卒業生――学歴貴族――と他の大学の卒業生との間の争いであ」[86]るといいきっている。1970 年代になると、高卒者はすでに「学歴社会」の住人とはみなされなくなっていたのである。

第 4 節　小括

　本論で紹介してきたように、人事運用に対する教育資格の影響力の強さは、

19世紀末までは一般に強く認識されていなかった。それが広く認識され始めたのは、20世紀に入ってからで、とくに第一次世界大戦期以降になると、教育資格の保有を採用や昇進の前提条件と位置づける認識も出現した。しかし、その中でも、中等教育に対する評価は決して低くはなく、昭和恐慌期には、高等教育修了者の就職難と関連させて、中等教育修了者を高等教育修了者よりも高く評価する言説さえ出現したのであった。こうした中等教育修了者を高く評価する認識は、企業内で彼らが重要な職務を担当し、一定の昇進を実現していた現実に対応するものだったのであろう[87]。

一方で、初等教育以下の学校教育しか受けていない職工・労働者に関しては、彼らを異質な社会集団と見なす認識が存在した。本章が検討対象としてきた著作を刊行した教育水準の高い人々と彼らの間に存在したある種の文化的格差がその背景を構成していたのであろう。彼らと中等教育以上の教育資格を保有する従業員集団を区分する際に「身分」という用語が使われることがあったのも、両者の間に存在した文化的摩擦の故だったと推測できる。

戦後になると、一時期、人事に対する教育資格の影響力が弱まるという期待が現れた。しかし、1950年代半ば以降、人事における教育資格の重要性に関する認識が再び強まった。その際、戦前と比べた戦後の認識の特徴は、中等教育にあたる高等学校の卒業生の位置づけが、戦前期の中等学校卒業生のそれと比較して、低く評価されたことである。大学数の増加と大学進学率の上昇により、1950年代以降大学卒業者が急増し、戦前期の大卒者と異なり、彼らが非エリート化したと認識されるようになった。それにともない、教育資格で劣る高卒者は、増加した大卒者に押されて、専門的・管理的職務から排除され、昇進可能性も低下したと考えられた。大学卒業者がさらに増加した1960年代後半になると、大学卒業という教育資格の価値はさらに低下したと認識され、それに代わって「学校歴」＝出身大学の威信の影響力が強まったとする観念が一般に広まった。そのため、威信の高いいわゆる銘柄大学への進学を目指す受験競争が激化し、教育と青少年の育ちに与えるその弊害が問題視され、その原因と指弾される形で「学歴社会」の存在が通念となった。そこでは、問題は大学

卒業者間の格差と認識され、もはや、大卒者と高卒者の間の格差は視野の外に置かれるようになってしまったのである。

　この背景には、高卒者の多数が技能工として就職するようになった現実が存在したと考えられる。高卒者の技能工への就職は1950年代から始まったが、1965年に技能工に就職した新規高卒男子がホワイトカラー職に就職したそれを上回るに至った。1967年には、新規高卒男子の技能工就職者数が中卒男子のそれを凌駕した[88]。高卒技能工が現場の中心を構成する時代が到来したのである。

　戦後の高等学校と大学の教育年数差は4年で、戦前期の中等学校である中学校・実業学校と大学の6年の差よりも短く、戦後の高卒者と大卒者の間の文化的差異は小さかった。それが、戦前期には大学と9年の教育年数差を持った高等小学校卒業者を主体とした工員と同様の立場に置かれるようになったのである。大卒者と彼らの区別が「身分」で捉えられた時、それが含意することは、戦前期とはまた異なる意味をもったであろう。

注
1) 氏原正治郎「戦後日本の労働市場の諸相」『日本労働協会雑誌』第1巻第2号、1959年5月、2-11頁
2) 大河内一男「わが国における労使関係の特質」同編『日本の経営と労働（一）』有斐閣、1961年（同『労働関係論の史的発展』有斐閣、1972年所収）、178-183頁、引用は179頁、183頁。
3) 大河内一男『職業と人生　働く青年のために』日刊労働通信社、1967年、36頁、40頁。
4) 二村一夫「日本的労使関係の歴史的特質」社会政策学会『日本の労使関係の特質』御茶の水書房、1987年。
5) J. アベグレン『日本の経営』ダイヤモンド社、1958年、42-43頁、63頁。
6) 清水義弘『試験』岩波書店、1957年、88頁。
7) 八幡製鉄所『くろかね』1926年6月1日、岩内亮一「戦前期・八幡製鉄所における労務管理(1)」明治大学『経営論集』第38巻第1号、1991年1月所収、87頁。この職工規則改正の内容については、市原博「職務能力開発と身分制度」『歴史と経済』第203号、2009年4月、20頁参照。
8) 成瀬正雄『雇主及職工の心得』松沢鎮、1899年、8頁。

9) 眞野文二「工業教育に就て」『教育時論』第811号、1907年10月25日、3頁。
10) 大河内正敏「労働問題と工業教育」『中央公論』1919年2月号、同『工業教育管見』同、1919年所収、81頁。
11) 東京工業大学『東京工業大学六十年史』東京工業大学、1940年、67頁。
12) 日立労働運動史編纂委員会『日立労働運動史』日立製作所日立工場労働組合、1964年、79頁、85頁、146頁。
13) 組合運動史編纂委員会『三菱電機労働組合運動史第1巻』三菱電機労働組合、1957年、41頁。鈴木誠「戦後型学歴身分制の形成」『大原社会問題研究所雑誌』No.710、2017年12月。東京大学社会科学研究所『戦後初期労働争議調査資料－東芝争議（1949年）調査資料－』1978年、47頁。
14) 労働省『資料労働運動史昭和20-21年』1951年、502-503頁。
15) 岡本可亭『実地応用男子生涯之務』吉岡平助、1890年、48頁、53-54頁。
16) 林松次郎『立身就業出世案内』須原屋、1892年、26-27頁。
17) 山本邦之助『理想的会社員』服部書店、1903年、46-47頁、49-50頁。
18) 岩崎徂堂『大商店会社銀行著名工場家憲店則雇人採用待遇法』大学館、1904年、237頁、259-260頁、275-276頁、22頁。
19) 商業学会編纂『実業名家講話集』共成社蔵、1903年、31頁、49-50頁。
20) 渡辺修二郎『文明少年就業案内』大倉書店、1888年、6頁、12頁。
21) 佐藤善治郎『最近社会教育法』同文舘、1899年、221頁。
22) 岩崎、前掲書、47-48頁。
23) 奥村二秋・鹿野化骨編『実業青年立身策　当代名流』博文館、1907年、21-22頁、28頁、83-84頁、168-170頁、277-278頁。
24) 平井峯南『立身成功案内』文星社、1907年、80頁、82頁、114頁、135頁。
25) 盛文社編輯部『就職之手引　最近調査』盛文社、1911年、47-48頁、66-67頁、69-70頁。
26) 日本職業研究会『男女有給就職案内』日本職業研究会、1911年、40頁。
27) 東京就職通信社編『各種事務員就職案内』有明堂書店、1914年、23頁。
28) 実業之日本社編『中学卒業就学顧問』実業之日本社、1914年、26頁。
29) 実業之日本社『各種職業青年無学資立身法』実業之日本社、1917年、486頁。
30) 東京就職通信社、前掲書、22頁。
31) 日本青年教育会『青年と職業』日本青年教育会、1918年、35頁。
32) 東京職業研究所『現代生活職業之研究』東京職業研究所、1923年、3-4頁。
33) 俸給者組合S・M・U編『会社員待遇内規全集』（謄写版刷り）、1924年、14頁、58頁、73頁。
34) 東京職業研究会『現代職業案内』武田芳進堂、1925年、87頁、90頁、101頁。
35) 新山虎治『欧米参考店員訓練及待遇法』日本評論社、1924年、52頁、94頁。
36) 坪谷善四郎『知識階級と就職』早稲田大学出版部、1929年、20-21頁、78頁。
37) 井上好一『大学専門学校卒業者就職問題の解決』新建社、1930年、208-209頁、

212 頁。
38) 日本経済連盟会『大学及専門学校卒業者就職問題に関する調査資料』日本経済連盟会 1929 年、47 頁、52 頁。
39) 寿木孝哉『学校から社会へ』先進社、1930 年、99 頁、130 頁。
40) 日本経済連盟会『大学及専門学校卒業者就職問題意見集』日本経済連盟会 1930 年、4 頁、34 頁。
41) 藤村聡「戦前期企業・官営工場における従業員の学歴分布－文部省『従業員学歴調査報告－』の分析」『国民経済雑誌』第 210 巻第 2 号、2014 年、69 頁。
42) 禹宗杬『「身分の取引」と日本の雇用慣行』日本経済評論社、2003 年、113-114 頁。市原博「三菱鉱業の技術系職員・現場係員の人的資源形成」『三菱史料館論集』第 13 号、2012 年、106-109 頁参照。
43) 増田幸一「学歴が物を言う国と言わない国」『職業指導』第 22 巻第 3 号、1949 年 3 月、6-7 頁。
44) 箕輪香村『現代学生・独学生・青少年の進路』七星社、1949 年、85 頁。
45) 三上泰治『サラリーマン成功処世法』実業之日本社、1951 年、35 頁。
46) 中島雅男・尾沢徳治・竹内勇『高校生のための就職必携』同文館、1953 年、44-45 頁。
47) 財界研究所『サラリーマン必携』要書房、1953 年、7-8 頁、79 頁、83-84 頁、97 頁。
48) 「現代サラリーマン気質」『実業の日本』第 57 巻第 23 号、1954 年 10 月、122 頁。
49) 「サラリーマン三十年の決算報告書」『実業の日本』第 58 巻第 12 号、1955 年 4 月、17 頁。
50) 松成義衛「戦後のサラリーマン」『経済評論』復刊第 6 巻第 11 号、1957 年 11 月、40 頁。
51) 市原博「ホワイトカラーの社会経済史」中村政則編『近現代日本の新視点』吉川弘文館、2000 年、146-147 頁。
52) e-Stat「政府統計の総合窓口」＞学校基本調査＞年次統計 http://www.e-stat.go.jp/SG1/estat/List.do?bid=000001015843。
53) 旺文社編『大学・高校卒業者のための就職事典　昭和 31 年版』旺文社、1955 年、18-19 頁。
54) 高等学校進路指導研究会編『必読高校生の就職相談　確信に満ちた人生への指針』大阪教育図書株式会社、1959 年、26 頁、33 頁。
55) 就職受験研究会『高校生の就職案内　職場の選び方から合格まで』オクムラ書店、1960 年、10 頁。
56) 寺島文夫『学歴なし：成功への道』青春出版社、1956 年、5 頁。
57) 同『人生の理想と現実　人生論』文理書院、1958 年、68 頁。
58) 清川一穂『出世は学歴できまるか』鶴書房、1959 年、20 頁。

59) 奥山益朗『私たちの将来・私たちの職業Ⅰ 会社員と銀行員』三十書房、1959 年、81-82 頁。
60) 「高校出身サラリーマンの生活と考え方」『実業の日本』第 58 巻第 14 号、1955 年 6 月、16 頁、24 頁。
61) 間宏「問題をはらむ高卒社員」『別冊中央公論経営問題』第 2 巻第 2 号、1963 年 6 月、193 頁、198 頁。
62) 市原博「『労働』の社会と労働者像の変容」安田常雄編『社会を問う人びと』岩波書店、2012 年、151-152 頁参照。
63) 新堀通也『学歴 実力主義を阻むもの』ダイヤモンド社、1966 年、5 頁、8-15 頁。
64) 「アンケートにみる高卒社員の生活と意識」『労政時報』第 1851 号、1966 年 6 月、8 頁、10 頁。
65) 青沼由松『組織と人間』日本生産性本部、1968 年、151-152 頁。
66) e-Stat「政府統計の総合窓口」前掲ウェブサイト。
67) 文部科学省「我が国の教育水準（昭和 50 年度）」第 6 章 1(1)「国民の学歴構成」http://www.mext.go.jp/b_menu/hakusho/html/hpad197501/hpad197501_2_096.html。
68) 文部科学省「日本の教育と成長（昭和 37 年度）第 2 章 3(2)「教育費からみた国民の学歴構成の推移」http://www.mext.go.jp/b_menu/hakusho/html/hpad196201/hpad196201_2_016.html。
69) 隅谷三喜男『教育の経済学』読売新聞社、1970 年、28 頁。
70) 青沼、前掲書、147 頁。
71) 見田宗介「現代サラリーマンの意欲と不安 『第二の学歴』を獲得する思想」『別冊中央公論経営問題』第 7 巻第 3 号、1968 年 9 月、337 頁。
72) 潮木守一「高学歴社会の雇用構造」『経済セミナー』第 211 号、1973 年 1 月、21 頁。
73) 見田、前掲書、336 頁。
74) 馬場四郎「〈実態調査〉学歴主義の現状」『中央公論』第 81 巻第 3 号、1966 年 3 月、383-384 頁。
75) 青沼由松「企業内における学歴・年功 能力主義下の昇進管理をめぐって」『労働法学研究会報』第 699 号、1967 年 2 月、1 頁、13 頁。
76) 「学歴社会」の概念が 1970 年代に普及したことについては、野村正實『学歴主義と労働社会 高度成長と自営業の衰退がもたらしたもの』ミネルヴァ書房、2014 年、4-7 頁参照。
77) 岩井弘融『競争・成功・出世』河出書房、1956 年、54 頁。
78) 「学歴と待遇」『朝日新聞』、1959 年 5 月 23 日。
79) 「試験地獄と学歴主義」『朝日新聞』、1964 年 3 月 16 日。
80) 黒羽亮一・大石脩而『進学作戦：父母と教師の入試対策』日本経済新聞社、

1965 年、12 頁、140 頁。
81)　四方寿雄『現代社会病理学』ミネルヴァ書房、1967 年、207 頁。
82)　「学歴社会の実態にメス」『朝日新聞』、1976 年 9 月 4 日。
83)　「名案がない教育改善　参院委で論戦　政府、具体策示せず」『朝日新聞』、1977 年 3 月 27 日。
84)　大野明男「学歴社会と受験生の恨み"人なみ"を目ざして悪戦苦闘する大学生予備軍」『経済界』第 9 巻第 1 号、1974 年 1 月、167 頁。
85)　「学歴社会　読者は思う　人格より記憶力優遇　試験一本むしろ公平」朝日新聞、1977 年 3 月 13 日。
86)　日本青少年研究所「学歴社会と指定校問題」『労働法学研究会報』第 28 巻第 24 号、1977 年 7 月 8 日、30 頁。
87)　市原、前掲「職務能力開発と身分制度」14–23 頁参照。
88)　雇用管理研究会『高卒現業員管理』日本実業出版社、1969 年、16 頁、23 頁。

終章
新たな歴史像を求めて

若林　幸男

第1節　本書のまとめ

　ここでは、各章で展開した諸議論とその学界に対する含意をまとめた上で、今後に積み残した諸課題を上げて本書を閉じることとしよう。

　本書では、総合商社史、労働史そして教育社会学、教育史の領域など幅広い学界が想定する企業社会での学歴別雇用制度、学歴を基準とした採用・配置システム、なかでもとくに高等教育機関と中等教育機関以下の学歴間におけるそれは戦前のいくつかの民間企業においては戦後のそれほど顕著ではなく、ある部面では学歴や学校歴にとらわれず、個々人の獲得能力に応じた配置・昇進が行われていたという仮説を組み、その論証と周辺テーマについての定性的分析、そして最後に本書の仮説の汎用性を問う議論を展開した。

　したがって、本書は、現在も盛んな「学歴社会」論や「学歴格差」論の領域内にはない。むしろそれらの議論の根底、土台を構築している歴史的な認識、つまりこういった議論がどのように現代日本の学歴格差社会の形成過程を把握してきたのか、という点を問題にしている。従来の学歴社会論、学歴格差論をテーマにする論者の歴史認識は実際の歴史とはずれており、この懸隔を科学的に検証し、修正しなければ、現在行われている議論そのものが有効性を失するのではないかと考えているからである。

　序章では以上の問題意識を提示し、従来の学歴社会論、学歴格差論を支えて

きた代表的な歴史認識をモデル化してみた。それは、日本における学歴社会、学歴格差は、はやくも日本の近代化の初期において生成したとする認識である。明治維新後、西洋諸国との懸隔を埋めるための国家的なプロジェクトの推進のため、優秀な専門官僚を獲得するべく学校教育制度が導入され、教育された人材を優先的に任官させる制度的枠組みが構築されたが、それは当初東京大学卒業生の上級官僚への登用が無試験任用であったように、学歴による選別が不可避的に行われていたという議論である。その後、このような学歴、学校歴による社会階層の対応関係、特権的取り扱いは民間の企業が大規模組織化、官僚制化するにともなって広く日本社会全体に広がった。それは戦後の「民主」化の過程で和いできたものの、それでもまだ幅広く残存しており、とくに高学歴社会化の進展と経済格差の深刻化から、その発現形態が大卒対非大卒者の間で、また大学間での学校歴格差へと収斂しつつあるといったものであった。

　このような歴史観は実は教育社会学や教育史分野のみならず、経営史、労使関係史分野においても同様に通説化している点も確認した。メーカーにおける学歴身分概念や総合商社史研究における学卒者牽引仮説などがこれである。研究史の流れからメーカーにおける学歴身分制度という概念が総合商社史研究に大きな影響を及ぼしたことは、学卒者牽引仮説で「工場技師」に対応する「商業技師」という言葉が頻繁に使われていることをみれば容易に判断できる。メーカーの技術者である職員と工員・職工のアナロジーとして商社では学卒の「商業技師」の身分に入職する学歴者がそれ以下の学歴の従業員から区別されるという論調である。

　学歴身分制の場合、メーカーの職員・工員制度や職員間の上級職・下級職に代表される「身分制」的な職場環境、つまり経営階層と学歴の強固な結び付きが議論されていたのに対して、学卒者牽引仮説の場合、専門・俸給経営者の供給母体としての学歴が強調されるなど、力点の置かれ方に若干の相違点がみられるに過ぎない。学歴、学校歴差による選別は戦前以来のものであり、とくに経営階層のトップである専門・俸給経営者の供給源として認識されているのは東京大学や東京高商等の銘柄高等教育機関であり、これら諸学校から積極的に

人材をリクルートした企業が競争優位を獲得するという論理展開は強固で堅牢な通説として認識されてきたのである。

　本書の執筆陣もこの通説を前提にして研究を続けてきたことは確かである。しかしながら、企業内に保存されていたミクロデータの1つひとつの事例の意味を解明し、それを積み上げて計測を試みていくうちに、上の通説はそれほど強固で堅牢ではなくなっていった。私自身、三井物産の創業期における学卒者の採用者数は従来の通説が強調するほどは多くなく、むしろ小学校卒業程度の学歴の小供からの職員登用システムをフル稼働させていたという論点と彼らのなかにはトップマネジメントまで昇進する人材が含まれていたという議論を十数年ほど前に発表したが、その後本研究会に集う研究者によって戦前期の三井物産の職員の個票データが明らかにされるなかで、同社では創業以来第二次世界大戦時までの戦前期を通して学卒者以外、つまりその意味では低学歴の職員層の活躍は目を見張るものがあったと確信していくようになった[1]。

　商法講習所・東京高商等の学卒者が事業を牽引した部分もあるかもしれないが、それ以外の出自、小供や店限上がり、あるいは甲種商業学校出身の職員も高等教育機関出身者に伍してキャリアを形成し、事業を推進していた姿が次第にその輪郭を現していったのである。本書で部分的に論証を試みたように、学歴による入社時の選別やその後の配置がきわめて厳しくルール化されていったのは、実は戦後の事であり、戦前期ではそれは相対的に小さかったのである。

　「実力主義」的社会や「実力主義」的職場という言葉が現実的であるか否かという点を考慮に入れずに、1960年代の教育社会学分野で使われていた言葉をそのまま借りるとすれば、戦前期の三井物産の職員の有り様は「実力主義」的な側面を持っていたこととなる。この事実をどのように解釈し、近現代史における意義をどのように見出すべきであろうか。

　以上の議論をスタート地点として、本書は3部の構成をとることとなった。第Ⅰ部で展開した各年「特別職員録」をめぐる定性的定量的分析で我々は以下のいくつかの要点を得ることができた。第1章では主に明治期と大正期、1902年と1916年の職員録によるそれぞれの段階の人員構成、学歴構成、初

任給額などについての比較分析が行われた。1902年の職員構成は月給・日給職員制度下にあり、それぞれのカテゴリーに入職、昇格する際は筆記試験が課されたが、高等教育機関出身者にはこれが免除されるなど、奏任官・判任官などのカテゴリーを持つ中央官庁の職員制度に近い形をとっていた。ただ、この制度は三井物産のかつての職員の熟練形成システムとは相いれない部分もあり、1916年では職員のカテゴリーは月給職員のみの単一編成へシフトしている。

　本章の特徴は全体の職員を俯瞰したあと、当該年度の新入社員に対する考察を行っている点であろう。労働市場がまだかなり流動的であった1902年の職員録では、まだ同じ学歴で同じ学校を卒業しても初任給にばらつきがあったが、1916年前後、新卒定期入社制度が確立すると新入社員のうち途中入社者が減少し、新卒者の割合が急上昇するなか、その初任給額も学歴・学校別に収れんし、落ち着きをみせ始めていった点が報告されている。また、ここでは、1916年の店別の職員構成を再現しながら海外拠点における職員とその学歴の傾向も抽出している。月給額の伸長については、1898から1901年にかけて入社した高等教育機関卒業者と中等教育機関卒業者のその後の月給額についての比較を行っている。勤続年数が同じということは両者には3歳以上の年齢差があると思われるが、中等教育機関の卒業者でも高等教育機関卒業者に近い月給額まで到達している者と、相対的に低い月給額の者に分かれると分析されている。受渡等と思われる日給職員からスタートした階層がとくに後者にあたると考えられる。本章では最後に1916年の職員月給額について帝大、高商、商業出身者の3つの学歴経路により、その年齢順の平均値を上げているが、各学歴経路による偏りはきわめて小さいとされている。

　第2章では1900年前後から1920年代にかけての同社の職員制度の変化にまず注目した。それは上述のように月給・日給職員制度から月給職員制度へのシフトである。月給・日給職員制度という身分的な職員範疇とそれにともなう厳格な昇格試験の採用は、当時の官庁の組織構造にきわめて類似していたが、それによって生じたさまざまな矛盾の解決をはかっていった末、結果的には、職員身分は月給・日給の区分けを廃した月給職員単一編成に帰結し、その後戦

前期を通じてこの職員編成を維持していった。従来の学歴社会論等の通説的見方では、民間企業もその規模の拡大にともなって官庁を模した職員編成を採用するようになり、学歴による選別も同時に民間へ普及していくものとして描かれ、官庁型学歴別雇用制度の民間企業への波及を言わば不可逆的で不可避的な現象として考えられることが主流であったが、その意味でいえば、三井物産の場合は逆になる。つまり、官庁を模した編成をいったん採用しておきながら、その矛盾を解消すべく番頭・手代制などの従来の商家の職員編成に近い、単一身分編成に戻っていったのである。さらに重要なのは、かつての番頭・手代制でも1等、2等などの等級制が敷かれていたのに対して、新たな月給職員制度では職員の身分は職位のみが表示され、等級もなく、したがってそれに対応した給与レンジを設けることがなかった点である。役職手当をボーナスで支給する仕組みをとっていたため、月給額は職位にともなう金額は反映されず、その個人の職務能力、管理能力を単純に数値に置き換えた指標として機能していた。つまり、それぞれの職員相互の関係は1円単位で差が生まれる月給額によって表現されており、その額をめぐって激しい競争が喚起される構造をとっていたのである。

　第3章ではこの月給職員という正規職員の学歴構成とその他の構成員についてのその後の変化を取り扱った。1931年、1937年、1941年の3時点における新入社員の構成と賃金を分析しながら、後年になるほど次第に商業学校からの採用数が増加する傾向を抽出している。三井物産の場合、1910年代後半から小供からの職員養成システムを放棄して、それを商業学校等中等教育機関出身者で充当する政策を敷いていたが、それはその後も引き続き展開し、後年になるほど商業学校卒業生への新卒採用の依存度を増加させていたのである。さらに、本章では1938年の「学校卒業者使用制限令」に始まる「不急産業」への雇入れ制限政策によって新卒者の確保が困難になる段階での人材調達システムの変化を観察している。人手不足が深刻化するなかでも同社は中途採用者を極力とらない方針を徹底し、正規職員の不足を特務職員制度や準職員・女子職員といった副次的労働力の配置によって補足していったのである。

第1章の1916年のものに続いて第2章と第3章においては、1923、1937年のそれぞれの特別職員録に対する統計的分析を行った。一連の分析を通じて、我々は1916年以来1937年にいたる月給額の年齢順の推移において学歴による差異は従来抱いていたイメージほどは大きくは認められない点をほぼ裏付けることができたと考えている。第2章では昇進度数についても学歴別の差異がない点、さらに第3章でも学歴別の格差を平準化する激しい昇進競争の存在を示唆する事例を取り上げ、戦前期の三井物産では、戦後の現代企業のように、上位学歴と下位学歴に対して事前の調整を行い、両学歴間の競争を抑止し、同学歴内における競争だけを通じた複数の学歴別キャリアパスを設定する企業社会のイメージは当てはまらないと判断した。

　第4章で観察した1965年にいたる戦後の新入社員の出自は大学、短大、専門学校と高校にほぼ限られており、戦前期のような小供からの養成や店員など非正規から正規化した職員はほぼ消滅している。第一物産時代の1955年の段階で内部養成者か、あるいは非正規からの入社者の可能性を持つ「その他」はわずか27人で全体の3.0%に過ぎなかった。第3章と第4章を対照させると、中等教育機関出身者の入社後の「異動」機会について、戦前と戦後における大きな差異が印象に残る。戦前期、第3章の1937年職員録分析で事例として紹介されている脇本倬一の場合、最初の配属先は電信掛や庶務掛であったが、その後営業部門への異動が行われ、またその後海外拠点への転勤を経て昇進していく。このケースは高学歴者の場合とまったく変わらない点が強調されている。ところが、戦後の場合、一定の学歴に一定の職務を割り当て、そこに長期専従させる「学歴に応じたキャリアパス」の存在、そして「学歴を基準とした配置」は貫徹していた。

　つまり、第4章の戦後1955年から1965年までの高卒者の配属先は通信部門か「コセ室」のパンチカード作成部門がほとんどで、それも5年以上の長期勤続が確認されている。大卒者が初期配属から2年目には異動を開始する傾向とは全く異なっている。通信等の間接的業務への充当を前提として中等教育機関出身者を採用することが戦後の同社の採用人事方針の中に組み込まれて

いた可能性はきわめて高い。また賃金においても、入社後10年以上を経ると、学歴間の格差は歴然となることが報告されている（図4-6）。

　さらに学歴間の昇進格差については第2章で展開した1923年の学歴別の昇進度数（図2-9）と第4章の1965年のそれ（図4-8）はきわめて好対象をなすだろう。戦前の学歴間であまり相違のない昇進傾向とは打って変わって、戦後の大卒者のそれは寸胴型に落ち着き、高卒者のそれは極端なピラミッド型を描いている。また海外勤務の経験については第3章の1937年のロンドン支店の人員構成（表3-5）と第4章の表4-7などを比較してほしい。戦前と戦後の企業社会にははっきりとした断絶が認められる。

　第II部において我々は戦前期の三井物産の採用人事制度の変遷や入社後の職員の処罰案件など多面的な定性的分析を試みた。第5章では、三井物産の採用人事制度と教育制度の整備、変遷の対応関係が中心的論点となっている。前半部分では三井文庫に所蔵されている『支店長会議議事録』によって1902年から1931年にわたる三井物産の人事制度の流れをサーベイし、それと学校制度の整備過程を結びつけることで第I部における定量的分析を補完する作業を行っている。とくにここでは、三井物産の人材採用方法について、本店、支店の各個別の店が独自の判断と予算で小供等を採用していた店採用中心の人材採用段階と本店人事による新卒者に対する集中採用の段階の2つを設定し、それぞれの採用方法の流れをフローチャート化している[2]。人材の主な養成システムが旧来の丁稚奉公制度から学卒者採用へとシフトしたため、それまでの個別店の裁量による採用システムから本店人事課による新卒者一括採用制度へ帰結していったのである。これにともなって、創立当初、入社者から徴収していた「身許保証金」も1900年代には「在職積立金」制度へとその目的が変更されていく。

　一連の人材採用方式を変化させる鍵の1つに就職をめぐる学校の関与の問題がある。学校が設立されていても、就職は個人的結び付きによって行われる状況は前者の店採用中心の時代に照応しており、これに対して学校が職業紹介機能だけではなく、さらに企業側が要求する人数に絞り込む第一次選抜機能ま

で持つようになる段階を後者の本店採用中心の時代の特徴と把握している。この点を実証するため、第5章では同社の創業期以来入社時に新入社員から提出されてきた「使用人差入書」に付随する紹介状の比率が上昇し、それも学校長名の紹介がスタンダードになる点に触れ、学校と三井物産人事課との緊密な連携の確立時期を特定している。

　第6章では、学歴と貿易商社の関係を議論する従来の説で注目されてきた論点が学校で得る専門的知識や同窓の人的ネットワークに集中し過ぎていたことを取り上げて、学歴間の文化的価値の共有、規律意識について分析すべきであるという視点を設定している。この目的から分析対象を戦前期の三井物産における1903年から1948年まで続く『社報』におき、それの丹念なサーベイによって同社における従業員に対する処罰事案を俯瞰し、とくに「名古屋手形事件」と呼ばれる1912年に発生した大きな手形詐欺事件の詳細を分析している。従来、社内文書ではその調査報告書などが散見されるだけであったが、当時の新聞記事などにより、犯行の経緯が初めて明らかにされている。また、処罰の傾向やその発生地域に対する分析、社内規律違反者の1920年代以降の激減の原因についての検討など、従来の研究レベルを大きく超える分析が展開されている。

　このうち解雇を即座に言い渡された案件である「不祥事」の発生については、明らかに中等・初等教育機関出身者が多数を占めており、社内における「小供上がり」等、一定の学歴以下の職員に対する評価とほぼ一致する。事務職員の世界では、モラールの高い新人獲得の目的からも高学歴者へのニーズは大きかったといえよう。一方で1920年代以降の違反行為の激減は社内規律の強化など複合的な背景があったと判断されているが、小供からの職員養成システムの放棄とその代替労働力としての甲種商業学校出身者の積極的な大量採用等を考慮に入れると、中等教育以上とそれ以下の学歴者の間の大きな資質、環境の相違を示唆しているものと推察できる。1920年前後の時期からは、商業学校等で徳育科目の充実が計られていたことも大きな影響があったのかもしれない。

　第7章においては、日立工場における技術管理部門の職員である「社員」

の新卒定期入社、定期昇給のシステムを観察した後、賃金プロフィールの分散を分析し、上述の戦前期三井物産モデルがどこまで大規模メーカーのケースに当てはまるのかを検証している。第一に分析しているのは戦後の年功賃金制度の原型とみなせる戦前期のメーカーにおける社員の昇給制度である。1938年の日立工場社員の場合、個人の昇給額の原案が部を単位として、本社から提示された「昇進例規」に規定されて決定されていた。当時の社員の身分編成は三井物産では放棄された給与支払い形態別の年給・月給・日給雇員制度下にあったが、甲種実業学校出身者の場合、数年のうちに、日給見習から月給社員への昇格がほぼ期待できる構造であり、また大卒社員と同様の定期昇給制度が適用されていた。

　その意味では、中等教育機関出身者に対しても上級職へのキャリアは開かれており、学歴に応じて設計された複数のキャリアパスが存在したとは言えなかった。ただし、学歴が高くなればなるほど査定評価についても高くなる傾向があり、また昇格のスピードも速くなることも確かであった。昇給にあたっては前年の昇給額実績が大きく影響していたが、前前年度までの実績を考慮すると高等教育出身者でしかも新卒入社者が有利な状況も摘出された。新卒入社の技術者の昇給状況を観察した場合、官大、官専に比較して甲種工業学校出身の社員は全般的に低位に位置し続けており、さらに一定の年齢以上になると官大出身者は官専出身者に比べても格別の高待遇を得るようになり、この意味でのそれぞれの学歴別トラッキングは大きなものとみなすことができた。

　第8章ではそれまでの比較的実証性の高い議論とは趣を変えて、「学歴身分」という言葉がどのような世論を背景にどのような研究により導き出されてきたのか、その言葉を取り巻く環境の変化や持つ意味の歴史的推移を中心に議論を進めた。最初に企業社会における経営階層の大きな分断、職員層と工員との間を「身分」と表現するようになった経緯を観察したあと、次に、戦前期、戦後期の企業における職業と学歴をめぐる識者の「認識」の変遷について分析を試みた。

　ここでは人事運用に対する教育資格の影響力は19世紀の間はそれほど一般

に強く認識されていなかったが、20世紀に入るとそれがかなり一般的なものとなり、次第に採用や昇進の条件として認識されるようになった経緯が描かれている。ただし、この場合、戦前期を通して中等教育機関への評価は現在からみてもそれほど低いものではなく、1930年代初頭の恐慌期にはそれを高等教育機関よりも高く評価する言論さえ聞くことができた点などが強調されている。

これが一変するのが戦後、1950年代以降のことである。「民主化」の過程で、学歴格差の問題がいつの間にか戦前の封建的残滓の1つとして取り扱われるようになった経緯は、本書のテーマにとって重要である。また、実態としても、大学卒業者数そのものが増加することで高卒者の活躍する場面が縮小していったことも大きな影響力を持った。高等教育機関そのものの評価が低下していき、そのなかで一部の銘柄大学への受験競争も激化し、学校歴間の溝がより鮮明になっていくとともに、高卒者の評価は増大する非銘柄大へのそれに圧迫されて低位に押しつけられていった流れが抽出されている。戦前期において職工・工場労働者となる標準的学歴が小学校卒であったことと、戦後、1970年前後には工場における新卒の技能工がほぼ新制高等学校卒業生によって占められたことに象徴されるように、現代の大卒者と非大卒（高卒以下）者の間は、かつてそれを「階級」や「身分」と呼んでいた戦前の初等教育卒業生とそれ以上の学歴者の間と同じだけの懸隔を持つようになったのである。

第2節　本書の含意と限界

第8章で展開された戦前から戦後への中・初等教育機関卒業生に対する評価、認識の変化は本書の7章までの高等教育機関と中等教育機関卒業生に対する戦前と戦後の入職後の処遇、位置付けの変化の実証結果と符合する。日立工場の場合、初等教育機関の出身者は当初から基本的には職工・工場労働者として採用する方針であったし、三井物産の場合でも、創業期に小学校程度の人材を小供として採用、養成し、選別によって正規職員へ昇格させていたが、その時代は1910年代に終焉を迎えていた。中等教育機関出身者は日立でも三井

物産でも高等教育機関出身者と同じように上級職員層に上るキャリアパスが設定されていたことも観察できた。もちろん戦前の三井物産に対する分析結果の適用は限定的となる。日立の社員の場合、キャリアパスは開いていたものの、その後の昇進・昇給ペースには明らかに学歴間の格差が存在していた。序章で展開した議論に照らせば、「学歴による社会的」格差は明らかに存在していたのである。また、三井物産の場合でも戦後になると上級職員層はほぼ高等教育機関出身者により独占され、新制高等学校等の中等教育機関以下の学歴はひとくくりに大卒者との文化的摩擦のライン下におかれるようになった。その意味では、戦前期における高等と中等教育機関出身者の間の文化的摩擦は従来言われてきたほどは大きくはなかったが、中等と初等教育機関出身者の間のそれは大きく、それが戦後では高等と中等教育機関出身者の間の位置に上昇したとも考えることができる。

　では、この戦前戦後における文化的摩擦の発生個所の移動、つまり小学校から高校への上昇をどのように考えたらよいのか。従来の通説的な見方であれば、「明治以来の日本の学歴社会が、この境界線［大卒／非大卒の間］で社会が分断されるこんにちの状況に向かって、ひたすら歩んできた」と戦前からの高学歴化の流れによって生まれた単純な線分上の摩擦「点」の推移と説明されることになるのだが[3]、本書における諸分析結果を踏まえるともう少し慎重な議論が必要な問題であると考えている。この問題を単純な線上での移動とくくってしまう議論は、戦後の単線形の教育制度のもとでの中等教育機関の機能と役割と戦前の複線型の教育制度のもとでのそれの質の違いをまったく考慮に入れずに、戦後の単線形のモデルを戦前に投影しながらの発言のように思える。

　天野郁夫が言うところの中産階級の文化的再生産のための完結的な機関としての、つまり上級校への進学を目指すのではない、そこから社会へ旅立つことを卒業後の標準的進路としてデザインされていた「傍系」の専門学校や師範学校、女学校、そして甲種実業学校群はこの複線型の教育制度の代表的存在であった[4]。それは中等学校、高等学校、帝国大学へとつながる一直線の「正系」学校群の威信に対して多元的で多様な次世代や職業人を作る威信を持ち続けた

という点で大きな存在価値を有していた。しかしながら、戦前においても、その内のいくつかの専門学校が大学令により「正系」のすそ野へ位置づけられ、またさらに公私立の高等商業なども戦後の制度改革で四年生の新制大学に一元化されていった歴史的経緯は見逃すことはできない。つまり、戦後の教育改革によって、かつて種々のあり様で存在していたほとんどすべての傍系の諸学校群が正系のピラミッドの一角に編入されながら、1つの頂点に向かって編成替えされていったことを前提とすれば、戦前と戦後の教育制度には本来大きな相違があったことを再確認しなくてはならない。

　戦前期の中等教育機関はようやく育ち始めた中産階級の家業の再生産装置としての機能や、そこから会社、銀行への就職を望む子弟のぎりぎりの選択肢としての完成教育機関としての機能を少なからず持っていたのである。当時も、子弟の進路の選択には、現代と同様に家庭の資力の問題が大きな制約となっていた。中等教育機関の整備が始まった1900年代以降、とく甲種商業学校からの人材確保を積極的に展開していった三井物産の支店長会議での論調でも商業学校卒業生に対する労働力としての質の問題を疑義する声も聞かれたが、同時にその家庭環境への配慮の声も大きかった。

　たとえば、急激な物価高におそわれた1918年の支店長会議においても独身寮設置の議題のなかで「川村（神戸支店長）併シ世ノ中ニハ親戚ヨリ修業中学資ヲ借入ルヽ者アルヘク、殊ニ地方商業学校出身者ノ如キハ資力充分ナラスシテ勉強スル者多キヲ以テ卒業後ハ独立セサルヘカラサル者多キナリ」などと議論されており、商業学校卒業がぎりぎりの家庭環境にあった新入社員も多かった点が注目されている。進学を支える経済的問題は重要な条件であり、初等教育機関での成績トップが必ずしも進学できる家庭環境を持っておらず、2番以降の資力のある家庭の子弟が進学することとなった話は枚挙にいとまがないだろう[5]。成績優秀でも早期に働いて実家に仕送りをしたい意志のある若者が進学のための学校である中学校ではなく、敢えて実業学校等の諸学校に進む幅は傍系の学校制度が確保されていた時代にとくに大きかった。傍系の学校群のなかには師範学校など学費が免除される学校も多かったのである。

終章　新たな歴史像を求めて

　本書での分析結果を踏まえると、戦前と戦後における別々の諸要因によって形作られた「2つの学歴社会」を従来は区別せずに1つのものとして分析を続けてきた可能性が浮かび上がってくる。残念ながらここで戦前と戦後の2つの学歴社会の成り立ちやその構造のすべてを解き明かすことはできないが、両者の相違点についての部分的な指摘を続ければ、2つの学歴社会は、以上の学校制度そのものの本質的な違いのほかに、学校制度と他の社会システムとの関係についてもひときわ際立った相違がある。つまり、学歴と企業の外での個人の社会的な位置付け、表象とが密接に結びついていたのである。

　たとえば、戦前期における中等教育機関以上の学校群と初等教育機関出身者間の文化的摩擦を考察するときに忘れてはならない点の1つに、富国強兵をうたう明治国家の国民統合原理の1つであった国民皆兵制度と学歴との関係がある。さらに、軍の階級的序列はそれ自身で独立していたわけではなく、明治国家の官僚、武官として他の一方の種類の官僚、文官（司法・技術官も含む）における位階と対応関係を構築しており、これが一定の学歴とリンクしていたのである。

　筆者はかつて明治初期の官僚機構の成立時においてこの国民皆兵原理と富国強兵のための国家官僚の保全という2つの目的が矛盾し、その解決を図る中で、軍工廠の身分制度、職員と職工の関係が成立した過程を観察したことがある[6]。この議論の焦点は誰を徴兵して、誰を徴兵猶予するのかというせめぎ合いであった。兵器生産に必要な熟練労働力を確保するため、海軍工廠の職工の徴兵猶予策を講じていった海軍と国民皆兵を徹底したい陸軍との間でこの問題は深刻化し、結局最後の1889年の改正「徴兵令」によって海軍工廠の職員は徴兵猶予の対象である位階を持つ「官僚」として「定員」内に留まり、職工は徴兵の対象者として、つまり無位無官の非官僚として定員から排除されてしまった。このことによって、日本では職員と職工の間の関係が経済的な関係、階級的社会問題だけではなく、階級的身分問題としても表出したのではないか、と考えていったのである[7]。そして重要な点は、この徴兵猶予者と徴兵対象者の分別は学歴を基準として実施されていたことにある。

日本の徴兵制度は改正「徴兵令」以降、1926年の「兵役法」までほとんど変化なく維持されていたが[8]、この間、中等教育以上の学歴を持つ者は徴兵猶予の特権が付与されていた。20歳の現役での徴兵を猶予され、一定年齢までに一年志願兵として服務すればよい特権で、この恩恵にあずかる者は「官立学校府県立師範学校中学校、若しくは文部大臣に於いて中学校の学科程度と同等以上と認めたる学校、若しくは文部大臣の認可を経たる学則に依り法律学政治学理財学を教授する私立学校の卒業証書を所持し、若しくは陸軍試験委員の試験に及第し、服役中食糧被服装備等の費用を自弁する者［以下略］」であり[9]、初等教育のみ、あるいはそれすら卒業しきれない者は現役での兵役が義務付けられていたのである。また、猶予者の服務する一年志願兵にはほぼ「幹部候補」への途が開かれており、時局によって再徴集された場合でも中学校以上の学歴の者は幹部として、そして小学校までの学歴しか持たない者は兵卒に位置づけられる構造であった[10]。常備兵役は現役と予備役に振り分けられていたから、兵役後に社会に復帰した場合でも、一定年齢までは個々人が持つ軍の階級が一定の社会的な表象としての機能を持つこととなった。男性に限って言えば、「軍隊の階級でいえば…」という言葉が分かりやすい、軍隊の序列が社会階層の計測基準としてもまかり通る根拠が戦前にはあったと考えることができよう。

　さらにこの軍の階級に密接にリンクする文官の位階制度は等級制にともなう給与レンジが適用されていたため、社会的表象が経済的補償の体系にも反映することにもなった。官僚についてみれば、中央のみならず、判任官相当、奏任官相当の府県レベルの公務員や教員にも位階とリンクした等級制の給与制度が設定されていたのである[11]。公務員や教員は位階構造の中に位置づけられることで、徴兵対象者からも遠ざけられるし、小学校の校長は奏任官5等以下に相当する等、それが待遇にも反映していく構造であった。社会的威信と連動した経済的な補償制度によって、第2章でみた帝大卒業者の就職動向のように、1920年代から30年代の不況期には民間の企業ではなく中学校の教員を選択する卒業生が多数にのぼる現象を引き起こしていたのである。

以上、戦前期においては、学歴と企業内での位置づけの相関だけではなく、学歴と他の社会構造がきわめて密接にリンクすることによって、再びそれが企業内での位置づけに反映し、それらが表象として複雑に絡み合っていく現象の1つを抽出してみた。戦前において激烈な文化的な摩擦点となって現れた中等教育以上と初等教育出身者の間には以上のように戦後消滅した徴兵をめぐる諸社会装置としての分断状況も加わっていたと考えることができよう。

　ただ、戦前社会における学歴社会全体の構造と、戦後の学歴社会の構造の生成原理については、この国民皆兵原理と学歴との関連だけではなく、他のさまざまな媒介環を措定しながら、それに関する充分な史料をもとにした本格的な考察が必要なことは認識している。本書全体を通じて主張しえたのはこの問題のうちのごく一部、戦前期の企業内における学歴とキャリアパスについての通説的な見解とは大きく異なったデータの抽出を中心に、それを取り巻く環境、議論の整理、そしてメーカーとのアナロジーという1つの問題提起に過ぎない。ただ、それでもここに上梓した目的は、副題とした「新しい歴史像を求めて」いく最初の試みとして世に問うことにあった。

　したがって、本書の仮説とその論証の方法については、さまざまな異議がさしはさまれる余地を残している。たとえば当時の高等教育機関卒業生と中等教育機関卒業生のレベルが実は戦後のそれほどは違わなかったとする論点も考えられる。比較的緩やかな設置基準によっていた戦前の専門学校や実業学校の就学年数、カリキュラム編成には学校の種別は一緒でも各学校により大きな個性が認められていた。横浜商業などは、甲種商業学校本体の本科5年に加え、1924年にはさらにそこから進学できる2年の専攻科を設置し、小学校卒業後7年の就学年数を確保しており、長短でいえば、専門学校である高等商業学校（中学校5年をあわせると合計で8年）と1年しか違いはなかった。高等教育機関と中等教育機関の差異の戦前と戦後における拡大については、両者の質の差、選抜方式やカリキュラム、教育方針やクラス編成など比較の対象を広げて詳細に分析すべき研究対象であるが、本書の枠組みではこの作業について着手すらできなかった。

また、戦前期における近代的学校制度の確立時期のずれという論点も本書では考察の枠組みの外におかれた。それは明治初期に初等教育が義務化されたのち、そこから進学する中等教育機関とさらに上位に位置づけられる高等教育機関の整備の時期が逆転していた点である。近代化の初期において国家的に要請された専門的知識を教授する学校群として生まれたのが、専門学校群であり、その発祥は 1870 年代から 80 年代ときわめて早かった。当初外国語による教授方法を中心として構想された専門学校がその後正系の東京大学として再編成される一方で、日本語での「簡易速成」の要求からさまざまな官・私立の専門学校群も雨後の筍のように設立されていく[12]。高等商業学校や法律学校群に代表される傍系の専門学校群であるが、これらと正系の大学は高等教育機関としての体裁を既に 1890 年代には完成させるのに対して、他方、中等教育機関の整備時期は遅れ、高等教育機関整備の後ようやく着手されることとなる。

それまで比較的設立の容易な中産階級の教育要求に見合った制度設計により 800 校を超える数まで成長していた中学校は 1886 年の学校令によって設立の基本設計を見直され、1 府県 1 中学の原則を敷かれたため、その数を 50 校余りまで減らされてしまった。これによって日本の中学校は中産階級の文化的再生産装置としての完成教育機関としての機能を喪失し、正系の高等教育進学のための準備機関へと質を変化させてしまうことになった[13]。世論は強くこれに反対し、1891 年の中学校令改正以降 1899 年の中学校令全部改正の間にようやく学校数・生徒数の急増が達成されることとなった。一方、正系の中学校の整備の遅れをしり目に、産業界の人材不足解消の要請からその数を増加させていた実業学校群もその法的な枠組みの完成は遅れ、やはり 1899 年にようやく達成されることになる。全般的にみれば、以上のように中等教育機関の整備の時期は本来その進学先＝上位クラスに位置づけられる高等教育機関の整備の時期よりも一歩遅れて展開したのである。

両者の整備時期のこのようなずれを人材の需要側、つまり産業側からみた場合、この間の新卒者調達は整備された 2 つの市場から、つまり高等教育機関卒業者か、さもなければ初等教育機関卒業者のいずれかが主となり、その中間

の中等教育機関卒業者の新卒者市場は未成熟であったため、そこからは有効な求人を行うことができなかったことになる。人材を調達できる主な市場がこの2つであったのだから、たとえば日立の場合も、甲種工業学校からの人材確保の時期は技師（高等教育機関修了者）と職工（初等教育機関修了者）よりも遅れた。同様に、三井物産の場合でも、確かに1900年代までは小学校卒業者に対する丁稚、小供採用と高等教育機関、つまり高商を中心とした専門学校や帝大出身者へのリクルートを基本形にしていたのである。

それが、この両学歴の中間にある学歴、つまり中等教育の整備が1900年代以降始まると、かつて小学校卒業者市場で調達していた小供からの採用方式を放棄し、その代り新たに整備された中等教育機関卒業者の市場から中学校、実業学校卒業者を入社させる方式へようやく人材調達市場を切り替えることができたと考えられる。第5章の表5-1にあるように三井物産の1915年の職員全体のなかでの甲種商業学校出身者の数は185人で比率は16％程度であったものが、1926年には613人、24.7％とそれぞれ急増している。さらにこの傾向は人手不足が深刻化する後年になるほど強まり、第3章で観察したように、採用者数でいえば1931年に18％（5人）だった商業学校出身者は、1937年の段階で32％（60人）、1941年には57％（197人）にまで急増していくのである。本書では外部環境である人材調達市場と内部環境である人事制度の関連について第5章において若干ふれることができたものの、他の大部分ではその段階の市場の成熟度合いと企業の採用人事制度の関連性について充分な意識的論及ができなかった。これも次の課題とせざるを得ない。

他にも多くの限界を本書は抱えている。そもそも、三井物産では戦後、学歴による格差が増大したと言いながら、同社内でいったい何が起こって、そのよう現象が発生したのか、そのメカニズムについては、ふれることすらできなかった。また、戦前期日本と戦後の日本社会における国民経済レベルの「経済格差」をめぐるマクロ分析の成果をとりこむことや、長期的統計に基づく産業構造の大きな変化のなかで学歴の持つ意味を問いただすこと等がそれである。また本書では、戦前期と戦後期の三井物産を同一企業と指定した点についても、

戦争直後の解散と大合同をどのように評価するのか、といった問題点が残っているのかも知れない。残念ながら、本書で取り上げ得たのは個別の事例としては２つの企業に過ぎず、それをもって日本の戦前戦後の企業社会の典型例とするには余りにも乱暴な議論となるであろう。今後、本書に対する真摯な批判を聞きながら、地道な実証と１つ１つの事例の意味を考察する手法を堅持しながら、努力を重ねていきたい。いずれにせよ、予定されている紙幅も尽きた今、本書で積み残した諸課題について、今後の経済・経営史、労働史あるいは周辺学問領域での研究の進展によっていつの日か解決されることを願いつつ筆を措きたい。

注
1) 若林幸男「三井物産における人事課の創設と新卒定期入社制度の定着過程」『経営史学』第 33 巻第 4 号、1999 年。
2) 確かに、1910 年前後までの史料のなかには支店長に直接採用をお願いする書簡なども多く含まれている。たとえば、箕輪為三郎の台北店長時代を中心とする「箕輪文書」(沼津市明治史料館所蔵) には 1913 年に支店長に対して直接「小僧」としての採用を願い出る書簡などが保存されている。
3) 吉田徹『学歴と格差・不平等』東京大学出版会、2006 年、253 頁、神門善久「中等実業教育を通じた人的資本形成」『岩波講座　日本経済の歴史』近代 2、岩波書店、2017 年。
4) 天野郁夫『教育と選抜の社会史』ちくま学芸文庫、2005 年、229 頁。
5) 「第六回三井物産支店長会議議事録」物産 198-6、415 頁。
6) 若林幸男「明治前期海軍工廠における労働者統合原理の変遷」『大原社会問題研究所雑誌』第 360 号、1989 年。
7) 1889 年「改正徴兵令」、松下芳男『徴兵令制定史』五月書房、1981 年。
8) この間の徴兵令の微妙な改変や兵役法における猶予措置の存続状況については、加藤陽子『徴兵制と近代日本 1868-1945』吉川弘文館、1996 年を参照。
9) 松下、前掲書、542 頁。
10) 同上書。
11) 地方の行政制度の確立する時期にかけて整備された国家官僚と地方行政官、公務員との位階制度のリンク、給与のリンクについては、高野桂一「教師の職制」『教育社会学』第 13 号、1958 年、元兼正浩「明治期における小学校長の法的位置の変遷に関する一考察」九州大学『教育行政学研究紀要』第 1 号、1994 年等を参照。
12) 天野、前掲書、140 頁。

13) この点、同上書、150 頁および阿部重孝『教育改革論』明治図書、1971 年を参照。

あとがき

若林幸男

　本書を編むきっかけは、今から考えると豪州国立公文書館（NAA）で目録を作成する作業中、数冊の給与順に並んだ三井物産の「特別職員録」の撮影をし、データ化し、年齢を基準にしてその職員の出自、学歴別にソートをかけた共著者の大島久幸の「統計処理」に触れたことであった。

　2011年度の経営史学会全国大会で戦前期三井物産の人事制度の変遷についてのパネルを組むために、大阪梅田にある貸会議室で準備会を開いた際のことであった。報告者の木山実とコメントを依頼した菅山真次も同席していた。いずれも本書の共著者である。その際、大島は本書でも使用されている1937年「三井物産特別職員録」記載の職員を学歴別にまとめ、その月給額の平均値を年齢順に並べてみても、そこに学歴ごとのキャリアパスの存在傾向が抽出できないことをその場で初めて披露したのである。

　その場にいた誰もが、戦前の三井物産は設立時から商法講習所（のちの高商、東京高商、東京商大）との緊密な連携を持っており、同校を中心に慶應義塾や帝国大学、東京高等工業学校等の高等教育機関の卒業生が事業の中核となり、当然高給をとり、そうでない私立大学や中等教育機関などの学歴の者はその下位職に甘んじて、待遇も相対的に低いものと思い込んでいた。商法講習所の創設者の1人に三井物産の事実上の創業者である益田孝がおり、つまり、同校は三井物産のバックアップによって、その人材を確保するために国際貿易の理論や実務を教授する学校としての側面もあったからである。さらに、戦前期におけるメーカーの歴史を少しでも知る者であれば、学歴ごとにキャリアパスを設定することは近代機械工場制度が日本に移入されて以来の、いわば常識であった。これが覆される可能性がこの日に明らかになったのである。

この研究会では大島発見の一連の「特別職員録」のうち初期のものが手書きで判読にかなり時間がかかる点から、それぞれ分担してこれを解読、パネルデータ化していくことが決まった。1931以降のものは大島が、1923年のそれは若林が、そして最後に1916年については木山がそれぞれ分担することとなったのである。この直後の2011年の経営史学会第48回全国大会（「大手総合商社における学卒者採用の意義とその変遷」司会者・吉川容、報告者・木山実、若林幸男、大島久幸、コメンテーター・鈴木良隆、菅山真次）においてこの計量結果の部分的な報告を行ったものの、その段階ではまだ手書きの職員録のデータ入力はすべて終わってはいなかった。その後の数年間の入力、集計作業が続き、2015年になり、ようやく戦前期の三井物産についての実証部分がほぼ完成することとなった。

　この間、科研費（「戦前期三井物産の人事システムに対する総合的分析」基盤研究(B)(2013年〜2015年度、課題番号25285107)によりながら、豪州国立公文書館（NAA）と米国国立公文書館（NARA II）等国内外の史料館への調査を継続し、職員録以外のさまざまな貴重な史料をデータ化することも並行して行うことができた。本書で使用したデータにはこの数年間に収集したものが多く含まれている。

　本書の構成上、戦前の三井物産と、戦後の同社との比較という視点が設定されたことは大きい。上原克仁の戦後期における三井物産の職員録に対する計量分析を、戦前の三井物産のパネルデータと比較することが、三井物産の定量的分析のシリーズにおいて一定のトレンドを指し示すための重要な証左となったからである。さらに、この上原分析は統計処理の手法の統一という大きな影響を研究会に対してもたらした。2011年パネルではさまざまな問題点のご指摘をフロアの先生方から頂いたが、そのなかに我々の統計上の問題点、つまり単純な平均値だけをもって学歴別のキャリアパスの不在を主張することがあったからである。2014年度の経営史学会第50回全国大会（文京学院大学）での大島久幸・上原克仁の自由論題報告「戦前・戦後の総合商社のキャリア形成」での分析手法をもとに、職員の賃金分布の全体像を箱ひげ図によって視覚的に

把握できるようにする処理をご教示いただき、戦前、戦後の三井物産特別職員録へのアプローチは計量手法という側面において一応足並みをそろえることとなったのである。

　本研究会に予算が付いた2013年の段階で、すでに三井物産を実証の舞台とした経験を持つ上記以外の第一線の研究者も加わった。山藤竜太郎と藤村聡である。また、同時にそれまでも多くの研究会で一緒になっていた日本労使関係史、労働史で著名な市原博、菅山真次もメーカーとのアナロジー、メーカーに典型的な経営階層の歴史的実態からの批判的検討を主として参加を承諾してくれた。

　この間の研究会の成果は、ほぼ報告時のテーマで本書に編みこまれた学会報告に限ってみても、菅山真次の経営史学会第51回全国大会（大阪大学、2015年）での自由論題報告「「身分制度」下の職員・職長層の賃金管理――日立製作所のケース」や社会経済史学第85回全国大会（北海道大学、2016年）での藤村聡の「戦前期企業社会の学歴評価――貿易商社と学校教育」等多数にのぼった。この他にも研究期間内にNAAへの調査によって収集した史料に基づいて、2015年の経営史学会第51回全国大会パネルディスカッション「戦間期における在豪州日本商社の事業構築とその担い手――兼松・髙島屋飯田・三井物産・三菱商事」（司会・木山実、問題提起・秋谷紀男、報告者・藤村聡、若林幸男、谷ヶ城秀吉、大島久幸、コメンテーター・市原博、山藤竜太郎）等も展開することができた。ここでの成果の多くが本書に反映され、単に三井物産や日立製作所の戦前と戦後の給与と職員の出自との関連性だけを話題とするものから抜け出すこととなった。

　これらの諸報告で我々は、フロアの先生方から非常に有益な質問やご示唆を賜わった。2011年の最初のパネル報告コメントをお願いした鈴木良隆先生からのご指摘（一橋大学の2つの系統、外語系と商法講習所系）等、本研究会ではそれまで見落としていた論点を教えられることとなった。このなかには三井物産の給与を語る際、その月給額に注目するだけではなく、ボーナスが多額に上っていた状況からボーナス額を含めた給与額全体を考察の枠組みに入れる

べきである、という本書の問題提起の根幹にかかわるようなご指摘もあった。本研究会では、これらの諸課題について常に念頭におき、本書以外の場所で発表の好機を得ながら、その一部の論証を試みてきた。できれば、若林「戦間期三井物産職員の定期昇給とボーナス決定のメカニズム」『社会経済史学』第83巻3号、2017年等を本書と合わせて参照していただきたい。そこでは戦間期における物産の在豪拠点での日本人職員のボーナス査定、定昇査定の方法を解明した上で、職員の月給額とボーナス額がほぼ対応関係にあった点を指摘している。

　2013年以来の研究がひと段落した後、2017年以降も本研究会は幸いにも別の課題を含めた研究調査体制を維持している。現在も「サイコグラフィック変数を用いた近代商社マンの職務分析」挑戦的萌芽研究（研究代表者、若林幸男、2016年〜2017年、課題番号16K13378）や「戦前期学校教育制度と国際的人材形成に関する史的研究」基盤研究(C)（研究代表者、木山実、2016年〜2018年、課題番号16K03799）を利用させていただいている。また、この間に明治大学社会科学研究所共同研究、明治大学大学院共同研究等による研究助成も頂き、これによって調査領域も広がり、成果が拡大することとなった。一連の予算の執行に際しては、明治大学の研究知財の皆様には大変お世話になった。さらに本書の出版については、研究成果公開促進費（学術図書、課題番号JP17HP5158）の助成を受けることができた。また、柿﨑均社長をはじめ、章立ての段階から貴重なアドバイスをいただいた吉田桃子さん、緻密な校正と的確な編集を牽引して下さった梶原千恵さんら日本経済評論社の皆様に心からお礼を述べたい。そして何よりも、本書のような挑戦的なテーマに集い、それぞれの領域において研究の限界点を超えて下さった7人の共著者の一人ひとりの労をねぎらいたい。以上の比較的恵まれた研究条件のもとで、今後もなお一層精進を重ね、研究に全力を注いでいきたい。

索引

〔あ行〕

愛知銀行　208
青沼由松　305
赤松繁次郎　94
朝吹英二　183
アベグレン　283
阿部泰蔵　289
天野郁夫　5
厦門修業生　36
飯田義一　34, 171, 291
井島重保　94
磯村豊太郎　44, 45
一年志願兵　45
一般職　72
伊藤忠　275
伊藤与三郎（與三郎）　14, 90, 121
犬塚信太郎　164
井上治兵衛　14, 85
違反行為の地域別発生状況　220
岩崎武治　35
岩下知克　45
岩原謙三　173
受渡・出納・用度掛　15
受渡部門　46
氏原正治郎　12, 281
内山正也　297
内海峰次　94
営業部毛類掛　96
榎本武揚　285
江原素六　183
王子製紙　295
大倉商業　52, 57
大倉商事　94
大河内一男　282
大河内正敏　285
大阪朝日新聞　210
大阪高工　9, 50, 51
大阪高商　50

大阪支店毛類掛　96
大阪商業　32, 41, 168
大阪商船文書課長　297
大阪毎日新聞　210
太田策馬　112
岡島芳太郎　94
岡野悌二　208
小樽高商　50, 56
小津安二郎　296
小野碩介　112
御幡雅文　173
オペレーター　303
オレゴン大学　51

〔か行〕

階級制度　285
皆勤手当　75
会計検査　213
解雇　198
外国語学校　166
改正高等学校令　76
改正実業学校令　76
開成中学校　179
掛間の異動　98
学卒（者）　21, 237
学卒者牽引仮説　14
学閥　292
学歴格差の希薄さ　197
学歴格差論　1
学歴（学校歴）の高低　22
学歴貴族　307
学歴社会　308
学歴主義　231
学歴による発生頻度の偏り　225
学歴の機能的価値　3
学歴の象徴的価値　3
学歴別の処罰者数　214
学歴偏重　303
学歴を基準とした配置　92

加地利夫　176
学校収益率　6
学校卒業者使用制限令　319
学校長の調整　182
学校歴　304
鐘淵紡績株式会社　279
兼松　222, 225, 275, 279
川西清兵衛　184
川村貞次郎　177
勘定掛　46
関西学院　50
官庁価格　73
広東語　166
管理部会議案　198
岸確一　98
木下産商　131
岐阜商業　52
義務教育期間　191
キャリアパス　142
旧三井物産清算　130
行財政改革　75
行商　168
行政整理　73
京都商業　41, 52
京都第一商業　52, 53
京都帝国大学　30, 32, 50, 182
共立学校　179
熊野雄七　184
呉大五郎　167
慶應義塾　29-30, 32, 41, 50, 52, 56, 162, 256
慶應商工　52, 57
慶應と早稲田　134
京華商業　52-4, 57
毛織物工業　96
月給職員単一編成　70
月給・日給職員制度　68
現行達令類集　72, 198
譴責　198
減俸　198
高校卒業生　301
甲種商業学校　30, 54, 162
貢進生　4
高卒技能工　309

高卒者の職務配置　143
高卒者の本俸　145
高卒就職者　299
高等教育　197
高等教育資格の重視　290
高等文官試験　72
鴻池銀行　209
神戸高等商業（神戸高商）　31, 49, 55, 59, 62, 176
神戸商業　40, 52, 57
公務員給与増給　74
コセ室（コンピューティング・センター）　140
小僧　288
小平浪平　237-8, 277
児玉（兒玉）一造　36, 187
国公立大学　134
小供　163, 204
小林一三　299
個票データ　16
近藤廉平　290

〔さ行〕

斉藤吉十郎　171
財閥解体　129
採用動向　134
採用面接　178
採用予定者数　191
佐賀商業　52
査定制度　90
佐野善作　176
澤田重雄　94
3　社合同　129
桑港出張所　98
滋賀県立商業　36, 41, 52
事業所別「工職混合」労働組合　282
時事新報　210
実績　263-6, 271-2, 274
実績主義　271, 272, 273, 274
実践科　170
実務・中等教育の高評価　286
実務経験　287
実力　234
実力主義　231, 256

索引

支店採用中心の人材採用　163, 179
支店長会議（打合会）（第3回）　174
─────（第4回）　175
─────（第5回）　175
─────（第6回）　176
─────（第7回）　177
─────（第8回）　177
─────（第9回）　178
─────（第10回）　178
支店長諮問会（第2回）　172
─────（明治三十五年）　164
─────（明治三十六年）　165
─────（明治三十七年）　166
─────（明治三十八年）　168
─────（明治三十九年）　169
─────（明治四十年）　170
─────（明治四十一年）　172
シドニー　96
支那修業生　45, 52, 93, 204
支那修業生規則　164
芝浦製作所　292
渋沢栄一　289
下関商業　41, 52, 53, 57
社・工員身分撤廃　286
社報　199
上海修業生　36
就職・職業案内　293
就職難　296
重役会議案　198
十六銀行　208
受験地獄　306
準職員　109, 113
紹介状　183
商業技師　14
商業教育　289
商業実習　168
商業素習学校　41
昇進可能性格差　155
昇進スピード格差　155
昇進にみる学歴格差　149
使用人在職積立金　186
使用人差入書　183
使用人懲罰規則　198

使用人登用規則　34
使用人身許保証金規則　184
使用人録　30, 33-4, 36-8, 41, 45, 51, 54, 59, 61
商法講習所　29, 32
職位と違反行為　222
職員録　33
職能資格制度　273, 274
職務配置　138
職務配置にみる学歴格差　152
女子事務員　109, 113
職工身分　284
初任給　234-5, 256, 258-60, 270
初任給の出身校別格差　6
初任配属部署　140
白石直治　184
私立農大　50
私立の高等商業学校　189
新愛知新聞　210
清国商業見習生（規則）　34, 164
人事課　190
新卒採用　239-40, 256, 260-1, 268, 270-1, 273
新卒採用者　22, 267
新卒定期入社　63
杉本甚平　91
スタンフォード大　56
住井辰男　15
住友合資人事課長　296
住友直系会社　295
誓約書　183
全関西化学労働組合連合会　286
戦時体制下の人員不足　109
戦前戦後における学歴評価　22
専門学校令　8, 76
専門職　82
総合商社発生の論理　13
総合職　72
属性　263, 266, 271-2, 274
園田孝吉　183
祖山鍾三　183

〔た行〕

第一選抜出現期　149
第一物産　130

大学昇格　76
大学予備門　4
大学令　8, 76
大豆油相場　217
大戦ブーム　80
大卒者の非エリート化　300
大卒者比率の上昇　304
大卒職員の本俸　144
第二次中学校令・実業学校令　76
台湾協会　170
髙島屋飯田　94
髙橋圭策　94
髙橋弘幸　15
田中清次郎　168
田中良雄　296
中央大　41, 50
中等教育修了者へのまなざしの変化　296
長期雇用　240, 270, 273
徴兵免除・猶予　4
賃金（本俸）　143
賃金にみる学歴格差　148
通信部（課）　140
伝手　180
坪谷善四郎　296
定期昇給　240, 245-6, 249, 252, 256, 269
定期昇給制度　231, 234-6, 272-4, 276
帝国大学　162
帝国大学令　8
帝大＋α　134
出稼ぎ型論　282
手代制度　67
手代見習　181
寺子屋　186
寺島文夫　301
店限使用人　115, 205
店限使用人の公認　71
天津条約　165
東亜同文書院　50-1, 55-7, 59, 165
等級　249, 251-2, 261, 264-5, 270-2, 277
等級制度　253, 272, 273, 277
東京外語　38-41, 43, 49, 51, 54, 59-60, 62
東京高等工業（東京高工）　9, 41, 43, 50, 51, 54, 60
東京高等商業（東京高商）　30, 32, 38-41, 43, 47-8, 50, 54, 57, 59-60, 62-3, 161
東京帝国大学工科大学　237
東京帝大　30, 32, 35, 38-9, 41, 43, 49-51, 54, 59-60
同志社　50
東洋協会　51, 53
東洋棉花　36
特別採用日給者　46
特別昇給申請　91
特別職員録　129
特務職員（制度）　109
栃木商業　52
友野欽一　85
豊川良平　291

〔な行〕

永井道雄　307
中上川彦次郎　162
中川敬一郎　13
長崎高等商業（長崎高商）　50, 56, 182
長崎商業　40, 52
中西良吉　94
長野商業　54
中野武営　184
中原正巳　94
中丸一平　166
名古屋事件　206
名古屋商業　40, 52, 53, 57, 59, 63, 187
名古屋手形事件ニ付学ヒタル諸点　212
成瀬正雄　284
成瀬隆蔵　184
新山虎治　295
日給職員（日給者）　38, 40, 42, 44, 46-7
日清戦争　29, 40
日本経済連盟会　297
日本的経営論　13, 282
日本郵船会社　5, 177, 291-2
二村一夫　282
ニューヨーク支店　217
丹羽義次　85
沼津商業　52
年功賃金　236

〔は行〕

箱ひげ図　143
間宏　302
抜擢申請　91
馬場四郎　305
原浩一　212
パリ大学　56
藩校　186
パンチカード　140
判任官無試験任用　4
日立製作所　235, 237-40, 242, 245, 258, 264, 267, 269-70, 275, 277-8
平田學　296
平田篤次郎　177
藤瀬政次郎　175
藤野亀之助　44, 45
藤村義朗　44, 173, 226
藤原銀次郎　44, 45
フル稼働説　13
文官・司法官無試験任用　4
別科　77
封建的身分　302
ポーツマス条約　168
他私大　134
北海道炭礦人事課長　296
ホワイトカラー　305
香港修業生　36
本支部制度　44
本店採用中心の人材採用　163, 181
本人給　87

〔ま行〕

馬越恭平　180
増田幸一　298
益田孝　34-5, 165
松尾長太郎　36
松成義衛　300
眞野文二　284
水島銕也　183
店別使用人録　30, 32-3, 36-7, 44, 61
見田宗介　305
三井銀行本店定期預金　185
三井家同族会管理規則　164
三井八郎次郎　168
三井復太郎　34
三井物産　234, 271, 275, 290
三井物産モデル　231-2, 256
三井守之助　34
三越百貨店　295
三菱合資会社　292
三菱商事会長　298
箕輪焉三郎　32
身分制　233
身分制度　255
「身分制度」撤廃　298
身許引受保証状　183
身元保証金　184
三宅川百太郎　298
銘柄私大　134
銘柄大学　307
メルボルン　96
守岡多仲　85
森川英正　13

〔や行〕

役職手当　87
役割等級制度　274
安川雄之助　14, 170, 178
矢野二郎　183
山口銀行　294
山口高商　50, 56
山本小四郎　85
山本権兵衛内閣　75
山本条太郎　14, 165, 222
八幡商業　52
羊毛バイヤー　95
羊毛練習生　93
横浜商業　39-40, 52-4, 57, 62, 187
横浜正金銀行　177
四日市銀行　208
四日市商業　41, 52
米川伸一　13

〔ら行〕

旅順工科学堂　51, 56-7

歴史経路依存性　272
連合軍総司令部　130

〔わ行〕

和歌山商業　52

脇本倬一　120
早稲田実業　52, 54, 57
早稲田大学　30, 41, 50, 55-6, 162
渡辺（渡邊）専次郎　34, 168, 291
渡辺秀次郎　44-5

執筆者紹介（章順）

木山　実（きやま　みのる）（第1章）
同志社大学大学院商学研究科博士後期課程中退、博士（経済学）
現在、関西学院大学商学部教授
主要業績：『近代日本と三井物産－総合商社の起源－』ミネルヴァ書房、2009年、「伊達忠七と草創期三井物産の海外展開」阪田安雄編『国際ビジネスマンの誕生－日米経済関係の開拓者－』東京堂出版、2009年

大島　久幸（おおしま　ひさゆき）（第1、3章）
専修大学大学院経営学研究科博士後期課程修了、博士（経営学）
現在、高千穂大学経営学部教授
主要業績：「交通革命と明治の商業」深尾京司・中村尚史・中林真幸編著『日本経済の歴史　近代1』岩波書店、2017年、「戦間期の商業と公益事業」深尾京司・中村尚史・中林真幸編著『日本経済の歴史　近代2』、岩波書店、2017年

上原　克仁（うえはら　かつひと）（第4章）
一橋大学大学院経済学研究科博士後期課程修了、博士（経済学）
現在、静岡県立大学経営情報学部講師
主要業績：『ホワイトカラーのキャリア形成－人事データに基づく昇進と異動の実証分析－』財団法人社会経済生産性本部生産性労働情報センター、2007年、「企業内コミュニケーション・ネットワークが生産性に及ぼす影響－ウェアラブルセンサを用いた定量的評価－」『経済研究』第69巻第1号、2018年1月（共著）

山藤　竜太郎（やまふじ　りゅうたろう）（第5章）
一橋大学大学院商学研究科博士後期課程修了、博士（商学）
現在、横浜市立大学国際総合科学群准教授
主要業績：「三井物産の買弁制度廃止－上海支店に注目して－」『経営史学』第44巻第2号、2009年9月、「中等商業教育の普及と公立商業学校－横浜商業学校・名古屋商業学校とのかかわり－」橘川武郎、島田昌和、田中一弘編著『渋沢栄一と人づくり』有斐閣、2013年

藤村　聡（ふじむら　さとし）（第6章）
神戸大学大学院文化学研究科修了、博士（学術）
現在、神戸大学経済経営研究所 准教授
主要業績：『兼松は語る』神戸大学経済経営研究所、2011年、『複式簿記・会計史と「合理性」言説－兼松史料を中心に－』神戸大学経済経営研究所、2014年（共著）

菅山　真次（第 7 章）
　東京大学大学院経済学研究科第 2 種博士課程修了、博士（経済学）
　現在、東北学院大学経営学部教授
　主要業績：『「就社」社会の誕生』名古屋大学出版会、2011 年、「社員の世界・職工の世界」深尾京司・中村尚史・中林真幸編著『日本経済の歴史　近代 2』岩波書店、2017 年

市原　博（第 8 章）
　一橋大学大学院経済学研究科博士課程単位取得退学、博士（経済学）
　現在、獨協大学経済学部教授
　主要業績：『炭坑の労働社会史』多賀出版　1997 年、"The Human Resource Development, Occupational/Status Linked Personnel Management Practices and Emgineers in Japanese Corporations before Second World War" *East Asian Journal of British History*, No. 5. 2016

編著者紹介

若林　幸男(わかばやし　ゆきお)（序章、第2章、終章）
明治大学大学院商学研究科博士後期課程修了、博士（商学）
現在、明治大学商学部教授
主要業績：『三井物産人事政策史1876～1931年－情報交通教育インフラと職員組織－』ミネルヴァ書房、2007年、「戦間期三井物産職員の定期昇給とボーナス決定のメカニズム」『社会経済史学』第83巻第3号、2017年12月

学歴と格差の経営史
新しい歴史像を求めて

2018年2月26日　第1刷発行		定価（本体7300円＋税）

　　　　　　　　編著者　若　林　幸　男

　　　　　　　　発行者　柿　﨑　　　均

　　　　　　　　発行所　㈱日本経済評論社

〒101-0062　東京都千代田区神田駿河台1-7-7
電話　03-5577-7286　FAX　03-5577-2803
URL: http://www.nikkeihyo.co.jp/
印刷＊太平印刷社・製本＊高地製本所
装幀＊渡辺美知子

乱丁・落丁本はお取替いたします。　　　Printed in Japan
© WAKABAYASHI Yukio et al. 2018　　　ISBN978-4-8188-2488-1

・本書の複製権・翻訳権・上映権・譲渡権・公衆送信権（送信可能化権を含む）は、㈱日本経済評論社が保有します。
・JCOPY〈(社)出版者著作権管理機構委託出版物〉
本書の無断複写は著作権法上での例外を除き禁じられています。複写される場合は、そのつど事前に、(社)出版者著作権管理機構（電話 03-3513-6969、FAX 03-3513-6979、e-mail: info@jcopy.or.jp）の許諾を得てください。

異端の試み ——日本経済史研究を読み解く	武田晴人 著	6,500円
鈴木商店の経営破綻 ——横浜正金銀行から見た一側面	武田晴人 著	4,800円
巨大企業と地域社会 ——富士紡績会社と静岡県小山町	筒井正夫 著	8,300円
近代日本の地方事業家 ——萬三商店小栗家と地域の工業化	井奥成彦・中西聡 編著	8,500円
植民地台湾の経済基盤と産業	須永徳武 編著	6,000円
労務管理の生成と終焉	榎一江・小野塚知二 編著	5,800円
戦後型企業集団の経営史 ——石油化学・石油からみた三菱の戦後	平井岳哉 著	6,900円
戦前期北米の日本商社 ——在米接収史料による研究	上山和雄・吉川容 編著	5,400円
戦前期日本の地方企業	石井里枝 著	4,800円
官営八幡製鐵所論 ——国家資本の経営史	長島修 著	13,000円
高度成長始動期の日本経済	原朗 編著	6,400円

表示価格は本体価（税別）です。

日本経済評論社